La poética del Caribe continental

Lírica del Caribe colombiano contemporáneo

GABRIEL ALBERTO FERRER RUIZ

ISBN: 1-930744-76-5
© Serie *Nuevo Siglo*, 2016
INSTITUTO INTERNACIONAL DE
LITERATURA IBEROAMERICANA
Universidad de Pittsburgh
1312 Cathedral of Learning
Pittsburgh, PA 15260
(412) 624-5246 • (412) 624-0829 fax
iili@pitt.edu • www.iilionline.org

Colaboraron con la preparación de este libro:

Composición, diseño gráfico y tapa: Erika Arredondo
Correctores: Jaime Ariza y Mauricio Pulecio Pulgarin

a mi padre de corazón

El- Elyon

ÍNDICE

Introducción 9

La determinación del Caribe como área social, cultural y literaria 29

Oralidad, poesía conversacional y cultura popular 43

Geografía poética 89

Visión de Dios y lenguaje religioso 133

La muerte y la soledad 167

El tiempo y la memoria 189

El problema de la identidad 205

El viaje y el exilio 223

La estética de lo grotesco 237

Encuentros y desencuentros en la poesía del Caribe colombiano 251

De lo estético a lo ideológico 269

El Caribe colombiano frente al Caribe insular hispano y no hispano 285

Conclusión 325

Bibliografía 329

Lista de abreviaturas

Artel, Jorge. *Botas y banderas*. Universidad del Atlántico: Barranquilla, 1972. (BB).
Artel, Jorge. *Tambores en la noche*. Universidad de Guanajuato: Guanajuato, 1955. (TN).
Baquero, Gastón. *Antología 1937-1994*. Norma: Bogotá, 1996. (Ant.)
Brathwaite, Edward. *The Arrivants*. Oxford UP: New York, 1998. (A).
Bustos Aguirre, Rómulo. *En el traspatio del cielo*. Bogotá: Colcultura, 1994. (ETC).
Bustos Aguirre, Rómulo. *La estación de la sed*. Magisterio: Bogotá, 1998. (ES).
Bustos Aguirre, Rómulo. *Lunación del amor*. En tono menor: Cartagena, 1990. (LA).
Bustos Aguirre, Rómulo. *Palabra que golpea un color imaginario*. Universidad de Andalucía: Sevilla, 1996. (PGCI).
Cesaire, Aimé. *Cuaderno de un retorno al país natal*. Era: México, 1969. (CRPN).
Cesaire, Aimé. *Moi, laminaire...* Éditions du Seuil: Paris, 1982. (ML).
Gómez Jattin, Raúl. *Poesía 1980-1989*. Norma: Bogotá, 1995. (P).
Gómez Jattin, Raúl. *Esplendor de la mariposa*. Magisterio: Bogotá, 1995. (EM).
Guillén, Nicolás. *Antología Mayor*. Juan Pablos Editor: México, 1972. (AM).
López, Luis C. *Obra poética*. Edición crítica de Guillermo Alberto Arévalo, Banco de la República: Bogotá, 1976. (OP).
Quessep, Giovanni. *El ser no es una fábula*. Tercer Mundo: Bogotá, 1968. (ESNF).
Quessep, Giovanni. *Libro del encantado* (Antología), Tierra firme: México, 2000. (LE).
Quessep, Giovanni. *Muerte de Merlín*. ICC: Bogotá, 1985. (MM).
Rojas Herazo, Héctor. *Agresión de las formas contra el ángel*. Kelly: Bogotá, 1961. (AFCA).

Rojas Herazo, Héctor. *Desde la luz preguntan por nosotros*. Kelly: Bogotá, 1956. (DLPN).
Rojas Herazo, Héctor. *Rostro en la soledad*. Antares: Bogotá 1952. (RS).
Rojas Herazo, Héctor. *Tránsito de Caín*. Antares: Bogotá, 1953. (TC).
Rojas Herazo, Héctor. *Cuatro estancias a la rosa*. Antares: Bogotá, 1953. (CER).
Rojas Herazo, Héctor. *Las úlceras de adán*. Norma: Bogotá, 1995. (UA).
Walcott, Dereck. *El reino del Caimito*. Norma: Bogotá, 1996. (RC).

Introducción

Plantear una lírica del Caribe colombiano contemporáneo implica varias delimitaciones para la investigación: la selección del género, la poesía; de un área, el Caribe colombiano; y de una temporalidad, siglo XX. Estas selecciones también presupondrían la exclusión de otros aspectos, pues si afirmo que hay rasgos que identifican dicha lírica del caribe, asumiría en consecuencia que hay también una diferencia con respecto a otra lírica, que en nuestro caso más cercano se trataría de la poesía del resto del Caribe, Colombia e Hispanoamérica. Partir de un criterio diferencial excluyente en esta investigación para argumentar la existencia de la lírica del Caribe colombiano contemporáneo sería un exabrupto, pues tendría que ampliar el campo de investigación a las tres áreas geográficas arriba mencionadas, para desembocar el estudio en una postura comparativa que establecería las diferencias e identidades concretas. Por tal motivo, en este trabajo parto de un criterio analítico y comparativo no excluyente ni diferencial, sino identificatorio: pretendo establecer los rasgos estéticos e ideológicos que se encuentran en la poesía del Caribe colombiano sin descartar el hecho de que algunos de ellos se encuentren en el resto de la poesía del Caribe, de Colombia e Hispanoamérica. Este criterio es válido, pues no se pueden negar las relaciones históricas, sociales, culturales, económicas y políticas entre dichas áreas. Ahora bien, este criterio tampoco descarta el hecho de que se encuentren aspectos estéticos e ideológicos ligados estrechamente a la realidad del Caribe colombiano,[1] lo cual a mi modo de ver es totalmente esperable.

---

[1] El Caribe colombiano continental desde el punto de vista territorial está ubicado en la parte más septentrional de Sur América, compuesto por ocho departamentos: Córdoba, Sucre, Bolívar, Atlántico, Magdalena, Cesar, La Guajira, y San Andrés y Providencia que hace parte del Caribe colombiano insular (islas en el mar Caribe). Cubre un área de 132.279 kilómetros cuadrados, algo más del 11% del territorio colombiano. Un extenso litoral de 1.300 kilómetros de largo, desde la frontera con Venezuela hasta el Golfo de Urabá, en las cercanías de Panamá,

Los resultados que presento en los siguientes capítulos permitirán establecer futuras comparaciones entre la poesía del Caribe colombiano, del Caribe no colombiano hispánico, anglófono y francófono, y de Hispanoamérica.

Las hipótesis de base de este trabajo son las siguientes: en primer lugar parto de la existencia de una literatura del Caribe que se sustenta en aspectos geográficos, históricos, socioculturales, estéticos e ideológicos.

En segundo lugar considero que al existir este tipo de literatura, puedo establecer la presencia de una poesía del Caribe colombiano basado en los mismos criterios enunciados; esto es, hay rasgos estéticos del orden del lenguaje y de las significaciones que caracterizan esta lírica.

En tercer lugar pretendo demostrar que la lírica del Caribe colombiano posee relaciones evidentes con la poesía del resto del Caribe hispánico y no hispánico, anglófono y francófono. Demostraré estas tres hipótesis a lo largo de este estudio.

La propuesta de la lírica del Caribe colombiano también exige la elaboración y puesta en marcha de una metodología que me permita llevar a cabo la selección, análisis e interpretación de las obras de los poetas, en una primera etapa, y la comparación de dichas interpretaciones. Las fases y las acciones que realicé para comprobar mis hipótesis de trabajo son las siguientes: seleccioné los autores y las obras con base en criterios específicos; incursioné analíticamente en las obras en el plano estético e ideológico; realicé una comparación entre los autores con base en los resultados analíticos; y finalmente, extraje una serie de generalizaciones estéticas e ideológicas que me permitieron caracterizar la lírica del Caribe colombiano como un todo, en tanto producción estética de una región.

Las decisiones que tomé en cuanto a la selección de los poetas del Caribe colombiano y sus obras se basan en tres criterios: en primer lugar, las épocas de la producción literaria de las obras de los poetas, lo cual marca una delimitación temporal; en segundo lugar, la relación del poeta y su obra con la identidad del Caribe colombiano; y en tercer lugar, el criterio historiográfico referido a la recepción de los autores y de sus obras en el marco estético nacional.

---

y las vertientes de los Andes, marcan los límites naturales de la región (Posada Carbó, *El Caribe* 39).

La poética del Caribe continental

Los seis poetas del Caribe que estudié son: Luis Carlos López (1879-1950), Jorge Artel (1909-1995), Héctor Rojas Herazo (1920-2002), Giovanni Quessep (1939-), Raúl Gómez Jattin (1946-1997) y Rómulo Bustos (1954-). Cada uno de ellos realiza sus primeras publicaciones en el contexto nacional: López publica en 1908 (*De Mi Villorrio*), 1909 (*Posturas Difíciles*), 1910 (*Varios a Varios*) y 1920 (*Por el Atajo*); Artel publica en 1940 (*Tambores en la noche*); Rojas Herazo en 1952 (*Rostro en la Soledad*), 1953 (*Tránsito de Caín*), 1956 (*Desde la luz preguntan por nosotros*), 1961 (*Agresión de las formas contra el ángel*), y 1995 (*Las úlceras de Adán*); Quessep publica en 1961 (*Después del paraíso*), 1968 (*El ser no es una fábula*), 1976 (*Canto del extranjero*), 1985 (*Muerte de Merlín*); Gómez Jattín publica en 1980 (*Poemas*), 1988 (*Tríptico cereteano*), 1992 (*hijos del tiempo*), 1995 (*El esplendor de la mariposa*); Bustos publica en 1988 (*El oscuro sello de Dios*), 1990 (*Lunación del amor*), 1993 (*En el traspatio del cielo*), 1998 (*La estación de la sed*). Si tomamos las primeras ediciones de los poetas, obtenemos seis épocas de producción y publicación: la década de 1910 a 1920, la de 1940,[2] la de 1950 a 1960, la de 1960 a 1970, la de 1970 a 1980, y la de 1980 a 1990. Nótese el salto temporal de 1920 a 1940; la pregunta que salta a la vista es por qué no tuve en cuenta este lapso. Antes de presentar las razones me detendré en la justificación de las seis épocas resultantes de los períodos de publicación de las obras de los poetas seleccionados, puesto que ésta se relaciona con la pregunta enunciada. La selección de Luis Carlos López, Jorge Artel, Héctor Rojas Herazo, Giovanni Quessep, Raúl Gómez Jattín y Rómulo Bustos obedece a que representan la lírica del Caribe colombiano contemporáneo, en la medida en que o son antecedentes, o desarrollan la

---

[2] En la década del cuarenta en el Caribe colombiano Meira Delmar (1921) publica tres libros, *Alba de olvido* (1942), *Sitio del amor* (1944) y *Verdad del Sueño* (1946). No tomo a esta poeta de esta década porque su poesía no se ubica en la línea vanguardista que intento plantear como guía para mi trabajo. La poesía de esta autora en un principio se caracteriza por un lenguaje modernista parnasiano, con un acabado perfecto del verso. En las primeras publicaciones de Meira Delmar en los años cuarenta se percibe la influencia de Juan Ramón Jiménez recibida por la generación del 27. En estos poemas el valor poético se reduce a la pura sensación y a la expresión de lo inefable como se intentó en el simbolismo. Al respecto afirma Charry Lara: "Ese estímulo de los poetas del 27 fue notable para la evolución de nuestra poesía, resentida hasta entonces, con escasas excepciones, de manías altisonantes y conceptuales: del mal Modernismo había heredado su afición a lo ornamental y lo verboso" ("Prólogo" 17). Además de la filiación modernista que algunos críticos anotan sobre la poesía de Meira Delmar, también se plantea la filiación neorromántica: "Meira Delmar (1921) se da a conocer en la década del cuarenta asumiéndose como neorromántica" (Araujo 835-836). No obstante en los capítulos posteriores demostraré que algunos rasgos estéticos de la poesía del Caribe se encuentran en su obra.

Vanguardia tardía en Colombia. En efecto, a López se le considera como el poeta que abre la Vanguardia en el país por la propuesta estética considerada de ruptura con respecto al Modernismo y al movimiento estético imperante en Colombia en la década de 1910, el grupo Centenario;[3] constituye pues, un antecedente en el contexto nacional y regional caribe para los otros poetas que desarrollaron de manera incipiente o consolidada el vanguardismo en el Caribe a partir de 1940: Artel, Rojas Herazo, Quessep, Gómez Jattin y Bustos. Hay entonces una continuidad estética que se corrobora en el análisis comparativo de sus propuestas poéticas; esta continuidad se refleja en la manera como cada poeta retoma la tradición anterior, renovándola. Por ejemplo, la influencia de López en el tratamiento del lenguaje, la ironía, el entorno y los personajes se percibe en Gómez Jattin, en Rojas Herazo y en Bustos. Hay vínculos evidentes en el manejo del espacio entre Bustos y Quessep; en el manejo del lenguaje religioso en Quessep, Rojas Herazo y Bustos; entre otros aspectos que trataré posteriormente en los capítulos respectivos.

La década de 1930 no forma parte de la continuidad estética enunciada en el Caribe colombiano y ésta es una de las razones por la que no seleccioné ningún poeta de esta época. Ciertamente, en los años veinte surge en Colombia el grupo de "Los Nuevos";[4] y en los años treinta el grupo de Piedra

---

[3] Esta generación surgió en Colombia en relación con las diversas actividades de la vida hacia 1910, año del primer centenario de la Independencia nacional. Es una derivación del modernismo americano. Sus principales exponentes publican en las revistas "La gruta simbólica", "El Nuevo tiempo literario" y "Trofeos". En estos poetas se percibe la influencia del Parnaso y del Simbolismo. Algunos representantes del Grupo Centenario son: Porfirio Barba Jacob, Eduardo Castillo, Ángel María Céspedes (Caparroso 167-68).

[4] El grupo de Los Nuevos se caracterizó por la irreverencia en los poemas con tono iconoclasta. Pese a sus propósitos de cambio en la poesía, no lograron la renovación vanguardista; la influencia modernista aún se sentía en la poesía de este grupo; la música verbal y la razón primaban en el poema. León de Greiff y Rafael Vásquez, dos de los representantes de este movimiento, exploran esta musicalidad y las fuerzas primitivas de la naturaleza, manifestación del vitalismo modernista (Charry Lara, "Los poetas de los Nuevos" 635-55). Luis Vidales ubicado en este movimiento introdujo cierto espíritu vanguardista en la obra *Suenan Timbres* (1926); y en la cual se percibía mayor libertad basada en el humanismo (Luque Muñoz, "Tinta hechizada" 43-44). No obstante, el movimiento de "Los Nuevos" no puso en práctica los procedimientos surrealistas llevados a cabo en 1924 en Europa; hay pues, un retraso de esta poesía con respecto a la renovación de la escritura poética en el mundo. Por el contrario, en el Caribe colombiano en la época de 1917 a 1920 hay una apertura cultural y artística en el seno de la revista *Voces*, dirigida por Ramón Vinyes, el Sabio catalán, la cual divulgaba los nuevos escritores vanguardistas de la época en el mundo, y las nuevas tendencias de las letras. En el grupo de Los Nuevos no aparece ningún poeta del Caribe colombiano. En la época del

y Cielo.⁵ En estos grupos no se creó una poesía de corte vanguardista. En la década del veinte y el treinta en el Caribe colombiano publica Miguel Rasch Isla cuya poesía es de corte modernista en una época tardía.⁶ La ubicación de este poeta en la línea modernista y su rezago frente a la renovación llevada a cabo por la Vanguardia, son razones por las cuales no selecciono autores ni obras de la década del treinta, dentro de la delimitación de mi objeto de estudio. Es pues la línea vanguardista, en sus primeras manifestaciones y en su desarrollo pleno, la que orienta el término 'lírica contemporánea' que uso en este trabajo y en la cual se ubican los seis poetas elegidos.

El desarrollo pleno, aunque tardío, de la Vanguardia en Colombia se lograría con el grupo Mito en 1950, época durante la cual la poesía nacional recibe aires de renovación.⁷ Éste rompe con el patrón de la tradición colombiana en lo que respecta a los grupos literarios, mediante un cambio en la creación poética traducido en la elaboración de elementos expresionistas, directos, anecdóticos y conversacionales que dan un aire de crudeza al poema acercándolo a una realidad cuyo espacio canónico era la prosa. Hay en consecuencia una búsqueda de lo cotidiano que se contrapone a la sublimación poética, al abstraccionismo lírico del grupo de Piedra y Cielo. Esta búsqueda toma varias formas: en como sitúa en el poema al hombre con sus circunstancias internas, en el erotismo liberador, en la exaltación del cuerpo contra todo tabú, en la presencia de la muerte en los poemas –tema dominante de Mito–, y en la búsqueda del ser y su identidad (Romero, "Los poetas" 705-08). En este grupo algunos críticos ubican a Héctor Rojas Herazo,⁸ porque en su poesía se desarrolla la búsqueda antes anotada con

---

movimiento de Los Nuevos encontramos en el Caribe colombiano a Luis Carlos López, pero por las características de su poesía, más antipoesía con muchas características vanguardistas, no hace parte de dicho movimiento.

⁵ El grupo de Piedra y Cielo poseía un tono neorromántico en su poesía de tradición hispana en los años treinta. Uno de los representantes más destacados es Eduardo Carranza. Esta poesía se compromete más con la emoción que con el mundo, con un universo etéreo desligado de la realidad que se refleja en el poema a través de la musicalidad y la metáfora.

⁶ Al respecto ver, Jorge Zalamea ("Opiniones" 89), Carlos J. María (55).

⁷ Este grupo surge con la fundación de la revista Mito en 1955.

⁸ Forman parte también de Mito, Fernando Charry Lara, Álvaro Mutis, Jorge Gaitán Durán, Fernando Arbeláez, Rogelio Echavarría y Eduardo Cote Lamus. La pertenencia de Héctor Rojas Herazo a este grupo es polémica; Romero afirma: "A su vez, la inclusión de Héctor Rojas Herazo, a quien Jaime Mejía Duque incluye como poeta independiente a Mito en su libro *Momentos y opciones de la poesía en Colombia*, se debe a que lo consideramos no sólo integrante de Mito en cuanto a que fue la revista la que publicó en forma continental y nacional sus poemas y le dio el apoyo crítico que merecía, sino porque su temática y tono poético se emparentan con

el sello propio de poeta, esto es, mediante una escatología cuyo centro son las secreciones del cuerpo, la agonía, la ruina, la soledad y la muerte, la podredumbre, entre otros temas claves en su poesía. También Rojas Herazo incluye en ésta un lenguaje tabú referido a las partes del cuerpo, en especial al universo de lo bajo; y un lenguaje religioso que cuestiona la relación entre Dios y el hombre. Rojas Herazo llevó a Bogotá una nueva voz para la poesía colombiana; recoge los ecos de la vieja tradición de Vanguardia que, como isla en la provincia, había alimentado la revista *Voces* de Barranquilla. Este poeta llega al interior de Colombia con un lenguaje desacralizador heredero de Luis Carlos López (Romero, "Los poetas" 751-52). Son entonces Luis Carlos López como iniciador en los años diez y veinte, y Héctor Rojas Herazo, en los años cincuenta y sesenta, como continuador, dos de los puntos claves en esta línea de la lírica contemporánea vanguardista del Caribe colombiano que construyo aquí, como base para la delimitación de mi objeto de estudio. Ambos poetas son avanzados en su creación poética para la época en Colombia, pues mientras en el país la poesía estaba anquilosada en el modernismo epigonal o en el neorromanticismo, estos poetas introducen los cambios en la lírica que en Latinoamérica y en el Caribe ya se habían iniciado en los años veinte.[9]

---

las búsquedas más o menos colectiva de este grupo" (705). En las primeras publicaciones de Héctor Rojas Herazo ya se perfila la renovación poética; algunos críticos consideran que el autor impone un tiempo de poesía más acorde con la que se daría en las décadas del sesenta y setenta (Romero 705-06).

[9] En Latinoamérica la Vanguardia ya se había iniciado en 1916 y tiene su climax en 1922 cuando salen a la luz manifiestos polémicos, exposiciones y movimientos con diferentes propósitos: los ultraístas argentinos con la hoja mural Prisma en 1921; los Estridentistas mexicanos; poetas como Vallejo con *Trilce*, Borges con *Fervor de Buenos Aires*, Neruda con *Crepusculario*, Gabriela Mistral con *Desolación* y Oliverio Girondo con *Veinte poemas para ser leídos en el tranvía*, Manuel Maples Arce con *Andamios Interiores*, entre otros. En el Caribe, la Vanguardia ya había hecho su aparición con el Postumismo dominicano y el Diepalismo puertorriqueño. En 1921 el poeta más importante del vanguardismo dominicano es Domingo Moreno Jiménez con *Psalmos*, en el que hay una libertad expresiva y formal, desarticula la métrica y la armonía, incluye el lenguaje coloquial, lo popular y autóctono en la búsqueda de la afirmación nacional. En Puerto Rico, es la poesía de Luis Palés Matos y José Diego Padró, la que irrumpe con aires vanguardistas mediante la palabra escrita como sonido, la onomatopeya negra y la jitanjáfora, y el descubrimiento de las raíces étnicas y culturales del Caribe (Verani, *Las vanguardias* 10-11). La manifestación literaria vanguardista no ocurrió como resultado de una renovación estrictamente artística, sino que estuvo vinculada en el Caribe al impacto de la modernización, a los cambios políticos, económicos y sociales que operaron en los tres países hispanocaribeños: Cuba, Puerto Rico y República Dominicana. Estas transformaciones son exocéntricas pues fueron el producto de necesidades de la expansión norteamericana. Este momento histórico es recuperado en la literatura, en la poesía especialmente, mediante la nostalgia del pasado causada

La poética del Caribe continental

El caso de Jorge Artel también se puede incluir dentro de esta línea de la lírica contemporánea del Caribe colombiano, determinada aquí por esta renovación estética vanguardista. Si bien este poeta no alcanza tal vez el nivel y valor estético de los otros cinco poetas elegidos en esta investigación,[10] su poesía para los años cuarenta era avanzada con respecto a la línea neorromántica y modernista imperante en Colombia, en los grupos de Los Nuevos y de Piedra y Cielo. La poesía de Artel es heredera directa de Candelario Obeso (1849-1884); pero renueva el discurso basado en la recreación de la afroantillanidad que poetas como Luis Palés Matos en Puerto Rico ya habían desarrollado en los años veinte y treinta. Artel es el primero en abordar, desde el verso libre en Colombia, la tradición africana en el país; pero lo lleva a cabo suprimiendo el exotismo y el estereotipo de la poesía de tema negro que le antecedía (Guzmán, "Naturaleza" 591). La poesía de Artel abre la poesía del Caribe a una musicalidad sin límites, incluye en ella la naturaleza, la cotidianidad del hombre Caribe y sus espacios y motivos: el mar, el puerto, el viaje, la búsqueda del otro; también abre el verso a la libertad de otras voces: las del ancestro, las del negro y el blanco en contradicción, las de la naturaleza: el viento, el rugido del mar; las voces del ritmo: el tambor, la gaita. Su poesía también se abre al espacio del cuerpo, la sensualidad del

---

por la pérdida de los espacios físicos y la enajenación colonizadora. En este ámbito surge lo nuevo ofrecido por la Vanguardia, aspecto que poetas como Luis Palés Matos explora mediante una línea discursiva que guarda relación con registros europeos y caribeños del negrismo y la negritud; indaga así el poeta en los rasgos negroafricanos; crea de este modo la afroantillanidad de la identidad puertorriqueña (Daroqui, "Cambio y permanencia" 43-46). Nótese cómo mientras en Colombia el contexto poético giraba en torno a un lenguaje neorromántico y modernista desgastado, en el Caribe ya se estaba dando la renovación que Luis Carlos López, como isla, desarrollaba en sus poemas mediante el lenguaje conversacional y coloquial, la ironía, lo grotesco y escatológico, la crítica al contexto político y sociocultural. López es iniciador de la Vanguardia en Colombia y el Caribe colombiano, aunque no logró desprenderse de la métrica.

10 Uno de los elementos que va en detrimento de la calidad estética de la poesía de Artel es la explicitud con que maneja los temas de protesta contra la raza blanca y contra la opresión de la cual históricamente ha sido víctima la raza negra. Considero que no son la musicalidad de sus poemas y la intertextualidad con géneros de tradición oral como la canción, el lamento, el pregón, entre otros, los que le restan poder lírico a sus versos, porque justamente estos elementos le otorgan el carácter vanguardista a su poesía, y lo inscriben en la poesía negra al lado de otros poetas del Caribe como Luis Palés Matos, Manuel del Cabral y Nicolás Guillén, entre otros (Canfield, "La poesía negra" 507). Es el manejo, a veces evidente, del lenguaje y de algunas temáticas asociadas a la protesta, lo que a mi modo de ver subordina lo estético a otros propósitos diferentes. Cuando Artel hace esto en sus versos, le quita la posibilidad al lector de ir más allá de la palabras; en estos casos la poesía en lugar de crear y expresar sentidos mediante el juego de lo oculto y lo implícito, ofrece directamente una descripción y una explicación que no tienen cabida en el discurso lírico, pues son características de la prosa no artística.

15

negro y su unión al entorno. Estos elementos son típicamente vanguardistas y generan una ruptura en Colombia en la década del cuarenta.

La ubicación de Artel en la línea de la lírica contemporánea por las razones antes expuestas, es uno de los argumentos para la inclusión de su obra en esta investigación; pero hay otra justificación y es la concerniente a la importancia del elemento negro, representado por Artel y su poesía, en la identidad del Caribe, la cual es producto de la simbiosis de tres razas y culturas: la indígena, la blanca y la negra proveniente de África.[11] El elemento negro es una parte de la identidad caribeña, en su integración y participación histórica y también en su especificidad. El negro no sólo participó en la simbiosis cultural reflejada en la música, la danza, la alimentación, las lenguas y los dialectos del Caribe, sino que también hizo parte de unos procesos sociales, económicos y políticos que vivió esta región y que configuraron sus modos de vida y sus ideologías. La raza negra es entonces vista aquí, no sólo desde una visión romántica, estereotipada, sino también conflictiva y cambiante; es una parte que integró el rompecabezas histórico de la región Caribe.[12] Al integrarse a los procesos sociohistóricos y culturales, el elemento negro también se integró a la literatura del Caribe.[13] Sus orígenes

---

[11] Los elementos que han influido en la cultura caribeña son la raza, el color, la esclavitud, el colonialismo, la explotación, el desarraigo y el exilio, entre otros (Carnegie, "Temas y problemas" 44); la raza y el color en el fondo son imaginarios que como afirma Dépestre ("Mito e identidad" 39), reflejan un sueño o una pesadilla, la de una formación social y un modo de producción basado en las plantaciones de azúcar, café, tabaco, ligado a la esclavitud africana. En el Caribe insular el clima común, la situación geográfica y las características físicas semejantes hicieron posible que en la mayoría de las islas se desarrollara el sistema de plantación azucarera esclavista. La estructura de la plantación se convirtió así en el centro de la unidad social caribeña basada en la organización de esclavos (Zimmerman, "The Unity of the Caribbean" 33). En el caso del Caribe colombiano, la presencia negra se constata en algunos eventos históricos importantes, entre otros: una de sus ciudades, Cartagena, se convirtió en el principal puerto del virreinato y en uno de los más grandes centros del comercio de esclavos sobre el Atlántico; los esclavos de origen africano suministraban la mano de obra para las plantaciones, la navegación fluvial y las tareas domésticas. La esclavitud fue condicionada por la difusión de comunidades de cimarrones que se acomodaron con el tiempo a la sociedad colonial; lejos de los centros coloniales, hubo poblaciones dispersas no controladas por las autoridades, cuyos integrantes eran esclavos prófugos, indígenas que huían de las encomiendas, desertores, fugitivos blancos y aventureros; la convivencia de estos grupos generó un patrón complejo de mestizaje (Posada Carbó, *El Caribe* 59-60).

[12] La identidad cultural es una resultante histórica de la evolución común de complejos socioeconómicos también comunes (Moreno Fraginals, "En torno a la identidad" 42).

[13] La poesía negra pertenece, en la historia de la literatura hispanoamericana, al tercer decenio del siglo XX, aunque se vino gestando desde comienzos del siglo XIX (Canfield, "La poesía negra" 495-96).

y caracterización se encuentran en la nostalgia de la tierra, la rebeldía de la condición social impuesta, en las creaciones folclóricas, los cantos de trabajo desesperados, los *Negro Spirituals*, los cantos de esperanza, que surgieron en las plantaciones en los días de esclavitud; estos elementos dejaron de ser creaciones espontáneas para ser artísticas, expresiones ya no de un sentir situacional, sino las manifestaciones de una voluntad estética (Canfield, "La poesía negra" 496-97), tal como se encuentra en Artel.

Los otros tres poetas, Giovanni Quessep, Raúl Gómez Jattin y Rómulo Bustos se ubican en la postvanguardia latinoamericana. Los poetas de esta época no forman un movimiento poético uniforme, sino individualidades aisladas (Cobo Borda, *Historia portátil* 231). En realidad, los seis poetas aquí seleccionados son islas con respecto a los movimientos de sus épocas. Recuérdese que a Rojas Herazo lo inscriben en el grupo Mito, pero su filiación a éste no es tan clara como sí lo es la de Álvaro Mutis, por ejemplo. Quessep se ubica en el período postnadaísta[14] en Colombia. Los críticos lo ubican en 'La Generación sin Nombre' o 'Generación desencantada', nombre asignado a un grupo de poetas cuya característica es la desilusión frente a un contexto basado en el engaño;[15] su poesía desarrolla varias técnicas como la aparición de la máscara o el doble en el espacio poético, el recurso a la narrativa y a la intertextualidad, la reflexión sobre la poesía, el lenguaje coloquial y los escenarios urbanos, la polisemia mediante un juego de recursos arquetípicos, entre otras (Alstrum, "Generación de golpe" 517-18).

---

[14] Después de Mito aparece una generación de poetas en Colombia denominada Los Nadaístas cuyos trabajos aparecen en los años sesenta y setenta antecedidos por un manifiesto. Esta poesía se caracteriza por un revelar, mediante una revolución de la forma y el contenido, los estados esquizofrénicos-conscientes contra los estados pasivos del espíritu. Provocación y sentido del humor son elementos típicos de este grupo en cierto sentido efímero con respecto a la tradición inmediata. Los Nadaístas en Colombia se asocian al futurismo italiano, al dadaísmo suizo-francés y al surrealismo. Entre los principales representantes de este movimiento en Colombia están Gonzalo Arango, Jaime Jaramillo Escobar (cuyo seudónimo es "X-504"), Jota-Mario Arbeláez, Amílkar Osorio y Eduardo Escobar (Collazos, "Nadaísmo" 461-62).

[15] Antonio Caballero dice al respecto. "Desilusión, desencanto. O —mejor— desengaño. O, para ser más precisos todavía, miedo al engaño. Si algo sirve de vínculo generacional a este puñado de poetas, tras la evidencia de las fechas de nacimiento, es el temor a ser engañados; y la sospecha, casi la convicción —más inteligente que poética, más del saber que del sentir— de que durante todas su vida han querido engañarlos; y la resignación —a veces— ante ese engaño sufrido, consentido" (4-6). A este grupo de poetas postnadaístas no se les puede aplicar el término 'generación' en el sentido cronológico, pues algunos de los poetas eran contemporáneos o mayores que los Nadaístas. En cuanto a las fechas de los libros, tampoco se puede establecer una generación porque poetas postnadaístas como Quessep y García Mafla publicaron sus primeras obras antes de 1970 (Alstrum, "Generación de golpe" 515).

Raúl Gómez Jattin y Rómulo Bustos no hacen parte de los grupos anteriores; algunos críticos los consideran representantes de la nueva poesía en Colombia[16] (Luque Muñoz, "Tinta hechizada" 54). Caracterizar esta poesía es tarea difícil, pues cada poeta hace énfasis en aspectos distintos; Gómez Jattin en un erotismo y vitalismo whitmaniano y una sensualidad polimorfa; Bustos en el paisaje, la naturaleza como fundamentos temáticos. A pesar de esta diversidad de enfoques poéticos, en esta investigación planteo que se pueden establecer encuentros y desencuentros entre estos dos poetas y entre lo seis autores elegidos, como se corroborará posteriormente. Se pueden establecer vasos comunicantes estéticos e ideológicos y también rupturas entre estos poetas. Por ejemplo, una diferencia clara entre Gómez Jattín, Giovanni Quessep, de las épocas del setenta y el ochenta, relacionados de maneras diferentes a la generación desencantada, y Rómulo Bustos, es que en éste ya no se encuentra el desencanto escéptico hallado en la poesía de aquéllos.

Con los seis poetas elegidos se puede entonces construir una línea estética que identifique la lírica contemporánea del Caribe y que cubra todo el siglo XX. Ahora bien, la construcción de este objeto de estudio no sólo se basa en la caracterización y ubicación temporal y espacial de los escritores, sino también en la recepción de sus obras en los años inmediatos a sus publicaciones. En efecto, la reconstrucción historiográfica en el plano de la estética de la recepción nos permite acceder a la valoración estética[17] que de las obras y sus autores se tuvo, hecho que ofrece pistas sobre su importancia para la poesía del Caribe colombiano y del país en general. Abordaré este aspecto a continuación.

---

[16] A esta nueva poesía pertenecen también Juan Manuel Roca, Gustavo Cobo Borda, Darío Jaramillo Agudelo, entre otros.

[17] La teoría de la recepción investiga las condiciones tanto internas como externas de los juicios de valor estéticos; la metodología se basa en una correlación de estadísticas textuales y estadísticas de recepción a través de las cuales se elucidan los efectos producidos en determinados grupos de lectores y los elementos de forma que los producen (Uwe Hohendahl, "Sobre el estado" 33-34). En este trabajo no trabajaré con dichas estadísticas; sólo utilizaré uno de los intereses teórico-metodológicos de la estética de la recepción, a saber, el problema de la valoración, con miras a ofrecer más argumentos que apoyen la selección de los poetas y sus obras.
Además del interés mencionado, la estética de la recepción posee otros como el problema de la historicidad, el cual resulta de especial importancia en una investigación sobre la historiografía de la poesía en el Caribe colombiano; proyecto necesario en el país.

Al observar las recepciones[18] que se hicieron de las obras de los poetas del Caribe colombiano se argumenta la importancia que éstos tuvieron en la producción literaria de la región y el país. Como se dijo en páginas anteriores, Luis Carlos López publica su primera obra, *De mi Villorrio*, en 1906 y con ella crea una ruptura con la tradición romántica y la poesía centenarista en Colombia. López transgrede el horizonte de expectativas creado por estos últimos contextos estéticos y genera una serie de reacciones en los críticos y en los escritores de la época, tanto dentro como fuera de Colombia.[19] Los críticos de la época destacan su originalidad y genialidad,[20] su manejo del lenguaje cómico, mordaz, irónico que se opone al romántico y melancólico al

---

[18] Realizaré un análisis breve de las recepciones de las primeras obras de los poetas elegidos en sus respectivas épocas; tomaré un lapso de 10 años que se inicia inmediatamente después de la primera publicación de la obra de cada poeta. Para realizar el análisis partiré de los siguientes postulados: (1) la literatura y el arte sólo se convierten en procesos históricos concretos cuando interviene la experiencia de los que reciben, disfrutan y juzgan las obras (Jauss, "El lector como instancia" 59). Esta idea resulta clave para mi análisis pues me permite acceder a las relaciones entre tradición y ruptura en la poesía del Caribe colombiano. (2) No sólo es importante el lector como analista —mi caso, por ejemplo—, sino también el lector como intérprete que goza y comprende las obras. En efecto, tanto el investigador, el crítico y el lector desprevenido, son receptores que actúan como instancias para una historia de la literatura. (3) La importancia de un horizonte de expectativas que se define como el sistema de referencia de las expectativas que resultan de la comprensión previa de los géneros, de la forma y temática de obras anteriormente conocidas (Jauss, "El lector como instancia" 76). Este concepto es importante en el nivel metodológico puesto que permite acceder a los efectos y recepciones de una obra en su momento de aparición.

[19] El poeta más popular y admirado por el pueblo en Colombia para finales del siglo XIX y comienzos del XX era Julio Flores (1867-1923), calificado como romántico retrasado (Alstrum, "Las gotas amargas" 283). La obra de López se opone a esta propuesta.

[20] Manuel Cervera (515-16), además de la originalidad destaca su genialidad. Emiliano Hernández (540) resalta en *De mi Villorrio* la actualidad de la obra y su novedad en la literatura colombiana. Francisco Ramos Gonzáles (550) dice sobre *Varios a Varios*: "A mí, burgués que me cuido la panza por razones de filosofía práctica, me ha parecido este libro detestable...por lo demás, aun cuando insista en la rima, no se pondrá nunca en ridículo, pues es reconocido por los principales críticos de la lengua española como uno de los más geniales y jugosos de los modernos poetas sur-americanos". Este comentario es revelador en cuanto a la recepción de la obra de López en su época y contexto; nótese cómo en la primera parte se infiere que la obra rompe el horizonte de expectativas, de manera negativa, pero luego hay una reacción a recibir la propuesta nueva porque rompe con la tradición anterior. Eduardo Castillo habla de López como el poeta más original de Colombia y se refiere al contexto poético y a los gustos lectores de la época: "López ha logrado imponerse a los gustos rutinarios de la mesocracia leyente, y hacer saborear con deleitación por paladares habituados a los empalagosos jarabes de esa literatura amerengada, tan del agrado del público, los platos fuertemente condimentados de su arte acre, realista, y a veces brutal" (509).

que el público estaba acostumbrado en la época. En este nivel de recepción, el socialmente normativo, se observa que la propuesta nueva de López rompió el horizonte de expectativas de manera favorable. Al analizar la distancia estética,[21] con López se observa que hubo un cambio de horizonte. En López se observa que hubo éxito espontáneo, escándalo por la nueva propuesta y rechazo. Algo importante de destacar es que la recepción mencionada ocurre en la década de 1910 y 1920, período en que aparecen por primera vez las obras de López. Pero si observamos la década del treinta, cuarenta, cincuenta y sesenta, se puede apreciar que la recepción de las obras de López continúa.[22] Los juicios de la crítica de esta época destacan las temáticas de la poesía del autor, el paisaje, lo popular, el trópico, la vida de las calles; y los giros inesperados del lenguaje, el humor, la ironía, el sarcasmo, la caricatura y el carácter vanguardista de su poesía (García Prada 181-82; Arango Ferrer 131-32; Echagüe 51-52; Rafael Maya 546-48; Núñez Segura 374-76). En el nivel de recepción socialmente normativo también es importante destacar las veces que el poeta fue tenido en cuenta en las antologías.[23] Esto indica un estado crítico que incluye al poeta en el panorama de las letras colombianas; es decir, hay un reconocimiento de su producción lírica frente a otros poetas, dentro de una historia de la literatura colombiana.[24]

En el nivel de recepción reflexiva, del diálogo de los grandes autores, también encontramos hechos interesantes para argumentar la importancia de López en la literatura del Caribe colombiano y del país en general. Se

---

[21] Esto es, el espacio que media entre el horizonte de expectativas preexistente y la aparición de una nueva obra (Zimmermann, "El lector como productor" 42). Esta distancia estética se materializa en la escala de las reacciones del público y del juicio de la crítica.

[22] En 1953 Rafael Maya afirma: "Desde luego, los versos del poeta cartagenero no han envejecido con el transcurso de los años. Me parece que, por el contrario, el tiempo los rejuvenece, y saca a relucir aspectos nuevos, no advertidos antes" (545).

[23] En el período que va de 1900 a 1945, López fue antologado tres veces, por Caro Grau en 1920, por García Prada en 1937 y por Caparroso en 1945 (Jaramillo Agudelo, "Antologías" 561). En el período de 1945 a 1964, López fue incluido seis veces en distintas antologías; en 1948 por Carranza, en 1952 por Caballero, en 1954 por Escobar Uribe, en 1957 por Ginés de Albareda, en 1959 por la Academia Colombiana y en 1959 por Andrés Holguín (Jaramillo Agudelo, "Antologías" 575). En el período de 1964-1990 es antologado siete veces. En 1974 por Andrés Holguín, en 1980 por Espinosa y Cobo Borda, en 1981 por Panero, en 1983 por Arévalo, en 1989 por Círculo de Lectores y en 1989 por Echavarría (Jaramillo Agudelo, "Antologías" 587).

[24] Las antologías revelan estados de recepción; en el caso colombiano "[...] las antologías son una de las formas como la poesía ha llegado al público no iniciado en los últimos 143 años de vida colombiana, se trata de detectar para cada época qué se consideraba lo mejor de la poesía" (Jaramillo Agudelo, "Antologías" 531).

destaca a Rubén Darío como lector de López, a quien reconoció como gran poeta.[25] Federico de Onís resalta el carácter posmodernista de la obra de López.[26] Entre los poetas-lectores de López originarios del Caribe está Nicolás Guillén quien enjuicia la poesía del cartagenero como una de las más originales en Hispanoamérica.[27]

No hay duda de que la percepción de la forma y de los temas fue la base de la transformación del horizonte de expectativas y de la distancia estética que generó López en su época. En la forma, los lectores percibieron la presencia del lenguaje práctico, cotidiano; en lo poético, algo inesperado con respecto al hábito de un lenguaje alejado de la cotidianidad característico de los poetas anteriores y contemporáneos a López. En los temas, igualmente, los personajes, espacios y eventos cotidianos, de la calle y el barrio, de lo popular, emergieron en el poema, lo cual se contraponía al mundo intimista y emotivo típico de los poemas románticos, al estilo de Julio Flores.

El caso de Jorge Artel es análogo al de López en algunos aspectos de su recepción. En la década del cuarenta en la que publica *Tambores en la noche*, los juicios de los críticos destacaron, en la forma, la musicalidad, el ritmo, el canto, la onomatopeya del escenario caribe, que aparecía en la poesía como elemento esencial; en las temáticas, los críticos de la época hicieron énfasis en la reivindicación del elemento negro en la poesía colombiana, iniciada con Candelario Obeso; la presencia de la africanidad, del ancestro (Vinyes; Caneva 90-91). Artel es recibido por la crítica como el representante de la poesía afroamericana en Colombia y la máxima expresión del pensamiento lírico-negro colombiano (Del Valle). La inclusión de Artel en las antologías también es importante en este nivel de recepción. Aparece en cuatro antologías en el período de 1945 a 1964, cuyos juicios críticos están referidos

---

[25] Al respecto, Emiliano Hernández nos cuenta la siguiente anécdota: "Darío, que es un gran silencioso y en el fondo un supremo distraído, se volvió a mí, suplicándome de nuevo, el recitado. Y volví a recitarle: ¡Admirable... –y el artista rompió en una pirotecnia de alabanzas, en las cuales no hubo el tinte de la más pequeña ironía... Es un gran poeta, indiscutiblemente un gran poeta" ("Juicio de Rubén Darío" 539).

[26] Onís asevera: "[...] su actitud poética, [...] es la más propia y típicamente posmodernista, porque es el modernismo visto al revés, el modernismo que se burla de sí mismo, que se perfecciona al deshacerse en la ironía" (Cit. en Alstrum, "Las gotas amargas" 284).

[27] Nicolás Guillén afirma: "La poesía: la suya nos gustaba como un trago fuerte, de aguardiente directo, que es preciso beber de un solo golpe [...] Fue por aquellos días cuando trabé conocimiento con el autor de "Por el Atajo", es decir con su poesía y desde entonces siempre la busqué y hasta la perseguí" ("La carcajada" 530)

a lo nuevo y lo mejor en la poesía colombiana, y a la pertenencia del poeta a la historia de ésta.[28]

En el nivel de recepción reflexivo, vale la pena destacar a Luis Palés Matos y Eduardo Carranza como lectores de Artel. El primero destaca el paisaje caribe, lo folclórico y el drama del hombre.[29] El segundo agrega el carácter insular en la poesía colombiana, de la poesía de Artel, lo cual revela la posición de éste con respecto al horizonte de expectativas de la época. Carranza identifica a Artel como el primer poeta marino de Colombia.[30]

La percepción de lo nuevo en la recepción que de este poeta negro se tuvo inmediatamente después de la aparición de su obra, está en haber despertado la temática, la situación, la historia, el canto, el movimiento y la música negra en la lírica, pues en las primeras cuatro décadas del siglo XX estos elementos estaban ausentes en el panorama de la poesía colombiana. Fue una manera de recordarle al lector caribe una de las partes de su identidad; y al resto de lectores en el país, la posibilidad de otras voces, otros temas, distintos a los producidos por el grupo de Piedra y Cielo.

Rojas Herazo publica por primera vez en 1951 *Rostro en la soledad* y en 1956, *Desde la luz preguntan por nosotros*. Las reacciones que causaron estos libros en la crítica se relacionan con la estructura y el lenguaje. Llamó la atención la fusión lírica y épica y la plasticidad de las imágenes,[31] la discontinuidad temática, el tono desacralizador.[32] También fue reveladora la manera como el poeta condensó el tránsito del hombre sobre la tierra y la

---

[28] En 1948 Artel es antologado por Carranza en *Un Siglo de Poesía Colombiana*; en 1954 Escobar Uribe lo incluye en *Nuevo Parnaso colombiano*; en 1957 Ginés de Albareda lo incluye en la antología *Poesía Hispanoamericana*; y Andrés Holguín lo antologó en *Mejores poesías colombianas* en 1959. En las antologías de los períodos de 1964-1990, Artel no aparece, lo cual puede tener su explicación en que el poeta sólo publicó después de *Tambores en la noche* en 1940, *Botas y Banderas* en 1972, un libro cuya calidad estética estuvo en entredicho por la crítica.

[29] Palés Matos considera a Artel como: "una presencia dinámica y eficaz en las letras americanas y una influencia renovadora sobre las juventudes poéticas del continente" (1950).

[30] Al respecto agrega Carranza: "La salobre fascinación oceánica como que circula por su alma y por su poesía [...] Artel canta también la fiesta y la pena de los negros. En su tórrido mundo danzan la onda, la palmera y la mulata. Mientras suenan en la sombra tambores y acordeones y se desliza el manso dolor resignado de la raza sombría" ("Jorge Artel" 221).

[31] José Raúl Arango en 1963 afirmaba: "Su poesía desarrolla en función del lenguaje la mayor plasticidad que pueda verse actualmente en la poesía colombiana" (32).

[32] Romero ("Los poetas" 752) plantea que este tono desacralizador de la poesía de Rojas Herazo es heredero de Luis Carlos López.

'purificación de los sentidos' que realiza en su poesía mediante una serie de imágenes sensoriales (Ruiz, "Desde la luz" 26-27; Arango, "Héctor Rojas" 31; Romero, "Los poetas" 754). Para algunos lectores críticos de la década del sesenta, la poesía colombiana alcanzó un nivel estético alto con Rojas Herazo.[33] El contexto de recepción de la obra de este poeta, está marcada por sus publicaciones en la revista Mito. En efecto, las producciones literarias e intelectuales en general de este grupo, generaron una ruptura en el horizonte de expectativas del público lector de la época. Posteriormente, en el período de 1964 a 1990, Rojas Herazo fue antologado dos veces en 1980.[34]

En el nivel de recepción reflexivo, un dato que vale la pena destacar es la lectura que hizo uno de los grandes escritores hispanoamericanos; se trata de Gabriel García Márquez quien en 1950 había leído unos poemas sueltos de Rojas Herazo, los que en 1951 conformarían *Rostro en la soledad*; García Márquez recibe estos poemas, en especial "El habitante destruido" como una obra fundamental de las letras colombianas. Agrega también que esta poesía tiene el sello de lo nuevo frente a esa otra producción lírica que tenía la voz oficial en esa época.[35] En 1952, García Márquez vuelve a manifestar su juicio sobre la poesía de Rojas Herazo, ya no sobre poemas sueltos, sino sobre su primer libro *Rostro en la soledad*. Acota el narrador colombiano que el público de la época no estaba preparado para recibir este libro tan innovador en contenido y lenguaje, un libro que enfrentaba al hombre a su origen, su naturaleza, su paso por el mundo y su destino.[36] Treinta y seis años

---

[33] Clemente Zabala además de resaltar la originalidad de Rojas Herazo en el lenguaje y su capacidad para generar el asombro, asegura que "la poesía colombiana de este momento ha alcanzado en Héctor Rojas Herazo su más alto nivel" (201).

[34] Me refiero a las antologías de Germán Espinosa *Tres siglos y Medio*; y de Cobo Borda, *Álbum de Poesía*.

[35] Al respecto, en 1950, García Márquez dice: "Poesía desbordada, en bruto, la de Rojas Herazo no se daba entre nosotros desde que las generaciones literarias inauguraron el lirismo de cintas rosadas y pretendieron imponerlo como código de estética. Rojas Herazo la rescató del subsuelo, la liberó de esa falsa atmósfera de evasión que la venía asfixiando...Rojas Herazo volvió a descubrir al hombre" ("Héctor Rojas" 9). García Márquez se refiere explícitamente a la producción lírica del grupo de Piedra y Cielo, contra el cual el grupo Mito opone su producción estética.

[36] En 1952, en palabras de García Márquez: "No había tregua en este libro. No había reposo ni en medio de esa barahúnda del hombre defendiendo su sitio central en la naturaleza, no surgiera de pronto, como algo extraño, pero también como el remanso que era preciso presentir, uno de los poemas más gloriosos que se ha escrito entre nosotros: 'La casa entre los robles'. Al leer el libro por primera vez, había comenzado esta nota: 'Héctor Rojas Herazo nos trae una poesía para la cual no estábamos debidamente preparados'" (12).

después, en 1988, todavía se siguen leyendo los poemarios de Rojas Herazo publicados en los años cincuenta. Darío Jaramillo Agudelo, poeta y novelista colombiano, redescubre en este año algunas claves temáticas y de lenguaje en *Desde la luz preguntan por nosotros*; destaca el énfasis de Rojas Herazo sobre las funciones biológicas del cuerpo humano y el recurso de la enumeración en los versos para revelar la avalancha de imágenes corporales; renovación ésta que violenta el horizonte de expectativas de un lector acostumbrado a imágenes pudorosas del cuerpo y a un silencio absoluto sobre las secreciones biológicas del hombre en la poesía.[37]

La recepción de la obra de Quessep está marcada en los primeros dos años por un silencio de la crítica. Su segunda obra,[38] *El Ser no es una fábula* (1968) fue comentada en 1970; se destacó en ella el manejo de los símbolos, la manera como el poeta reorganiza y explica el cosmos mediante una versificación clásica de herencia española y la concepción trágica del ser y del destino a la manera helénica (Canfield, "Giovanni Quessep" 60-61). En 1972 Quessep aún no había recibido el reconocimiento que merecía;[39] en el grupo de poetas jóvenes considerados de calidad estética en el país aún no figuraba,[40] pese a que este poeta desarrollaba en su poesía la madurez de la

---

[37] Jaramillo Agudelo afirma: "En un país con tradición católica, con unas normas de control social de las conductas tan rígidamente administradas por la iglesia, con unos tabúes tan rotundos sobre la sexualidad y el cuerpo [...] sólo la cultura caribe ha conservado una visión más descomplicada del cuerpo y algo de desparpajo frente a sus fisiologías más íntimas. No es extraño, pues, que sea un poeta costeño el primero que aborda consistentemente, como una obsesión, el latido, la percepción y las funciones glandulares del cuerpo humano, en la poesía colombiana. Antes de él, son abundantes los poemas galantes a las partes más pudorosas del cuerpo de la amada. Héctor Rojas Herazo será el primero en construir su poesía sobre la cruda y acezante materialidad del cuerpo" (Jaramillo Agudelo, "Héctor Rojas" 50).

[38] La primera obra fue *Después del paraíso* (1961) recogida por el autor pues consideró que no era un texto acabado.

[39] Alstrum explica esta carencia de reconocimiento así: "Sin embargo, los poetas de los sesenta rechazaban la obra de Quessep al calificarla como 'la poesía más conservadora que se haya escrito en los últimos años' porque 'no se arriesga ni por asomo en el terreno experimental', ni 'utiliza ninguna expresión que disuene; su lenguaje es siempre muy correcto'" ("La poesía de Giovanni Quessep" 165).

[40] Martha Canfield comenta en 1972: "cuando llegué a Colombia, no hace mucho, quise saber quienes eran los poetas jóvenes más considerados aquí. Me nombraron a José Pubén, a Nicolás Suescún [...] Nadie me habló de Mario Rivero; nadie conocía a Giovanni Quessep [...] y luego, hace poco Colcultura resuelve encargar una antología de la joven poesía colombiana; la antología se hizo pero Giovanni no figura. Ahora yo pregunto (y mi pregunta es para dentro de cincuenta años) ¿Cuántos de los poetas "oficialmente" antologizados por María Mercedes Carranza quedarán para la historia de las letras colombianas? Seguramente no pocos de los

poesía hispanoamericana de la época, ya presente en Borges y en Gorostiza, materializada en el canto a la creación, a la poesía misma, la cual es en Quessep el universo fantástico que nace a partir del desvanecimiento de lo real (Canfield, "La nueva poesía" 213). Otros críticos tanto de esta década del setenta como del ochenta y noventa, destacaban el paisaje y la memoria pulida por el tiempo, el universo maravilloso, y el manejo pulcro y excelso del lenguaje, entre otros aspectos que hacen de Quessep un poeta mayor (Cobo Borda, "La poesía de Quessep" 312; Ruiz, "Giovanni Quessep" 60; Reyes Peñaranda). En la década del noventa, la poesía de Quessep ya no pudo ser ignorada; una de las poetas y críticas del país, María Mercedes Carranza, que en 1972 lo había desconocido en la antología de Colcultura, afirma sobre la poesía de Quessep: "es imposible desconocer por el interés y la consideración que ella suscita entre críticos y lectores" (Alstrum, "La poesía de Giovanni Quessep" 165). Desde la década del setenta hasta el noventa, Quessep ha sido antologado tres veces: en 1974 por Andrés Holguín en *Antología Crítica*; en 1980 por Germán Espinosa en *Tres Siglos y Medio*; y en 1981 por Panero en *Poesía colombiana de 1880-1980* (Jaramillo Agudelo, "Antologías" 588).

Raúl Gómez Jattin publica por primera vez en 1980 *Poemas*, pero sólo es hasta 1988, cuando publica *Tríptico cereteano*, cuando la crítica empieza a recibir y manifestar sus juicios sobre la obra. Ramón Illán Baca (1987) destaca el interés que produjo este escritor calificado como 'poeta maldito' por su marginalidad voluntaria y sus reclusiones en las clínicas psiquiátricas: "La presencia de Raúl Gómez Jattin produjo expectativa entre nosotros. Su fama de poeta maldito [...] le daban una aureola de 'rara avis' que consecuentemente también hacía que su poesía fuera buscada y comentada" (2). Lo que llamó la atención del público lector de este libro de 1988 fue sin duda la desnudez del lenguaje, la ausencia de retórica, la sencillez, el sufrimiento del hombre plasmado en el lenguaje, al decir de Cadavid ("La inocencia" 104), una biografía espiritual que pretende fundar la poesía, al igual que Quessep, como posibilidad de salvación; una poesía con visos de antiliteratura (Valdelamar, "Raúl Gómez Jattin" 3) que rememora la antipoesía de Luis Carlos López. En este mismo año de 1988, el público ya recibe la obra de Gómez Jattín atraído por una clase de poesía original que rompía los cánones por el universo caribe desbocado en sus versos y por

---

nombres recogidos allí se pueden olvidar desde ya sin temor. Pero el nombre de Giovanni Quessep no se puede olvidar impunemente y el tiempo atestiguará por mí" ("La nueva poesía" 207).

la marginalidad y miseria extrema con que el poeta construye el hombre contemporáneo.[41]

La obra de Rómulo Bustos apenas en la década del noventa empieza a ser recibida por la crítica; en realidad es muy poco lo que hay hasta el momento, comparado con los otros poetas. Sin embargo, Bustos ha ganado dos premios de poesía, en 1985 y en 1993.[42] Este reconocimiento en el nivel de recepción normativo ubica su obra en un plano importante en la poesía colombiana. En Bustos se han destacado las temáticas de la muerte, la duda de Dios, la tensión entre el sueño y la realidad, la peregrinación tormentosa del hombre en la que se enfrenta a interrogantes y a su naturaleza de polvo y luz (Martínez González 63; Ferrer Ruiz, "La estación" 64); aspectos estos que recuerdan la poesía de Rojas Herazo y de Giovanni Quessep.

La ubicación de los seis poetas seleccionados en la línea del Caribe contemporáneo y en el contexto de la poesía colombiana, al igual que la breve historia de las recepciones de sus obras, sustentan las relaciones entre ellos. Los vasos comunicantes se auguran en este nivel y en efecto se comprueban en el análisis detallado de sus producciones líricas; los vínculos no sólo emergen en el plano de los procedimientos estéticos y de las ideologías recreadas, sino también en sus sistemas poéticos. Cómo están construidos estos procedimientos y sistemas será el tema de los siguientes capítulos. Antes, me detendré en la metodología que seguí para analizar las obras y llegar a establecer dichos procedimientos y sistemas.

El proceso metodológico que usé para el análisis de las obras de los seis poetas seleccionados es el siguiente: 1) La comprensión de las obras; 2) la explicación-interpretación; y 3) la comparación de los procedimientos y sistemas poéticos de los escritores.

---

[41] Leonidas Castillo narra la experiencia de uno de los recitales en que Gómez Jattin llenó el teatro: "Esperar que apareciera aquella noche [...] Los concurrentes estaban allí (sin estarlo) sentados, raptados con mansedumbre de la realidad del entorno [...] Levitaban los concurrentes entre las eternas convocaciones del poeta: Dios y la muerte; el mundo, la historia y el dolor; el amor y el infierno. Raúl Gómez Jattin estaba sentado allá al frente. Leía para un público arrebatado de la rutina su excelente poesía, su poesía vital" ("El ángel" 1).

[42] En 1985 ganó el premio nacional de poesía Lotería de Bolívar con el libro *El Oscuro sello de Dios*; y en 1993 el premio nacional de poesía de Colcultura con el libro *En el traspatio del cielo*. Este último es un reconocimiento importante en el país.

La poética del Caribe continental

En el análisis e interpretación de las obras hago énfasis en lo que el texto literario ofrece como creación artística, lo cual me aleja de las posturas modélicas en el análisis literario, las cuales, o ven la obra como una estructura cerrada y esquemática, o la toman como pretexto, esto es, como ejemplo que ilustra o verifica el modelo.[43] En lugar de partir de un modelo de análisis específico impuesto a la obra, en esta investigación parto de un proceso metodológico en tanto camino para el estudio de las obras líricas de los poetas del Caribe colombiano y de unas herramientas analíticas que no impongo a la obra sino que operan como guías para la elaboración del horizonte de preguntas y del conjunto de sentidos que emerge del contacto entre mi lectura y el texto. Yo aporto mi horizonte de preguntas, mis herramientas y mi construcción de sentidos y el texto, en este caso lírico, me aporta su tejido estético, plurisignificativo y polifónico, su coherencia discursiva y artística. Considero la obra lírica como un tejido artístico en el que subyacen ideologías entramadas bajo su propuesta estética. Mi búsqueda pretende acceder entonces, a lo que el texto me aporta, en su dimensión estética e ideológica, como una de las posibilidades de lectura que puede tener, pues ésta se encuentra mediatizada por mi competencia lectora, mis objetivos de análisis y mi ideología.

En la comprensión de las obras accedo a dos tipos de procedimiento estético: *los del orden del lenguaje* y *los del orden de las significaciones,* que la obra me ofrece, los cuales son variados pero cohesionados por el conjunto de sentidos. En el primero, estudio las estrategias estéticas formales utilizadas por los poetas como el manejo del discurso poético; en el segundo, analizo el universo de sentidos entretejidos implícita y explícitamente en las obras. Este acceso a los procedimientos estéticos de las obras también permite el reconocimiento del sistema poético del autor, entendido éste como el conjunto de elementos que nuclea la producción lírica total del escritor y le otorga coherencia. La construcción del sistema poético se hace en el acto de lectura al reconocer los ejes poéticos alrededor de los cuales gira la totalidad de la obra. Cómo se construyen estos sistemas poéticos en las obras de los poetas, será tema a tratar en los siguientes capítulos, al igual que la manera como en ellos se encuentran y distancian los seis poetas. El análisis de los procedimientos estéticos, así como el acceso a los sistemas poéticos de los

---
[43] Un ejemplo de esto es el análisis estructuralista desarrollado en la narrativa con Roland Barthes (1979), Algirdas Greimas (1966), Courtés (1986), Genette (1970), entre otros.

autores, serán elementos claves para la etapa comparativa de esta metodología en la cual se entrecruzan los rasgos estéticos e ideológicos encontrados de tal manera que se establezcan las diferencias y semejanzas entre sus propuestas poéticas. Esta comparación sustentará la existencia de una lírica del Caribe colombiano contemporáneo que trasciende el simple argumento geográfico.

En lo que sigue, el lector encontrará los resultados de la puesta en marcha de esta metodología usada en el análisis de las obras de los seis poetas elegidos, distribuidos en once capítulos: 1) Determinación del Caribe como área social, cultural y literaria. 2) Oralidad, poesía conversacional, tradición y cultura popular. 3) Geografía poética. 4) Visión de Dios y lenguaje religioso. 5) Muerte y soledad. 6) Tiempo y memoria. 7) El problema de la identidad. 8) Viaje y exilio. 9) La estética de lo grotesco. 10) Encuentros y desencuentros. 11) De lo estético a lo ideológico. 12) El Caribe colombiano frente al Caribe insular hispano y no hispano. En el primer capítulo se argumenta la existencia del Caribe como región unificada por aspectos históricos, sociales y culturales lo cual contribuye en parte a la sustentación de una literatura del Caribe; aquí recurro a diversas fuentes bibliográficas. En los siguientes ocho capítulos presento el análisis de los rasgos estéticos que caracterizan la lírica del Caribe colombiano contemporáneo. En el capítulo décimo establezco una comparación entre las propuestas estéticas de los seis poetas con el fin de argumentar la existencia de la poesía de esta región desde el punto de vista artístico sin negar las diferencias en aspectos específicos. En el capítulo undécimo propongo la relación entre dichos rasgos estéticos y algunos aspectos ideológicos vinculados al Caribe y al mundo contemporáneo en general. Finalmente, en el último capítulo presento algunas relaciones entre los rasgos estéticos encontrados en los poetas de Caribe colombiano y algunos rasgos de las obras de cinco poetas del Caribe no colombiano, anglófono y francófono, que elegí para una breve comparación. Este capítulo abre horizontes de investigaciones futuras que permitan centrarse en aspectos específicos sobre los autores mencionados desde perspectivas individuales y/o comparativas.

La determinación del Caribe como área social, cultural y literaria

El trabajo aquí propuesto debe iniciarse por el cuestionamiento del Caribe como área, pues de él depende la justificación de la propuesta. ¿Existe esta área más allá del argumento geográfico? Esta pregunta se vincula y determina la existencia de la literatura del Caribe en general y la del Caribe colombiano en particular. Este interrogante ha sido objeto de múltiples análisis de sociólogos, antropólogos y críticos literarios. Algunos han emprendido estudios para demostrar que sí existe tal área y por ende su identidad; otros se han empeñado en demostrar que ésta es sólo un mito que es necesario desmontar. En esta última postura se encuentran autores como Ralph Premdas[44] quien considera que hablar del Caribe como una unidad es un imaginario, pues su característica es precisamente la diversidad, la heterogeneidad lingüística, étnica y sociocultural. Pero el hecho de asumir la unidad e identidad caribeñas como tal, no implica que el planteamiento sea absurdo; por el contrario, el autor destaca que hablar del área del Caribe responde a una concepción de algunas comunidades y grupos, como parte de sus elaboraciones ideológicas. Ciertamente, Premdas propone que la identidad del Caribe es un constructo y se orienta por necesidades de reunión instrumental y expresiva. Por ello, plantea cuatro niveles que nos dan luces sobre la caracterización que aquí pretendo establecer: lo transcaribe, lo regional, lo insular y el subestado etno-nacionalista.

El primero se sitúa por encima de las divisiones raciales, religiosas y lingüísticas y se concibe como un sentimiento de unidad y pertenencia que experimentan los individuos cuando están lejos de casa: la identidad transcaribe fue descubierta y construida en el desespero de la búsqueda de personas y lugares familiares (Premdas 25). El autor ilustra este nivel con las

---

[44] Ver "Etnic conflict and levels of identity in the Caribbean: deconstructing a myth". *Etnicity, Race and Nationality en the Caribbean.* San Juan: Institute of Caribbean Studies University of Puerto Rico, 1997.

comunidades de estudiantes caribeños que se desplazaban a universidades de Londres, Amsterdam, París, Nueva York y Toronto, y descubrían en otros caribeños a hermanos y hermanas perdidos. Se construía así, una ciudadanía transitoria y accidental que se transformaría luego en el mito de la identidad transcaribeña. Este razonamiento plantea que la búsqueda de la identidad caribeña sólo existe precisamente fuera del Caribe. Tal inferencia nos lleva a pensar que la consideración de una literatura del Caribe emerge cuando opera una actitud comparativa, esto es, cuando nos detenemos a observar la literatura de un área geográfica, en el Caribe colombiano por ejemplo, sobre el trasfondo de la literatura de otras áreas.

Efectivamente, hablar de tal literatura implica partir de un criterio excluyente: la literatura del Caribe sería aquélla que no pertenece a las otras regiones. En consecuencia, considero que la identidad transcaribe, tal y como ha sido definida por Premdas, justifica la búsqueda de una conceptualización del objeto de estudio planteado.

El segundo nivel de identidad, el regional, se define por las características lingüísticas incluidas en el Caribe, que forman grupos específicos. Aquí vale resaltar la diversidad de lenguas en las distintas comunidades del área.

El tercer nivel, lo insular, se refiere a la lealtad del país desde la cual el colectivo asume una actitud territorial; el rasgo definitorio son las fronteras administrativas.

Estos tres niveles se relacionan con el planteamiento de una literatura caribeña hispana y no hispana (indígena o criolla) y con la denominación del país en cuestión: Caribe colombiano, por ejemplo.

El cuarto nivel apunta al apego significativo hacia una comunidad cultural o localidad sub-estado. Según Premdas, en el Caribe esto se expresa de modo más agudo en aquellos estados que son culturalmente plurales y racialmente fragmentados como Guyana, Trinidad, Surinam y Belice. Las divisiones crean un sentido fuertemente arraigado de pertenencia y diferenciación frente a grupos externos, creando rupturas culturales profundas.

La conclusión relevante de las ideas anteriores es el carácter unitario y diverso al mismo tiempo del Caribe, zona con una relativa coherencia, pero con fragmentaciones y heterogeneidades evidentes. Por ello, plantear su unidad e identidad sólo es posible dentro de un modelo gradual que dé cuenta de las transiciones, tal como Premdas ("Ethnic Conflict" 28-34) lo establece: una tipología de identidades caribeñas que formule relaciones y rangos: lo etno-nacional y etnolocal; lo ento-nacional y universal; lo nacional; y lo transcaribeño.

La identidad etnonacional y etnolocal se caracteriza por un fuerte localismo asociado a sistemas sociales unitarios, que desarrollan mecanismos de cierre hacia otras comunidades, se autodefinen y pretenden defenderse de influencias foráneas: este es el caso de Tobago.

La identidad etnonacional y universal ocurre cuando una comunidad local se une a otras similares en otras partes del mundo; su característica no es el apego a la comunidad donde habitan sino hacia una más extensa, –de extraestado. Los intercambios son frecuentes, involucran flujos de gente, de literatura, música y programas culturales y políticos.

La identidad nacional se relaciona con el mito de ascendencia y comunidad común; y con la idea de Estado y lealtad al grupo.

La identidad transcaribeña, por su parte, ocurre fuera del Caribe y se fundamenta en valores asignados, alusivos a la historia y a la ecología: plantaciones, colonialismo, azúcar; se trata de considerar las afinidades de las comunidades en cuanto a los procesos históricos que han sufrido.

A estos elementos definitorios de la identidad transcaribeña son los que generalmente aluden los especialistas para argumentar la existencia de la unidad e identidad caribeñas. Ileana Rodríguez (14)[45] cita las ideas de Ramiro Guerra, quien desarrolla tres puntos: el latifundio de azúcar como responsable de la sustitución de una población por otra; el proceso de sustitución conforme a un ciclo que requiere una transformación previa de propiedad; y la creación de una organización económica y social débil de explotadores y explotados, como consecuencia del proceso anterior, que situó la cuestión racial en segundo plano. Estos puntos explican en parte el origen de la diversidad cultural y lingüística del Caribe como uno de sus rasgos definitorios y a su vez sostienen la unidad desde el punto de vista histórico.

---

[45] Ver "Introduction: Towards a Theory of Caribbean Unity". *Process of Unity in Caribbean Society: Ideologies and Literature*. Minneapolis: Institute for the Study of Ideologies and Literatures, Minneapolis, 1983.

Mintz (1960) en esta misma dirección, intenta conceptualizar al Caribe como área coherente y menciona nueve procesos históricos que ayudarían a demostrar la existencia de la zona en cuestión: una ecología insular subtropical; una rápida extirpación de poblaciones indígenas; la definición de las islas como una esfera de capitalismo agrícola europeo dominado por el sistema de plantación; el desarrollo concomitante de estructuras sociales marcadas por la dominación externa, diferenciación bien definida en el acceso al poder político y la riqueza de la tierra; el juego continuo entre la plantación y propiedades agrícolas pequeñas que determina divisiones socioculturales; las olas migratorias sucesivas extranjeras; la ausencia de una ideología de identidad nacional; la persistencia del colonialismo; y un alto grado de individualización.[46]

Benítez Rojo (*La isla* 17), por su parte reitera la importancia de la plantación como elemento que permite proponer una imagen caribeña; es la máquina que se repite sin cesar en el Caribe y que ocasionó el crecimiento del capitalismo mercantil e industrial en la región: "El Caribe es un mar histórico-económico y un meta-archipiélago cultural sin límites, un caos dentro del cual hay una isla que se repite". Además de la plantación, Benítez agrega que el Caribe, en tanto que isla que se repite, se caracteriza por otros aspecto tales como el sincretismo, el polirritmo, la fragmentación, el aislamiento, el desarraigo, la complejidad cultural, entre otros. Algunos de estos aspectos pueden ser, obstáculos para el estudio global de las zonas caribeñas.

A pesar de que los anteriores criterios se han puesto en duda, éstos sirven como punto de partida para la caracterización de la literatura del Caribe y justamente, en la década de los cincuenta emerge la preocupación por la conceptualización unitaria del área en la crítica literaria. Ileana Rodríguez ("Introduction" 14-15) corrobora que varios críticos como G. H. Coulthard, Jorge Mañach, José Antonio Portuondo, Jacques Stephen Alexis, entre otros, se preguntaron por la existencia de la literatura del Caribe. Coulthard se cuestiona: "¿existe una literatura del Caribe o únicamente una literatura escrita en el Caribe?" (Rodríguez, "Introduction" 15); y su respuesta alude a definiciones geográficas y empíricas vagas e intuitivas, según Rodríguez, referidas a similitudes entre las regiones en cuanto a la historia, el ambiente

---

[46] Ver "The Caribbean as a Sociocultural Area". También citado por Ileana Rodríguez ("Introduction" 15).

humano, la flora, la fauna y el clima. Mañach (Rodríguez, "Introduction" 16), por su parte, hace énfasis en una unidad u homogeneidad regional de las literaturas de los países caribeños que trasciende el criterio meramente geográfico y considera tanto lo insular como el litoral continental dentro del área caribeña; además ofrece tres observaciones que alivian un poco el carácter topográfico de su definición: la indiferencia con que otras repúblicas latinoamericanas conciben el área del Caribe, el grado limitado de integración de economías caribeñas y la necesidad de interpretar la literatura de esta zona en función de la sociedad caribeña.[47] Estas ideas de Mañach implican que hay una percepción externa de la unidad del área, y que existen acontecimientos de orden económico como el conflicto hombre-tierra, creado por el desafío continental, el cual se filtra de algún modo en la literatura. Portuondo (Rodríguez, "Introduction" 17), va más allá y propone temas comunes dominantes de la literatura del Caribe de la primera mitad del siglo XX, relacionados con la postura de los escritores con respecto a lo que él denomina "América mediterránea"; y Stephen Alexis (Rodríguez, "Introduction" 18) arriesga una sistematización conceptual de una cultura Caribe basada en zonas.

La importancia del trabajo de Ileana Rodríguez (1983) para la argumentación que nos ocupa, tiene que ver con el interés que ella demuestra en la reconceptualización del Caribe como una unidad diferenciada y a la vez relacionada con Latinoamérica, hecho determinante en los estudios ideológicos de la producción literaria y en el desarrollo de investigaciones que, según la autora, deben girar en torno al estudio de la periodización, de la selección de trabajos representativos y de la elaboración de categorías genéricas. Estas actividades tendrían como principal objetivo la elaboración de un estudio comparativo e interdisciplinario de literaturas caribeñas en sus interrelaciones y en sus vínculos con otras áreas de Latinoamérica, África y Estados Unidos (Rodríguez, "Introduction" 21). Por otra parte, el trabajo de Rodríguez nos deja cinco hipótesis que a nuestro modo de ver resultan claves para el estudio de la literatura del Caribe, incluyendo el área colombiana:

1. El Caribe debe concebirse como una totalidad que incluye tanto las naciones insulares como las continentales, extendida desde el sur de Estados Unidos hacia México, Centro América, Colombia, Venezuela y las Guyanas.

---

[47] Citado en Rodríguez, "Introduction" 16.

Hay razones para mantener la unidad de esta área pero éstas se someten a constantes cuestionamientos.

2. Los movimientos, corrientes y trabajos literarios de esta área exteriorizarán rasgos comunes y especiales que sólo pueden explicarse en términos de totalidad.

3. Es relevante la relación entre procesos sociales del Caribe y procesos literarios tanto en el plano del contenido como de la estructura y del sistema, los cuales pueden estudiarse mejor desde metodologías sociohistóricas y aproximaciones interdisciplinarias en el marco de las ciencias sociales.

4. Se requiere un estudio comparativo conjunto que relacione la literatura caribeña con los desarrollos históricos más amplios que afectan a toda el área; pero esta relación se extenderá a lo internacional, pues la historia colonial y postcolonial del Caribe está ligada a otros países, continentes y procesos globales: Estados Unidos y Europa, por ejemplo.

5. Un proyecto de investigación literaria que involucra una diversidad de países, lenguas, culturas y modelos económicos, características éstas de las "sociedades pluralistas", requiere un conjunto de delimitaciones metodológicas que deben ser especificadas en pro de resultados adecuados, entre ellas: la definición del área extendida y la identificación de parámetros y procesos que involucran el Caribe como totalidad; la caracterización económica e histórica que plantea al Caribe como un conjunto de sociedades de plantación que determinó los modelos de colonización, migración, inmigración, poblamiento y despoblamiento y los procesos de integración y diversidad social y cultural; la caracterización política que plantea el Caribe como una frontera imperial; y, con base en dicha formación económica y política que se inicia en el siglo XVII, la consideración de transformaciones sucesivas dependientes de coordenadas espaciales y temporales.

De lo anterior se colige que la elaboración de un marco histórico, fundamentado en imperativos, económicos, políticos y sociales, constituyen las bases para la propuesta de un área del Caribe, la cual argumentaría en consecuencia, la posibilidad de una literatura en diferentes lenguas. Efectivamente, son las bases históricas las que revelan la existencia de una comunidad caribeña unida por orígenes comunes, procesos afines, objetivos compartidos, en medio de la diversidad lingüística, cultural y étnica. Es pues el Caribe una zona de encuentros y desencuentros, de coaliciones y fragmentaciones, de identidades y diferencias, aspectos estos que de alguna manera explican la estructura, contenido y lenguaje de su literatura. Son estas bases históricas las que Marc Zimmerman (1983) destaca: "El Caribe puede verse como un bloque de sociedades resultantes de experiencias históricas paralelas durante cinco siglos de desarrollo e influencia del capitalismo europeo. El Caribe es distinto por su capitalización y occidentalización de los comienzos de la expansión europea hasta el presente" (38).[48] El autor agrega que esta área comparte patrones y problemas ecológicos, geográficos y socioeconómicos de colonización, inmigración, esclavitud y peonaje, de movilidad social limitada, conflictos de identidad nacional y cultural, de hechos históricos como la población indígena diezmada y la construcción de sociedades de plantación con la migración masiva de trabajadores africanos, lo cual, amen de las condiciones y circunstancias específicas en cada zona, produjo las sociedades multirraciales y multiculturales distintivamente heterogéneas. Zimmerman concluye que el centro de la unidad social caribeña se halla en las estructuras generadas por la definición temprana del área como una esfera de capitalismo europeo. Con base en esta idea arguye que una teoría de la literatura del Caribe se fundamentaría en la *creolización*[49] *y la totalidad*, las cuales permitirían establecer grados de énfasis caribeños y extracaribeños. Este planteamiento es importante por cuanto permitiría, con base en lo que el autor denomina una *poética de la literatura del Caribe*, establecer hasta dónde hay adherencia o no, a patrones definitorios de dicha literatura y hasta dónde existe, por el contrario, adherencia a patrones internacionales o nacionales que no están en conformidad con la concepción caribeña totalizante (45). Para establecer esos patrones, Zimmerman (38) propone la caracterización sociohistórica de las comunidades caribeñas desde un enfoque marxista, que se relacionaría con las corrientes y movimientos

---

[48] Traducción es mía.
[49] La creolización es un proceso que consiste en la mezcla de lenguas debido al contacto de pueblos por causas sociohistóricas diversas. Para el caso de América, podemos evocar los períodos en los que los españoles y portugueses, entre otros, trajeron mano de obra negra para suplir la mano de obra de población indígena diezmada en algunas zonas durante la colonia; los negros sustraídos de su grupo y provenientes de diferentes comunidades lingüísticas, se veían obligados a interactuar lingüísticamente con otros en las largas travesías marítimas hacia América. Estos viajes produjeron una primera mezcla de lenguas conocida como pidginización. Al llegar a América entraban en contacto con la población indígena, española y de otras lenguas, produciendo una estabilización o nivelación lingüística que dio lugar a la creolización. Este proceso lingüístico es una prueba fehaciente del mestizaje y de la pluralidad cultural de América, teniendo en cuenta que la lengua está en relación estrecha con la cultura.

literarios: "La literatura caribeña se vería como la praxis mediada pero expresada de grupos sociales que se relacionaría con la praxis cultural general de otros grupos sociales que no tienen expresión literaria" (47). Esto quiere decir, contrastar la práctica social no estetizada con la estetizada. Por ello, el autor hace énfasis en la posibilidad de estudiar los conjuntos y procesos culturales y las relaciones entre tradiciones culturales, orales, preliterarias y literarias.

Las hipótesis de Ileana Rodríguez y la propuesta de una poética del Caribe ya han empezado a desarrollarse, aunque de manera independiente en las diferentes zonas del Caribe a través de estudios concretos sobre autores, grupos y épocas literarias, y sobre las producciones literarias de áreas completas en el Caribe. Todos estos trabajos han permitido el planteamiento de una historia de la literatura en el Caribe como la de James Arnold *A History of the literature in the Caribbean* (1994), en la que se plantea que los estudios críticos de los años sesenta y setenta (por ejemplo Coulthard, 1962; Ramchand, 1970; Combes, 1974; Baugh, 1978; Brown, 1978 y King, 1979), han marcado los paradigmas para una aproximación crítica a la literatura del Caribe; pues delinean los tropos dominantes, las preocupaciones temáticas y las marcas estilísticas. Es así, como se puede establecer, según Arnold (7), un canon literario caribeño que tradicionalmente ha sido dominado por un grupo de trabajos seminales desde 1950 y 1960, período en el que la literatura caribeña anglófona surgió como 'boom' en la tierra madre metropolitana, Londres. Estos trabajos seminales son los de V. S. Naipul, George Lamming, Samselvon, Wilson Harris, Derek Walcott y Kamau Brathwaite, los cuales han sido la base principal para los estudios de literatura del Caribe y de los cursos de grado de las décadas del setenta y ochenta. Arnold establece que dichos estudios han permitido establecer preocupaciones críticas, entre otras: el paisaje, lo local, la arquitectura de una literatura, la acomodación, la alienación, la identidad y la comunidad, el modo autobiográfico, los vínculos de la infancia y la línea matrilineal, el exilio, la nostalgia, las historias reescritas y la tradición realista. Algunos de estos elementos se encuentran en la poesía del Caribe colombiano como se demostrará en los capítulos siguientes. La historia de la literatura del Caribe anglófono marca entonces, por lo menos en la primera mitad del siglo XX varios aspectos: hay un interés por el folclor y la tradición popular y un reconocimiento de los recursos culturales no coloniales;[50] también hay

---

[50] El foco de esta clase de trabajos está en Jamaica donde se elaboraron trabajos como: *Jamaican*

una lucha entre la colonia y la nación en la que se plantea una poética de la pertenencia (Arnold 34).

Otros críticos, como Breiner (103), no solamente hablan de historias de la literatura del Caribe sino también de tradiciones. Breiner (101) establece que sí es posible hoy en día hablar de tradiciones literarias nacionales y que se ha aumentado el interés en la etnografía, la religión, el folclor y el lenguaje, lo cual ha contribuido a incrementar la diversidad en los escritores caribeños. Mientras Arnold establece los trabajos seminales que marcan la literatura del Caribe, especialmente anglófona, Breiner (26) plantea los episodios de la historia de la producción literaria caribeña en general, que fueron cruciales para su desarrollo, las cuales son: la poesía de Haití de los años veinte y treinta; la poesía negrista en Cuba durante ese mismo período; y los orígenes del movimiento de la Negritud fuera de la convergencia de estudiantes de Martinica y de África en París en los años treinta y cuarenta.

Más allá de las historias y tradiciones de la literatura caribeña, otros investigadores proponen hablar de una poética o una estética caribeña. Torres-Saillant en su libro *Toward an Aesthetic of West Indian Literature* (1997) asegura que es posible delinear la actividad literaria en el área del Caribe como un corpus diferenciado con una lógica interna en sí misma; a partir del examen de los motivos temáticos y las selecciones estilísticas que se encuentran en los trabajos escritos de diferentes naciones y bloques lingüísticos del archipiélago antillano. Torres-Saillant también considera que se puede articular una visión comprensiva de los imperativos culturales e históricos que gobiernan la escritura artística en el Caribe. Propone finalmente que los textos literarios desde los primeros años del siglo XX, están unidos por un parentesco estético proveniente de la experiencia más o menos análoga, vivida por las sociedades caribeñas (1). El crítico se atreve a proponer que esta estética se diferencia de la tradición literaria principal de occidente, pues está determinada por circunstancias históricas indígenas. Al parecer Torres-Saillant se refiere a la tradición europea, ante la cual, la literatura caribeña conformaría un sistema autónomo. Este sistema se manifiesta como una poética que sustentaría la unidad de esta literatura, basada ésta en la unidad cultural y sociohistórica de la región que la produce (Torres-Saillant 14). Esta unidad se refleja en los siguientes rasgos: la impureza ontológica del

---

Song and Story de Walter Jekyll's (1907*), Jamaican Anansi Stories* de Martha Beckwith's (1924) y *Jamaican Proverbs* (1925) (Arnold 27).

Caribe debido a su constitución diversa, pero unida como las piezas de un rompecabezas; la fragmentación como coherencia, la cual lleva a los artistas a una conciencia que les permite proponer la restauración de las historias compartidas; el hecho de compartir la región y la cultura; la separación epistemológica lo cual implica ver al Caribe no con los ojos occidentales tradicionales, especialmente europeizantes, no con ojos prestados, sino desde la misma realidad y visión caribe. Con base en estas características, Torres-Saillant establece las áreas de la literatura caribeña: la literatura francófona, la anglófona y la hispánica. La primera ha sido vista desde el lente negroide, de la antillanidad y de la búsqueda de una identidad que la diferencie de la herencia francesa y más bien la arraigue a los procesos históricos que han vivido sus pueblos: Martinica, Haití, Guadalupe y Guyana. La literatura anglófona, por su parte, ha tenido como centro crítico en las últimas décadas la necesidad de proponer una estética caribeña indígena, basada en herramientas especiales para los trabajos literarios; la cual se explica por el interés de explorar las raíces y el desarrollo histórico peculiar de la región. La literatura caribeña hispánica, según Torres-Saillant, ha tenido como centro crítico el discurso predominantemente latinoamericano; ha habido, según el autor, unas definiciones eurocéntricas de la cultura Latinoamérica y esto ha afectado el discurso de los intelectuales que se ha ocupado de la literatura caribeña hispánica, dentro de la cual incluye a Puerto Rico, Cuba y República Dominicana. Si bien es cierto que la crítica sobre esta literatura ha podido estar influida por el discurso europeizante, no se puede negar que también ella ha estudiado la estructura y características de las obras de autores tanto latinoamericanos como caribeños, desde la misma realidad latinoamericana y caribeña. Aquí podemos citar, para el caso del Caribe colombiano, los trabajos sobre Cepeda Samudio, García Márquez y Rojas Herazo. Considero que la propuesta de Torres-Saillant sobre la literatura caribeña es excluyente y pretende establecer el discurso poético caribeño desvinculado de los demás discursos estéticos, latinoamericanos y europeos en especial. No se puede negar que hay relaciones entre la literatura anglófona, francófona e hispánica caribeña con las producciones, corrientes y tradiciones estéticas hispanoamericanas y europeas.[51] Este hecho no va

---

[51] Al respecto, Mateo Palmer asevera: "Los nexos esenciales entre la literatura latinoamericana y la caribeña son, en el presente, un tema de especial interés para la ciencia literaria en nuestro continente. Indudablemente, ambos conjuntos literarios constituyen una unidad, cuyos ejes centrales, sin embargo no ha sido hasta hoy cabalmente descritos" (*Narrativa Caribeña* 1). Sobre este mismo tema Cornejo Polar agrega, refiriéndose también al estudio de las literaturas regionales, que es necesario pensar a América Latina "como proceso histórico abierto que se

en detrimento de la originalidad e identidad de la producción literaria del Caribe ni de los trabajos críticos sobre ella. Por el contrario, contribuye a revelar algunas fuentes, relaciones y creaciones estéticas que se han gestado en la región. Considero que en lugar de partir de un criterio comparativo excluyente, es más apropiado partir de un criterio comparativo incluyente como el que aquí sigo, el cual me permite no sólo acceder a la estética identificatoria de la literatura del Caribe en relación con sus identidades y procesos sociohistóricos, sino también, observar sus relaciones con los otros sistemas literarios, relaciones que son inevitables.

La poética caribeña que propone Torres-Saillant (53-92), se basa en los siguientes rasgos: la diversidad lingüística y la unidad cultural; la preocupación por la raza y el color; el tema de la resistencia, la agresión y la sobrevivencia; la conciencia de pertenencia a su región y cultura, de su carácter diferente a las otras regiones, de una visión del mundo peculiar; la de unidad caribe que sustenta las ideas de antillanidad y creolización; las lenguas nativas; el imperativo religioso; y la imaginación histórica.

Finalmente, además de las historiografías literarias y de las poéticas del Caribe, es importante mencionar las compilaciones de ensayos y estudios sobre obras de autores caribeños y las antologías, referidas a áreas particulares del Caribe, Cuba, Puerto Rico, por ejemplo; y las referidas a todo el Caribe. En el primera caso se destacan las que tematizan las agrupaciones de ensayos como la de Coulthard (1958) que se centra en la raza y el color en la literatura antillana; la de Ileana Rodríguez *House / Garden / Nation* (1994) que trabaja el género, la nación, la etnicidad, y la hacienda; la de Margarita Mateo Palmer (1990) que se ocupa de las relaciones entre literatura caribeña e hispanoamericana, la dimensión mítica, el carnaval y el lenguaje de la narrativa caribeña; la de Donnell y Lawson (1996) que divide el contenido en tres campos: literatura del Caribe hispánico, del Caribe francófono y del Caribe anglófono; y toma los géneros narrativa, poesía, teatro y ensayo literario. También se encuentra las compilaciones de trabajos de literatura escrita por mujeres, la de Condé y Lonsdale (1999) centrada en la ficción narrativa; la de Boyce Davies y Savoir Fido (1990) que trata el tema de la mujer, la escritura y el feminismo, la historia y la identidad; la tesis de

---

configura al ritmo de esa misma historia y se extiende a nuevos espacios que si bien pueden poner en cuestión el nombre (ahora se prefiere hablar de 'América Latina y el Caribe') no por ello impiden pensar en el conjunto como una vasta y heteróclita suprarregión" (131).

Linda María Rodríguez (1994) sobre la novela histórica del Caribe escrita por mujeres; entre otras.

En cuanto a las antologías sólo mencionaré algunas del Caribe hispánico: la de Baeza (1977) sobre la poesía dominicana en el siglo XX centrada en los movimientos literarios; la de González (1972) sobre la poesía contemporánea de Puerto Rico que va del período de 1930 a 1960 y analiza textos poéticos; y la de Barradas (1992) también sobre la poesía puertorriqueña en los siglos XIX y XX. En cuanto a las antologías que cubren el Caribe como área general; es importante mencionar la realizada por Pamela M. Smorkaloff (1994) que usa un criterio clasificatorio temático según los siguientes tópicos: la plantación, el aspecto rural, la descolonización y la educación colonial, el aislamiento y las relaciones intercaribeñas, la vida moderna asociada a la alienación y la liberación, la identidad, la historiografía y la voz caribeña.

La tipología mencionada de trabajos literarios sobre el Caribe, revela la importancia que el tema ha tenido y tiene en el campo de las investigaciones humanísticas, y la necesidad imperiosa de continuar los trabajos concretos sobre obras, autores, grupos de obras y áreas completas, tanto en el plano del análisis individual, como en el comparativo. Los primeros deberán enfrentar el hecho de que las herramientas analíticas literarias provienen de estudios de autores y obras fundamentalmente no caribeñas, lo cual puede generar una imposición de categorías; esto se soluciona con la importancia que se le dé al texto como punto de partida para el análisis, como se estableció en la introducción de esta investigación; y a sus relaciones con los contextos sociohistóricos e ideológicos del Caribe, sin olvidar las relaciones de esta área con el resto de Hispanoamérica y el mundo. En el caso de los estudios comparativos, las dificultades se incrementan. Este hecho lo ha resaltado Mateo Palmer (*Narrativa Caribeña* 3-15) cuando plantea que el Caribe es diverso en cuanto a varios aspectos: en el caso del Caribe no hispánico, solo fue hasta 1968 que se publicó en el Caribe de habla inglesa los primeros volúmenes de crítica literaria; la producción literaria en las distintas áreas caribeñas comienza en fechas diversas y alejadas: en el Caribe hispánico en el siglo XVI hay un desarrollo en las letras coloniales en Santo Domingo, mientras que en el Caribe anglófono hay un texto literario relativamente maduro en la segunda mitad del siglo XVIII. Hay en consecuencia un desfase cronológico en el desarrollo de la literatura de las diferentes áreas del Caribe; el discurso caribeño adolece de una sincronía que se agrava con el avance histórico desigual y el perfil sociocultural y lingüístico complejo, debido a varios hechos: la diversidad de países que participaron en la conquista y dominación del Caribe (España, Inglaterra, Francia, Holanda, Suecia, Dinamarca y Estados Unidos); la pluralidad lingüística del área; la pluralidad étnica; y la distancia temporal que existe entre los diferentes procesos de obtención de la independencia. A pesar de esta realidad problemática, el estudio individual y comparado de las producciones literarias del Caribe es una tarea inaplazable; especialmente el estudio individual, que abrirá horizontes para las comparaciones futuras.

Las conclusiones que podemos extraer de la anterior exposición de ideas de diversos autores con respecto a la pregunta inicial, son de orden teórico y metodológico: las primeras apuntan a la construcción de un marco conceptual que defina el Caribe como área social y cultural, basado en aspectos históricos, políticos y económicos, los cuales construyen ideologías y visiones del mundo tipificadoras de las comunidades que allí habitan; este marco debe partir de la relación entre la creolización (pluralismo, diversidad y sincretismo) y la totalización como rasgos definitorios del Caribe, que crean tipos de identidad susceptibles de solaparse: etno-nacional, etno-local, nacional-universal y transcaribeña, y prácticas semióticas específicas (tradición oral, carnavalización, etc). Lo teórico se extiende igualmente a la conceptualización de una literatura del Caribe, la cual se pondría en relación con la caracterización anterior; se trata de lo que Zimmerman (1983) denominaba una poética del Caribe que de alguna manera pudiera revelar, en su modelización secundaria, la praxis social, cultural y los conflictos históricos, políticos, económicos e ideológicos de las comunidades caribeñas. El aspecto metodológico surge de alguna manera del anterior, pues de él emerge la importancia del enfoque sociocrítico, historiográfico y comparativo, en el estudio de la literatura del Caribe, desde el cual se delimitan las áreas geográficas, lingüísticas (hispanas y no hispanas) y literarias (géneros escritos y de tradición oral), como medio sistemático, para luego enfrentar análisis contrastivos en distintos grados.

Lo anterior deja en claro que el tema de la literatura del Caribe, y en nuestro caso del Caribe colombiano, está en el centro de las investigaciones humanísticas. La investigación aquí desarrollada es una contribución a las preocupaciones y propuestas enunciadas por los diferentes teóricos mencionados. Acercarnos a una caracterización de la poesía del Caribe colombiano permitirá dar un resultado que puede ser comparado con la poesía de las otras zonas del Caribe hispano y no hispano. De este modo empezaría a ser realidad el estudio comparativo sugerido por los investigadores del tema.

Oralidad, poesía conversacional y cultura popular

La lírica del Caribe colombiano se caracteriza por la elaboración estética de la oralidad, de la tradición y la cultura popular. La oralidad se considera como una característica de la literatura latinoamericana de vanguardia, y en el caso de la poesía latinoamericana, Luis Carlos López es precursor puesto que muchas de las características estéticas como el uso de la cotidianidad, la ruptura en el lenguaje mediante recursos como la ironía y la oralidad misma, se encuentran en poetas posteriores como Neruda, Vallejo, entre otros.

Estos rasgos de la oralidad se pueden encontrar en los seis poetas seleccionados, con tratamientos y manifestaciones tanto análogas como distintas. Cuando hay diversidad en los tratamientos estéticos del mismo rasgo estético ocurre un enriquecimiento del mismo, demostrándose así la plurisignificación de la obra lírica caribeña. Este rasgo estético lo desarrollaré en dos partes: la oralidad como formación discursiva y la tradición oral y la cultura popular.

La oralidad en tanto formación discursiva

Me detendré en primer lugar en la oralidad en tanto formación discursiva[52] y procedimiento estético que revela en su elaboración artística,

---

[52] Asumo aquí, la concepción sociocrítica de 'formación discursiva' como regularidad entre los objetos, los tipos de enunciación, los conceptos, las elecciones temáticos, de reglas de formación para designar las condiciones de existencia de estos diversos elementos (Cros 58). Las manifestaciones de la oralidad en los tipos de relaciones dialógicas o conversacionales y la tradición y cultura popular que desarrollaré más tarde, constituyen formaciones y prácticas discursivas con implicaciones ideológicas específicas. En efecto, los modos de enunciación sólo adquieren estatus discursivo en la medida en que en una escritura (la poética en nuestro caso), enlaza las prácticas sociales a otras prácticas como la religión, la familia, con procesos

ideologías occidentales en general, y en especial del Caribe. Esta oralidad se inscribe en las relaciones dialógicas que instauran una poesía conversacional, en el habla coloquial, y en la repetición como procedimiento estético oral.

Las relaciones dialógicas en un sinnúmero de poemas de Luis Carlos López, se realizan mediante intercambios conversacionales entre personajes que revelan la ambivalencia de la palabra. Esta ambivalencia ya fue definida y aplicada por Alstrum (*La Sátira* 12), en la poesía de López, como el juego verbal en el que las palabras contrapuestas se aniquilan mutuamente de varios modos: a través de la ironía, de imágenes polisémicas, eufemismos, palabras de doble sentido, mediante la contraposición de valores, la combinación de lo lírico y lo prosaico. Pero esta doble visión de la palabra toma mayor fuerza en el carácter conversacional y narrativo de los versos de López. Alstrum agrega que López combina lo lírico y lo prosaico adicionando toques histriónicos como el diálogo intercalado anticipador de la poesía conversacional de Ernesto Cardenal, que se encuentra en las descripciones del ambiente natural. La participación del lenguaje coloquial opera en la imprecación y en el prosaísmo de raíz popular y emerge en el poema debido a que en éste también tienen entrada los personajes de la cotidianidad. Como afirma Héctor Rojas Herazo (*Señales y garabatos* 556), para López existe el hombre con sus huesos, tripas y tubo digestivo y por eso, en sus versos, deambulan las muchachas comiendo dulce de papaya, la verdulera, los agiotistas, los jugadores de barajas, los charlatanes de esquina, los don juanes de trastienda, los copleros de chalina y guitarra y otros personajes como el barbero, el político, el campesino, el torero, entre otros. Bazik (*The Life and Works* 79) denomina este recurso, la creación de caracteres representativos de los grupos sociales, que López logra mediante la elaboración de retratos que hacen énfasis en los modos de vida de dichos individuos. La irrupción de una variedad de personajes cotidianos, al lado del manejo de la ironía y los mundos contrapuestos, se relaciona con la confluencia de lo culto y lo popular en la poesía de López. En efecto, el poeta cartagenero, crea en los primeros versos un universo lírico que luego es anulado por la introducción del lenguaje, de personajes populares, y de la ironía y la parodia. Normalmente lo popular, además de contradecir lo culto en el poema, actúa como medio para desencadenar la ironía. Esta habilidad en López quizá provenga de lo que Eligio García Márquez ("El

---

económicos y sociales, con situaciones conflictivas, con formas de comportamiento y con sistemas de normas, entre otros aspectos (Cros 67).

tuerto López" 522) considera como las raíces populares del poeta, asociadas a su actitud y oficio de artista; raíces que alternaban con ese otro mundo, la clase distinguida a la que pertenecía el poeta-hombre. Sin embargo, además de esta acotación de García, a mi modo de ver, la facilidad de Luis Carlos López para hacer comparecer lo culto y lo popular en los versos, dependía en gran manera del entorno, de esa Cartagena de contrastes, pero, también, de la capacidad del "Tuerto" para penetrar críticamente dicho entorno, de vivirlo intensamente con un gesto alegre y triste, con "una carcajada dolorosa" (Guillén, "Semblanza" 534).

Con los personajes cotidianos y populares, fluyen en el poema los registros verbales conversacionales y cotidianos: el chisme de las beatas, los alaridos de los borrachos esquineros y el vulgarismo, registrado en López por Nicolás Guillén ("Semblanza" 534). Bazik (112) considera el carácter conversacional como una técnica postmodernista tardía que, al lado del tuteo, es usada frecuentemente por López y contrasta con el tono descriptivo, en tercera persona, de sus trabajos más tempranos. López indicó el fondo que existe entre él y sus temas, a través de la forma familiar del verbo.

Normalmente usa el discurso directo para dar cuenta del intercambio comunicativo: "Sácate una muela / y vivirá tu novia"... Yo le dije al diablo: – ¡que se muera!..." (OP, "Salutación" 269). En este poema se entrecruzan dos interacciones discursivas distintas: entre el hablante lírico y un posible oyente lírico; y entre dicho hablante lírico y el personaje, el diablo. En otras ocasiones no hay intercambio conversacional entre personajes sino que se introduce la voz de uno de ellos mediante el discurso directo: "se rompe la quietud dominical, / porque grita un borracho / feroz: – ¡viva el partido liberal!..." (OP, "Siesta de trópico" 263). Se inscribe aquí, en la escritura poética, elementos de la oralidad como el grito; en otros versos aparecen el pregón, el lamento, la exclamación, que emergen rompiendo la estructura del verso y actúan como protesta, como manera de subvertir el contexto social, de expresar la negación de la realidad; se manifiesta así, la negatividad, la desidia, la abulia, la negligencia del hablante lírico, con el objetivo de hacer trizas la normalidad que lo rodea: "Flexible cual felino que avisora el ratón, / medir el salto... Y luego... ¡quejir la cucaña / de la vida! (OP, "Canción burguesa" 160); "Muchachas de provincia, / papandujas, etcétera, que cantan / melancólicamente / de sol a sol: – "Susana ven"... "Susana"... (OP, "Muchachas solteronas" 257). Estos registros conversacionales demuestran la estructuración poética de régimen oral en López, en la cual opera más la dramatización que la gramaticalización del discurso (Zumthor, "De discours" 387).

Dentro de los intercambios conversacionales también encontramos la presentación explícita en el discurso poético, de la relación entre el hablante y el oyente lírico. Se trata de las explicaciones incrustadas que revelan cómo el hablante se dirige a otro con el fin de hacerle entender un significado específico. Se dan mediante aclaraciones que aparecen incrustadas entre verso y verso: "Y después, ¿qué importa? vamos, se pasea feliz con su tierno canario y turpial!.../Por el pueblo –y debe mil pesos al mes– (OP, "Hongos de la riba III" 135-136). Lo interesante de estas explicaciones es que actúan como frases evaluativas y a su vez exponen otra voz cuyo contenido se opone a lo que aparece en el verso principal. Dicha operación se presenta en un paralelismo, principio que aparece a menudo en la poesía oral (Finnegan 105), donde se construye estratos de significación. Otras explicaciones no aparecen incrustadas sino que forman parte de los versos y constituyen aclaraciones que hace el hablante lírico: "¿De qué murió? Sería / de bulimia, es decir, / de no haber visto la panadería" (OP, "In- pace" 159). Aquí la explicación aparece en un contexto irónico que emerge en la resignificación en lenguaje cotidiano del término "bulimia" usado por estratos sociales medios y altos.

Otras formas de manifestar las relaciones conversacionales son las apelaciones al otro, mediante el uso del tú: "Cuando *te miré* a solas / la ola soberbia de *tu* orgullo aplaca, / que al fin *te* humillarás" (OP, "Despilfarros" 141; énfasis mío). Además, se utilizan expresiones afectivas, dirigidas a un oyente: "bien sabéis, *adorable Rosalbina*" (OP, "A Rosalbina" 237) "¡Ah, *mi querido* padre!" (OP, "Al padre Donoso" 320; énfasis mío). Otras apelaciones aparecen en un contexto epistolar; el poeta establece la relación conversacional en un poema-carta inconclusa:

> *Noble* señora: la naturaleza
> como que despereza
> su amanecer. Sopla un brizote ameno
> que hace llevar las manos a la falda...
> Es bueno el sol. Sacude la tristeza
> de la noche. Y me digo: el sol es bueno
> porque acaricia la curtida espalda
> del campesino que recorta el heno;
> porque, con la eficacia de su égida,
> hace en el surco germinar la vida
> y hurta a la vida su sabor amargo

cuando a las almas, como al surco, enflora.
Basta para vivir, noble señora,
un rayito de sol. Y, sin embargo… (OP, "Quisicosas III" 140; énfasis mío)

Las apelaciones, además de presentarse mediante un léxico afectivo, se dan a través del nombre propio: "¡Ay, *Camila*, no vuelvo / ni al portón de tu casa!" (OP, "Serenata" 281; énfasis mío). También el hablante lírico se interpela a sí mismo causando un desdoblamiento del yo: "*Tuerto*, ya tu lo ves; te han desterrado" (OP, "Desde el Boulevard" 321; énfasis mío). Pero esta apelación al otro yo desdoblado, en el fondo se dirige irónicamente a otro oyente, en este caso a la sociedad.

Otras inscripciones de la oralidad en la escritura poética se refieren a los juegos de voces que en los poemas de López se manifiestan de diferentes maneras: como la voz de otro en la voz del hablante lírico: "¿que vivo haciendo curvas?…/ y bien amigos de la línea recta", (OP, "Salutación" 267). Aquí la voz del hablante lírico actúa como eco de la voz de otro. En estos versos el poeta recrea en el plano de la imitación, la voz de ciertos personajes de la cotidianidad: "porque yo hubiera sido hasta mi fosa, / con noble sencillez, un cura bueno y humilde, más humilde que una cosa / que ni siquiera cueste un vil centavo", (OP, "That is the question" 227). Aquí se representa la voz del cura y en la imitación desaparece la voz del hablante, contrario a lo que ocurre en la introducción de la voz eco. Además del discurso directo, López utiliza la forma indirecta que evoca un nosotros colectivo, la voz de la comunidad: "y hay mucha gente / que camina a mi lado, / *dizque* prácticamente / viendo para el tejado" (OP, "Despilfarros" 171; énfasis mío). El "dizque" revela el dicho de un grupo social sobre un evento y una de las marcas orales más frecuentes que interviene en formas discursivas como el chisme.

Otras voces imitadas en la voz oculta del hablante lírico ocurren de una manera ambivalente. En la voz del cura citado antes, es el hablante lírico que le presta al personaje su lugar de enunciación; pero en el caso de la voz ambivalente que generalmente ocurre en contextos irónicos, aparece la voz del hablante lírico en la que se alcanza a percibir otra: "la emigración desborda / su miseria en la rica población, / manchando el boulevard. Maldita horda / de la emigración, / que no deja que pase un caballero de porte señorial", (OP, "Despilfarros" 171). En este caso, es la voz del burgués la que se escucha en la voz del hablante lírico, pero esto sólo lo percibimos mediante la ironía, y por la imitación dialogal de la oralidad que opera en este marco, cuya interpretación se logra al contrastar lo enunciado con el sentido latente; se producen así valores contradictorios. Como afirma Bustos Tovar (363), la ironía busca la ambigüedad del discurso producido y nos traslada al plano de la oralidad por el tipo de diálogo producido.

Las relaciones conversacionales, las apelaciones al otro y los juegos de voces, involucran las relaciones entre el 'yo' y el 'tú' en la poesía de Luis Carlos López. Se trata de vínculos dialógicos dados en las inscripciones de la oralidad, los cuales son de tres tipos en la obra del poeta cartagenero: 1) de contraste en el cual el yo busca diferenciarse del otro, el tú, 2) de empatía, manifiesta en la búsqueda del otro, en términos de un entendimiento, de una compresión de sí mismo en relación con los demás y de una visión en la que la construcción y la existencia del yo se logra a través del tú; y 3) de contradicción, en la que el yo y el tú se oponen, no en relación complementaria como ocurre en el contraste, sino de exclusión: el yo entra en una relación de conflicto con el tú o el otro, mediante la agresión y la imprecación.

La relación de contraste se percibe en "En tono menor" (OP 389) en el que el hablante lírico se presenta a sí mismo diferenciándose del otro, Teresita Alcalá; pero subsiste una relación de empatía que expresa la realidad del poeta frente a la pérdida del otro: "Yo era niño, muy niño... Tú llegabas, viejita, / cucaracha de iglesia, por la noche a mi hogar, Tú eras medio chiflada...yo pasé buenos ratos / destrozando en tu casa, cueva absurda de gatos, cachivaches y chismes.../ Pero ya te moriste... Desde hace tiempo te lloro."

En "A un condiscípulo" (OP 372) el contraste yo-tú se desarrolla en el marco de la ironía basada en la autodegradación del hablante lírico y de la sátira hacia el otro:

> ¡Qué situación la tuya!... ¡Qué situación la mía!
> Los dos fuimos alumnos de griego y de latín
> y desde aquellos años de olimpica alegría,
> tú no pasaste nunca de ser un adoquín.
>
> Más hoy, por un prodigio quizás de hechicería,
> ya eres académico, tu casa es un jardín,
> y sabiamente preñas de duros tu alcancía,
> mientras que tu cofrade no guarda ni un chelín...

Después surgió el político. Yo apenas soy un cero.
Viajas en automóvil. Y yo por mi sendero
cabalgo en rocinante sin humos de chofer.

Y yo, cuando te encuentro, con qué efusión te acojo
– siempre andas por las calles más serio que un cerrojo.
Con una de las cáusticas sonrisas de Voltaire…

La burla se construye mediante las caracterizaciones que hace el hablante lírico del personaje; inicialmente lo califica como adoquín (persona torpe e ignorante), y luego como político; la sátira se lleva a cabo mediante una explicación incrustada "más hoy, por un prodigio quizás de hechicería, / ya eres académico". La ironía se construye finalmente a partir de la relación dialógica de contraste yo-tú. En este poema, el vínculo dialógico de contraste se desarrolla mediante el paralelismo típico de la oralidad, que involucra en ocasiones la repetición. Hay contraste mediante paralelismo de eventos: "¡Que situación la tuya ¡…¡Qué situación la mía!" ; contraste mediante paralelismo temporal: "Tu no *pasaste* nunca de ser un adoquín. *Más hoy*… ya eres académico" (énfasis mío). Este procedimiento de construcción del poema, en las dos primeras estrofas se inicia y desarrolla hasta alcanzar su climax en la tercera estrofa en la que la alternación tu-yo toma un ritmo rápido, generando un contraste inmediato, yuxtapuesto.

La relación de empatía o búsqueda del otro se percibe a través de las temáticas de la soledad, la amistad y el amor. Dado que en esta relación el yo subsiste en sí mismo y mediante el otro, el aislamiento, la soledad y la muerte se convierten en evidencias invertidas de esa búsqueda del otro, del que se experimenta la pérdida. En el poema "En tono menor" (OP 389) se percibe la experiencia de la pérdida que siente el hablante lírico por el otro. En poemas como "Toque de oración" (OP 146), la empatía ya no se asocia al contraste, sino que contiene en su totalidad la ausencia del otro: "Pienso en ti, pienso que te quiero mucho / porque me encuentro triste, porque escucho / la esquila del pequeño campanario". Aquí la soledad, símbolo de la búsqueda del otro, se edifica mediante una descripción melancólica del paisaje. En "De postres" (OP 139) la empatía se realiza mediante el amor, sentimiento que López visualiza desde la alternancia entre el lirismo, la ironía y lo grotesco manifiesto en la zoomorfización:

> Con tu traje color de chocolate
> y con tus cintas de color rapé,

> semejas el más bello disparate
> de la vida. Tienes cutis de té.
>
> ...Y te adoro. Gustas del aguacate
> de Puerto Rico... cuando en el café
> tomas cerca de mí, que soy tu vate,
> pequeños sorbos de champagne frapée.
>
> Francamente, como invertida ojera,
> Surge, bajo el candil, tu cogotera,
> Tu rara cogotera de carey
>
> que aprisiona tus crenchas de africana,
> mientras miro –mondando una manzana–
> tu labio belfo, con mirar de buey... (OP 139)

La primera estrofa revela el lirismo, que finaliza en el inicio de la segunda: "[...] Y te adoro". Inmediatamente se introduce el tono irónico-burlesco, reflejado en el contraste: "Gustas del aguacate de Puerto Rico... cuando en el café tomas cerca de mí, que soy tu vate, pequeños sorbos de champagne frapée". Por último, las estrofas tres y cuatro desarrollan la zoomorfización: "Tu rara cogotera de carey", " tu labio belfo, con mirar de buey"...

Finalmente la relación de contradicción yo-tú es frecuente en la poesía de López; se da de manera implícita en todas las evaluaciones irónicas y grotescas que realiza el hablante lírico, juicios-agresiones que pueden ser indicios de dos sentimientos: uno de crítica mordaz a la burguesía, a las costumbres conservadoras, beatas y de falsas apariencias contra las que el hablante lírico se revela. El segundo sentimiento es la experiencia interna, de aislamiento y soledad que vivencia el hablante, no sólo con respecto al contexto sociocultural que critica y al que pertenece, sino también con respecto a un contexto humano más abarcador y que precisamente apunta a la posición del hombre en el mundo. La forma de manifestación explícita de la relación dialógica de contradicción ocurre en las imprecaciones verbales hacia el otro: "Mas dejo al irme.../ este librejo / y otros librejos en literatura, / que no valen siquiera un estornudo, / para que tú, lector hueco y panzudo, / los tires al barril de la basura-..." (OP, "Por el atajo III" 215). En este poema la relación yo-tú es contradictoria en ambos sentidos: en la autodegradación del hablante y en la agresión y degradación del otro.

Las relaciones dialógicas de empatía y de contraste en la obra de López, responden a un deseo de comprensión de la vida humana y de sus expresiones, de las personas exteriores; en suma, de la comprensión del otro. Es pues, como afirma Elías Entralgo (*Teoría y relalidad* 158), la mutua interdependencia de los seres que vivencian la propia realidad del yo, ampliándola y perfeccionándola; es la que permite que el hombre pase de lo singular a lo comunal y de éste a lo universal. La comprensión del otro es en últimas, la comprensión de sí mismo. La relación de contradicción yo-tú en la que se manifiesta la conciencia conflictiva del hablante lírico, se traduce en una rebelión hacia la visión del burgués con respecto a la realidad y al otro, los cuales son para este último, objetos de dominio.

En la relación del yo consigo mismo y con el tú, se hace presente la temática del doble. En "Desde el boulevard" (OP 321) la conciencia del hablante lírico se desdobla en la autoapelación: "Tuerto, ya tú lo ves; te han desterrado / de Chambacú". En otros poemas el doble se hace presente a través de la máscara, pero ya no es el yo del hablante lírico y su conciencia, sino la relación con otro. Por ejemplo, en "De carnaval" (OP 142) se percibe la relación de contraste y de empatía simultáneamente en la manera como el hablante lírico logra penetrar en el otro, llegando a su comprensión: "cuando te vi tristón entre la inquieta/ muchedumbre. / Tenías la careta / colocada al revés de mi antifaz [...]". En ese último verso es importante ver el juego espacial, en el cual el desdoblamiento del personaje que porta la máscara se realiza de modo inverso por cuanto, al estar al revés, en lugar de exteriorizar la apariencia que oculta, revela la verdad del sentimiento de tristeza del personaje; la cual logra percibir el hablante lírico. Esto verifica las relaciones dialógicas de contraste y empatía: de contraste en el juego de máscaras (careta y antifaz), juego de dobles; y de empatía en la comprensión de la vida del otro.

Las relaciones dialógicas en Rojas Herazo se manifiestan entre el hablante lírico, los otros, el "Yo", y diferentes "Tú". Una de las relaciones dialógicas es el soliloquio: el hablante lírico se interpela a sí mismo pero teniendo de trasfondo un interlocutor lector; por ello no alcanza a ser un monólogo interior. Normalmente los soliloquios en la poesía de Rojas Herazo, constituyen reflexiones sobre la naturaleza y existencia del hombre asociadas al origen, a la caída y la vida del hombre después de ésta: "Algo me fue negado desde mi comienzo, / desde mi profundo conocimiento. /.../ Y en otra sombra abatida he pronunciado mi nombre, / mi tremendo, mi orgánico nombre" (RS, "Límite y resplandor" 7). El soliloquio le permite al hablante lírico extender su lamento, su queja ante el Paraíso perdido: "En otra edad dichosa / mi palabra fue herida de terrestre amargura" (RS, "Límite y resplandor" 7).

La segunda postura dialógica es la del nosotros hermanado, que comparte un espacio idílico, de complicidad con el otro y produce una mayor cercanía: "A un ruido vago, a una sorpresa en los armarios, la casa era más nuestra, buscaban nuestro aliento.../ Todo allí presente, hermano con hermano" (RS, "La casa entre los robles" 8). El nosotros también se manifiesta en un ámbito degradado en el que el hombre comparte con los otros su naturaleza derrotada, el suplicio de la naturaleza biológica: "Nos arrastramos./ Quién dice "esta multitud camina" ? / Nos arrastramos. / Pesadamente nuestro hilo de baba, /.../ por el apetito de nuestras células / y el esplendor de nuestra agonía" (RS, "Los grandes gusanos" 54). La relación dialógica del nosotros, al igual que el soliloquio, expresa la queja, la resignación rebelde del reconocimiento de la corporeidad y de la terrenalidad: "Somos esto, sepamos, somos esto, / esto terrible encendido y cierto: / algo que tiene que vivir y vive/ por siempre sollozando pero vivo" (DLPN, "Creatura encendida" 8).

En la relación dialógica del yo frente al tú se percibe igualmente el suplicio del hablante lírico: "Porque esto soy yo, no más, esto que miran/ sufrir aprisionado en el vacío" (DLPN, "Primera afirmación corporal" 13). En otras ocasiones, el hablante lírico se dirige a un 'tú' que corresponde al ser humano en general y a sí mismo: "Te parieron de golpe / con árboles y todo te parieron" (DLPN, "Encuentro un memorial en mis costillas" 21). Aquí el hablante lírico se oculta como interlocutor en un tú; no específico, plural e individual, general y particular, en el fondo se habla a sí mismo. Este ocultamiento se confirma en el poema "Cantinela del desterrado", cuyo contenido es análogo a los versos citados, pero el discurso está dado en primera persona: "Me pusieron mi ropaje de vísceras/ y luego me dijeron: / camina, escucha, dura," (DLPN, "Cantilena del desterrado" 33). Otra representación del tú como interlocutor es Dios, a quien se eleva la queja, a quien se suplica, a quien se le reclama: "Me entregas tu grano de sal/.../ ¡Yo sobro! / Este mundo no es mío. / Dadme algo, / mi viejo hilo, / mi perdida inocencia, / mi antiguo filamento" (DLPN, "Este ser escindido" 101).

En ocasiones el interlocutor es el habitante urbano y la relación dialógica que se establece es de agresión, de imprecación hacia el otro; con lo cual coincide con las formas dialógicas presente en la poesía de Luis Carlos López: "Oye tú-el de las posaderas correctamente derramadas / en el asiento trasero del ómnibus - / acaso me reconoces plenamente?.../ Ponte tu nueva piel, estrena las migajas de células / que has implorado al retórico,/ grita en las esquinas / y escuece tu piojo en los dormitorios de los suburbios" (RS, "Los flautistas cautivos" 48-49).

Además de la relación contradictoria descrita, también aparecen vínculos de empatía entre el yo-tú, en el marco de una consolación mutua ante una realidad angustiosa, rutinaria, repetitiva: "Este es el mundo, amigo, / el mundo cierto, / el mundo de la piedra y el hocico/...Este es el cuento, amigo, de no acabar, / cuento de dos pulmones y dos filos / el cuento de estar vivo respirando" (DLPN, "El hombre se recuenta como un cuento" 15-17). Las relaciones dialógicas en la poesía de Rojas Herazo son tan marcadas, que los espacios se convierten en interlocutores como en el caso del Caribe, el trópico a quien el hablante lírico dirige su discurso:

> Tropico:
> Tu aguja es de sal, de yodo,
> de membrana y de fuego.
> Tú eres la pezuña y el óxido,
> el diente careado,
> el zumbido de las totumas
> en los ojos de agua.
> Tú eres la gran fauce.
> La iguana y el blanco vestido de almidón.
> Los taburetes en el velorio
> y el mediquillo con nombre de tenorio
> y un almanaque encinta para parir un hisopo.
> Oiremos un piano melancólico en la tarde
> diluyendo la siesta, la plaza,
> la fragancia de una mujer
> con su sexo sellado e inaccesible.
> Lloraremos en la noche
> en un rincón colmado, hasta morir, de azahares.
> Lloraremos por los pies y por los ojos,
> también llorarán nuestras manos
> por una espalda rosada ávidamente olfateada en una
> Alberca.

> Porque nadie como nosotros, ¡trópico!,
> ha sido tan hecho de barro,
> de furibunda destrucción,
> de cosas que nos cruzan y destruyen,
> que nos muerden y avientan,
> que en nosotros afilan sus colmillos de fuego. (DLPN 27-28)

Al crearse el Caribe como interlocutor, éste se constituye en realidad personal; así, nombrar es crear el mundo: "Trópico: / *tu* aguja es de sal, de yodo, / de membrana y de fuego." (DLPN, "Primer cartón del trópico": 27; énfasis mío). Este espacio encendido, pleno de luz, de sal, de fuego, se funde con el hablante lírico, y ya no es el yo frente al tú, sino el nosotros el que enuncia: "Porque nadie como *nosotros*, ¡trópico!, / ha sido tan hecho de barro, / de furibunda destrucción, / de cosas que *nos* cruzan y destruyen" (DLPN, "Primer cartón del trópico" 28; énfasis mío). Nótese cómo entre el yo y este tú- trópico ocurre la misma transformación dialógica que ocurre entre el yo-hablante lírico y el tú-ser humano en una mutua consolación, en un mutuo compartir la naturaleza corporal y terrenal.

En la poesía de Giovanni Quessep, la oralidad también toma forma en las voces de los participantes en el verso: los enunciadores y sus apelaciones a los enunciatarios. El poeta crea sus interlocutores, además del lector. En primer lugar aparece la voz colectiva que habla de la pérdida del cielo; esta voz remite al lector a temas concernientes a toda la humanidad: su capacidad de soñar, el sentimiento de la pérdida y la derrota, la soledad, el paso del tiempo que lleva a la muerte como destino común: "*Vamos* perdiendo cielo./.../ *soñamos y perdemos*./.../ Turbias soledades. /.../...*tocamos* el tiempo / ya tan *nosotros*, ya tan nada.../.../ *Vamos perdiéndonos, precipitándonos* / de esperanza" (ESNF, "materia sin sonido de amor" 13; énfasis mío). A estos temas comunes, la voz del "nosotros" también habla sobre la capacidad de fabular, de crear los mundos no reales, como esperanza del ser humano, como salida a sus angustias: "y los hombres buscan / fábula en su memoria. / Nosotros caminamos / a la ausencia / como fantasmas / en la viva sombra" (ESNF, "hay palabras perdidas" 21). Esta voz le dice al lector lo que todos comparten: un camino doloroso de vida y un destino de muerte. En algunos poemas esta voz plural, colectiva, se expresa a través de una apelación, del uso del "tu" que no sólo involucra al otro, sino también al enunciador mismo: "Aquí no hay un celeste. Nunca *llegas* / empujado por días, por palabras,/.../ Sólo *tu* negación. El tiempo. Siempre / se *te* podrá cantar: la vida no es / el volumen de ser en lo que *sueñas*. /.../ Lo que *ignoramos*, ay, lo que *sabemos*

/ entre voces perdidas en el polvo. / Cruda esperanza que incendia la piel. / Los días y las cosas son *nosotros*" (ESNF, "lo que ignoramos" 25; énfasis mío). Aquí, ese "tu" colectivo e implicado con el "yo", toca nuevamente el tema de la muerte del hombre; pero, a pesar de que hay una clara apelación, se puede sustentar que el hablante lírico se incluye en la voz por las dos estructuras que coexisten con la apelación: la afirmación con que se inicia el poema: "Aquí no hay un celeste"; y el final cuando claramente emerge el "nosotros": "Lo que ignoramos...". Justamente, es éste el otro tópico que hace surgir la voz del nosotros en los poemas de Quessep: el no conocimiento-no saber del hombre acerca de algunas realidades y hechos. El ser humano ignora aspectos que tocan directamente su origen, su naturaleza y su relación con Dios.

Pero además de este "tú" colectivo, en los poemas se encuentra la típica relación de apelación hacia un enunciatario; éstos pueden ser: Dios, la dama del cuento de hadas y la del recuerdo. En el poema "Canción para el final", aparece la forma de confesión, la cual se reitera con el título y con la expresión "perdónenos" que encabeza dos versos:

> Perdónenos, pero nosotros dimos
> al polvo nuestros nombres: su caída
> nos ilumina y nos quema por dentro.
> Somos. Pertenecemos al olvido.
> ¿Hay dureza en los huesos y los días?
> Entregamos la paz, la estrella, el aire,
> a cambio de esta nada repentina. (ESNF,"canción para el final" 77)

Considero que el interlocutor aquí es Dios aunque explícitamente no se menciona, porque en los versos se alude a la muerte asociada al paraíso, a la pureza de la vida y a la caída; estos elementos remiten a un contexto religioso, el cual, al ser vinculado con los otros poemas, se revela judeocristiano. Esta comunicación con Dios se halla también en la poesía de Rojas Herazo y aparece bajo la forma de apelaciones, imprecaciones, súplicas y lamentaciones.

El otro interlocutor es la dama: amor o hada, pero siempre relacionadas en los versos: "Tu cuerpo en mi cuerpo, / Vendaval siniestro" (ESNF,"razón de tu cuerpo" 85), "La tarde vuela en torno / de la fuente / que gotea un tiempo de hadas: / Todo es claro en los sueños / cuando se nombra / un acto de amor, y tú me esperas a la orilla / del agua" (ESNF, "volviendo a la esperanza" 89). El hablante lírico manifiesta una actitud de confesión e incluso resignación ante su escucha, Dios; y una actitud amorosa ante el interlocutor hada, personaje de cuento, –Alicia, La Bella durmiente–. Pero cuando enfrenta dialógicamente al otro, su semejante, toma una actitud de rebeldía, de desafío, que intenta despertar la conciencia crítica del otro; pretende hacerle ver sus problemas, sus carencias, las mismas que él tiene pero que ya ha vislumbrado y que sufre a cada instante: "Aun si la poesía no es un engaño / del telar que se mueve ante *tus* ojos, / dónde *hallarás* la salvación / y quién o qué podrá salvarte? En nada crees" (MM, "Preludio de la muerte" 47; énfasis mío). El hablante lírico cuestiona la fe del otro; lo cual implica que el interlocutor a quien se dirige es el hombre de la modernidad, quien ha perdido la fe, el centro, el cielo. No solamente cuestiona su fe, sino también las convicciones del otro sobre la esperanza, la vida, el paraíso: "No me hables del azaroso huerto / que se mueve como la lanzadera" (MM, "Final" 49); "Nadie nos hable entonces de un aire que transcurre, / nadie nos diga que en el principio hubo un jardín: / Solo tenemos la certeza / del girasol quemado por la luna" (MM, "Por la vida desesperada" 33). Al parecer, el hablante lírico opone dos ideologías con respecto al origen del hombre y el cielo como redención del hombre: la suya propia, de escepticismo frente a dichas ideas; y la del otro, que recrea en su propia voz, la de un hombre que en medio de la duda, a veces cree que sí hay salvación pues sí hubo un paraíso al que se puede regresar.

El "yo" también aparece como voz en la poesía de Quessep, no es sólo un "yo" personal, interno, encerrado en sus pensamientos y emociones, sino también un "yo" que reflexiona sobre su propia naturaleza humana; sobre los mismos temas del "nosotros": "Nunca *estuve* tan cerca de la muerte, nunca *supe* que detrás de la música / pudiera haber el cielo adverso / perdido entre las zarzas y los robles. / ¿La vida es ilusoria entonces, / un huerto miserable / por donde van la ronda de las constelación / y el reposo nocturno inalcanzable" (ESNF, "lo que ignoramos" 25; énfasis mío). Nótese aquí la reflexión sobre la muerte, el paraíso y la vida.

Otra forma del "yo" es el soliloquio, no del hablante poético sino de una voz desdoblada, la de otro proveniente de una historia. Esto se halla en el poema "monólogo de José" que relata la historia bíblica del exilio de José: "Alguien me niega, otro / que desgarra mi túnica / bordada por los pájaros del desierto, / para arrojarme a su cisterna" (MM, "Monólogo de José" 31). En este poema hay un juego de participantes: el yo-hablante lírico toma la voz del "yo"-José; y éste a su vez se desdobla en el otro, el soñador: "Acaso todo sea una costumbre / del soñador y yo sea feliz, / ¿mas no me queda algún remordimiento / que perdió mi memoria cuando amaba la noche?" (MM, "Monólogo de José" 31).

En la poesía de Raúl Gómez Jattin, las relaciones dialógicas expresan uno de sus rasgos más destacados, la otredad, a través de una poesía conversacional. El yo en la obra es el lado oscuro y el otro es la luz, el espacio en el que el poeta se edifica, donde encuentra el sosiego para su corazón atormentado: "*Yo* tengo para *ti* mi buen amigo /un corazón de mango del Sinú / oloroso/ genuino/ amable y tierno/ (Mi resto es una llaga /una tierra de nadie/ una pedrada/ un abrir y cerrar de ojos/ en noche ajena…" (P, "Yo tengo para ti" 18). El otro en Gómez Jattin es la posibilidad de seguir siendo: "*Si mis amigos* no son una legión de ángeles /clandestinos/ qué será de *mí*" (P, "Si las nubes" 19; énfasis mío).

Esta relación con el otro, el amigo, se desarrolla desde una empatía que puede estar mediada por la nostalgia, por el sueño o simplemente por la fusión del yo con el otro:"Vienes en el viento/ Rosa alba de mi niñez / desde muy lejos"(P, "A una amiga de infancia" 56). Esta relación se aprecia más en el poema "El leopardo":

>   Como fuerza de monte
>   En un rincón oscuro
>   La infancia nos acecha
>
>   Así el leopardo –Martha Cristina Isabel–
>   El leopardo que se asoma por tus ojos
>   Ha saltado derrumbando años
>   Y sobre mi niñez –de bruces– me ha derribado
>
>   "Sueños de un día trepando los peldaños de la
>   eternidad:
>   Tú venías por el sol y yo era de barro triste
>   Tú tenías noticias del universo y yo era ignaro
>
>   Los años –Martha– con su carga de piedras
>   afiladas
>   nos han separado
>   Hoy te digo que creo en el pasado
>   como punto de llegada. (P, "El leopardo" 58).

Nótese en el poema anterior el paralelismo que se analizó en López; procedimiento de la oralidad que genera un contraste de eventos, de mundos, de individuos, en un marco dialógico. El poema en la primera estrofa inicia con un 'nosotros': "La infancia *nos* acecha"; la segunda estrofa desdobla los interlocutores en 'yo-tu': "El leopardo que se asoma por *tus* ojos [...] Y sobre *mi* niñez –de bruces– *me* ha derribado"; la tercera estrofa intensifica el contraste y la alternancia: "*Tú* venías por el sol y *yo* era de barro triste / *Tú* tenías noticias del universo y *yo* era ignaro". Finalmente, la cuarta estrofa reúne el 'nosotros': "*nos* han separado"; y reafirma el dialogismo empático: "Hoy te digo". El ritmo del poema se marca así, con este paralelismo dialógico, nosotros-tu-tu / yo-nosotros-tu / yo, el cual conjuga las voces de diferentes maneras; este procedimiento caracteriza la lírica del Caribe colombiano contemporáneo.

La relación con el amigo también se desenvuelve desde la rebeldía y el antagonismo (relación contraria); es la apelación al otro desde un desafío que en ocasiones se genera, cuando el poeta hace conciencia del olvido del otro; se trata de un llamado para que el amigo lo asuma nuevamente como el interlocutor "Qué te vas a acordar Isabel /de la rayuela bajo el mamoncillo de tu patio/.../Qué va /Tú no te acuerdas" (P, "Qué te vas a acordar Isabel" 23). La rebeldía también encierra una crítica social a la burguesía, desde una relación de contradicción; es el amigo de infancia que ha perdido el vínculo amoroso con el poeta. Aquí encontramos una relación con Luis Carlos López en lo que concierne a los dos mundos opuestos, el paisaje como el *locus amenus* y el contexto burgués; la otredad empática se desenvuelve en la primera, mientras que la rebelde en la segunda: "Querida /Cómo estás de cambiada /Lo más natural es que seas como ellos /Indolente y malvada/.../ No el endeble pájaro de verano /No las margaritas del jardín" (P, "A una vecina de buena familia" 46).

El otro en la poesía de Gómez Jattin también está representado por Dios, por los animales, la muerte, el origen (el padre y madre), el amor y el mismo poeta. Veamos cada una de estas. Mientras en Héctor Rojas Herazo la relación con Dios es columna vertebral de su poesía y se desarrolla en un diálogo violento, cuestionador, en Gómez Jattin son pocas las alusiones. Dios es interlocutor en el último libro *El esplendor de la mariposa* y en una relación negativa: "Si no me quejo de tener/ un Dios terrible en las entrañas" (EM, "Dios terrible" 17). Sin embargo, el otro como Dios se asume al igual que el amigo como luz y salvación: "Tengo en ese corazón / una frágil esperanza de volar hacia Dios"(EM, "Pájaro" 33). También encontramos una conversación directa con la divinidad, íntima, una plegaria en la que Dios es el amigo:

"Dios –escucha a Raúl– /Soy un devorado por el amor/ Soy un perseguido del amor / Amor de ti? no sé / Pero sé que es amor/ y siendo amor a ti te basta" (EM, "Plegaria" 61).

El otro interlocutor son los animales, dos de ellos la burra y el gallo que forman parte de la tradición y prácticas culturales del Caribe; el primero se asocia al inicio sexual del hombre en la costa: "Te quiero burrita/ Porque no hablas /ni te quejas / ni pides plata" (P, "Te quiero burrita" 28). El diálogo con el gallo tiene lugar en un escenario épico donde el poeta intenta salvarlo como una victoria sobre la muerte. Nótese como la desaparición del otro genera reacciones en el poeta; desaparición por el olvido - , como es el caso que anotaba sobre los amigos de infancia - ; o la desaparición por la muerte que en el poema "Veneno de serpiente de Cascabel" amenaza al otro (el gallo). En resumen, cuando el poeta interpela, está construyendo una comunicación en la que se aferra a un ser externo a sí mismo: el amigo, Dios, el animal, entre otros: "Gallo de ónix y oros y marfiles rutilantes /quédate en el ramaje con tus putas mujeres /Hazte el perdido El robado Hazte el loco".

La muerte es otro personaje en el que toma forma la otredad; el poeta asume un estado de fraternidad con ella, como una forma de acercarla a él y de esta manera, desmitificarla. La muerte también es un ser que anhela a otro ser. (P, "Siento escalofrío de ti hermana muerte" 30).

El origen por su parte, dado a través del padre y de la madre, implica relaciones dialógicas distintas. Con el padre se asume una otredad compartida que se refleja en un ser plural, el nosotros que reconcilia al poeta con su interlocutor: "Joaquín Pablo mi viejo viejo niño y amable /la edad nos confundió y nos separó dolidos" (P, "Memorias" 40). Por el contrario, la otredad materializada en la madre impone una relación yo-tú que separa o elimina cualquier cercanía: "Yo te sé de memoria Dama enlutada/ Señora de mi noche Verdugo de mi día/[…]/Madre yo te perdono el haberme traído al mundo/ Aunque el mundo no se reconcilie contigo" (P, "Un fuego ebrio en las montañas del Líbano" 39).

La búsqueda del otro en el poeta es un afán de vencer la soledad y la muerte y esta búsqueda desemboca en el amor, una de las posibilidades que lo lleva a penetrar todas las esferas; se manifiesta en una sexualidad ilimitada cuando éste explora el universo de lo bajo, como una manera de traspasar el mundo a través de la corporeidad y de esta manera lograr una identidad.

Para Raúl Gómez Jattin este amor material es la perfecta otredad, es el encuentro carnal con todas las manifestaciones zoofílicas que le garantizan una compañía completa y perecedera. Esta idea la expresa Gómez Jattin en el poema "La gran metafísica del amor", en el que manifiesta el amor como sexo vinculado a la amistad y al arte, dos formas en las que se refleja la búsqueda del otro: "La gran religión es la metafísica del sexo /La arbitrariedad perfecta de su amor El amor /que la origina La gran metafísica es el Amor/ creador de Amistad y Arte" (P, "La gran metafísica es el amor" 103).

Finalmente el otro también se manifiesta como el mismo poeta. En "Metafísica del poema y la muerte", el poeta se asume como otro; y es justamente este desdoblamiento, permitido por la creación, el que logra vencer a la muerte: "Levántate /como si no hubieras muerto /Levántate y mira /como si no hubieras muerto nunca/ a quien escribe estos versos/[...]/ Soy/ otro que sueña /querida (P, "Metafísica del poema y la muerte" 81). Además de reconocerse como otro, el poeta se interpela a sí mismo, es la muestra fehaciente de un afán por comunicar: "Acecha a la maldita de tu abuela Me aconsejo /Soporta el sol y si es preciso acalámbrate/[...]/Apúrate pendejo que por ahí entre tus glándulas/ transita la vejez inerme"(P, "Qué trabajos tan hermosos tiene la vida" 92). En este verso se comprueba cómo la otredad es la constante lucha contra la desaparición, el tiempo y la muerte. También se verifica la importancia dialógica del doble como procedimiento artístico, que se encontró en la poesía de Luis Carlos López.

Otro aspecto de la oralidad en los poemas, son las formas de apelación. Gómez Jattin usa el nombre propio y diversos apelativos con los cuales el hablante lírico entabla las relaciones dialógicas con el oyente; pero estas formas también cumplen designaciones, construyen el personaje, y le imprimen existencia y lo ubican en un lugar en el universo del poema: "siento escalofríos de ti / hermana muerte" (P 30). Nótese que aquí el apelativo genera una cercanía con el hablante lírico, un sentido de pertenencia: "hermana mía" (P 30) y de conocimiento: "Yo te conozco hermana" (P 30). De este modo, el hablante lírico logra desmitificar a la muerte; al hacerla parte de su espacio, vivencia y afectos, elimina el temor hacia ella; es una manera de ejercer dominio sobre ella. La función designativa que anotaba, también revela no sólo la edificación del personaje sino el conocimiento pleno de él: nombrarlo y designarlo implica ejercer dominio, poder y al mismo tiempo establecer el espacio que media entre el hablante lírico y el oyente. En "Un fuego ebrio en las montañas del Líbano" aparecen los apelativos: "Dama enlutada, Señora de mi noche, Verdugo de mi día":

> Yo te sé de memoria Dama enlutada
> Señora de mi noche Verdugo de mi día
> En ti están las fuentes de mi melancolía
> y del fervor de estos versos
> En ti circula un fuego ebrio de las montañas del
> Líbano
> En mis vapores densos de tu delirio nublan mi
> Mediocre razón española
> Madre yo te perdono el haberme traído al mundo
> Aunque el mundo no me reconcilie contigo. (P, "Un fuego ebrio de las montañas del Líbano" 39)

Al comienzo y final del verso introduce el término "Madre". Hay una oposición entre la relación de poder por el conocimiento del personaje que se refleja en los primeros apelativos: "Yo te sé de memoria Dama enlutada"; y luego el cambio a una relación simétrica expresada en: "Madre yo te perdono el haberme traído al mundo". En el poema a la muerte enunciado antes se da esta misma relación de conocimiento: "Yo te conozco" (P 30), acompañada del apelativo. En otros casos, el apelativo bajo la forma de nombre propio, cumple el rol de construir en el ahora al personaje del ayer en el recuerdo: "Joaquín Pablo mi viejo viejo niño y amable" (P, "Memoria" 40). Se reitera aquí la relación de parentesco y pertenencia en la afectividad de la primera persona. El nombre propio también le sirve al hablante lírico para explorar los sentimientos del otro y hacer que éste se reconozca:

> Cuánta congoja agazapada
> llevas Eusebio
> El paisaje moral
> de tus contemporáneos
> te afectó como una lepra blanca
>
> Eres demasiado sensible muchacho
> Recógete en los libros
> en tu alquimia
> en el calor de tu madre
>
> El resto no vale la pena Eusebio
> Son fantasmas
> Muchedumbres de fantasmas ebrios. (P, "Consolación" 41)

Aquí vemos dos aspectos de la apelación: la revelación del ser del otro, y el conocimiento, ya no al servicio del poder y el dominio, sino de la consolación, y el consejo. En ocasiones, el nombre propio aparece en un contexto epistolar: "Querido Joan Manuel hay un fluido eterno/ en tus palabras" (P, "A un gran artista" 42), que implica nuevamente la revelación del otro, de su constitución interna y de sus actos, por parte del hablante lírico.

La combinación del nombre propio y otros apelativos, construye un juego deíctico, espacial que acerca y aleja al personaje. Acercar significa manifestar la relación entre éste y el hablante lírico; y alejar, implica designar: es la revelación interna y externa: "*Mujer* de una belleza de otra parte/... Te nos fuiste *Petulia* casi para siempre/.../ *Mujer* con una carne oscura y silenciosa /compañera / ninguno de nosotros supo retenerte" (P, "Tania Mendoza Robledo" 53; énfasis mío). Se percibe aquí el uso del apelativo "mujer" y la caracterización física (lejanía); luego aparece el nombre propio "Petulia", seguido de la expresión sensible "te nos fuiste" usada por los dolientes en los velorios del Caribe para referirse al muerto como pertenencia (cercanía); luego nuevamente se usa "mujer" y otra caracterización física (lejanía), seguida del apelativo "compañera", con la manifestación del lamento. En este juego de lejanía-cercanía, también cumple su rol el uso del nombre propio completo o de una de sus partes. El nombre y el apellido alejan y se asocian a la caracterización externa; el nombre solo acerca y se vincula al sentimiento compartido, en la comunión. Esta alternancia apelativa determina el ritmo y tono del poema:

> Como fuerza de monte
> en un rincón oscuro
> la infancia nos acecha
>
> Así el leopardo – Martha Cristina Isabel –
> El leopardo que se asoma por tus ojos
> ha saltado derrumbando años
> y sobre mi niñez – de bruces – me ha derribado
>
> Sueños de un día trepando los peldaños de la eternidad:
> Tú venías por el sol y yo era de barro triste
> Tú tenías noticias del universo y yo era ignaro
>
> Los años – Martha – con su carga de piedras afiladas

nos han separado
Hoy te digo que creo en el pasado
como punto de llegada. (P, "El leopardo" 58; énfasis mío)

El nombre propio y los apelativos también aparecen en contextos altisonantes que rodean al personaje en una atmósfera épica: "*Tania Mendoza Robledo/* Precoz trágica de los escenarios colombianos / *Bruja/* Moría en cada noche como la flor de la coraguala / y perfumaba de tristezas /a todo el que tuviera la dicha terrible /de contemplarla" (P, "Tania Mendoza Robledo" 54; énfasis mío).

Las relaciones dialógicas en la poesía de Rómulo Bustos se pueden dividir en dos vertientes: una íntima univocal y otra dialógica bivocal. La primera corresponde a la voz del hablante lírico que expresa su experiencia y su visión sobre el destino, la muerte, el amor, la luz, es la voz del yo presente en los otros poetas, que sin embargo no es monológica; pues hay marcas verbales y estructurales que indican la presencia de un oyente lírico; una de esas marcas es la pregunta: "Sólo el toque terrible de un corazón /abre otro corazón / Sólo su latido. *Sólo el eco /de qué pisadas /en el oculto cielo?*" (PGCI, "Solo el toque terrible de un corazón" 69; énfasis mío). La expresión de la duda implica tanto la interrogación interna del hablante lírico, como el acto de inquirir a otro. Llama la atención cómo esta forma que podría llamarse de apelación, se propone abiertamente en los diálogos entre dos participantes. Nace aquí la vertiente dialógica bivocal que se manifiesta de dos maneras: en la relación yo-tu y en un yo plural, nosotros, como en los otros poetas.

¿Cuándo aparece la relación yo-tú? Inicialmente esta relación se construye en un ámbito sentencial futuro: "Sé que hay una / para cada hombre en la guerra /Al final *serás* una sombra, un ánfora /vacía. Pero *habrás* oído cantar / a las sirenas" (PGCI: "Odisea" 42; énfasis mío). El yo construye el futuro del tú, augura los acontecimientos que le ocurrirán, como con la intención de revelarle una verdad; hay una actitud casi de presagio sobre el otro: "*te asomarás* al espejo /y *pudieras* ser la primera víctima" (PGCI: "Jungla" 44). Aquí se observa cierta fatalidad del yo hacia el tú, la cual se observa también en el poema "Siempre serás tu más íntimo forastero" (PGCI, "Socrática" 45). No hay salida para el tú, pues este parece estar condenado a lo que el yo le muestra como su ser y hacer. Este "yo" toma actitudes consejeras pero envueltas en un trato de fatalidad: "No confíes en la respuesta del espejo / que tu cuerpo interroga" (PGCI, "Socrática" 45).

Pero esta relación yo-tu cambia en el contexto del amor. Aquí el hablante lírico asume una posición que podría llamarse descriptiva, que construye el cuerpo de otro: "Tus pasos lícitos /en las cámaras del vacío /[...]/ suaves son tus pasos en los flacos odres /del corazón" (PGCI, "Tus pasos lícitos en las cámaras del vacío" 71); "Arreado de luz el ser no visto /que en ti se ampara" (PGCI, "Arreado de luz el ser no visto" 74); "Tu cuerpo desnudo fluyendo / en la caridad del alma" (PGCI, "Tu cuerpo desnudo fluyendo" 77). En estos versos, el "tu" que se construye es conocido; pero en otros, no es conocido por lo que el hablante lírico interroga por ese ser, aunque intenta acercarse a su naturaleza desde la actitud descriptiva enunciada: "Quien es este ser aquí extendido /como un lago o el fragor de un trueno /aún no pronunciado?/.../ Oh tú, misterio cierto sobre mi orilla" (PGCI, "Quién es este ser aquí extendido" 84). Este ser es milagro, misterio, extrañeza, oráculo: "Extraño ser que sobre mí te inclinas /y en dulces ceremonias me desatas" (PGCI, "Extraño ser que sobre mi te inclinas" 86).

Otra relación yo-tú que se puede extraer de la poesía de Bustos, es la verdaderamente apelativa en la que el "yo" toma la actitud de exhortación, incitación y ofrenda hacia el "tú" mediante formas imperativas: "*Ven* al templo de los Corazones /.../ *Sé* propicia al que ama"(PGCI, "Orfico I" 88; énfasis mío); "Oh Estimable / *Escucha* el gemido del doliente / *Recibe* en sacros vasos la ofrecida ceniza /el hálito esparcido de sus muertes" (PGCI, "Órfico II" 89; énfasis mío).

La perspectiva bivocal también se expresa en un yo colectivo, el nosotros que aparece reiterado en la mayoría de poemas de Bustos. El hablante lírico implica a otros en su voz. En primer lugar, el nosotros aparece en el no conocimiento y no comprensión como idea central en la poesía del autor. Es claro entonces que se trata de la voz genérica, la del ser humano enfrentado a la pérdida de un orden omnicomprensivo que lo lleva a naufragar en el mundo: "Tal vez / *llevamos* alas a la espalda /Y no *sabemos*" (PGCI, "Ícaro dudoso" 19; énfasis mío). El yo plural que comparte las mismas creencias, las mismas carencias y vacíos, también aparece en la incertidumbre: "acaso *nos* haya sido prometida"(PGCI, "Poética" 20; énfasis mío), en la manifestación de la interioridad humana: "Diversas voces *nos* llegan desde adentro" (PGCI, "Diversas voces" 21; énfasis mío); en la falta de un destino fijo: "Asperjados de luz /derivamos en la vasta ilusión del universo" (PGCI, "Náufragos" 23). El nosotros también emerge en los temores ante el infinito, la vejez, el misterio y el secreto: "Vuelve entonces /a abrumarnos la grandura del mundo"

(PGCI, "Cada día nuestro temblor" 24); "*nos* reveló hace siglos un destino de escombros /que no *queremos*" (PGCI, "Viaje" 25; énfasis mío); "Del otro lado /es un niño el que juega /.../Un niño /o un viejo muy cansado /Ah, cómo *nos* zarandea el viento" (PGCI, "Del otro lado" 27; énfasis mío). El nosotros aparece entonces en las preguntas fundamentales de la existencia, por lo que se trata de un yo plural genérico y de su constitución metafísica. Estas preguntas poseen un trasfondo teológico, pues involucran a Dios y al paraíso perdido: "Cada día *volvemos a inventar el paraíso*" (PGCI 29; énfasis mío). En un nosotros enfrentado a la pérdida, la fatalidad y al destino de muerte: "*sentimos* morir *nuestro* atado a la espalda /escurrirse el lento peso de ilusiones" (PGCI, "Viajeros" 31; énfasis mío); "Así *partimos* a otra orilla (¿a otras voces?)" (PGCI 31; énfasis mío).

Además de este yo colectivo centrado en ideas existenciales, hay otro perteneciente a una comunidad, en este caso, caribe, que comparte experiencias, sensibilidades, ensoñaciones, tradiciones concretas en espacios y paisajes caribes como se encontró en la poesía de Héctor Rojas Herazo: "Y nosotros *podamos* recoger los mangos / caídos durante la noche" (PGCI, "II Crónica de la madre" 116; énfasis mío). Estos espacios son también los del sueño o la vigilia: "Sobre nuestras cabezas - flotante - la casa del agua... Allá sobre nuestras cabezas - flotantes - / el río que una mano oculta estremece y deshoja / como un árbol" (PGCI, "En el traspatio del cielo" 126).

En Jorge Artel, las relaciones dialógicas se hacen evidentes en la poesía conversacional. Este dialogismo se instaura entre el hablante lírico y diversos interlocutores: la raza, personas específicas, los instrumentos musicales, el espacio y el paisaje. En "Poema sin odios ni temores" se registra este primer interlocutor colectivo ante quien se apela con el fin de crear y recordar una identidad étnica e histórica que trasciende las fronteras geográficas: "Negro de los candombes argentinos /... / Negro del Brasil /.../ Negro de las Antillas /... / Negros de nuestro mundo" (TN, "Poema sin odios ni temores" 141 -146). Se nota la apelación individual y luego la colectiva; también se percibe la inclusión del hablante lírico en los enunciatarios: "Porque sólo nuestra sangre es leal / a su memoria (142). Otro interlocutor es el que se falsifica en su etnia:

> ...Ni se falsifica ni se arredra
> ante quienes nos denigran
> o, simplemente, nos niegan.

> Esos que no se saben indios,
> o que no desean saberse indios
>
> Esos que no se saben negros,
> o que no desean saberse negros
> Los que viven traicionando su mestizo,
> al mulato que llevan – negreros de sí mismos –
> proscritos en las entrañas,
> envilecido por dentro... (TN 142-143)

La relación dialógica aquí refleja el desprecio del hablante lírico ante el interlocutor, pues lo despersonaliza mediante el uso de formas demostrativas como marca deíctica espacial lejana: "esos"; y formas pronominales "los que". Estas formas encierran cargas despectivas.

Los interlocutores como individuos adoptan varias formas arraigadas en lo cotidiano: el compadre: "– compae, mírale el pie / cómo arrastra la chancleta!" (TN, "Sensualidad negra" 40); la mujer negra: "Dame tu ritmo, negra..." (TN, "Barrio abajo" 36); "Si yo fuera tambó / mi negra, / sonara no má pa ti" (TN, "bullerengue" 43); el negro: "El pueblo te quiere a ti, / Diego Luí" (TN, "el líder negro" 45); el negro en quien se resume el ancestro: "último patriarca de Palenque: / Bien sabes / que desde tus fogones crepitantes / África envía sus mensajes" (TN, "palenque" 84); el hombre caribe: "hombre del litoral, / mi humano litoral Atlántico. / En qué salto de la sangre / tú y yo nos encontramos" (TN, "la ruta dolorosa" 102).

Los interlocutores son afines en cuanto que representan la raza, las relaciones afectivas cotidianas, las interacciones populares y el ancestro; en el fondo se trata de un sólo interlocutor materializado en varias formas. Es interesante reflexionar aquí sobre el tipo de comunicación que propone Artel, y con quiénes lleva a cabo dicho intercambio verbal. Se puede plantear que el poeta crea dos tipos de contacto: empático, de entendimiento; y antagónico, de oposición y rebelión. Es evidente que las relaciones empáticas se llevan a cabo con las razas que, según el hablante lírico, poseen identidad gracias a la presencia del elemento africano: la negra, la mulata y la mestiza; bien sea que dichas razas estén representadas en la mujer, el compadre y en los otros personajes interlocutores. Las relaciones antagónicas por su parte, se establecen con el blanco, pero en un plano histórico del pasado. En el plano del presente, se puede escudriñar un poco más el poema de Artel para acceder a sentidos implícitos a partir de la modalización, la cual también impone una visión dialógica en la medida en que se refiere a las voces subyacentes en el poema, a la polifonía bajtiniana (Bajtin, *Problemática*). El hablante lírico expone indirectamente el conflicto de razas blanco-negro que aún persiste en algunos países de América. En "El líder negro", la modalización revela esta idea: "Con too y que es bien negro / ya lo blanco te respetan /" (TN 45). Nótese el uso de la expresión "con too y" que equivale a "a pesar de", en la caracterización del color de la piel. La inferencia que de ella se extrae, es que el respeto se otorga al que no es negro, pero el líder negro al que se refiere el poema, pese a su color, ha logrado dicho respeto. Considero que el hablante lírico está haciendo alusión a una situación que ocurre en su contexto social, y no precisamente está revelando su sentimiento, pues en otro poema se refiere abiertamente a los que niegan su raza. El hablante lírico manifiesta su rebeldía contra los autores de la esclavitud. En el presente, el antagonismo se dirige al que siendo mestizo o mulato niega su identidad. El verso citado refleja también cierta ironía que encierra una protesta, procedimiento que también encontramos en Luis Carlos López.

La segunda inscripción de la oralidad en la lírica del Caribe colombiano contemporáneo, es el habla cotidiana o coloquial. Al inscribirse las relaciones comunicativas orales en la escritura poética, se abre el espacio para que también lleguen al verso las expresiones conversacionales o frases fijadas en el uso cotidiano, que actúan como convenciones sociales. En López aparecen formas como: "¡que diablo!" (OP, "Medio ambiente" 289); "¡Demonio!" (OP, "Pero" 225); "¡Caramba!" (OP, "Cielo y mar" 223); saludos: "¡salud, doctores de las barbas luengas!" (OP, "Salutación" 267), " Y ella le grita, en una carcajada, / vibrante y juvenil: — ¡adiós papá!" (OP, "Apuntes callejeros" 285). Surgen también expresiones evaluativas ya convencionalizadas: "Cosas que a ti *te importan un comino*" (OP, "Égloga tropical" 313; énfasis mío). Este aspecto tipifica la poesía oral en la cual se inscriben fragmentos de discursos tradicionales, más o menos estereotipados.[53]

En Rojas Herazo, la manifestación de la oralidad en el habla cotidiana, recreada por Rojas Herazo, se percibe en el poema cuando el hablante lírico recurre a expresiones orales del vivir diario, para mostrar la vida del hombre imbuida en una experiencia circular, en un espacio donde "siempre hacemos las mismas cosas": "Ahora vamos, de nuevo, hacia el "bien mío", / hacia el "aquí te espero", / el "hasta luego" que sube de la sangre hasta el

---
[53] Ver Parry-Lord (1960), citado en Paúl Zumthor ("Le discours" 388).

pañuelo./ [...]/ Vamos hacia el mismísimo "te quiero" (DLPN, "Balada de los lugares comunes" 117). Con respecto a esto, varios autores han señalado la discursividad cotidiana de Rojas Herazo, pues se ubica en la poesía conversacional, neo-popular, prosaica y coloquial (Goyes 179); los géneros se entrecruzan, los estilos y niveles discursivos se entremezclan y los versos acogen el lenguaje callejero (García Usta, "*Celia se pudre*" x). El escritor caribeño presta su lenguaje de un habla popular (Romero, "Los poetas" 753); formas conversacionales de sus versos narran dilemas y escenifican preguntas al ser humano al borde de sus angustias (Bolaños 7-8). De este modo, el poema plantea un problema de comunicación que según Cárdenas y Goyes (64), se extiende a toda la obra rojasheraciana.

En la poesía de Gómez Jattin aparecen expresiones cotidianas, cuyos contextos conversacionales se reconstruyen con los cambios acentuales típicos de esta clase de intercambio: "Qué te vas a acordar Isabel/[...]/Qué va/ tú no te acuerdas / En cambio yo no lo notaste hoy / no te han contado" (P, "Qué te vas a acordar Isabel" 23). En estos intercambios surgen las expresiones típicas de la cotidianidad del Caribe como: "qué va, qué hay de tu vida, te quiero como el carajo, lo más natural, te nos fuiste Petulia, Lo cierto es que, infalible como el mismo diablo". Estas expresiones son tomadas de situaciones cotidianas como el saludo, negaciones, actos amorosos, dichos y refranes y lamentos de velorio. Se trata del lenguaje popular vinculado a lo cotidiano y la oralidad, del lenguaje común y el vocabulario de la tierra que algunos críticos han señalado en Gómez Jattin. Jáuregui ("Tierra, muerte y locura" 1), dice que se trata de un lenguaje común y de una sintaxis popular; De Ory (6), plantea que se trata del habla de su pueblo costeño. No obstante, la crítica no ofrece un análisis sobre los elementos que sustentan dicha oralidad y cotidianidad.

Hasta el momento, los poetas del Caribe analizados, han revelado la oralidad inscrita en el habla popular sólo a nivel léxico; también se han encontrado expresiones típicas de las interacciones cotidianas del Caribe. Pero en autores como Jorge Artel, además de hallarse tales manifestaciones del habla popular, se registran otras referidas a la pronunciación caribeña. Estos usos estéticos de la forma de pronunciación caribeña ya se encuentran en un poeta del Caribe colombiano del siglo XIX, Candelario Obeso, sobretodo en su libro *Cantos populares de mi tierra* (1877). En el resto del Caribe, este uso particular del dialecto también se ha usado en la elaboración lírica. En la literatura de Jamaica de la década del setenta y del ochenta las obras acogen dichas marcas dialectales en la pronunciación, en el vocabulario y la gramática (Rodríguez, *Women Writers* 304-305).

En los dialectos del Caribe se encuentran fenómenos como la elisión de "s", "r", "d"; en algunas zonas se registra el cambio de "d" por "r", entre otros fenómenos de pronunciación. Artel utiliza estas características lingüísticas en su poesía, reiterando el carácter popular folclórico de sus poemas: "Si yo fuera tambó / mi negra, / sonara na má pa ti /" (TN, "Bullerengue" 43); "Quisiera *vorverme gaita*" (TN, "Bullerengue" 44; énfasis mío); "El pueblo te quiere a ti,/ Diego Luí, / ..../ Con *too* y que *ere* bien negro / ya *lo blanco* te respetan / porque dices la verdá" (TN, "El líder negro" 45; énfasis mío). Considero que el uso de esta forma de habla popular, además de reafirmar la identidad en el plano lingüístico, involucra dos efectos estéticos: uno de ruptura del lenguaje poético en Colombia; y otro que reafirma lo que aquí denomino *la edificación de la poesía con imágenes sonoras*. En el primer caso es necesario ver el contexto artístico en el que se ubicaba Artel. Se trata del movimiento piedracielista que oficiaba su poesía llena de metáforas, y que había perdido el contacto de ésta con la realidad; pues se edificaban universos etéreos. Artel introduce el habla popular en el léxico y la pronunciación, en un contexto poético en el que sólo tenía lugar la lengua estándar; sus poemas constituyen pues cuasi herejías lingüísticas para aquélla época de metáforas en la creación lírica en Colombia. Por ello, Artel constituye una isla estética en aquel período, como lo fue Luis Carlos López y Candelario Obeso en sus respectivas épocas. La pronunciación popular y típicamente caribe introduce caos en el orden del poema; pero más que caos es entropía del lenguaje, pues el poema edifica un nuevo universo cuyas bases son las imágenes sonoras, el elemento étnico centrado en el negro, el viaje, el tiempo y la oralidad en sus tres manifestaciones: tradición oral, dialogismo y habla popular.

La tercera inscripción de la oralidad en la lírica del Caribe colombiano, son las repeticiones; las cuales se consideran como una de las características de la poesía oral (Zumthor, "Le discours"). Este término ha sido usado en la literatura y la tradición oral (Bennison; Finnegan), con dos sentidos: como repetición de incidentes a través de los trabajos tradicionales orales, o al interior de uno de ellos. En estos últimos, la repetición verbal se da tanto en los versos como en las fórmulas. Una fórmula es una construcción verbal que se repite en una obra de tradición oral (Bennison 297). En los poemas de López se encuentran estos elementos. Normalmente se repiten fórmulas completas, que aparecen en contextos irónicos:

> ...Dice por las noches: – "Mira, Dorotea,
> no tengo un centavo". – Melenudo y tal,
> se acoge a su cuarto de casa de aldea,
> y escribe unos versos, un editorial...
>
> No llora. Y si acaso la cosa es muy fea,
> se limpia uno que otro saco lagrimal.
> Y, después, ¿qué importa? Vamos, se pasea
> feliz con su terno canario y turpial...
>
> Por el pueblo – y debe mil pesos al mes –
> su vida no es vida de oscuro armadillo,
> – tan hecha de trampas, tan entretenida...
>
> Y si le preguntan: - Pero, hombre, ¿eso qué es?
> Exclama entre el humo de su cigarrillo:
> –¡La vida, la vida, la vida, la vida!... (OP, "Hongos de la riba III" 136).

Aquí la repetición de la frase, imita una expresión cotidiana que adquiere matices irónicos, cuando se relaciona con el resto del poema. Estos matices se ven realzados con otros elementos de la oralidad; en este caso, se incluye un registro popular del Caribe: "melenudo *y tal*"; y una explicación incrustada evaluativa: "- y debe mil pesos al mes -", que se opone a la descripción del personaje: "y después, ¿¡qué importa? vamos, se pasea feliz con su tierno canario y turpial! La repetición también permite extraer significados ocultos en los versos: "¡Te faltan al respeto!... Te faltan al respeto.../ Más tú - falsificado producto de Munich - / parece que pensaras con la mudez de un feto: / - ¡Pues bien, a mí estas cosas me importan un maní..." (OP, "Día de procesión" 309; énfasis mío). Aquí las frases repetidas dan a entender la indignación del poeta; sin embargo, al observar el resto del poema, tal significado se contradice en otra voz, mediante la explicación incrustada: "Más tú - *falsificado producto de Munich* - parece que pensaras con la mudez de un feto". En otras ocasiones, la repetición actúa en las apelaciones al otro: "y al llorarte, mis años infantiles añoro, ¡*Teresita Alcalá, Teresita Alcalá!*... (OP, "En tono menor" 389; énfasis mío). En cuanto a los versos repetidos, en el poema "Don Luis" que posee la estructura análoga a una canción, cada estrofa termina con un estribillo: "Tu vida, esa tu vida / no es más que una patraña".

Las repeticiones de versos poseen otras funciones, como la degradación de los personajes en un contexto cómico y grotesco:

> Don tito de Zubiria
> le dice a una nurse bella
> que lo atienda todo el día
> con sin igual monería:
> – *y yo que orino en botella!*...
> Viene la noche sombría
> sin asomo de una estrella
> y el joven de Zubiría
> siempre en su eterna porfía:
> – Y yo que orino en botella!...
>
> Porque en una enfermería,
> y al lado de una doncella
> cuán amarga es la ironía
> de este grito de agonía:
> – Y yo que orino en botella!... (OP, "Tito orina en botella" 376; énfasis mío)

Este último verso se reitera en las tres estrofas. Es interesante notar las relaciones que crea el poeta entre lo cómico, lo grotesco y la oralidad bajo dos de sus manifestaciones: la repetición de fórmulas y la voz de otro. La degradación ocurre también en contextos satíricos, críticos mordaces, donde la repetición actúa como recurso desencadenador. En el poema "A un perro" el verso incrustado - explicativo se reitera para generar la imagen del espejo en la que se identifican el político y el perro: "Ah, perro miserable, / que aún vives del cajón de la bazofia, / *–como cualquier político–* temiendo / las sorpresas del palo de la escoba / ¡Y provocando siempre / que hurtas en el cajón pleno de sobras / – como cualquier político –la triste / protesta estomacal de ávidas moscas!", (OP, "A un perro" 271; énfasis mío). En el poema "mientras un ruiseñor", la degradación está dirigida hacia un burgués; la repetición desencadena la burla y la ironía: "Don Julio del Piñón, / mercader guachimango, *mientras canta feliz un ruiseñor*, / despierta en una lírica mañana / Muy gordo y muy gibón / se viste resoplando, mientras canta / felíz un ruiseñor, / mecido en el trapecio de una rama..." (OP 273; énfasis mío).

Es importante anotar, que el recurso de la repetición no opera en la obra de López como medio para producir énfasis, sino como principio composicional que interactúa con los otros recursos. De esta misma manera ocurre en la literatura oral, en la cual la repetición permite el desarrollo de la obra (Bennison 300). Esto demuestra la presencia e importancia de la oralidad en la poesía lopesca.

Todos los recursos que he enunciado acercan la poesía de López a la poesía oral, pues una de las características de ésta es la explotación al máximo de los recursos de la comunicación (Zumthor, "Le discours" 394), recurso que López utiliza con riqueza, demostrando así una conciencia del lenguaje poético, desde la cual rompió con los cánones estilísticos de la época, abriendo la poesía hacia la cotidianidad, hacia la oralidad arraigada en las prácticas socioculturales de su comunidad y de su tiempo. La poesía de López se presenta así, como un discurso elaborado desde otras orillas del lirismo que puede caracterizarse como antipoético, en la medida en que no se rige por el canon artístico verbal establecido. Esta antipoesía de López encuentra su antecedente en la poesía colombiana, en los poemas de "Gotas amargas" de José Asunción Silva, en los que este poeta crea una crítica mordaz contra el mundo de las falsas apariencias, la hipocresía y la falsedad que caracteriza al mundo burgués de su tiempo. Es evidente que el Silva de los "Nocturnos" difiere del poeta de "Gotas amargas" y de "De sobremesa"; este último Silva, fue el modelo que siguió López para crear su antipoesía. López escribió como reacción contra el Modernismo y llegó a una concepción formal de la antipoesía, convirtiéndose en el precursor de este género. Una de las características de la antipoesía de López es la percepción revisionista de la escritura literaria que se aprecia en el *Don Quijote* de Cervantes, en *Los Esperpentos* de Valle Inclán y en *Niebla* de Unamuno. Además, Luis Carlos López parodia los modelos literarios mediante el humor irónico y la alusión (Alstrum, *La sátira y la antipoesía* 12). De este modo, pone en tela de juicio la literatura en el marco de la obra que va elaborando. La literatura, como asevera Alstrum, tiene como tema en López a la misma literatura. Hay en consecuencia una actitud reflexiva hacia el arte, desde el mismo arte. Por tal razón, ya Rojas Herazo (*Señales y garabatos* 56) había señalado que al "Tuerto" López le interesaba juzgar, más que cantar.

En la poesía de Rojas Herazo se encuentra también el recurso de repetición, pero obedece a una fuente distinta a la de López. El poeta la tomó y la desplazó a un contexto fuera de la tradición oral; este nuevo entorno es el de la expresión de una poética de la fragmentación dada mediante una estructura enumerativa que revela la realidad escindida y rutinaria del mundo moderno. Dicha estructura presenta los acontecimientos como formando parte de una cinta cinematográfica cuyos apartes se repiten, se inician y reinician; una película cuya circularidad sólo puede evadirse a través de la muerte:

> Con corpiños de encaje,
> con huerto caminante y con hormigas,
> con corbatas bruñidas por la brisa,
> con mordiscos y yerba en sus mejillas.
> ... de escrituras sin casa,
> de abuelas que tuvieron a abril pastando en su cabello,
> que tuvieron rubor en las arrugas,
>
> que curvaron sus senos al pie de unos mostachos ...
> tanta palabra cierta pronunciada
> que se vuelve sudor y madrugada,
> que se pega a una falda,
> que en nosotros pregunta por la muerte. (DLPN, "Balada de los lugares comunes" 118)

La oralidad posee las manifestaciones enunciadas, y los poetas del Caribe las usan como recursos estéticos. Además de éstas, en la poesía del Caribe hay otras como la tradición oral y la cultura popular que desarrollaré a continuación.

Poesía del Caribe, tradición oral y cultura popular

Además de la oralidad en tanto formación discursiva con sus características recreadas en la lírica del Caribe colombiano, ésta retoma artísticamente géneros de la tradición oral, al igual que formas y prácticas de la cultura popular del Caribe. En cuanto a los géneros, los poetas usan como procedimientos estéticos, el mito, la leyenda y el cuento. Y en cuanto a la cultura popular, los poemas revelan formas como la música y la canción; el grito, el pregón, el lloro y el lamento; el agüero y el conjuro; y rondas y juegos infantiles.

Los géneros de tradición oral en Rojas Herazo se vinculan a las creencias del Caribe en el marco de un sincretismo religioso. Ya en su obra narrativa aparecen dichos géneros. En su novela *Respirando el Verano* por ejemplo, en una época temprana para el atraso literario colombiano, el escritor introduce en el entramado narrativo, tipos de discursos como "la disertación sobre el humo", un texto con características de tradición oral por su estructura, su contenido y unas marcas discursivas que evocan el ritual del cuentero.[54]

---

[54] Para un análisis de este tipo narrativo, ver Rodríguez Cadena (64-75).

Gabriel Alberto Ferrer Ruiz

En su poesía, en la memoria y cotidianidad del hombre caribeño, deambulan los personajes míticos y legendarios que se han incorporado a la vida cotidiana; Rojas Herazo los recrea en sus poemas: "La fauce que camina, el diente diente, / que rompe las aldabas y los puentes" (DLPN, "Primer cartón del trópico" 29). En Rómulo Bustos los géneros de tradición oral se expresan con el mito que se recrea en los nombres, producto de mutaciones zoomórficas y antropomórficas, muy frecuentes en los relatos indígenas del Caribe: nube - paloma, nube - pez, nube - caballo, nube - mujer, nube - muchacho. Los seres mitológicos que deambulan en el cielo, se vinculan además a la experiencia onírica en vigilia, del hombre - niño; emerge el juego de crear imágenes con las nubes de la infancia, con lo cual se liga el mito y la tradición: "Estos eran los seres que habitaban el cielo / cerca de las nubes, más allá del inmenso / celaje de los árboles /nube - paloma con las alas abiertas / nube - pez que rema cielo abajo /nube - caballo de seis pares de patas / nube - mujer muy grande que desorienta sus caballos /nube - muchacho de veinte años cazando nubes" (PGCI, "Balada del agua de cacaotal" 125). En ocasiones el mito no aparece hilado al poema otorgando su contenido a los versos, como se observó antes, sino que aparece incrustado textualmente: "*El sonido macho posee un agujero / el sonido hembra posee dos agujeros / los dos sonidos son como las palmas de la mano / Entonces Dios aplaude y así surge el universo*" (ES, "Aluna" 52). Es el aparte de un relato cosmogónico que emerge en una escena dramática, incrustada a su vez en un acto occidental: "Los indígenas traídos de Atanque por el conferencista / para ilustrar la charla / entrelazan sus vueltas en el escenario /Anudan y desanudan sus movimientos en una escritura indescifrable" (ES, "Aluna" 52). Se oponen aquí los dos mundos: el occidental guiado por una lógica desde la causalidad; y el indígena, caracterizado como indescifrable, guiado por una lógica mítica.

La relación mito-poema en la poesía de Bustos y Rojas Herazo, apunta al pluralismo de la modernidad, como uno de los motivos de la crisis de sentido (ver capítulo de "Lo estético a lo ideológico"). Esta yuxtaposición de la estructura mítica en la poética del primero se reitera en varias ocasiones: "*Vueltas hacia abajo, levemente /recostadas sobre el oleaje /Cielo duplicado / el dragón despliega su fuego*" (ES, "Hexagrama" 53); son imágenes sacadas de relatos que se incrustan en los versos, al igual que personajes míticos indígenas que irrumpen en una escena racional occidental tejida en el poema: "Hemos dado marcha atrás al vehículo /en varias ocasiones /para ensayar otros extravíos del viento / Pulowi,[55] el de los mil rostros /abre y cierra los caminos / como si jugara con las líneas / de su mano" (ES, "La estación de la sed" 54).

En la poesía de Quessep los géneros del cuento y la leyenda toman varias formas. Aparecen ya no como mundos o universos de sentido, sino como tejido narrativo en el poema: "CUENTA LI PO desde su exilio en la ciudad de Yehlang / Que en el palacio imperial de Uu.../[...]/También cuenta Li Po..." (LE, "Parábola del siglo III" 11). El poeta recrea aquí la narración que ya es poesía y a la vez leyenda, pues se convierte en el medio de expresión de eventos fantásticos. Llama la atención cómo el poeta crea transiciones entre contar-cantar-escritura-poesía: "*CONTÓ* QUE ERA DE ARABIA, ese nombre de arena/[...]/ Sacerdotisa y triste, *cantaba* dulcemente / los salmos que entendieron los pájaros y el agua. / Una vez *escribió* que el tiempo es irreal, /[...]/ *Sus versos* los guardaba en un viejo papiro / que tiene aún los límites de un templo" (LE, "Grabado en la piedra" 165; énfasis mío). Estas asociaciones permiten plantear que dichas acciones verbales comparten sus naturalezas.

En Rómulo Bustos, también aparecen estructuras verbales legendarias sobre el origen, con marcas verbales que permiten detectarlas: "*Cierta vez* imaginaron que la mano de un niño /lo lanzaba de vuelta y pudieron recogerlo /*Así quedó trazada* la ruta de los peregrinos / del cielo" (PGCI, "IV De los juegos celestes" 130; énfasis mío). El final del verso es típico de los cierres de las leyendas etiológicas, donde se da la explicación fantástica de un evento. Además de incrustar algunos versos con estructura legendaria, en la obra de Bustos encontramos poemas completos con esta estructura, cuyo inicio y cierre reflejan este género discursivo:

> Entre el cielo y la tierra
> suspendido de un hilo que no vemos
> palpita en su misterio el corazón del hombre
> Cuentan
> que no son rectos los caminos que hasta allá conducen
> Tampoco hay señales visibles
> Solo su latido
> como una flauta lejana llenando el alma

---

[55] Personaje mítico de la cultura Wayúu en La Guajira colombiana que representa el mal y está asociada a la naturaleza.

Solo esto sabe la leyenda
Solo esto cuentan los más viejos sabios del mundo. (PGCI, El corazón del hombre 35)

Se incluye aquí la voz del cuentero vocero de la colectividad: "*Cuentan* /que no son rectos los caminos que hasta allá /conducen"; finalmente es explícito el género: "Solo esto sabe *la leyenda* /solo esto *cuentan* los más viejos sabios / del mundo".

En la poesía de Gómez Jattin se estetiza el ritual del cuentero llevado a cabo en el patio. En el poema "Apacibles" encontramos una estructura que refleja completamente la narración oral; el hablante lírico es el viejo cuentero que en medio del humo del tabaco y de una canción vallenata relata sus hazañas de hombre mujeriego, que expresa todo su romanticismo con el paisaje. Este poema es cuento y a la vez canción vallenata: "Préndete el tabaco y cántate una canción / mientras llegan Deben ser nietas de unas/ que amé cuando era solo y quieto Mira/ Puede ser cuento mío pero son bellas/ Casi como las palomas Te voy a regalar/ un par de palomas guarumeras Son moradas/ Como el caimito Cántate la canción que Alfredo les hizo (P, "Apacibles" 111). Los marcos de tradición oral se reflejan en versos como: "puede ser cuento mío pero son bellas", "podría decirte que es un principio de verano" "O podrías ser que fueras un día de verdad". Toda esta estructura verbal crea el universo mágico de lo que puede ser y en efecto es, en el relato mismo. El régimen de oralidad que se percibe en la estructuración poética que –Zumthor ("Le discours" 387) destaca en el discurso de la poesía oral–, se puede percibir en este elemento encontrado en la obra de Raúl Gómez Jattin. La dramatización del discurso, más que los procedimientos de gramaticalización, se aprecia en los poemas "Apacibles" y "Veneno de serpiente cascabel"; hay una actuación (*performance*) típica de la comunicación oral y algunos fragmentos de discurso tradicionales como fórmulas: "hazte el pendejo" "infalible como el mismo diablo", "puede ser cuento mío", y otras ya enunciadas:

> Gallo de ónix y oros y marfiles rutilantes
> quédate en el ramaje con tus putas mujeres
> Hazte el perdido El robado Hazte El loco
> Anoche le oí a mi padre llegó tu hora
>
> Mañana afílame la tijera para motilar al talisayo
> Me ofrecieron una pelea para él en Valledupar

> Levántate temprano
> y atrápalo a la hora del alimento Dijo mi padre
> Talisayo campeón en tres encuentros difíciles
> He rogado y llorado que te dejen para siempre
> como padre gallo
> Pero a mi viejo ya le dieron el dinero
> y me compró un juego de dominó para engañarme
>
> Pero ya estás cantándole a la oscuridad
> Para que se vaya Te contestaron tus vecinos
> Y mi padre está sonando sus chancletas en el baño
>
> Es imposible evitar que te manden otra vez
> a la guerra
> Porque si mañana te espanto padre de todas maneras
> hará prenderte por José Manuel el indio Así que
> prepárate a jugarle sucio a tu contendor Pues
> le robé al indio un veneno de serpiente cascabel
> para untarlo en las espuelas de carey
>
> En medio del tumulto y la música de acordeones
> me haré el pendejo ante los jueces que siempre
> me han creído un niño inocente y te untaré
> el maranguango letal Es infalible como el mismo diablo
>
> Voy a apostar toda mi alcancía a nuestra victoria
> Con lo ganado construiré un disfraz de carnaval
> y lo adornaré con tus mejores plumas. (P, Veneno de serpiente cascabel 84-85)

Este poema contiene una historia no contada desde el presente hacía el pasado, sino hacía el futuro, pero bajo un efecto dramático como si ya fuera una serie de hechos ocurridos: motilar al talisayo, atraparlo, el ruego por el gallo, el engaño al niño con el juego de dominó, el canto del gallo, el padre que se prepara, el robo del veneno de serpiente cascabel, el niño que posee el veneno para aplicarlo en la espuela de carey, la apuesta, la victoria y la construcción de un disfraz de carnaval. Todos estos eventos se suceden rapidamente en un ritmo narrativo intenso, que marca la dramatización del discurso oral.

En cuanto a las formas y prácticas de la cultura popular caribe, en la lírica de esta región se recrean el entorno estético de la música, la canción, el grito, el lloro, el pregón, el agüero, el conjuro, las rondas y los juegos infantiles.

La música ha sido uno de los rasgos destacados en la literatura del Caribe. En la obra de Gómez Jattin los aires del Caribe colombiano: el vallenato, el porro y el fandango aparecen integrados a los poemas, generándose así una intertextualidad con estas formas del folclor. No se trata pues de una simple mención sino de la elaboración de imágenes mediante los elementos y los ritmos de este tipo de música: "Te voy a regalar / un par de palomas guarumeras / Son moradas / Como el caimito Cántate la canción que / Alfredo les hizo"[56] (P, "Apacibles" 111). La música vellenata también es transfondo del eros: "Otra vez apareció entre la voz y el acordeón / de los hermanos Zuleta Nos emborrachamos / de mirarnos De bebernos a hurtadillas" (P, "A Stendhal" 114). Esta misma relación música-eros se lleva a cabo con otro aire del Caribe, el porro, que contiene un canto a la naturaleza, al campesino y a elementos de la cotidianidad: "Una banda de música sonó El pájaro El porro más hermoso / el que más me gusta / Tú parecías un azulejo Yo un sangre e toro" (P, "El alba de San Pelayo" 116). El eros también se manifiesta en el fandango, aire y danza cuya esencia es el erotismo, reflejado en la conquista de una moza por un mulato después de una persecución rítmica en la que todo el ritual, las velas de cera derretidas, los movimientos, los gritos, el sudor y el vestido, conjugan una simbología sensual: "Asómate amor mío / que el cielo ha encendido un fandango / en su comba lejana Y no hace frío" (P, "Serenata" 125).

En la poesía de Gómez Jattin también aparece el vallenato como un escenario en el que se desenvuelve una atmósfera de fiesta, tradición y gesta: "En medio del tumulto y música de acordeones / me haré el pendejo ante los jueces que siempre / me han creído un niño inocente y te untaré / el maranguango letal" (P, "Veneno de serpiente cascabel" 85). El vallenato aparece entonces en tres contextos: épico (Veneno de serpiente cascabel), de tradición oral (Apacibles) y erótico (A Stendhal). Estos contextos se explican por la misma naturaleza del vallenato en el Caribe colombiano, pues es un aire que nació en un entorno oral que permitió llevar noticias de un lugar a otro; a través de él se cantaban los acontecimientos y aventuras del héroe cotidiano y las experiencias de la comunidad; por otra parte, hoy en día el

---

[56] Aquí se hace alusión a la canción del compositor vallenato Alfredo Gutiérrez, que compusiera en el año de 1961: "Se oye cantar en el campo una paloma guarumera / para el campo para el campo la paloma ya se fue/ De pronto se va volando/ de pronto se va volando/ dejándome a mí una pena".

vallenato también acoge los amoríos pueblerinos y da cuenta de los mitos y algunos rituales del Caribe colombiano.

En la poesía de Artel, la música pertenece a un principio composicional estético como parte de las imágenes sonoras ligadas al mundo no humano; mediante el uso de instrumentos hiperbólicos: el tambor, la gaita, las maracas, y los sonidos que emite la naturaleza: el viento y el mar. Es así, como la poesía de Artel se edifica sobre una estructura sonora tomada del género canto o canción; la música viene a formar parte de esta estructura pues se integra a la forma, imágenes y sentido del poema. Es importante señalar que estos elementos ya se trabajaban en la negritud, movimiento artístico y ético histórico en el que se configuraba, entre otros aspectos, el universo mágico de la raza negra y se integraba a la densidad de lo folclórico, revalorando así las tradiciones en el rescate de la oralidad, el ritmo y la poesía popular (Bohórquez 36-37). En Nicolás Guillén se observan estas características; ritmo y palabra se unen para generar la estructura del poema. En Artel se percibe esta misma caracterización. Mientras en Guillen es el poema-son, en el poeta cartagenero es el poema-porro, poema-bullerengue, los cuales cumplen la función de descubrir la esencia de su raza y la naturaleza del pueblo. El sentido del ritmo y la musicalidad basada en lo percutivo, vienen a complementar el universo sonoro totalizante que envuelve todo el poemario de Artel. Bohórquez (43), refiriéndose a Guillén, considera que esta relación ritmo-palabra, poema-música, es un producto caribe que revela el carácter mestizo de este tipo de poesía. Esta misma relación se aplica a Artel, poeta que representa la presencia del elemento musical como rasgo importante en la literatura del Caribe hispánico y no hispánico. La preponderancia, más bien la omnipresencia, de la música en la obra de Artel, la estructura lírica basada en el vínculo melodía-texto, se explica por la construcción de una identidad negra, mestiza y mulata que el hablante lírico desea lograr. La música, especialmente percutiva, es un aspecto mediante el cual la raza negra se autoidentificaba y se hacía reconocer ante los demás, desde la colonia.[57]

La música de tambores también cumple funciones comunicativas en el tiempo dentro de la cultura negra: abre puertas a los espacios donde moran los antepasados. En los poemas de Artel se perciben estos hechos

---

[57] Esta marca identificatoria era tan fuerte en Cartagena de Indias que en el siglo XVII los negros realizaban sus rituales funerarios y los acompañaban con cantos, tambores y danza. Pedro Claver, al oír los tambores los amenazaba con látigo, les decomisaba los alimentos del ritual y los tambores (Friedemann 551).

"Los tambores en la noche, hablan y es su voz una llamada / tan honda, tan fuerte y clara, / que parece como si fueran sonándonos en el alma" (TN, "tambores en la noche" 26). En este poema el tambor aparece como una presencia cuasi-humana: "los tambores en la noche, / parece que siguieran nuestros pasos[...] / tambores que suenan como fatigados"; los tambores sintetizan varias imágenes sonoras: grito, llanto, voz: "Los tambores en la noche son como un grito humano / Trémulos de música les he oído gemir /[...] / los tambores en la noche, hablan" (TN, "tambores en la noche" 26). En otros poemas, ya no es el símbolo del tambor sino su música integrada a los versos: "Si yo fuera tambó, / mi negra, / sonara no má pa ti. / Pa ti, mi negra, pa ti". Se pueden evocar los golpes del tambor en el ritmo de los versos y las formas verbales truncadas: "pa ti"; es el sonido seco del poema al que alude Ocasio (1995 84) con respecto a la poesía de Guillén y Palés Matos; sonido que proviene de unos tambores preparados por el santero para las danzas litúrgicas públicas. Artel resalta este lenguaje misterioso de los tambores introduciendo el sonido onomatopéyico que producen; con lo cual rompe la estructura verbal del poema abocándolo a lo no verbal: "Surgen de la entraña nocturna / los tambores litúrgicos.... /[...]/ - dum... dum...dum...! / Quién puede adivinar el lenguaje sombrío / de estas llamadas / estremecidas de misterio?" (TN, "el lenguaje misterioso" 93-94).

Artel retoma también otros aires musicales negros como el jazz que reafirma la importancia del elemento popular, pues este tipo de música se basaba en los cantos y en las melodías populares y religiosas de los negros del sur de los Estados Unidos. Asimismo, la espontaneidad, sensualidad y exaltación corporal destacada en los versos de Artel se relacionan con el jazz, en la medida en que éste se caracteriza por el movimiento audaz y frenético de las notas musicales y de los músicos que lo interpretaban.[58] Artel también menciona prácticas musicales que involucran el elemento negro: la cumbia, el bullerengue, el son y el porro. Con estos aires se evoca el mestizaje; por ejemplo, el porro acoge el sentimiento triétnico del hombre caribe;[59] este es el caso también de la cumbia. Con la música emerge la danza negra en la que se liberan las pasiones y la sensualidad de la mujer de esta raza. Estos

---

[58] Esta relación entre la poesía y el jazz ya había sido destacada por Prescott en la poesía negra colombiana, particularmente, en la obra del poeta Candelario Obeso.

[59] El porro combina el danzón de los blancos, el ritmo del bombo de los negros y el bozá reminiscente de las melodías de los pitos de los indios (Fals Borda, *Retorno* 134B).

elementos se registran también en la poesía de Guillén y de Palés Matos; y en general en la poesía antillana de temática negra.

Dentro de los géneros de la cultura popular ligados a la música está la canción. Esta se puede percibir en la poesía de Giovanni Quessep. En el canto, el poeta retoma estructuras repetitivas típicas del género: "Del negro al gris del gris al blanco / Vuelve vuelve canción de invierno" (LE, "Canción de invierno" 10). También retoma el universo significativo de la canción popular, generalmente una historia. En el poema "canción de los ciruelos" se edifica una pequeña historia cuyo inicio posee un carácter bucólico y cuyo desarrollo se enmarca en el universo de la fábula: "¿No eres tú la muchacha / que vi entre los ciruelos?/ La luna dejó un círculo de oro / en tus labios, y arena. Ay, violetas, / caídas en mi huerto/[…]/Ay, frutos, ay violetas, /…/ No habito en un castillo / de altas almenas que tocan el cielo. / Vivo la miseria de mi alma/ Y en mis ojos dorados / la noche agita su floresta. / En ella puedes ver el estribo de plata / de un caballero muerto por mis hadas" (LE, "Canción de los ciruelos" 122). Se registra el lamento del cantor, expresión típica de las canciones populares; también se puede observar aquí la relación canción-fábula; esta última casi permea toda la poesía de Quessep; es un pilar significativo o una columna de sentido que sostiene el sistema poético del autor, como se verá después (Ver capítulo "Geografía Poética").

La canción aparece ligada a los juegos y rondas infantiles en la poesía de Rómulo Bustos: "Y las elevaron con largas hebras del cabello /de la madre /cantando: "este es el juego de la elevación /de los pájaros /para que el canto anidara en sus picos /Este y otros juegos /navegan en la memoria del agua" (PGCI, "Cometa" 131). La canción forma parte de la construcción de la cometa (papalote), juguete del niño que se vincula en el poema a la ensoñación, al cielo, al ángel, al vuelo de los pájaros. Emerge aquí un símbolo de conexión hombre-cielo, entre otros símbolos, como la copa de los árboles, el ángel conversando con el hombre; siempre se establecen estos vasos comunicantes tierra-cielo en la poesía de Rómulo Bustos (ver capítulo "Geografía Poética"). La canción ligada al juego de tradición oral aparece en "Poema de las pertenencias": "el juego de la peregrina, el palo yaya, las telas /[…]/ y repetíamos: "sayona", "sayona"/y la luz se asoma como doblando una esquina del mundo" (PGCI, "Poema de las pertenencias" 132).

La importancia del canto en la poesía de Artel también es evidente. Muchos de sus poemas parecen canciones, son versos escritos para ser tarareados, para ponerles música. El poeta cartagenero canta el dolor de su raza construido históricamente: "Yo no canto un dolor de exportación"(TN, "negro soy" 14). Pero este canto no es solamente el del hablante lírico sino el de su ancestro. El hablante lírico rememora esta actividad del pasado de su raza: "- Anclados a su dolor anciano / iban cantando por la herida... -"(TN, "La voz de los ancestros" 17). Pero además del canto doloroso, en la poesía del autor, se reconstruye el canto erótico de la danza negra: "En tus piernas veloces y en el son / que ha empapado tus lúbricas caderas / doscientos siglos se agazapan" (TN, "danza, mulata!" 20). Nótese la reiteración del pasado como trasfondo temporal de los versos de Artel. El canto también actúa en el marco de la nostalgia y cumple funciones conectivas, pues liga al hombre a su propio espacio y a otras regiones; a su tiempo, y a otros tiempos como lo hace el tambor: "[...] /donde los marinos / encierran el ovillo de sus cantos / para atar los cabos de los días / en el mar" (TN, "Canción en el extremo de un retorno" 61). Es importante detallar el carácter ubicuo que el poeta le atribuye al canto, no simplemente por su obvia naturaleza sonora dispersa, itinerante, sino porque lo sitúa en todas las actividades del hombre negro: en el recuerdo, en los retornos: "En los rincones de los arsenales /me estará esperando algún canto abandonado" (TN, "Canción en el extremo de un retorno" 62); en el trabajo: "trabajaron con la muerte / y regresan cantando" (TN, "el minuto en que vuelven" 66); "Por la boca de los negros / principia a trotar una canción, /[...]/ Sus manos afilan los arpones / y su afán de pescar apresura la noche" (TN, "extramuros" 67-68). La canción trasciende fronteras actuando como marca de identidad del negro y como medio de comunicación: "la canción La dijo un negro alto / de tatuaje y puñal, /.../ La dijo en muchos puertos / de América del sur" (TN, "la canción" 69-70). Esta idea se refuerza en todo el poemario de Jorge Artel. Retomando uno de sus versos, el negro se identificaría por tres aspectos: trabajo, dolor y canto: "El negro vive su vida... / *Pesca. Sufre. Canta*" (TN, "barlovento" 82; énfasis mío). El canto también revela la interioridad del hombre negro, pues actúa como espejo de su conciencia: "Ese muchacho negro / tiene la vida turbia /[...] / Hay una canción oculta / tras de su boca sellada"(TN, "ese muchacho negro" 72).

Pero el canto, además de encontrarse como imagen sonora en los poemas de Artel, también se halla como estructura lírica. Los versos devienen enunciados de canciones evocando un ritmo específico. Veamos el poema *bullerengue*:

> Si yo fuera tambó,
> mi negra,
> sonara na má pa tí
> Pa tí, mi negra, pa ti
> Si maraca fuera yo,
> sonara sólo pa ti.
> Pa ti maraca y tambó.
> pa ti, mi negra, pa ti.
> Quisiera vorverme gaita
> y soná na má que pa ti.
> Pa ti solita, pa ti,
> pa ti, mi negra, pa ti.
> Y si fuera tamborito
> currucutería bajito,
> bajito, pero bien bajito,
> pa que bailaras pa mí
> Pa mí, mi negra, pa mí,
> pa mí, na má que pa mí. (TN, "bullerengue" 43-44)

Nótese la estructura repetitiva usada en las canciones: "Pa ti, mi negra, pa ti". No sólo se trata de este estribillo sino también del enunciado "pa ti" que se reitera en las estrofas. Se percibe también la cadencia de las estrofas, el ritmo sostenido en ellas, con versos heptasílabos en su primera parte. Esta estructura repetitiva con estribillo aparece también en el poema "el líder negro": "El pueblo te quiere a ti, / Diego Luí, / el pueblo te quiere a ti!" (TN 45); en "Dancing": "Maraca y timbal! Marimba y tambor!" (TN 49); "dame tu ritmo negra..." (TN, "Barrio abajo" 35).

Además de la estructura de canción en los poemas, aparecen otros con este título *canción*: "mi canción" (TN 75), "la canción" (TN 69) y la intertextualidad con este género. En los poemas se incrustan apartes de canciones del Caribe: "Los tibios ecos del canto: / "Barlovento, Barlovento / tierra ardiente del tambó! [...]" (TN, "Barlovento" 81). Esta parte de la canción se repite en el poema. En otros versos se introduce también una canción vallenata muy popular en el Caribe colombiano de corte tradicional oral: "La honda voz ancestral / de su angustia indomulata: / Este es el amor amor, / el amor que me divierte: [...]/ Cuando estoy en la parranda / no me acuerdo de la muerte!" (TN, "Canción en tiempo de porro" 88). Este estribillo se usa en piquerías[60] en la costa caribe e introduce los versos

---

[60] Competencia entre verseadores o compositores acompañados por un acordeonero. En este

improvisados por los músicos. En este poema se extrae el verso de la canción "este es el amor-amor" para cerrarlo, reiterando la intertextualidad. En otro poema, "Los chimichimitos" se retoma un coro negro: "Los chimichimitos / estaban bailando / el coro corito. / tamboré!... /[...] / Que baile la negra. / Tamboré! / Que baile el negrito. / tamboré!..." (TN, "Los chimichimitos" 90). Es interesante ver, cómo Artel retoma en la intertextualidad canciones que aluden a las razas del Caribe colombiano: mestizo (vallenato) y negro; con ello hace énfasis en la tradición cultural, elemento clave en su obra.

Las otras manifestaciones de la tradición y cultura popular, también operan como procedimientos estéticos en la lírica del Caribe colombiano. En Luis Carlos López aparecen el pregón, el grito y las expresiones estereotipadas "tabú". En Jorge Artel el grito, la algarabía, la algazara, el lloro y la risa aparecen en toda la obra *Tambores en la noche*,[61] como parte de los sonidos del caos. Nuevamente hay una atribución de estas imágenes sonoras al ancestro. El grito rememora el pasado: "repujados de gritos ancestrales, / se lanzan al mar" (TN, "La voz de los ancestros" 15). También se gesta en el marco de la danza negra: "El humano anillo apretado / es un carrusel de carne y hueso, / confuso de gritos ebrios / y sudor de marineros" (TN, "La cumbia" 22); es el grito de la raza en el ritual que la identifica: "Toda una raza grita / en esos gestos eléctricos" (TN, "La cumbia" 23). Esta idea de la imagen sonora del grito en el entorno de prácticas culturales –especialmente danza y música– que identifican al negro, se reitera en varios poemas. Por ejemplo en "Tambores en la noche" se recrea el contexto tradicional oral donde emerge la décima como práctica ritual oral: "acompasando el golpe con los cantos / de *los decimeros*, con el grito blasfemo / y la algazara, con los juramentos / de los marineros..." (TN, "Tambores en la noche" 26).

El llanto también opera como imagen presente en los poemas de Artel, en el contexto del ancestro y del presente. Es importante notar cómo este elemento sonoro se ubica, al igual que el anterior, en un contexto ritual negro y caribe: en el lloro acostumbrado en los velorios: "(Las mujeres lo

---

desafío se proponen temas del momento a nivel político, económico, amoroso, etc. Quien hile más fino en la composición este será el triunfador. La piquería nace con el género del vallenato y fue instaurada por los mismos juglares del Magdalena Grande.

[61] Colección de poemas del poeta Jorge Artel nacido en Cartagena (Col.) en 1909. En el presente trabajo usaremos la edición de la Universidad de Guanajuato publicada en 1955. Nuestro poeta escribió otro libro de poemas editado por la Universidad del Atlántico en el año de 1972, intitulado *Botas y banderas* que no vamos a tener en cuenta por su pobreza estética.

lloran en el patio, / aromando el café con su tristeza" (TN, "Velorio del boga adolescente" 28). Este contexto del ancestro como trasfondo omnipresente en la vida actual del negro, se puede evidenciar en este poema en el que el hablante lírico expone el vínculo con la historia pretérita, que según él le da el sentido al aquí y el ahora de la raza negra: "Nuestra voz está unida, por su esencia, / a la voz del pasado / [...]/ no huyen los abuelos fugándose en la sombra /[...]/ Ellos están presentes, / se empinan para vernos, / gritan, claman, lloran, cantan" (TN, "poema sin odios ni temores" 146). Se nota aquí la unión de varias imágenes sonoras: el grito, el clamor, el lloro, el canto, como parte inherente del ancestro lo cual explica para el hablante lírico, la presencia de estos elementos en la vida actual del negro.

En Rómulo Bustos, la tradición y cultura popular es manifestación de la palabra bivocal, y se refleja en la voz-agüero del cuentero reconstruida en la voz del hablante lírico. De toda esta tradición el hablante lírico retoma la voz colectiva, el rumor que se ha convertido en verdad popular: "*Dicen que* si uno come su fruto puede quedar ciego" (PGCI, "Árbol camajoru II" 111; énfasis mío). Se trata de los imaginarios de la comunidad, agüeros y creencias sobre eventos. En los poemas también emergen géneros discursivos populares, del acervo de tradiciones del Caribe: el conjuro y el rezo que en la mentalidad del pueblo exorcizan un mal o permiten obtener bienes: "Y este es el conjuro del caballo / *ángel frondoso que estás en el árbol* /*venga a nosotros el más fino caballo* /las firmes patas del caballo /la grupa sudorosa del caballo /el viento impetuoso del caballo /las alas invisibles del caballo /la blanca maravilla del caballo /Y el ángel que habita en el árbol /nos lo daba" (PGCI, "Matarratón" 114; énfasis mío). Se mencionan aquí dos rasgos importantes: la repetición como recurso clave de la oralidad y la intertextualidad con la oración católica "El padre nuestro" que se repite en los rituales religiosos: "ángel frondoso que estás en el árbol"(PGCI, "Matarratón" 114); "Padre nuestro que estás en el cielo"; "venga a nosotros el más fino caballo", "venga a nosotros tu reino"; el significado de esta relación intertextual la analizaré cuando trate el lenguaje religioso. Por ahora me interesa destacar los vínculos discursivos de tradición y la cultura popular que aparecen en los poemas.

Otras recreaciones de este tipo son las que pertenecen al ámbito de la premonición que liga un acto físico previo con una consecuencia, un efecto mágico: "El ángel golpea la tierra con el pie / ahora correrán todos los seres / que tienen cuatro patas /Desliza lentamente la lengua sobre el cielo de la boca /Y agrega sonreído: "ahora nadarán los peces del aire" (PGCI, "III

Crónica de los hermanos" 117). La atmósfera que se crea en este diálogo es más profana que sagrada, a pesar que el personaje es el ángel; pues evoca al chamán, al brujo, al Piache[62] en el Caribe. Este ritual adivinatorio donde surge el conjuro, el agüero, el rezo, ocurre en una atmósfera sombría que refuerza su carácter profano: "Oscurece el pelaje de los venados /El ángel golpea la tierra con el pie"(PGCI, "III Crónica de los hermanos" 117); es el tiempo de la noche, de lo oculto: "es un ave muy negra arrastrando las grandes alas" (PGCI, "VII Crónica de la noche" 121).

En varios poemas se reiteran los rezos, los hechizos, los embrujos; el rezo que el chamán, el Piache o la bruja de pueblo elaboran para espantar la enfermedad; en los versos se verbaliza la instrucción, los pasos necesarios que unen la palabra mágica con el acto: "Del matarratón más puro lo cortarás /de un palo llovido por las lluvias de mayo /de la vara más alta /para que ya esté acostumbrado al cielo /A la mitad del día lo cortarás /con el agudo canto de tres grillos labrarás / sus ancas /y en sus patas traseras soplarás / el soplo de las sábila"(PGCI, "Vuelo y construcción del caballo de palo" 123). El hechizo también incluye la advertencia agüero típica de este género discursivo: "Cuida que no este cerca una mujer muy vieja/ mirándote de espaldas/ pues su mirada podría enfermar su vuelo/[…]/ sólo ten cuidado de no tropezar con las nubes /o el asombro callado de los pájaros" (PGCI, "Vuelo y construcción del caballo de palo" 123). La magia del embrujo se cambia aquí con la magia del poema, con la imagen que crea mundos posibles; estos dos actos verbales: conjuro-poema, se funden entonces, pues comparten esta naturaleza. En estos versos que analizamos, de "Vuelo y construcción del caballo de palo", se evoca también el juego de tradición oral del Caribe colombiano: el caballito de palo que forma parte de rondas y cantos infantiles, el animal que ya no es madera sino bestia real que corre, vuela y sobre él, el héroe, el jinete-niño que encumbra su aventura, su sueño. Esta animación del caballo que ocurre en el juego infantil, se simboliza en los elementos usados en los versos-conjuros: el árbol, el matarratón, cuya sombra produce alivio para el hombre Caribe y cuyas hojas sanan la enfermedad, los brotes de la piel según las ancianas caribeñas; la lluvia, la vida anunciada por los grillos; la mitad del día, la luz plena. La aplicación de estos elementos genera la vida del caballo en la mano y en la ensoñación del niño. En este poema también se retoman los talismanes usados en el

---

[62] El Piache en la cultura Wayuu de La Guajira colombiana cumple las funciones de curandero; es el que liga a la comunidad con los seres y eventos sobrenaturales.

Caribe para "la buena suerte", como parte de la tradición: la mata de sábila, el mal de ojos: "y en sus patas traseras soplarás /*el soplo de la sábila* / Cuida que no esté cerca una mujer muy vieja /mirándote de espaldas / pues su mirada podría enfermar su vuelo" (PGCI, "Vuelo y construcción del caballo de palo" 123; énfasis mío).

En la manifestación de la cultura popular, Gómez Jattin logra ubicar en el universo de sentido del poema las rondas y juegos del Caribe: "Qué te vas a acordar Isabel /de la rayuela bajo el mamoncillo de tu patio /de las muñecas de trapo que eran nuestros hijos/ de la baranda donde llegaban los barcos de La /Habana cargados de..." (P, "Qué te vas a acordar Isabel" 23). Esta oralidad le sirve al poeta para expresar diferentes sentimientos; de nostalgia, de tristeza; y a la vez le sirve como trasfondo escénico para introducir la crítica a la burguesía: "Isabel ojos de pavo real /ahora que tienes cinco hijos con el alcalde/ y te pasea por el pueblo un chofer endomingado" (23). Un poema que llama la atención en este asunto de la tradición oral es "Tres en una" pues, posee la estructura parecida a una ronda: "Va Catalina / Viene Catalina / Llegó Catalina" (P, "Tres en una" 69). El uso de la repetición y la rima ofrecen estos aspectos de la tradición oral.

La presencia de géneros de tradición oral y las manifestaciones de la cultura popular, no sólo obedecen a un efecto estético que desde la intertextualidad genera la plurisignificación del lenguaje poético, sino que además afianzan el carácter caribeño mestizo, indígena y negro de esta poesía, y revela posiciones ideológicas específicas. ¿Por qué varios de estos poetas retoman la tradición oral y la cultura popular caribeña en sus versos? Aquí es importante señalar las funciones que ellas cumplen y han cumplido históricamente en América latina y el Caribe. Han sido voceras de la ideología campesina, arraigada en los modos de explotación: el vallenato vinculado a los cantos de vaquería en la Hacienda y como expresión de la tradición oral, en tanto medio para llevar noticias de un lugar a otro. De igual manera el porro se asocia con las voces de los trabajadores, pequeños agricultores, pescadores y campesinos parcelarios que no pertenecen ni pertenecían a familias de grandes terratenientes (Fals Borda, *Retorno* 133B). La voz del Vallenato, el porro, la música negra, representan entonces la voz de la marginalidad en la poesía del Caribe colombiano.

Geografía poética

El espacio en la poesía del Caribe es un rasgo que posee una caracterización bien definida. Al igual que en los otros rasgos estéticos, en éste se detectan encuentros y desencuentros entre los seis poetas. La manera análoga con que tratan los tipos de espacio es lo que más atrae con respecto a la conceptualización de la lírica del Caribe colombiano que aquí pretendo establecer. Se puede plantear un espacio poético que se caracteriza por poseer dos dimensiones: una exterior y una interior. En la dimensión exterior se localizan dos topoi: uno tangible al que se tiene acceso a través de los sentidos; y uno no tangible al que se incursiona mediante otros medios. En el topoi tangible se ubican cuatro espacios poéticos: la tierra en su carácter concreto y cotidiano, y en su carácter general, como mundo – hábitat del ser humano; el mar, el patio, la casa y el árbol. En los espacios no tangibles encontramos dos topoi: el topoi fantástico del sueño y de la fábula-cuento-leyenda; y el real, manifestado en el cielo y el infinito. En la dimensión interior del espacio poético, en la lírica del Caribe colombiano, se encuentran los topoi de la memoria y del alma. Analizaré cada una de estas dimensiones espaciales con sus manifestaciones.

En la dimensión exterior, López desarrolla una geografía en la que la tierra se construye en un espacio rural y uno urbano, como *locus amenus* versus entorno degradado, respectivamente. Esto lo logra a través de la elaboración del paisaje como un elemento recurrente que posee múltiples facetas. Lo que salta a la vista en relación con este tema, es la oposición entre un paisaje rural y uno urbano de ciudad o de pueblo, ante los cuales el hablante lírico manifiesta su actitud y punto de vista: positivo para el primero y negativo para el segundo. En medio de la ironía que permea toda la poesía de López, es quizá el paisaje del campo el que menos está influido por ella; pues el hablante lírico encuentra allí la paz para su espíritu atormentado e inconforme. Es pues el campo, el *locus amenus* que disminuye o hace desaparecer la expresión satírica, irónica, burlesca y grotesca, la cual está reservada para la ciudad, el pueblo, sus habitantes y sus prácticas sociales aburguesadas, de apariencia y actitudes falsas: "La mañana opaca, / mañanita del campo... En el corral / me siento. Hay una vaca / que aspira el llano y muge una vocal.... / ¡Quién pudiera, olvidando la ciudad, / pasarse una semana / de soledad, de agreste soledad! (OP, "Horas de paz" 143). En este poema, no hay ironía; el título "Horas de paz" corresponde al contenido; lo que se percibe es el anhelo del hablante lírico por el *locus amenus*.

En (OP, "Tarde de verano" 143), surge la actitud positiva hacia el paisaje rural opuesta a la actitud negativa hacia la aparición de un personaje del pueblo contra el cual se lanzan los dardos irónicos: "La sombra que hace un remanso / sobre la plaza rural, / convida para el descanso / sedante, dominical.... / Campo, cuello de ganso, / cruza leyendo un misal, / dueño absoluto del manso / pueblo intonso, pueblo asnal". Nótese el contraste entre la estrofa alusiva al paisaje, y la que incluye el personaje que irrumpe en la plaza, caracterizado con la zoomorfización "cuello de ganso"; esta caracterización también se le atribuye al pueblo, "pueblo asnal". El motivo de la postura negativa del hablante lírico hacia el personaje y el pueblo, se encuentra en el estatus religioso que aquél posee. Siempre que aparezca una práctica social, religiosa e incluso artística creada por la comunidad, y que corresponda a rituales o convenciones establecidas, se hallará un dardo burlesco, satírico, cómico, grotesco o irónico en los poemas de Luis Carlos López.

En esta valoración positiva y negativa de los espacios rural y urbano, es importante mencionar la relación con el erotismo y la muerte: "Las horas que paso, / aparentemente sin hacerle caso; / mirando el ocaso / discreto del pubis de melocotón (OP, "Mi azotacalles": 145). Es este un poema en el que el erotismo es tratado más bien desde el ludismo característico de López, que no alcanza a relacionarse con la ironía: "El río, / fonje y turbio, semeja / dormitar. Y los árboles torcidos / seguramente sufren de artritismo. / ... Y todo, en el fastidio / del ambiente letal, sin una fresca / pincelada de luz, me dice a gritos / con hierático gesto / y elocuente mudez: - ¡Pégate un tiro!" (OP, "Misantrópica tarde" 255). Aquí el paisaje se muestra como una invitación a la muerte; se percibe una visión desentronizadora de este elemento, contraria a la que se presentaba en los poemas ya citados. Se trata del paisaje degradado y relacionado con la enfermedad. Esta faceta se vincula a lo grotesco: "Y los árboles torcidos […] seguramente sufren de artritismo".

En otros poemas también aparece esta asociación paisaje-enfermedad: "La campiña de un pálido aceituno, / tiene hipocondría, una / dulce hipocondría que parece mía", (OP, "Cromo" 133). "La noche se avecina / bostezando. Y el mar, bilioso y viejo", (OP, "De tierra caliente" 129). "La epilepsia de un torrente / y la escamosa serpiente /tornasolada del río…", (OP, "Desde mi predio" 159). El paisaje se muestra degradado y desgastado, con caracterizaciones grotescas alusivas a las secreciones del cuerpo.

En algunos poemas surge, una asociación importante; al inicio el hablante lírico hace alusión a un paisaje no definido y luego lo contrasta con la irrupción de un paisaje de pueblo:

> Siento el paisaje. Pero la vecina,
> noble señora muy devota, muy
> de mi pueblo, me ofrece su anodina
> conversación de amas de llaves. Y
> "mientras la vieja va zurciendo prosa
> debajo un cielo de color de pus",
> le pregunto, pensando en otra cosa:
> ¿De qué murió Teresa de Jesús? (OP, "Postura difícil" 145)

La relación del paisaje con un personaje origina la caracterización grotesca del primero:

> mientras la vieja va zurciendo prosa
> Debajo un cielo de color pus. (OP, "Postura difícil" 145)

Además del paisaje degradado, en López se encuentra la fragmentación de este: "*Un pedazo de* luna que no brilla" (OP, "Toque de oración" 146; énfasis mío). "Riñón de la ciudad, *roto avispero* / por donde cruza, frívola y austera / toda la población de enero a enero…" (OP, "Portal de los dulces" 339; énfasis mío). El paisaje fragmentado y degradado se asocia aquí con los estados de ánimos nostálgicos y con el entorno de la ciudad, la cual, como se anotó antes, es vista desde un lente negativo. Esto se verifica aun más en los casos en el que el paisaje se zoomorfiza, tal como ocurría con los personajes: "La mística plazuela del poblacho / Gelatinoso el mar, el horizonte / de un invernal *cariz panza de burro*" (OP, "Croquis lugareño" 293; énfasis mío). Obsérvese aquí el tratamiento despectivo hacia el entorno urbano "poblacho" y la atribución del rasgo animal al paisaje. Ello demuestra la coherencia en cuanto al uso y significado de los recursos poéticos, la coexistencia de elementos sustentados con la misma base y dirigidos a un mismo fin.

En la obra de Rojas Herazo, la oposición rural-urbano no está tan acentuada como en la obra de López; sin embargo, se alcanza a observar su toma de posición al respecto, análoga a la de López. Se encuentran alusiones al campo y a la aldea: "Me iré de mañana/ y buscaré un color lila sobre el campo/ y me detendré sobre un árbol grande/ a contarme, / hasta lograr sumas musicales, / los diez dedos de mi mano/" (RS, "Verano" 53). En este caso, el campo actúa como espacio para el autorreconocimiento corporal. La aldea, por su parte es el espacio del recuerdo, del amor y el erotismo: "Recuerdo tu voz en esta aldea curvada por el tiempo/[…]/con estos árboles, con esta vigorosa gavilla de sonidos, / a ti elevo mi carne / y crezco sobre ti, asciendo dulcemente" (RS, "Segunda estancia y un recuerdo" 10). El contexto urbano, en lugar de permitir el autorreconocimiento del cuerpo, impone el reconocimiento de los elementos que constituyen dicho espacio y que inevitablemente llevan al hombre a la soledad y al anonimato: "Nos acodábamos a los puentes y escuchábamos / los sonidos lejanos / la respiración de las ciudades y el latido de los puertos / *Pero en todos fuimos carga inútil / nuestro nombre fue solamente un número* / transitando en avenidas innecesarias / Nos hirieron de soledad/" (RS, "Palabras para Aventar en el Olvido" 20-21; énfasis mío).

En Quessep casi no hay alusiones al contexto rural, y el urbano se manifiesta en una visión soñada, fabulada y mágica de la ciudad, ligada al recuerdo y al amor: "Quiero tornar a Biblos, / a la ciudad de lapislázuli/ para ser la ventura entre los tamarindos y la parra" (LE, "Canción del exiliado" 103); "Anduviste a mi lado / por las calles doradas de Venecia/[…]/ Cuánta hermosura y dicha /por calles, donde entre árboles de sombra mágica/[…]/ tal vez como una reina vestida de blanco, / sin que ni tú ni yo sintiéramos/ su edénico rumor de alondra/[…]/ fábula que se teje…/" (LE, "Preludio para una elegía" 82-83).

En Gómez Jattin no se expresa el espacio rural propiamente dicho, pero se habla del valle con bastante énfasis, ante el cual hay una toma de posición positiva por parte del hablante lírico: "Soy un dios en mi pueblo y mi valle/[…]/porque me inclino ante quien me regala / unas granadillas o una sonrisa de su heredad/ O porque voy donde sus habitantes recios" (P, "El Dios que adora" 37). El paisaje rural del valle se recrea en los versos desde una perspectiva amable y aun nostálgica: "y en las horas del brillo y las escaramuzas / de los gallos de riña entre los matorrales" (P, "Memoria" 40). La ciudad por su parte, se asocia a lo degradado, como ocurre en la poesía de López y en la de Rojas Herazo: "Remite vulgaridad desde París / Joven aficionado al teatro y la poesía / Vanidoso de su suerte viajera" (P, "Ira infame" 55). Como se observa, una manera de caracterizar estos dos espacios es a través de los personajes que lo habitan; de este modo ocurre en "poeta urbano": "Aquel poeta de Bogotá / que no conoció en la infancia / el olor de la tierra húmeda / ni el contacto revelador de los animales / ni ha visto al río llevándose la vida[...]" (P, "Poeta urbano" 63); la oposición que aquí genera el hablante lírico es entre un espacio superficial, de apariencia, inauténtico, el urbano; y un espacio auténtico, vívido, el valle y su río. Este mismo procedimiento se usa para caracterizar el pueblo, espacio ante el cual el hablante lírico expresa su rechazo; esto se hace evidente en "pueblerinos": "Hoy los veo deambular por el mar de la vida / con la cabeza oculta bajo la sombra grave / de sus mediocridades adornadas de oro/ Y sus hijos son sombras de sus sombras marchitas" (P, "Pueblerinos" 62). Es la misma posición que el hablante lírico toma hacia los personajes de pueblo que han perdido la esencia del valle, asociada a la infancia.

En Jorge Artel, el contexto urbano es la ciudad caribe; se exalta entonces el trópico, la música, la danza, su apertura al mar y la raza negra como parte de este espacio: "Ciudad de los mil colores, / puerto tatuado de sol! / Bajo la noche tambores / de marinero fervor" (TN, "Cartagena 3 am" 73). Los espacios urbanos aparecen entonces en la poesía de Artel, en su vinculación con la raza negra, Harlem, Nueva York, Cartagena, Veracruz. Reaparecen los símbolos caribes: el mar, los muelles, los puertos, los marineros, la música relacionada con la raza negra –el jazz, el blues–. Este contexto urbano se recrea con plenitud en el poema "Palabras a la ciudad de Nueva York":

> Te hablo, Nueva Cork,
> Desde la serpiente con rostro de mujer
> O el laurel apuñalado que decoran
> los brazos de algún marinero sin buque;
> desde la risa o la lágrima
> que tiemblan en alguna guitarra latina,
> bajo las luces amarillas de Lexington Avenue;
> desde la pirueta brillante
> donde mueren degollados, por un filo de bronce,
> las síncopas del jazz;

> desde el estertor de cóndor abatido
> que posee al "drummer" febril;
> desde cualquier rincón de Harlem,
> la orgullosa humanidad que espera y canta
> refugiada en sus blues de sarcástica tristeza.
> (Manantiales de sangre fraternal
> fluyen de los saxofones noctámbulos
> y hay una soterrada rebeldía
> en la dulce resignación de los tambores.
> Porque el tiempo ha prolongado sus raíces
> en el llanto del "humming",
> como un túnel de sordinas
> que conducen al sur). (TN, "Palabras a la ciudad de nueva York" 120-121)

Aquí se revelan las mil caras de la ciudad, la mezcla de ruidos, sonidos, gente, lenguas, el avance fugaz del tiempo, los sentimientos de miedo, pasión y tedio; también se resalta el anonimato: "[…] y en el hombre que pasa. / Insensible, / mezquina y generosa, / diáfana y taciturna ciudad de Nueva York!" (TN, "Palabras a la ciudad de nueva York" 123). Es un espacio de contradicciones y contrastes: "la deslealtad del rompehuelgas, / la fe del apóstol, / la bondad anónima que transcurre a nuestro lado, / la pistola del raquetero" (TN, "Palabras a la ciudad de nueva York" 126).

La tierra, ya no como entorno concreto sino como mundo-hábitat del ser humano, es un espacio importante en la poética de Rojas Herazo; es tierra-hombre y tierra-mundo. En el primer caso es la dura geografía del castigo, lo que el hablante lírico denomina la tierra humana, no para referirse al sitio en el que el hombre habita, sino a su cuerpo en tanto ámbito de carne, huesos, sangre y secreciones donde mora: "Este es el hombre, ¡al fin!, la tierra humana, /la dura geografía del castigo/[…]/Este es el hombre planetario y vivo / …Hemos llegado ya. Y en él vivimos" (DLPN, "Noticia desde el hombre" 10). La tierra-mundo se asocia a la anterior; es el hábitat de la "terrestre amargura" del hombre, la estancia y el camino hacia la muerte: "Este es el mundo, amigo, / el mundo cierto, el mundo de la piedra y el hocico/[…]/ El mundo barro, el mundo de la espina" (DLPN, "El hombre se recuenta como un cuento" 15).

Pero esta tierra-mundo también se transforma en Rojas Herazo, en geografía caribe, la cual se expresa en algunos de sus poemas como verdaderas pinturas de los escenarios de esta región donde deambulan las babillas, el comején, los zancudos, las culebras. Lo interesante de esto es cómo el poeta logra fundir el hombre del caribe con los animales y las plantas; es una manera de convertir la geografía exterior en interior y, por lo tanto, es una forma de afirmar más el carácter sensorial biológico del hombre. Esto es importante por cuanto aquí se encuentra el punto de enlace entre la temática caribe que impregna la poesía del escritor, con la temática y la simbología judeo-cristiana que trasciende hacia una reflexión filosófica más extensa sobre la naturaleza, la existencia y el sentido del hombre (ver capítulos, "Visión de Dios y lenguaje religioso" y "De lo estético a lo ideológico"). Aquí la poética del autor es diáfana y coherente, pues los temas, símbolos y significaciones, no presentan solamente una ambivalencia, semántica sino que internamente están conectados entre sí. Considero que este despliegue de la geografía exterior del Caribe le sirve a Rojas Herazo para manifestar la certeza del camino elegido por el hombre como respuesta y defensa ante su exilio del paraíso. En el capítulo "Visión de Dios y lenguaje religioso" se afirma que la terrenalidad y corporeidad del hombre constituyen unas de las salidas de éste ante la caída. Son justamente estos dos estados los que se ven afianzados en la geografía exterior del Caribe, presente en la poesía del autor. La fusión entre el hombre caribe y la naturaleza de esta región, la sal, la luz, el calor, el fuego, las plantas y los animales, además de ser muestras de la identidad, manifiestan dicha terrenalidad y corporeidad: "Vamos a ser más verdes cada día,/ más culebra, / más liana,/ más zancudo,/ más espuma de sapo en los estanques/ Vamos a ser la vieja palangana/[...]/ ...y el comején que asciende por las varas de guadua", "porque somos de aquí,/ de estas raíces, /de estos légamos blandos,/ de esta arena/ con sangre de idolillos esparcida" (DLPN, "Primer Cartón del Trópico" 30) ; "Somos la sal y hacia la sal marchamos/ De la tierra vivimos y de mar nos morimos" (DLPN, "Aldebarán" 43). Rojas Herazo sitúa los rasgos de la naturaleza del Caribe en este espacio particular, los lleva a otros ámbitos donde adquieren otros sentidos y actúan como nuevos símbolos. Es el caso de la luz, la cual está presente en todos los escenarios del trópico, en el mar, en el sol que se filtra en las hojas, y en el fruto, el calor, el fuego y la sal: "y cosas que requieren medio día /para arder y morir/ para cubrirnos/ de dicha glandular y de derrota" (DLPN, "Primer Cartón del Trópico" 29). En la poesía de Rojas Herazo, el Caribe se define con estos elementos; el Caribe es fuego: "Tu eres el gran fogón" ("Primer Cartón del Trópico" 29); es luz: "...que un reino de luz hundiéndose en el mar" (UA, "Jeroglífico del sediento" 29). Por otra parte, la luz adquiere otros sentidos: es símbolo del espacio eterno fuera de la realidad humana donde habita el ángel, desde donde se llama al hombre para que regrese a su estado primigenio; no obstante es un espacio inalcanzable, es un cielo que no puede construir el hombre según el hablante lírico: "Al dibujar la totalidad de nuestro albedrío/ con su simple pasar de la luz al silencio / Porque he grabado mi derrota en el aire / he conquistado mi derecho, mi terror venturoso / la oferente alegría de cruzar mi palabra / y mirarme encendido más allá de mis ojos" (AFCA, "La noche de Jacob" 17).

En este espacio están presentes elementos como la cotidianidad del Caribe con su ruina y sus personajes. Este tema ocupa un lugar central en la poética de Rojas Herazo; el mismo escritor en una entrevista declara que donde no hay ruina no se siente cómodo y la ruina es el saldo de la vida, de lo que se ha padecido y usado (*Las úlceras* 38). El tema también se vincula a otras temáticas como la agonía, el padecimiento, la podredumbre, la soledad y la muerte. No solamente es la ruina de espacios como la casa y el pueblo (Torres Duque 2), sino también, y en especial del cuerpo, tratado mediante simbiosis con los espacios mencionados. Este tema de la ruina en la obra poética y narrativa de Rojas Herazo ha sido bastante estudiado. Rómulo Bustos ("Caribe purgatorial" 7) caracteriza la obsesión de Rojas Herazo por ella como una religiosidad; Rodríguez Cadena ("De la ruina" 1) asocia la ruina a la soledad y a la muerte; Matamoro ("Una epopeya" 163) considera que Rojas realiza una elegía de la ruina como tópico que inicia William Faulkner; García Usta ("Celia se pudre" xvii), por su parte, nos habla del privilegio que este tema tiene, interpretado como pobreza material.

La ruina se liga a la podredumbre pero adquiere una nueva dimensión en el Caribe; la de ser resultado de la lenta acción del sol, del salitre, del bochorno: "De este pudrirse con caracoles y totumos", "de estas paredes rotas, / de estos trozos de esquifes" (DLPN, "Aldebarán" 46). Pero, al igual que los otros elementos, la ruina posee otro significado más allá del espacio caribeño; se trata del recuerdo de la naturaleza primigenia y del destino del hombre, con lo cual se reitera mi hipótesis inicial del doble vinculo de la terrenalidad y la corporeidad en la poesía de Rojas Herazo. El poeta nos quiere decir que es en el Caribe, en el trópico, donde estos elementos adquieren su máxima afirmación y profundidad: "Porque nadie como nosotros, ¡trópico! / ha sido tan hecho de barro, / de furibunda destrucción / de cosas que nos cruzan y destruyen" (DLPN, "Primer Cartón del Trópico" 28). La fusión entre la geografía caribe y el individuo, también se refleja en los personajes, como si aquella moldeara los rostros, y en éstos se reflejara el paisaje caribe, como en un retrato: "Tú eres la vieja que templa su tabaco/ como un rito de saliva y de fuego" (DLPN, "Primer Cartón del Trópico" 29). Con el habitante de esta región, transitan también en los versos de Rojas Herazo, los eventos del héroe común y corriente: el velorio, la modorra de la tarde, la mujer vieja que se muere sin haber conocido hombre: "Tu eres la gran fauce./ La iguana y el blanco vestido de almidón./ Los taburetes en el velorio/ y el mediquillo con nombre de tenorio/ y un almanaque en cinta para parir un hisopo./ Oiremos un piano melancólico en la tarde/ diluyendo la siesta, la plaza, / la fragancia de una mujer/ con su sexo sellado e inaccesible" (DLPN, "Primer Cartón del Trópico" 27).

La tierra en su carácter general, como mundo-hábitat del ser humano, también se desarrolla en los otros poetas. En Giovanni Quessep se asocia al polvo, la muerte, la desolación, la angustia y la desesperanza. La tierra se ve como abismo, acantilado, espacio de derrota del hombre, pozo sin orillas: "Eres la soledad, tu pura nada / tu ausencia de unos pasos en la tierra" (ESNF, "tu pura nada" 57); la tierra se opone a los mundos imaginarios y al cielo. Pero esta oposición no sólo radica en lo espacial, arriba-abajo, o en el carácter de estos lugares, real-no real, sino especialmente en la significación que le otorga el hablante lírico. Veamos las oposiciones cielo-tierra: "Vamos perdiendo cielo. Nos acosa / la alta noche. Soñamos y perdemos. / Los dados falsos, las huecas imágenes / en la tierra" (ESNF, "Materia sin sonido de amor" 13). Aquí el hablante lírico habla de una pérdida que se materializa en la tierra; nótese la presencia en este topo, de lo falso, hueco y vacío; mientras que en el cielo se ubican significados sublimes, edificadores para el hombre. La caracterización negativa de la tierra proviene de la caída del hombre; el hombre desciende de su altura, de su cielo para palpar lo terrenal, su polvo: "No sabrá de la tierra / ni de esta mancha que todos llevamos" (LE, "Pájaro" 120). Una vez que ocurre esta caída, el hombre emprende un viaje solitario y agónico por la tierra, sin saber su destino, sólo conociendo que la única certeza es la muerte: "Tú venías / por el lado del mar donde se oye / una canción, tal vez de alguna ahogada / virgen como tus pasos en la tierra". (LE, "Un verso griego para Ofelia" 145). Hay pues tres reinos: el terrenal, el celestial y el legendario (fábula, cuento, ensueño). El reino terrenal es el de la soledad, la angustia, la desesperanza y la ausencia: "y tú esperas a la orilla / del agua, / sola en el reino terrenal/ de la ausencia" (ESNF, "Volviendo a la esperanza" 89). La tierra es el lugar donde el hombre pierde su libertad: "Siempre diré: ¿dónde me encuentro, / qué extraña tierra es esta / que no recuerdo el nombre de los pájaros / para hacerme una palma con sus alas?" (MM, "Sonámbulo" 37). El hombre ha olvidado la caída, no recuerda el momento en que perdió su ciudadanía en el paraíso (trataré este punto en el capítulo "Visión de Dios y lenguaje religioso") y por ello, en los versos citados se pregunta por su actual morada terrenal; nótese cómo habla del olvido del nombre de los pájaros, esto es, de la libertad. Este punto se ve más claramente cuando el hablante lírico se pregunta si existe alguna tierra donde haya canto, fantasía, pájaros, donde no se conozca la muerte, distinta a la que él vive, la de polvo y muerte: "¿Existe alguna *tierra* donde nadie / se aventure en el alba de tonos misteriosos?/ Aquí el canto comienza / por decir esos frutos / que da la fantasía / sin conocer la muerte: / Hay pájaros que vuelan..." (MM, "Misteriosos azules" 59). El hablante lírico continúa la búsqueda de esta tierra que obviamente es de naturaleza distinta a la que vive; se trata de una tierra irreal, tierra de la fábula: "busco *una tierra* en lo hondo, en su espesura / de lirios y de maravillas mortales: Quizá el país que todo lo reúne / como espejo, la fábula..." (MM, "Tráeme el alba" 79).

En Gómez Jattin el espacio tierra se asocia al paisaje caribe, como en Rojas Herazo; éste es visto positivamente, como purificador del alma. Hay una descripción pictórica del Caribe: las iguanas del invierno, la lluvia y los primerizos mameyes, el pájaro borracho de níspero y de sol, el platanar de marzo, la lenta tarde de sequía, el río de barro, el hombre fundido con los animales del Caribe: "Tú parecías un azulejo Yo un sangre e toro" (P, "El alba de San Pelayo" 116), los algodonales, el mar de blancura, la inmensidad de nubes vegetales y los cebúes sagrados blancos y rojizos. Dentro de este paisaje emerge el hombre caribe imbuido en su cotidianidad de héroe: la abuela que oye novelones de radio y discute con los malos, las comadres aceitosas que parlotean y se mecen en las terrazas hasta que muere el sol, el caminante mensajero del amor que viene del *Retiro de los Indios* y el príncipe del valle del Sinú con sus sentimientos fuertes como el vuelo de las garzas, con su levedad, la tierra y los míticos cebúes y sus alimentos: los almendros, la aceituna, el arroz, la carne, el coco.

Dentro del paisaje emerge el ritual de las peleas de gallo, práctica en la que se reconstruye el carnaval. En "Veneno de serpiente cascabel" se construye este escenario épico caribe en el que surge la oralidad (ver "Oralidad, poesía conversacional y cultura popular"); el padre pronunciando la sentencia: "Anoche le oí a mi padre llegó tu hora / Mañana afílame la tijera para motilar al talisayo / Me ofrecieron una pelea para él en Valledupar" (P, "Veneno de serpiente cascabel" 84). El poema construye un paralelismo de escenas en el que la muerte del gallo se asume como tragedia: el canto del gallo a la oscuridad, las chancletas del padre que suenan en el baño; se edifica así la víspera de la pelea donde la muerte acecha, anticipando el enfrentamiento que ocurre en medio del carnaval, del tumulto y música de acordeones. La pelea es así escenario de sacrificio de una víctima que en sí posee los colores del carnaval: ónix, oros, y marfiles rutilantes y el linaje que asegura el valor del sacrificio: "Talisayo campeón en tres encuentros difíciles" (P 84). He aquí una reconstrucción de una escena cotidiana en el Caribe colombiano.[63]

En la poesía de Bustos la tierra posee un valor negativo; se asocia a la derrota del hombre en el mundo como un estado inherente: "llevamos el arenal adentro, la joroba /en el alma /También están el oasis casual..." (PGCI, "Metáfora" 51). El símbolo de la tierra, en este caso el arenal, posee una connotación negativa opuesta a la benignidad del agua representada en el oasis; esta valoración positiva del agua se encontrará en la mayoría de poemas del autor, como se verá posteriormente. Esta connotación de la tierra se mantiene en otros de sus símbolos en los poemas: el polvo. En el poema "Desde Kayam" se percibe la oposición alto-bajo correspondiente a dioses-hombres: "Nos es dado escuchar ecos/ del eterno banquete de los dioses / Mas sólo hemos sido invitados / a los festines del polvo" (PGCI, "Desde Kayam" 59). La significación derrotista se reitera en los dos mundos opuestos y en las expresiones usadas que los enfrentan: *Mas sólo*; los dos adverbios marcan la significación anotada.

La interpretación que pretendo sustentar se fortalece si se observa la relación entre el elemento tierra y el amor. En el poema "Del amor" se observan varios símbolos: el cáliz, con valor de tormento y sacrificio en la

---

[63] Otro espacio caribe en la poesía de Gómez Jattin, importante de mencionar, es la hamaca; posee dos connotaciones, eros y muerte: "Hoy estás allí en la intimidad de mi hamaca / tendido como un fauno priápico y soñoliento / el cuerpo de tu virilidad entregada" (P, "Príapo en la hamaca" 147); "Mi hermano Miguel a quien no conocí / ha venido a acostarse a mi hamaca / [...]/ Mi madre no lloró la noche de su muerte" (P, "El humo sobre el aire" 43). La hamaca además de ser el lugar del eros y el tánatos, es un espacio de creación, de recuerdos, que acoge la soledad, el dolor, el hastío de la vida, la tristeza y la ternura: "Ven hasta la hamaca donde escribí / el libro dedicado a tu sagrada presencia / Ella me recuerda toda esa soledad / que dormí en ella /[...]/ En el vientre de esa hamaca recosté / mi cansancio de la vida Acuné dolores / Me defendí de la canícula /[...]/ Tiéndete que yo te meceré para refrescarte / si te es posible duerme Que yo te velaré" (P, "La hamaca nuestra" 112). En la poesía de Raúl Gómez Jattin se refleja la importancia y la significación de este espacio en el Caribe colombiano; no solo mestizo sino también indígena. Para los Wayúu en La Guajira la hamaca es el centro del universo donde tiene lugar la procreación y la muerte; es la mortaja, el ataúd. Nótese que Gómez Jattin asocia este lugar con estos significados.

visión judeo-cristiana, la tierra, el fuego y la sed, ausencia de agua. Estos símbolos definen el amor, el cual, en la visión del hablante lírico, posee una naturaleza tormentosa, erótica y sublime: "Ardiendo /En el vuelo castigado de la flecha /que ignora su blanco /Cáliz de tierra sedienta, el que ama / ¿Y quién puso la sed adentro /el fuego?" (PGCI, "Del amor" 68). Aquí se combinan los elementos con valoraciones negativas analógicas: el fuego, "ardiendo", con su valor castigador, la tierra, el cáliz y la sed. Ahora bien, en los poemas las valoraciones positivas se aplican a lo celeste; de hecho el hablante lírico desea alcanzar el cielo y para ello utiliza portales. Esta zona celeste posee ciertas características como la ubicuidad que están negadas para lo terrestre, zona limitada: "Diáfano. Ubicuo. No terrestre" (PGCI, "Te impones a mi alma con argumentos" 73); la claridad-luz, con apreciación sublime, y la omnipresencia, son rasgos ausentes en la zona de lo terrestre. Sin embargo, existen posibilidades de anudar esta zona a la celeste mediante el agua, el amor y el árbol; esta unión se refleja en el poema "Crónica del árbol de agua" en el que hay inversión de espacios: la tierra es cielo y el cielo es tierra: "Y vio Dios que era buena la tierra del cielo /para sembrar la lluvia" (PGCI 127). En este caso, la zona terrestre recibe el beneficio de los elementos vitales, pertenecientes a lo celeste: el agua, el aire: "Y cada cierto tiempo /el viento que agitan las alas de mil ángeles /estremece el árbol y sus hojas se esparcen /sobre la tierra" (PGCI 127). Se observará que justamente es el árbol un elemento que además de unir las dos zonas, le otorga a lo terrestre valoración positiva, lo eleva, lo extrae del ámbito de lo bajo para caracterizarlo en lo sublime.

La tierra también se relaciona con el desierto en el grupo de poemas de *La estación de la sed* de Rómulo Bustos; el árido corazón del cactus que "es también el árbol de sombra / de la casa", los trupillos alucinantes; la ranchería, caserío donde merodea la "Piache" y la curandera (ES, "La estación de la sed" 58).

La tierra como hábitat general del hombre en López, Gómez Jattin y Artel no es objeto de creación ni reflexión poética en sus obras. Por el contrario, Bustos, Rojas Herazo y Quessep proyectan su poesía más allá de los espacios concretos —casa, campo, ciudad, calle, pueblo— hacia un topoi más amplio, general, como tierra-mundo, tierra-hábitat del hombre, tierra-morada. López, Gómez Jattin y Artel delimitan el espacio poético a topoi concretos de hombres específicos caracterizados por rasgos étnicos, sociales, religiosos y aún existenciales.[64] Llama la atención este péndulo en el espacio poético de los seis poetas, entre un espacio reducido, limitado y uno más amplio. El extremo de la reducción es la prisión; recreada por Gómez Jattin, especialmente en su libro *Esplendor de la mariposa*; y el más extenso es la tierra-hábitat-mundo.

El segundo espacio tangible es el mar. En López hay una visión ambivalente de éste. Aunque no es un elemento característico de su poesía, se pueden extraer algunos sentidos cuya caracterización está en concordancia con la poética del escritor. El mar de López está enfermo: "Y el mar bilioso y viejo / duerme como un sueño de morfina" (OP, "De tierra caliente" 129); "Y el rudo mar, infatigable viejo / viril, siempre bilioso, frunciendo a cada tumbo su entrecejo, / su entrecejo canoso" (OP, "A bordo" 179). Pero el mar también es un espacio amable, propicio para el amor: "Tenemos mucho que contar: la cita / primera junto al mar, en la casita / que arrulla y besa rumoroso el mar" (OP, "In illo tempore" 365); "Lírico el mar, un sol de primavera/ y en el confín un barco" (OP, "Naturaleza irónica" 295)

En Rojas Herazo el mar actúa como una presencia casi eterna, ubicua, con un inusitado esplendor que lleva al hombre a extasiarse ante él, sin importarle el tiempo; el mar aquí es un encantamiento cuya sal pareciera llamar a esa otra sal, la de la sangre: "aquí una niña encaneció llorando/ de ver el mar, de verlo simplemente/ de verlo caminando por las olas" (DLPN, "Cartón del trópico" 32). Es pues, el mar uno de los elementos identificadores del Caribe ya que penetra la conciencia, la vida y el cuerpo mismo del hombre de esta región: "El mar no está en la orilla / Está en el hombre/ Está en el paladar" (DLPN, "Aldebarán" 43).

Además de representar una fuerza vital, de luz, el mar posee en la poesía de Rojas Herazo una cara oscura. Se asocia a la muerte, a la ruina y la soledad. Se muestra como un heraldo y como una fuerza que le señala al hombre su destino y su naturaleza finita: "El mar va caminando con el pelo y el diente/ va rechinando frenos/ sudando sus caballos/ empujando la muerte con sus brazos de espuma" (DLPN, "Aldebarán" 43). El mar no sólo le recuerda al hombre su naturaleza transitoria, sino también la devastación de la realidad actual y su naturaleza biológica y putrefacta: "en la mirada/ en la pisada de

---

[64] Los rasgos existenciales se aprecian en la poesía de Gómez Jattin en la que se ubica al hablante lírico en su dimensión interior frente a los otros; son sus miedos, temores y pasiones en general que batallan en su alma y se proyectan hacia afuera.

molusco y ola/ en la terrible destrucción/ que sube por el hierro, la carne y la saliva" (DLPN, "Aldebarán" 43). Lo anterior demuestra que este espacio caribe experimenta una fusión con la vida misma del hombre y el entorno que lo rodea; es tanta la compenetración, que al parecer vive los mismos sentimientos del hombre caribe, la profunda soledad que lo impele a sentir hondamente las visiones del trópico, las imágenes, los aromas; a percibir desde una totalidad extravagante, la alucinante geografía del Caribe: "Y más allá de los barcos,/ el mar de olas/ Nos sentimos solos...eternos" (DLPN, "Aldebarán" 45). El mar también vive la putrefacción y la muerte del hombre: "Esto somos no más: mar que se pudre/ que camina y se pudre con nosotros" (DLPN, "Aldebarán" 45).

La visión del mar en la poesía de Quessep es doble en su carácter de topo y tiempo: es espacio vertical y horizontal; y es tiempo que fluye superficial y profundo: "El mar empuja noche, quema sueños / con su tiempo hacia abajo. Azul" (ESNF, "Mar y nombres" 9). Una primera significación asociada al mar es la oposición a la leyenda y al sueño; al ser opuesto a estos espacios, se puede pensar en una caracterización negativa. En efecto, en muchos de los poemas, el autor hace énfasis sobre los aspectos no positivos del mar, pues lo asocia a la soledad y a la muerte: "Nadie / olvida que morir es esta impura / claridad. Como el mar entre palomas" (ESNF, "la impura claridad" 33), "Ama tu muerte, pero no te acostumbres / a su patio, un mar desconocido" (LE, "A la sombra de Violeta": 41). El poeta asume que el mar cuenta el tiempo del hombre por su fluir: "Todo es exilio y mar, todo su hondura / y orilla, y nunca, y tiempo que nos cuenta." (ESNF, "la impura claridad" 33). El mar es en sí mismo tiempo: "(Ah doble cauce de tiempo encarnado). / No se cierran sus olas, su claridad no olvida. / El mar deja en el viento su clepsidra esperando" (ESNF, "cauce de tiempo" 61). Estas características que el poeta recrea, hacen del mar un ser con voluntad, que es capaz de mirar la interioridad del hombre, que conoce las limitaciones temporales de éste: "..., el hueso insomne / donde el mar confabula, el mar a solas" (ESNF, "con dura transparencia y dura sombra" 65), "¿Hay victorias / tras su orilla? ¿Tal vez clarividencia / del mar? No soledad" (ESNF, "vuelo sin peligro" 69), "La soledad es esto: / EL mar en todas partes" (ESNF, "el mar y los amantes" 81). Además de la muerte, la soledad y el tiempo, el mar se asocia a la violencia, a lo salvaje; se dibuja en algunos poemas como una presencia que hiere los sentidos con su claridad desbordante, con su movimiento indomable, con su profundidad y extensión inexplorable; hay en los versos una sensación de vacío y de desamparo ante el mar; es fuerza, exilio y abismo.

En Gómez Jattin el mar se ve como un elemento purificador de la memoria y estimulador de la creación; es también el lugar de consuelo, activador del recuerdo: "Frente al mar olvidaba aquellos hombres rudos / mensajeros de un mal que hoy me parece triste /[...]/ Ante el mar encendí mis primeros poemas /[...]/ Junto al mar me consuelo y recuerdo sus ojos" (P, "Pueblerinos" 62). Al igual que en el río, el hablante lírico opone este mar purificador a ese otro degradado, el mar de la vida en donde emerge la mediocridad, la decrepitud y el fracaso; este ya no es el escenario caribe sino el símbolo de la sociedad contemporánea de apariencia: "Hoy los veo deambular por el mar de la vida / con la cabeza oculta bajo la sombra grave / de sus mediocridades adornadas de oro" (P, "Pueblerinos" 62). El mar también se asocia al eros que simboliza la violencia de dos cuerpos fundidos: "esa manera tuya de calmarme las lágrimas / De desbocar tu cuerpo contra el mío Enloquecido /[...]/ Es tarde amor El mar trae tormenta"(P, "Ombligo de la luna" 123). Esta relación mar-eros vuelve a aparecer en el poema "Polvos cartageneros": "Junto al mar / tenía un deseo tan desesperado / de meterle la mano entre las piernas" (P, "Polvos cartageneros" 135). El mar aparece así como un escenario trágico en el que se lleva a cabo el acto sexual como un sacrificio, en el que hay un victimario, el hablante lírico y una víctima, el hombre o la mujer. Se muestra así la cara de lo grotesco que enaltece lo profano (Ver capítulo "La estética de lo grotesco").

El mar en Bustos es el cielo-mar asociado al mito. En este espacio se reitera el interés del poeta de ligar el espacio de arriba con el de abajo; en el patio y traspatio esta unión se logra a través del árbol y mediante el mecanismo del espejo, cuando en el agua se refleja el árbol al que se asciende hacia abajo. Este mismo mecanismo de repetición se usa en este cielo-mar, en el cual la unión se logra mediante la imagen duplicada: "Seis barcas abandonadas en la playa / Vueltas hacia abajo, levemente recostadas sobre el oleaje / cielo duplicado / el dragón despliega su fuego / Como si la milenrama hubiera equivocado / sus oráculos" (ES, "Hexagrama" 53). En Bustos el mar también es el otro, el mítico Wayuu, Palaa al final del camino; son los caminos del agua por los que ronda Pulowi y los hombres itinerantes, eternos viajeros renovando día a día su propia trashumancia.

El agua en la obra de este poeta, funge como la fuente que da vida a lo inanimado; esta idea ciertamente es trivial, sin embargo vale la pena mencionarla, pues el agua actúa como elemento de la zona celeste con valor positivo; el único rasgo negativo de este elemento, que aparece una vez en los poemas, es el de destrucción bajo la imagen del diluvio: "Los cuarenta días de diluvio. Sodoma / calcinada. Borrones, tachaduras en el manuscrito / de Dios, ha dicho el sabio / Su perfeccionismo en verdad / podría del todo aniquilarnos / También cabe imaginar un final rosa / Como se puede ver es simple cuestión de estilo" (PGCI 49); aunque el diluvio posee la contraparte purificadora y antecesora de una nueva creación, aspectos que pueden considerarse positivos. Las otras significaciones del agua son benévolas; es un reflejo celestial: "Todo nace del corazón del cielo /El agua, la piedra, el pasto suave"(PGCI 33); se asocia a la pureza: "En su redondez de agua / fueron puros mis días" (PGCI 147). Hay una relación entre el árbol, el agua, el cielo y el llanto, lo cual implica a su vez el contacto hombre-cielo: "En el agua del Cacagual está el cielo /[...]/ También dos lluvias caen de los ojos de la madre" (PGCI 124); "Dios sembró un árbol de agua /para que lloviera /Tomó lágrimas suyas y las sembró (PGCI 127).

Otra significación del agua en la poesía de Rómulo Bustos, específicamente en su poemario *La estación de la sed*, es la mítica, la que se asocia con los personajes de la cultura Wayúu: Palaa, la mar, misterioso, al final del camino donde "el desierto dejaría de ser tierra /para convertirse en agua" (ES 57). Nótese la relación agua-tierra, elementos considerados positivos y negativos, respectivamente, en la poética del autor. En este contexto, el agua es deseo, esperanza, búsqueda; es sed, ya no en tanto ausencia de agua, sino en tanto exploración desesperada: "Súbitos puentes sin río que parecen /ahogarse en el polvo /asaltan la visión /Astucias del paisaje /para preguntar al caminante si existe /el agua" (ES 55).

Finalmente, en la poesía de Jorge Artel, el mar no es un elemento explícito predominante; aunque está implícito en las imágenes de las embarcaciones y los puertos. Aparece como espacio de libertad y receptáculo de los días y los vientos. En él están los caminos abiertos del hombre: "Y junto a las horas cálidas,/ volveré a contemplar mis cien rutas abiertas, / hemos de conocernos de nuevo el mar y yo" (TN, "Canción en el extremo de un retorno" 62).

El tercer espacio que se encuentra en la lírica del Caribe contemporáneo es el patio. Aunque en poetas como López y Jorge Artel no es un elemento frecuente. En la obra del primero aparece una sola vez como escenario de un personaje humilde; en el segundo aparece como espacio que contrasta, en su soledad y silencio, con la ciudad: "entonces aprendemos/ a sentir el vacío solemne de los patios, / rectangulares y mudos/ ascendiendo hasta nosotros/ con su profunda intención de abismo" (TN, "Palabras a la ciudad de nueva York" 127). Esta visión del patio como espacio misterioso se encuentra en los otros poetas. En Rojas Herazo es un escenario en el que transcurre la mayor parte de la vida del habitante caribeño. Es allí donde se dan cita los ancestros, donde la vida continúa después de la muerte, donde la palabra y el contacto se vuelven refugio y poder de comunión en la narración del ancestro, en los mitos y leyendas que edifican la historia de un pueblo que se repite como una manera de hacer perdurar las raíces en la familia. Es en el patio donde se expanden los aromas del Caribe por la lenta labor del sol, por el bochorno que duerme con la humedad. Pero este espacio es también símbolo de muerte, ruina, y destrucción: "de este patio enlutado donde ronda la abuela /donde mataron una casa / y aventaron sus puertas, su quicio y sus ventanas" (DLPN, "Aldebarán" 46). Como lo expresa este verso, el patio es el lugar de los fantasmas que caminan por los cuentos; es, al decir de Rojas Herazo, el espacio "conformado por las regiones mitológicas del miedo"; es todo un universo simbólico, real en la infancia donde se oculta la llorona, Juan Lara, el último muerto de la familia, el diablo mismo. El patio es quizá un lugar más central que la casa misma, porque sus rincones quedan fijos en la memoria: "Mi hermana y yo éramos los dueños exclusivos del patio. Conocíamos sus escondrijos, la parte de las ramas en que los árboles daban sus frutos mejores, las palabras exorcizadoras cada vez que hollábamos las frondas tabúes, la eficacia para convertir los despojos oxidados —trozos de caldereta y pedazos de fleje, muñones de máquinas singer, trozos de banqueta o pilares de un antiguo lecho salomónico— en seres vivos" (Rojas Herazo, *Señales y garabatos* 244).

Otros críticos también le han dado importancia al patio como escenario poético significativo en la obra de Rojas Herazo. Para Valdelamar Sarabia ("El cronotropo" 12), el patio es una unidad cronotópica, de espacio-tiempo, es centro del universo vital y autobiográfico; cumple la función de conferir identidad y realidad y está asociado a la infancia, a la madre (la genitrix). El patio también se vincula, como imagen, a las ensoñaciones nocturnas de la intimidad y el reposo. De igual manera, para Heller (59) la casa-patio en la obra del escritor caribeño, no solamente funciona como punto de origen, sino que también confiere un sentido de vida o de realidad a los personajes; el patio se ve como algo propio y presente. Se produce pues, añade Heller, la equivalencia centro-origen.

Este tema del patio, según Valdelamar, es importante en la literatura del Caribe colombiano pues constituye un elemento que atestigua una tradición literaria. Si bien, esta hipótesis es pretenciosa y no sustenta por sí misma la existencia de dicha tradición, el trabajo de Valdelamar es importante porque revela cómo este tópico se encuentra en varios escritores del Caribe colombiano como Bustos, Rojas Herazo y Roberto Burgos Cantor, entre otros.

En Quessep el patio también tiene significaciones asociadas al misterio y al tiempo: "Tal vez nube o historia / Del tiempo que nos cuenta / Patio de ayer o nube tenebrosa" (LE, "Poema con una rosa" 15). En los versos el patio se relaciona además con los universos de la leyenda, el cuento de hadas y el sueño: "AL BORDE de las hadas / La piedra del castillo / Una sola palabra el hondo patio / Te da sombra en el tiempo" (LE, "Palabras para recordar a la bella durmiente" 21), "Oh escritura, / bella como las torres de Córdoba y el patio / donde soñó Ben Hazm su breviario encarnado" (LE, "Grabado en la piedra" 165). El vínculo del patio con lo misterioso y fantástico se mantiene en otros poemas, cuando se convierte en imágenes: "No pudo reconocer las puertas ni el patio de su casa / A los que confundió con un ciervo blanco que volaba en la / noche" (LE, "Parábola" 26). El patio actúa también como una puerta al recuerdo, al pasado: "EL DÍA AZUL termina / sobre la hoja múltiple; en el patio / quedan aún las huellas del invierno pasado" (LE, "Lo que dejó el invierno" 76), "En el patio de piedra / el agua del aljibe / en otro tiempo suena" (LE, "En el patio de piedra" 123). Este pasado que evoca el patio, es también la historia del hombre; este espacio guarda la vida del hombre, conserva el tiempo, revela secretos: "Después de la tormenta buscamos / la historia de nuestra vida en el patio" (MM, "Música de cámara" 109).

En Gómez Jattin, el patio es el lugar privilegiado de la infancia; mientras en Rojas Herazo representa las regiones mitológicas del miedo, en Gómez Jattin es el escenario de los juegos infantiles, de la rayuela bajo el mamoncillo, de las muñecas de trapo, de las rondas, de las faldas manchadas de mango. El patio es el que registra los primeros amoríos y el sueño: "Ayer no más / soñaba contigo / y hoy te apareces / tan real / como las mariposas en el patio" (P, "A una amiga de infancia" 56). Este espacio es el que recibe al pariente llegado de lejos del mundo, lugar de reunión, de contar cuentos en el Caribe. Mientras la casa representa el útero, la ascendencia y la descendencia y las raíces, el patio es el escenario abierto al mundo, sus cuatro esquinas se abren

La poética del Caribe continental

al universo; por ello Sara Ortega de Petro llega a este lugar con sus zapatos de charol fucsia y el traje de colores deslumbrantes; sólo el patio puede recibir esa imagen insólita, casi extraña, venida de lejos sin perturbarse su naturaleza: "Llego mi hermana Sara desde lejos del mundo / a mis años de asma y juegos de escondida / a encenderme con su atávica África iluminándole / la piel / y alborotando recia la mansedumbre del patio / solariego" (P, "Sara Ortega de Petro" 66).

En la obra de Bustos el patio también posee importancia simbólica, con su variante, el traspatio. Aquél es una imagen central en su obra; condensa las ensoñaciones de la intimidad y el refugio y las traspone al plano de las jerarquías axiológicas del hablante, pues impone la pureza como absoluto (Valdelamar, "El cronotopo" 23). Este lugar también acoge un halo mítico, "y el patio es un fantasma silencioso" (PGCI, "VIII Crónica del patio" 122) otorgado por el tiempo agonizante de la tarde y las figuras de las mujeres después de una ardua labor. Es un espacio que se construye diariamente en la historia particular de la comunidad caribe, pues es allí donde ésta reposa de su trabajo, donde recuenta su día, su crónica, y recrea otros tiempos en la tradición, el cuento y la leyenda:

> Descuidadas mujeres han regado
> todo el arroz pilado durante el día
> y el patio es un fantasma silencioso
> La luna se ha derramado gota a gota
> Sin embargo
> su delgado cuenco sigue intacto allá arriba
> Las piedras, la palma, el cercado de palos...
> que ahora no son verdes ni malvas ni dorados
> como si entre la luz y la sombra
> volvieran las cosas – extrañas – a su condición más verdadera.
> (PGCI, "VIII Crónica del patio" 122)

Una asociación particular es la que el hablante lírico realiza entre el patio y la luz, como si ésta edificara el cuerpo de aquél: sus piedras, su cerca; cuerpo que acoge caras extrañas pero verdaderas. En "Crónica del patio", la luna se vierte sobre el patio; imagen que se repite en el poema "Balada del agua de Cacagual": "Pero la madre no va entre ellas / Ella ha recogido durante la noche toda la luna / que se vierte en el patio" (PGCI, "Balada del agua de Cacagual" 124). Otra asociación es la del patio y la madre quien efectúa un recorrido casi mítico en el que logra una compenetración; es como si el patio fuera el lugar sagrado y propicio para ella. Nótese cómo en el poema "Balada de la casa" (PGCI 134) el recorrido que comienza con la parte exterior de la casa, continúa con la verja y el zaguán, termina en el fondo, en la parte más profunda de la casa donde se ubica la madre sentada en la mecedora; se puede intuir que este lado profundo es el patio o colinda con éste, espacio de las cosas verdaderas: "Hallarás una casa con un nombre extraño/ que intentarás pronunciar en vano…/En la verja/ un niño con un libro entreabierto…/ hallarás un zaguán que yo recorrí inmenso/…Y al fondo, muy al fondo/ el alma de la casa sentada en una mecedora, cantando". En "Ajedrez" (PGCI 135) nuevamente aparece la imagen de la madre, reina blanca que recorre la casa y el patio, lugar vasto en el que se despliegan los fantasmas y los seres del sueño: "Los guerreros del sueño /Sus verdes armaduras caídas / como fantasmas sobre el vasto patio /El lento juego de las noches y los días / ¿dónde, madre, las torres desaladas de tu reino" (PGCI 135).

El otro lugar con valor significativo en la poesía de Bustos es el traspatio. Este espacio es mucho más profundo que el patio y a la vez posee su propia hondura donde mora el árbol y su soledad, donde la luz hechiza y se halla un acceso al cielo: "En lo hondo del traspatio /más allá del mango, de los durmientes ciruelos /está el árbol solo, el solitario camajorú /rodeado de sed, hechizado en el tajo de luz /en que una vez se le abrió el cielo"(PGCI, "Árbol camajorú" 110). En páginas anteriores planteé que los espacios en la poesía de Bustos eran duales; con una casa terrenal y celestial. Al igual que hay un traspatio en la casa abajo, también lo hay en el cielo; es la casa del agua donde moran el río y las copas de los árboles. En este traspatio también mora la madre rodeada de ángeles; nuevamente se reitera este espacio como una puerta al cielo: "El ángel merodea las faldas de la madre /mientras la madre barre las puertas del cielo / las que dan sobre el traspatio" (PGCI, "Crónica de la madre del ángel" 128). Podemos concluir entonces que hay dos topoi: uno terrenal y uno celestial, que comparten rasgos e incluso invierten su naturaleza. Pero también podemos plantear que hay un cielo accesible para el ser humano, cuyo umbral es la casa y el tránsito es el patio; más allá se encuentra la puerta: el traspatio en el que los árboles fungen como puentes de conexión entre el cielo y la tierra.

El cuarto espacio tangible en la geografía poética de la lírica del Caribe colombiano es el árbol. En la poesía de López, Artel y Gómez Jattin, este elemento no es recurrente, como sí lo es en Rojas Herazo, Quessep y en Bustos. Sin embargo, hay algunos sentidos interesantes de tener en cuenta.

En los poemas de López el árbol aparece como espacio de reposo: "¡Quien pudiera en un rato / de solaz, a la sombra de un caimito" (OP, "Égloga tropical" 313); el árbol también es objeto de deformación y enfermedad en la obra de López, como ocurre con el mar: "Y los árboles torcidos / desnudos y nudosos, seguramente sufren de artritismo" (OP, "Misantrópica tarde" 255). En Artel el árbol es símbolo de vida, testigo de la música y la danza: "la esperanza limita con la selva, / cuyos árboles nacen en la sangre/ y aferran sus raíces a la vida del hombre" (TN, "Noche del Chocó" 78); "porque no cambias la amargura / por alegres músicas, y danzas junto a los árboles / donde un día maduraron las palabras?" (TN, "Argeliana" 98). En Gómez Jattin el árbol se asocia a los espacios y juegos de la infancia: "Que te vas a acordar Isabel / de la rayuela bajo el / mamoncillo de tu patio" (P, "Qué te vas a acordar Isabel" 23); es símbolo de fuerza, de vida: "Por ahí va Antonio / erguida su juventud como un eucalipto aromado" (P, "Ofrenda" 52), y de creación: "Valorad al loco / Su indiscutible propensión a la poesía / Su árbol que le crece por la boca / con raíces enredadas en el cielo" (P, "Me defiendo" 94). La valoración positiva de este elemento en la poesía de Gómez Jattin se reitera en el poema "Pequeña elegía", en el que se recrea un árbol que ha perdido su esencia, morada de libertad, de pájaros, de vida en sus hojas y flores; el árbol despojado se convierte en morada de la muerte: "Ya para qué seguir siendo árbol / si el verano de dos años / me arrancó las hojas y las flores / Ya para qué seguir siendo árbol / si el viento no canta en mi follaje / si mis pájaros migraron a otros lugares / Ya para qué seguir siendo árbol / sin habitantes / a no ser esos ahorcados que penden / de mis ramas / como frutas podridas en otoño" (P, "Pequeña elegía" 93).

Contrario a lo que ocurre en López, Artel y Gómez Jattin, en la poesía de Rojas Herazo, Quessep y Bustos el árbol tiene un valor importante. En Rojas Herazo el árbol actúa como el espacio-testigo de la corporeidad, del carácter terrenal del hombre y del despertar de sus sentidos: "La dicha, la victoria final de sabernos mortales/[...]/ La orgía esencial nos ha contaminado / mirando, sentados, aquí bajo el naranjo" (AFCA, "La noche de Jacob" 13).

En los versos de Rojas Herazo también se realiza una analogía entre el árbol y el hombre en cuanto al acto de replegarse sobre sí mismo, de emprender un viaje hacia la interioridad biológica: "El árbol, regresando por la savia, / busca el lodo y el hueso / y acurruca su verde en la semilla./ El hombre se repliega en sus facciones / toca su llaga viva, / e introduce su imagen en su sangre" (AFCA, "Atónito suspenso" 19); el árbol aparece como pertenencia necesaria para el hombre, como la morada y la descendencia: "Esta será tu casa, / éste será tu pozo, éste el brocal con que rodearás tu pozo / y éste será el patio para tus árboles / y el lecho para que tus hijos / le pidan caminos al vientre de tu esposa" (DLPN, "El hermano entre las lámparas" 108); "Te parieron de golpe / Con árboles y todo te parieron" (DLPN, "Encuentro un memorial en mis costillas" 21). De ser una posesión, el árbol pasa a ser parte del hombre: "con todo esto que soy, / con esta fuerza ciega y sus impulsos, /con estos árboles, con esta vigorosa gavilla de sonidos, / a ti elevo mi carne" (RS, "Segunda estancia y un recuerdo" 11). El árbol es espacio para el autorreconocimiento: "Me iré de mañana / y buscaré un color lila sobre el campo/ y me detendré bajo un árbol grande / y contarme/ hasta lograr sumas musicales, / los diez dedos de mi mano" (RS, "Verano" 53). Así como el árbol es parte de la vida, es parte de la muerte: "Y el perro en su sitio / para ladrar o para morder a los vecinos en su sitio / Y la piedra y el árbol y el moribundo" (RS, "Los flautistas cautivos" 48).

En Quessep el árbol posee varias significaciones y funciones. Actúa como negación de la muerte y es umbral de otros mundos: "y el laurel que es negación de la muerte / abre una cámara desconocida." (MM, "El cielo del abeto" 43); revela entonces una otredad espacial: "...los árboles / dejan en el plenilunio celeste / sus raíces que van a otra morada" (MM, "Transfiguraciones" 69). Este umbral también es acceso a otro tiempo distinto al de desesperanza que vive el hombre: "Apenas, en el fondo del naranjal / se oye un agua lejana, de otro tiempo; nada tenemos aquí que pueda alegrarnos, / pisamos la hoja caída, no miramos al cielo" (MM, "Quimera" 61). También el árbol es un espacio de libertad: "Hay pájaros que vuelan / imitando los nombres de la luna, / pájaros entre árboles, / que son el nacimiento de una tarde" (MM, "Misteriosos azules" 59); el pájaro es símbolo de identidad en la poesía de Quessep y este significado positivo se asocia al del árbol. Este valor se afianza cuando el hablante lírico establece los vínculos entre el almendro y el mundo fabulado, espacio de la esperanza: "Solo en su agua, bajo los almendros, / podrá ver el tapiz de la esperanza; busco una tierra en lo hondo, en su espesura / de lirios y de maravillas" (MM, "Tráeme el alba" 79). El almendro es el lugar del reposo, de libertad, de canto, del viaje, de encuentros: "Todo daría en silencio / por encontrarme en esta hora / junto a la palma y el almendro / y oír cantar al pájaro de pico de luna" (MM, "Deseo" 87), "De una barca sembrada de violetas / o del almendro que se abre como un palomar" (MM, "Epifanía del azul" 41). Al lado de estos sentidos asociados al árbol, están los del amor y la comunicación:

"Si eres el cuerpo amado / ven entre árboles, entre canción" (MM, "Entre árboles" 103). Pero este elemento también revela la idea del paraíso, de la culpabilidad que en la historia bíblica está relacionada con el fruto del árbol del bien y el mal: "No tienes sino el árbol / que ves por la ventana, como si presintieras / el perdón de tu culpa en él, lo buscas / y sacrificas tu mirada a sus flores" (MM, "Una historia cantable" 71). El hablante lírico nuevamente rememora la caída, la sentencia divina: "Divina es la sentencia. / ¿El árbol qué se ha hecho?" (LE, "En el patio de piedra" 123). En el poema "Música de cámara", el hablante lírico simboliza los dos árboles del paraíso: el árbol de la vida, con el cedro;[65] y el árbol de la muerte, del bien y el mal, con el ciprés: "Así se termina cuando en el huerto / entran en colisión el ciprés y el cedro / de tal manera que los pájaros / son un tejido de dolor y magia" (MM, "Música de cámara" 109).

La temática del árbol en Bustos, ha sido señalada por varios autores. Para Marrugo Ferrer (2-7) simboliza varios significados: el devenir, la muerte como morada íntima y la búsqueda del cielo; posee además, un sentido mítico, pues representa el eje universal recreado por todas las culturas del mundo; es la columna cósmica que atestigua la presencia divina en el mundo mortal y que permite una comunicación con el dominio celeste. El árbol es también en la poesía de Bustos, templo, imago mundi que reconoce un orden sagrado y jerarquizado del mundo; es también la casa, morada íntima que puede llegar a ser eufemismo de la muerte. Para Valdelamar Sarabia ("El Cronotropo" 24) el árbol se asocia al patio; es la escala que comunica el arriba sagrado con el abajo profano.

Un análisis detallado de este elemento, permite profundizar estas significaciones. El árbol en la poesía de Bustos actúa como umbral o portal del cielo, es el tránsito obligado, el puente que en sí mismo es un nivel del cielo. En el poema "Crónica de los nueve cielos", la región de las altas frondas es el espacio del árbol camajorú. Es pues el árbol, elemento celeste aunque también terrestre; pero en esta última naturaleza la valoración es más positiva, pues el árbol tiene el poder de cambiar la zona baja, al unirla con la alta. De este modo, hay un árbol de la tierra y uno del cielo: "El camajorú de la tierra y el camajorú del cielo"(PGCI, "Árbol camajorú II"

---

[65] En la Biblia el arca del pacto de Dios estaba hecha de cedro y el templo que hizo Salomón estaba recubierto por dentro con la madera de este árbol. La asociación aquí es pues con la vida, lo sagrado y la santidad, elementos característicos del árbol de la vida que estaba en medio del paraíso.

111). Hay un árbol sembrado en el cielo hecho de agua que hace llover sobre la tierra; hay otro que es casa de los pájaros, morada de libertad: "Junto al árbol silencioso de los frutos rojos /que de día era un árbol y de noche la casa / de los pájaros"(PGCI, "La casa de los pájaros" 125). El árbol es el ámbito del silencio, la soledad y el misterio: "está el árbol solo, el solitario camajorú" (PGCI, "Árbol camajoru" 110), "Algo nace de la espalda de las cosas y las envuelve /y late y trepa invisible /Algo se duerme en el plumaje de los árboles" (PGCI, "VII Crónica de la noche" 121).

El árbol también es el centro de una relación simpatética y en consecuencia mítica del mundo, en tanto entra en armonía con los otros seres de la naturaleza, el animal y el hombre, al punto de fundirse con ellos: "Si bajara los párpados /lentamente con el recuerdo /del color amarillo / caerían las frutas más altas de los árboles" (PGCI, "Crónicas de las horas" 115); la comunión hombre-árbol es tal, que una acción del primero causa un efecto en el segundo, como si los párpados ya no fueran del hombre sino del árbol o los frutos no pertenecieran a éste sino a aquél. Esta función –que se registró en la poesía de Rojas Herazo–, se reitera en el poema "Crónica de la hermana mayor" en el que el ángel se comunica con los árboles y éstos a su vez hablan con la brisa: "El ángel siempre atareado mirando bajo el ala / de las cosas /me murmura al oído lo que dicen los árboles" (PGCI 120). La simpatía también tiene lugar entre el árbol y el animal: "El árbol de los relinchos lo llamamos /Basta tocarlo con la mano y el árbol /se llena de relinchos"(PGCI, "Matarratón" 114). Nuevamente en la fusión el ángel actúa como intermediario y a la vez es árbol: "*ángel frondoso* que estás en el árbol"(PGCI 114; énfasis mío). Finalmente, el árbol se asocia en la poesía de Bustos con el infinito y el tiempo. En el primer caso, se refuerza el carácter celeste de este elemento; en el poema "En el traspatio del cielo", el roble es un círculo, símbolo de lo infinito y eterno: "El viejo roble que enflora y desangra /en el traspatio del cielo /cuyo extraño reflejo en el agua es un círculo"(PGCI 126). La relación con el tiempo alude también a la eternidad; en "Almendro" la espera del árbol por parte del viajero se simboliza en la acción de hacer y deshacer el tejido, como representación de un tiempo circular, interminable: "A algún misterioso viajero aguarda /la hábil tejedora del ramaje /del almendro /que en su larga paciencia /hace y deshace su tejido"(PGCI, "Almendro" 144). Esta relación entre la espera y el árbol de almendro, se registró también en la poesía de Quessep (ver página 113 del *Libro Del Encantado*).

Las varias significaciones sobre el árbol, extraídas de los poemas, forman un sistema coherente en la poética de Bustos. El árbol se asume, al decir de Bachelard (252), como fuerza que lleva una vida terrestre al cielo azul, por su naturaleza vertical. Pero a su vez el árbol, además de ser puerta, tránsito y umbral, es cielo; asimismo, es casa de libertad, morada del sueño, del misterio y del refugio. En la poesía de Bustos el árbol y el agua ocupan lugares centrales. Podemos bien aplicar aquí la afirmación de Bachelard (271): "Parece que el árbol sujetara a toda la tierra entre sus raíces y que su ascensión hacia el cielo tuviera la fuerza de sostener el mundo [...] Así, el árbol poderoso alcanza el cielo, se instala en él y se prolonga sin fin. Se convierte en el firmamento mismo"; o como diría Bustos, se prolonga en el techo del mundo. Justamente este poder mediático del árbol se reafirma al ser éste el lugar donde descienden los ángeles para comunicarse con los hombres. Los ángeles tienen entonces en la poesía de Bustos dos espacios: el cielo más cercano a la tierra y el árbol, atado a ésta pero prendido del cielo. El árbol es morada de ángeles, de él se alimentan, en él juegan y se comunican con los hombres: "Dicen que si uno come sus frutos puede quedar ciego / Los ángeles de él se alimentan" (PGCI, "Árbol camajorú II" 111). Nótese la prohibición para el hombre de participar en lo que puede hacer el ángel; sin embargo a éste se le conceden actos típicamente humanos: "dame un poco de ese dulce de tamarindo"/Dijo el ángel" (PGCI, "La visita" 113). Esto reitera las relaciones entre las zonas celestes y terrestres. Se construye así una vida cuasi paralela del ángel y el hombre: el ángel come pepas de camajorú y mancha sus vestidos, tiene una madre que lo corrige y participa de los juegos del hombre, la rayuela y la cometa: "El ángel asciende al tercer cielo /a jugar con el gemelo de agua /[...]/En el juego preferido / (salta el ángel con el pie derecho /mientras el gemelo-sonreído - lo hace /con el izquierdo)" (PGCI, "De los juegos celestes" 130); "Y el ángel y el gemelo de agua /deseaban un pájaro /y colorearon delgadas cortezas y anudaron / delgadas cañas /Y las elevaron con largas hebras del cabello /de la madre" (PGCI, "Cometa" 131). Los juegos aparecen en un ámbito de ensoñación, típico en la poesía de Bustos, que raya incluso en la magia. En el poema "Crónica de los hermanos" el ángel ejerce el poder de ordenar y lograr que la naturaleza obedezca a sus palabras: "El ángel golpea la tierra con el pie /"ahora correrán todos los seres /que tienen cuatro patas" (PGCI, "III Crónica de los hermanos" 117); es el presagio, pero también el universo del sueño en el que hay una realidad paralela a la zona terrestre: Y agrega sonreído: "ahora nadarán los peces del aire" (PGCI 117).

El último espacio tangible es la casa. En Luis Carlos López este espacio es el caserón antiguo, en ruinas: "La casa/ vecina, un caserón / tan ruinoso que no resiste ni un ligero empujón" (OP, "El año nuevo" 195). La casa está ligada al ancestro, al recuerdo y a la soledad: "¡Pobre casa de mis antepasados! / Si pudiera comprarte, si pudiera / restaurar tus balcones y tejados, / y por el caracol de tu escalera/ Subir a tus salones empolvados, / para en tu soledad, casona austera, / revivir episodios olvidados, / teniendo en tu zaguán loro y portera.../ Pero tú, caserón en esqueleto, / refugio de vampiros y lagartos, / donde penetra el sol hecho una brasa," (OP, "A mi casa" 353). Esta visión de la casa en ruinas y su vínculo con el ancestro, se encuentra también en la poesía de Rojas Herazo. La casa en este autor, es vista por los críticos como símbolo de la permanencia y las raíces, de la ascendencia y la descendencia; la casa se corporiza, se funde al hombre (Rodríguez, "De la ruina a la soledad" 3); también es símbolo de poder de toda una ideología, se personifica y también vive a través de los sentidos, percibe los otros espacios, de lo interno y lo externo, encarna la nostalgia y la evocación, el espacio de la memoria (Ferrer, "Poder y nostalgia" 9).

En el poema "La casa destruida": "Ahora se derrumba la techumbre / y la carcoma habita el bostezo del perro / y la sombra de los armarios / Ahora es la vida de la casa bajo los élitros de los insectos / ¡y el buey lejano y el flujo de la espiga / extraños para siempre/[...]/Y ya es olvido / este lugar que fue de nuestro gozo / en un solo día de tiempo" (RS, "Miramos una estrella desde el muro" 47). Pero a esta casa arruinada del presente en los versos de Rojas Herazo, se opone la casa del recuerdo, edificada entre los robles, símbolo de fortaleza, espacio no limitado, vivo y lanzado hacia la otredad del viento; es la casa llena de secretos en los rincones y los armarios: "A un ruido vago, a una sorpresa en los armarios, / la casa era más nuestra, buscaba nuestro aliento / como el susto de un niño / Por sobre los objetos era un dulce rumor, / una espina, una mano, / cruzando las alcobas y encendiendo su lumbre / furtiva en los rincones" (RS, "La casa entre los robles" 8). La casa desde el armario y los rincones revela una vida íntima; el viejo armario es un espacio profundo en cuyo interior vive un reino de orden que rememora la historia de la familia (Bachelard 112); es ese orden el que la casa manifiesta en el "sacrificio filial de la madera", en "la quietud de los muebles"; la casa en la poesía de Rojas Herazo, también es la morada anhelada que garantiza la vida, la seguridad: "Esto pedimos, esto nada más/[...]/ la sombra de la casa y un camino / para llegar, para soñar con todos" (RS, "Agonía del soldado" 34).

En la poesía de Rojas Herazo también se habla de la casa, morada de hueso, carne y sangre del hombre; al igual que en la tierra y en el árbol, hay una cuasi-identidad con el hombre en el viaje hacia su reconocimiento corporal; en la casa hay fusión con la corporeidad. Mientras la casa, al decir de García Usta ("Rojas Erazo" 37), coexiste con la ascendencia como símbolo de arraigo contra la destrucción del tiempo y la adversidad social, el patio es el microcosmos geográfico (Bustos, "El Caribe purgatorial" 1), es un atlas de memoria fantástica, geografía que apunta a una geopoética (Goyes 190); es el mundo y lugar de la palabra (Bolaños 21).

En la poesía de Quessep la casa no es un espacio poético predominante; es la morada soñada donde habita el cielo y lugar de la ascendencia: "nuestra casa es de ramos floridos / y en ella habita el cielo que no cesa" (LE, "Ramo nocturno" 108); "Todo tuve en mi casa, / el cielo y la raíz, la rama oculta que hace las estaciones / y el vuelo de los pájaros" (LE, "Por ínsulas extrañas" 150).

En Rómulo Bustos este espacio se encuentra imbuido en la misma atmósfera etérea de los otros lugares. Es la casa inventada, casa de escritura que vive en las páginas del libro de un niño y cuyas estancias, muros y caminos, están hechos de recuerdos, ensoñaciones y mitos: "Hallarás una casa con un nombre extraño /[...]/En la verja /un niño con un libro entreabierto/ [...]/un sonido lejano ajará el horizonte/ Y el niño habrá pasado la última de las páginas" (PGCI, "Balada de la casa" 134). Esta casa está ubicada en un tiempo aparentemente pasado, suspendido, ubicuo, atemporal, es el tiempo de la infancia que aparece en varios poetas del Caribe colombiano. En Héctor Rojas Herazo, por ejemplo, la casa es el espacio de la ensoñación, de la infancia en la que padre, hermano y hermana, vivían una comunión casi perfecta. En el poema de Rómulo Bustos "Balada de la casa" además de la ensoñación, se usa el mito a través de la focalización del niño. Nótese cómo la voz del hablante lírico termina identificándose con la del niño y sus imaginarios: "[...] Pregúntale el camino de los grandes árboles /cuyos frutos guarda un animal /que adormece a los andantes con sólo mirarlos / Y él contestará mientras conversa / con un ángel de alas verdes / (como si fuera otro niño que juega al ángel)" (PGCI 134). Aquí se recrean no sólo las imágenes mitológicas del niño, sino que también se evoca la fuente: la narración del abuelo que construye los universos mágicos de la infancia. La fusión hablante lírico-niño se afirma en el verso:

...Y sin embargo
hallarás un zaguán que yo recorrí inmenso

> donde cuelga el retrato de un señor que resplandece
> levemente, con el corazón en la mano
> Y al fondo, muy al fondo
> el alma de la casa sentada en una mecedora, cantando
> Pero tú no la escucharás
> Pues, en ese instante
> Un sonido lejano ajará el horizonte
> Y el niño habrá pasado la última de las páginas. (PGCI 134)

La imagen de la casa en Bustos también es la del útero: la madre; esto se evoca en el verso: "Y al fondo, muy al fondo /el alma de la casa sentada en una mecedora, cantando"(PGCI 134). No se menciona a la madre, pero los indicios son evidentes para un contexto caribe. Es interesante notar la identificación alma-casa-madre (útero), ubicada en la profundidad del espacio. Es la última imagen del poema, lo cual señala la fortaleza de la ascendencia; aquí se puede rememorar la escena de *Respirando el verano* de Héctor Rojas Herazo en la que aparece la madre en la casa destruida y su símbolo, que se niega a morir.

La casa en la poesía de Bustos también aparece en el ámbito del eros, con un valor sagrado que se asocia al templo y al cielo: "En la caza del amor /dos abismos se vierten, dos cisternas se anudan /Como fundando la casa del cielo /entre la tierra /[...]/ Como ascendiendo sin tregua las gradas / de algún templo"(PGCI, "Cetreros que en alta batalla se iluminan" 91). También se encuentra la relación casa-árbol igualmente en las esferas celestes. En el poema "La casa de los pájaros" el mito se recrea nuevamente en la habitación que es árbol de día y casa de noche: "junto al árbol silencioso de los frutos rojos /que de día era un árbol y de noche la casa/ de los pájaros" (PGCI, "La casa de los pájaros" 125). Esta asociación también se halla en el poema "En el traspatio del cielo"; aquí es la casa celeste de árboles en busca de agua; nuevamente se evoca la imagen de la vida encerrada en el símbolo del útero: "Sobre nuestras cabezas-flotante-/ la casa del agua /Altos bosques acechantes de lluvia /Árboles con raíces en otra parte" (PGCI 126).

Como plantée al inicio de este capítulo, la geografía poética de la lírica del Caribe colombiano también se manifiesta en los espacios no tangibles: el topo fantástico del sueño y la fábula-cuento-leyenda; y el real manifestado en el cielo y el infinito. En este apartado me detendré en su análisis.

En la poesía de Quessep hay una identidad entre los espacios: paraíso, jardín y huerto. Hay dos caracterizaciones: el lugar de la fábula, el cuento de hadas y la leyenda, y el paraíso perdido. El jardín se edifica en el canto del adivino, en la visión y los sueños, es el lugar de las transformaciones: "En el jardín de piedra / No han de cerrarse nunca / Mis ojos que ya son / El polvo de otra luna" (LE, "Nocturno" 36). Lugar donde se construye la fábula: "Alguien cruza el jardín / desvelado de fábula, / no recuerdo sus ojos / ni su túnica blanca" (LE, "El otro encanto" 44). Pero el jardín es también fábula contra el hombre, cuando ésta se traduce en la historia del paraíso: "Quizá un color venido de otra hora / La fábula enemiga que en mí vive / El arco de la luna se desdora / La floresta que asciende del aljibe" (LE, "Luna menguante" 142). En el jardín como paraíso perdido se repite la isotopía del polvo, de la conversión del hombre en ser mortal: "Para grabar a la entrada del jardín destruido. / Todo esto fue la alondra / y hoy es polvo / Todo ausencia del laurel y la rosa" (LE, "Para grabar a la entrada del jardín destruido" 12). Frente a esta concepción de jardín como paraíso perdido, el poeta asume dos posturas: la de nostalgia por la pérdida y la de rechazo del jardín como esperanza del hombre: "Entonces ¿a qué aventurarnos por regiones doradas, / a qué la búsqueda de un paraíso inútil? / ¿Qué pasos en el jardín pueden reemplazar a la vida, / la vida que nos llama día a día a su ronda?" (LE, "Aventurarse en el pasado" 79). La oposición entre el jardín y la vida, planteada por el poeta, se explica a través de la muerte; el hombre es finito, está destinado al polvo, por lo tanto, la esperanza de un paraíso no tiene sentido para el hablante lírico: "pero ¿no los recubre un polvo antiguo como el cielo, / un polvo mágico del que no se puede escapar?" (LE, "Aventurarse en el pasado" 79). Frente al rechazo de la búsqueda del jardín-paraíso, está la aceptación del viaje hacia el jardín-fábula, el del cuento de hadas; el poeta desea encontrar este espacio, pues al fin y al cabo es un lugar creado por él, cuya naturaleza y contenido están edificados sobre el gozo, la esperanza, los sueños y la quimera del poeta: "Juzgadme si queréis, / pero deseo irme / al mágico Jardín que en nuestra vida / teje y desteje la invisible rosa" (LE, "La noche del cielo" 80). La concepción del jardín como paraíso y como fábula es cuestión de visión. Esto parece una obviedad, pero en el fondo entraña una idea central en la poesía de Quessep; pues remite a una estrategia poética específica: la focalización perceptual, cognitiva e ideológica que emerge en la mayoría de sus poemas; veamos:

> MIRO EL JARDÍN, los niños juegan
> a la ronda, el almendro de corteza blanca y dorada

> les da su reino, y todos saben
> que están en el umbral del paraíso.
> Nada inquieta esos ojos abiertos
> a la primera maravilla del mundo,/
> .../Sólo mis ojos guardan
> dolor y muerte, - sólo la miseria del tiempo
> convierte en polvo la ronda que amamos -,
> y no hallan paz en lo bello del canto. (LE, "Primera maravilla" 84)

Aquí se oponen la focalización perceptual y cognitiva de los niños y la del poeta sobre el jardín: la primera positiva, de ensueño, y la segunda de muerte. La focalización ideológica remite a la visión del mundo desencantada del poeta a causa de una conciencia extrema de la muerte y el tiempo como fuerza aniquiladora del hombre. Es interesante ver la coherencia de la poética de Quessep en cuanto a la geografía edificada: la visión de los niños opera en el marco de la ronda, mundo de tradición oral y canto, mundo no-real; por el contrario, la visión del poeta se desenvuelve en el mundo real, de polvo, de tiempo y muerte.

A pesar de las oposiciones enunciadas entre las dos caracterizaciones del jardín, hay una relación entre ellas. Por la palabra poética, el jardín – paraíso se convierte en jardín-fábula: "Tejida está de olvido / la ilimitable rosa / Y en el jardín o púrpura aduendada / Desdibuja su forma / Polvo que es ya castillo" (LE, "Poema con una rosa" 15). El poeta nombra el espacio y la fábula. El cuento maravilloso comienza, la otredad y el personaje de leyenda: "Y el poeta te nombra sí la múltiple / Penélope o Alicia para siempre / El jardín o el espejo el mar de vino" (LE, "madrigal de la muerte" 51). Esta otredad no sólo es espacial sino temporal: "y oír apenas esa música de los jardines en desvelo, /mientras caen la hojas / que nos llevan insomnes, a otro tiempo". (LE, "Callar es bello" 58). El jardín actúa además, como umbral del sueño y como tal conserva su naturaleza mágica al ser pasaje para los otros mundos no reales. También mantiene su carácter espacial positivo, de tranquilidad para el poeta, opuesto al mundo real enclavado en el presente agónico: "*YA NO PUEDO* escucharte / en el jardín profundo / donde solías empezar un sueño de naves blancas por el mar oscuro / *Hoy* pierdo la memoria / de tus labios quemados por la tierra / y *ahora* solo olvido / cubre mis ojos que la muerte esperan" (LE, "En el jardín profundo" 60; énfasis mío).

En el espacio de los otros mundos no reales, el de la fábula, el cuento y la leyenda, Quessep crea intertextualidades con algunos cuentos de hadas como "La bella durmiente" y "Alicia en el país de las maravillas"; estas intertextualidades no cumplen un papel meramente estilístico, sino también temático en el marco de la geografía poética que aquí desarrollo. He planteado que los mundos no reales edificados por el poeta constituyen espacios positivos donde el hombre no experimenta el dolor, la desidia, ni la muerte. La recreación de los universos del cuento de hadas en la obra de Quessep cumple entonces la función de representar algunos de dichos mundos en los que aparecen hadas, castillos, lugares encantados: "AL BORDE de las hadas / La piedra del castillo / Una sola palabra el hondo patio / Te da sombra en el tiempo / Tu historia es lo que sueñas / Lo real es ya fábula naciendo de tu mano / Oh muerte lejanísima / Duración del encanto."(LE, "Palabras para recordar a la bella durmiente" 21). Nótese aquí la transformación de lo real en fábula mediante el sueño y la reiteración de la lejanía de la muerte en este espacio.

En la poesía de Quessep se ubica al hombre frente a estos dos espacios: el real y el no-real (legendario, fabulado); con la capacidad de penetrar en este último consciente o inconscientemente. Cuando es consciente, la incursión en lo no real obedece a una necesidad de evasión. Para el caso de la entrada inconsciente, el poeta plantea una relación mundo no real – historia. La idea central asociada es que el hombre quizá viva un cuento de hadas sin darse cuenta; o que esta otra realidad pueda existir como un mundo paralelo o alterno al real:

AQUÍ LO LEGENDARIO y lo real
Nuestra historia resulta semejante
A la de esa muchacha maravillosa que penetró en el espejo
...Tal vez somos un cuento
Tal vez sin que nunca nos percatemos
...Digamos entonces que lo que ha sido un canto de la Odisea
Continuará siendo *nosotros*
Sin dejar de ser por eso el *país de las maravillas*
...Tal vez *somos* la sombra de ese azul en su mano. (LE, "Poema para recordar a Alicia en el espejo" 14)

A pesar de la posibilidad de que la vida del hombre sea un cuento de hadas, se puede ver en este poema que la visión desencantada permanece; esto se aprecia en la oposición establecida entre "nosotros" y "país de las maravillas" y en la caracterización del "nosotros" como sombra. El paralelismo entre los dos mundos se puede ver en el poema "Parábola". El personaje recibe la leyenda, la historia fabulada de la flor de loto, de la nieve y la piedra, el dragón y la mariposa; pero al lado de esta leyenda contada a través de las generaciones, están los eventos de la historia de la humanidad: las guerras, el hambre, la peste, la monarquía, los grupos religiosos, las masacres. Este poema "Parábola" es una síntesis de la historia de la humanidad vista por los ojos desencantados del poeta: "La oyó contar a los sacerdotes al pie de los verdugos / Cuando la cabeza del sentenciado traidor o amante / Rodaba como una flor de madera" (LE, "Parábola" 24). Nótese aquí la coexistencia de los dos mundos: mientras se cuenta la leyenda ocurre el acto de la muerte. La lucidez del hablante lírico se revela cuando termina diciendo que la leyenda contada como una manera de mitigar la realidad del hombre, su historia de crueldad, sólo es lenguaje; hay también un dejo de ironía cuando afirma que los mismos autores de la fábula son los mismos que construyen dicha historia de crueldad: "Pero la leyenda que atravesaba los siglos / No resultaba más que una leyenda / Transcurrieron milenios sucediéndose las dinastías / Los pueblos soportaron el hambre y la peste / Reyes brutales o invasores sanguinarios / No hicieron más que multiplicar el sueño / De los devoradores de lotos / Y las sectas se multiplicaron / Y hubo divisiones y grandes matanzas / Entre los mismos que mantenían la fábula / Como el hilo de una madeja perdida entre un laberinto de juguetes" (LE, "Parábola" 25). Ante la historia de la humanidad que destruye la leyenda, sólo permanece el olvido como la posibilidad de deshacer dicha historia: la flor de loto; sólo así el hombre puede tener una oportunidad de que su vida se convierta en fábula y, de esta manera, entrar en la ensoñación y el encantamiento de un mundo perfecto, capaz de reemplazar la perfección del paraíso perdido: "Sólo entonces comenzaría a olvidar / A deshacer la historia de su vida y la de los demás /[...]/ A destejer el destino como quien deshace un dibujo / Grabado por agujas milenarias en la carne torturada / Hasta olvidar su nombre y el nombre de todo ser / Así comenzaría desde la primera letra del tiempo / A contarlo de nuevo / A nombrar la leyenda y transformar la fábula en el mundo / real." (LE, "Parábola" 25). La búsqueda del mundo de la fábula se convierte en el interés del poeta; su deseo de traspasar el mundo real y llegar a aquél, como Alicia en el país de las maravillas; traspasarlo como si penetrara en un espejo.

La valoración positiva del mundo leyenda-fábula-cuento, se ve en el sistema de significaciones elaborado en el que se relacionan varias isotopías: sueño, pájaros (libertad), asombro, canto, esperanza: "Tráeme el alba del abril soñado, / sus pájaros que inician el asombro /[...]/Quiero abrir el alcázar de la fuente / prometedora de la vida y el canto, / lejos de la ceniza / que cae de las sombras / Solo en su agua, bajo los almendros, / podré ver el tapiz de la esperanza; busco una tierra en lo hondo, en su espesura / de lirios y de maravillas mortales: Quizá el país que todo lo reúne / como espejo, la fábula /" (MM, "Tráeme el alba" 79). La importancia de la fábula para el hombre, como la única posibilidad de felicidad, de vida, se hace más evidente cuando el poeta dibuja a un hombre que la ha perdido y sólo mantiene su estado perecedero y doloroso: "Aquí te espera un tiempo / desposeído de sus fábulas / un cuerpo castigado por la vida / y las zarzas de los caminos" (MM, "Entre Árboles" 103). Es pues en estos universos no reales, donde el hombre puede tenerlo todo: "hace un instante lo tuvimos todo / como una vez, así como en los cuentos" (MM, "Nada perdura en la memoria" 91).

En la poesía de Rómulo Bustos Aguirre hay un énfasis en los mundos tangibles reales, en el cielo y el infinito (vacío, nada). El cielo es un topo complejo con múltiples cámaras, niveles y caras. Es la estancia arriba inalcanzable para el hombre: "Tanto cielo sobre nosotros" (PGCI, "Tanto cielo sobre nosotros" 30); es el que produce los símbolos que pueden orientar al hombre: "Miro al cielo y aguardo las señales del trueno / y de los pájaros / Este juego cuya gracia tal vez es no entenderlo"(PGCI, "Tal vez mis pies sobre esta hierba" 32). El cielo es el generador de fertilidad, de vida: "Todo nace del corazón del cielo /El agua, la piedra, el pasto suave" (PGCI, "Todo nace del corazón del cielo" 33). Hay una relación continente-contenido entre el cielo y el corazón como fuentes de creación; el primero es vasto y de su corazón emerge ese poder creador: "Todo brota de su extraño corazón" (PGCI 33). El segundo rebasa las fronteras del cielo, supera sus límites: "Toda el agua del cielo cabe en él /sin derramarse /Nunca se colmaría aunque lloviera /todo el cielo / Aunque todo el cielo se derramara /como una cosecha de llanto" (PGCI, "El corazón es un cuenco sediento y extraño" 34). Se puede plantear entonces, que hay un cielo exterior y uno interior al hombre; las dimensiones de cada uno varían. Al igual que en Héctor Rojas Herazo y Quessep, en las que el cielo se ve como inalcanzable, en Rómulo Bustos también surge una imposibilidad que es compensada con la construcción interna de ese otro cielo, corazón o alma: "en el asiento espesísimo del alma /Acampado en el baile /hila su vasto cielo" (PGCI, "Un hombre de piel negra" 62). Se trata de un espacio personal, una salida ante la carencia de posibilidades y el fracaso del hombre, manifestadas por el hablante lírico. Este cielo se construye también en el amor: "En la caza del amor /dos abismos se vierten, dos cisternas se anudan /Como fundando la casa del cielo /entre la tierra" (PGCI, "Respiro de incensarios": 91). El cielo es también la habitación de los ángeles: "Bajo las raíces del árbol camajorú /hay otro árbol /El camajorú de la tierra y el camajorú del cielo/[…]/Dicen que si uno come su fruto puede quedar ciego /Los ángeles de él se alimentan" (PGCI, "Árbol de camajorú II" 111). Es interesante ver aquí el juego de espejos que evoca la imagen creada; es como si en el agua se reflejara el árbol camajorú de la tierra en el escenario del cielo y este árbol reflejo sería el que yace bajo las raíces; por ello el hablante lírico dice: "Al camajorú de la tierra se *asciende* bajando"(PGCI 111; énfasis mío); el camajorú proyectado hacia la luz cuyas ramas invisibles volaron alto, y se han convertido en el techo del mundo, deviene el otro camajorú reflejado, cuyo trasfondo es el cielo también reflejado, al cual se asciende bajando: "está el árbol solo, el solitario camajorú /rodeado de sed, hechizado en el tajo de luz /en que una vez se le abrió el cielo" (PGCI, "Árbol de camajorú" 110). Hay entonces un cielo en tierra y uno hacia arriba. Nótese que esta deducción se apoya en las imágenes del corazón-cielo y el otro cielo; el interno y el externo: un topos arriba y abajo. Las inversiones entre estos dos espacios se reiteran en otros versos: "Y vio Dios que era buena la *tierra del cielo* / para sembrar la lluvia" (PGCI, "Crónicas del cielo" 127; énfasis mío). También se observa en el paralelismo entre las actividades de la tierra y las del cielo que anotábamos en páginas anteriores.

La relación tierra-cielo también es posible porque hay una mutua presencia del uno en el otro. Esto se aprecia en el poema "Crónica de los nueve cielos". El primer cielo está en la parte más alta del árbol donde el camajorú bate sus ramas; el segundo es un lago cuya profundidad se convierte en el tercer cielo; el cuarto es la región de la luz y la sombra. Los otros cielos son los creados por el lenguaje, el verbo y el símbolo: la voz de los ángeles, el esplendor, el eco de un canto, el silencio de Dios y el corazón del cielo. Llama la atención la representación de elementos, viento, agua, luz, sombra, lenguaje y corazón, con significación importante en la poética de Rómulo Bustos. En la zona de lo celeste se encuentran los símbolos análogos a la luz y al fuego; el primero posee las manifestaciones del sol y el día y varias significaciones; la luz se asume como esperanza no cierta y lejana: "luz imposible / acaso nos haya sido prometida" (PGCI, "Poética" 20). Esta luz es externa al hombre. No obstante hay otra, la cual está sobre y dentro de él: "Asperjada de luz /derivamos en la vasta ilusión del universo" (PGCI, "Náufragos" 23). Dicha clase luminosa es benigna para el hombre y se asocia al albedrío, a la libertad: "Incesante tu albedrío, tu anchura de luz" (PGCI, "Tus pasos lícitos en las cámaras del vacío" 71). Este valor positivo se refuerza si se observa la relación con lo alto, zona celeste: "arreado de luz el ser no visto /que en ti se ampara /Ataviado de alturas como un pájaro" (PGCI, "Arreado de luz el ser no visto" 74). Una de las manifestaciones de la luz, el sol, posee esta connotación interior y benigna: "Y todo era sol / pues el sol moraba nuestra sangre" (PGCI, "Del cielo fabulado" 37). Pero el símbolo de la luz aparece en paralelo a su opuesto: la sombra. En ocasiones éstos se funden e invierten: "La noche nos roba el mundo /El día nos lo devuelve intacto en sombra" (PGCI, "Demasiado vasto es el misterio" 26). Una de las representaciones de la luz, el día, genera su oposición, este efecto se encuentra en otros poemas: "Alba acaso /o crepúsculo /Su oscuro territorio prometido" (PGCI, "Alba acaso" 81). Nótese la asociación de la luz, el alba, con la incertidumbre, lo cual permite la conversión en sombra, símbolo que pertenece a la zona terrestre y ámbito que aparece en ruinas en este poemario "El oscuro sello de Dios".

En el poema "Solo me es tuyo luz indescifrable", nuevamente aparece la inversión de valores luz-sombra; aquí surge bajo el signo del enigma, lo indescifrable, lo oculto, lo no conocido: "Solo me es tuyo tu indescifrable / escándalo de luz, el lujo / de tu enigma /¿Cómo no temerte? (PGCI, "Solo me es tuyo tu indescifrable" 82). Luz-enigma se confunden, esto es, luz-sombra, con un valor agregado: el temor. Esta asociación se percibe también en el poema "Profesas la dicha": "Como un suplicio de tres soles /así me ciegas" (PGCI 83), es la luz produciendo la oscuridad.

El otro símbolo de la zona de lo celeste es el fuego que posee un valor castigador "Sodoma calcinada"(PGCI, "Cuestión de estilo" 49); "Arcángeles de fuego vio la mujer /de Lot" (PGCI, "Variación mínima sobre un tema de Montale" 50). Este elemento también connota un valor privador de la libertad: "Extraño exvoto /en un templo ya vacío /cuelgan mis dos alas abrazadas" (PGCI, "Ícaro abrasado" 41). El valor castigador del fuego también se asocia al amor: "y ahora - inocentes - estuviera castigándolos /en la hoguera ilusoria del amor" (PGCI, "Cetreros que en alta batalla se iluminan" 91); al igual que en la relación luz-sombra, en el fuego encontramos un vínculo con la oscuridad, en una inversión de naturalezas: "Acaso en algún lugar de tu alma /arda como en un muro la forma oscura /de tu llama" (PGCI, "Acaso en algún lugar de tu alma" 94). Nuevamente aparece la incertidumbre en el término, "acaso", y la conjugación contradictoria del fuego y lo oscuro.

Otro espacio relevante en la poesía de Bustos es el infinito, representado en algunos símbolos: el universo: "derivamos en la vasta ilusión del universo" (PGCI, "Náufragos" 23); el vacío: "Acaso sea nuestra sombra / indeleble sello de Dios / Oscuro emblema del vacío /que nos acecha" (PGCI, "Oscuro sello de Dios" 36); el tablero de ajedrez, asumido como un caos fluyendo en el tiempo: "El caballo / inicia un eterno salto en el aire / La torre - menudos peones y guerreros / caídos - como si hubiera sido tomada / por asalto…" (PGCI, "Ajedrez" 43). El vacío es también la muerte y la nada: "La pupila abierta al vacío / El lento desangrarse al mar previsto" (PGCI, "Cotidiana" 58); "Y ser tan sólo gótico sueño / que empina sus altas torres/ a la nada" (PGCI, "Y ser tan solo" 61). El vacío también es el amor: "Tus pasos lícitos en las cámaras del vacío /como una doncella mansa" (PGCI, "Tus pasos lícitos en las cámaras del vacío" 71). Aquí se convierte en abismo que salva al hombre del vacío exterior: "Cautela del amor. Zarpazo suave /Y el alma ya no sola se aduerme / en lo vacío" (PGCI, "Aliento de altos Árboles Ventalle" 78). Nuevamente aparece la dualidad exterior-interior que caracteriza a los espacios en la poesía de Rómulo Bustos: el vacío, el infinito o la nada donde está ubicado el hombre sin saber su meta; y el vacío creado por la unión de dos cuerpos, dos seres: "En la caza del amor /dos abismos se vierten, dos cisternas se anudan /Como fundando la casa del cielo / entre la tierra" (PGCI, "Cetreros que en alta batalla se iluminan" 91). Nótese la alternancia espacial del infinito arriba, afuera, y el infinito-abismo en los cuerpos, que se asocia al cielo exterior arriba y el otro cielo abajo en la tierra.

En la dimensión interior del espacio poético, en la lírica del Caribe colombiano, se encuentran la intimidad del hablante lírico, la memoria y el alma. En López este espacio interior se manifiesta en los estados anímicos y existenciales del hombre, como el erotismo y la muerte. Estos se relacionan con el paisaje, uno de los ejes poéticos de su obra: "Y la ventisca pasa / por entre los cordajes, / como una sinalefa / de suspiros muy largos… […] Mis sueños / nostálgicos, cual una / emigración de pájaros marinos, / vuelan sobre el velamen / que se despide, como un gran pañuelo, / en la convalecencia de la noche[…]" (OP, "Ribereña" 146). Aquí el estado de ánimo nostálgico del hablante lírico, se funde con el paisaje. Este recurso es común en la literatura; sin embargo, en López adquiere especial relevancia por cuanto forma parte de una postura ideológica que quiere adoptar y exteriorizar el hablante lírico; se trata de la oposición entre su universo interno que busca salvaguardarse del mundo social exterior; y dicho mundo en el que no tiene cabida el lirismo, sino la expresión violenta y burlesca. En la obra de López, sorprenden estos poemas en los que la interioridad se funde con un paisaje que sirve de motivo, pues lo normal es encontrarse con versos lúdicos impregnados de sátira e ironía. Además de la nostalgia, la dimensión interior del espacio se asocia al tedio: "...Y al ver un pino quisiera / ser una planta rastrera" (OP, "Tedio" 144). Se percibe aquí la autodegradación del hablante lírico, asociado al paisaje. Considero que la temática del aburrimiento, al estar vinculada a lo grotesco, como lo demostraré en el capítulo "La estética de lo grotesco", incide en el cambio que ocurre en este poema con respecto a los anteriores, matizados por el lirismo.

En Rojas Herazo, el espacio interior se manifiesta en la inmensidad íntima, corporal y biológica; el adentro del cuerpo que "se recuenta como en un cuento", que experimenta internamente una sensibilidad plena; sentir las propias resonancias de la sangre, de los huesos y los órganos: "Suspiramos confusos de vivir, de sentirnos. / Entonces, sólo entonces, dulcemente cuajados, / palpamos en lo nuestro, esperamos. / Al unísono, colmados y anhelantes, / afinamos la sangre hasta ser sólo sangre" (UA, "Segunda estancia y un recuerdo" 11). Así como en su obra se plantea un espacio exterior tierra-cuerpo, en el plano interior se repite esta coordenada, la tierra humana desde dentro: "Dulce materia mía, lento ruido/, de hueso a voz en nervios resbalando / Tibia saliva mía, espesa mezcla / de mis células vivas y mi lengua. / De sigilosas venas, se sonidos" (DLPN, "Primera Afirmación corporal" 11). Se trata de una exploración interna, por la geografía corporal interior, que hace el hablante lírico y que se revela como una forma de soledad; es el hombre "náufrago de su sangre", "embutido en su piel y sus maneras". El poema que quizá rebela de manera más explícita *la inmensidad biológica interior* en Rojas Herazo es "El encuentro". En estos versos de 'El hombre' se expresa la prolongación de la sangre en la descendencia; la identidad está en la constitución del padre, el hijo y la madre que comparten las mismas sustancias orgánicas; el padre ejerce un llamado hacia su hijo que crece y vive en las entrañas de la madre; es una voz que traspasa la carne para escudriñar la morada interior del hijo:

> Me prolongaré y de darte, al fin,
> la parte de árbol y piedra
> ...Entonces podrás verme tal cual soy
>
> hecho de tus mismos elementos
> y regocijado de tus mismas substancias

> ...Yo iba a tu encuentro, lentamente, ardiendo
> como un cuerpo sin piel
> mis nervios indefensos, mendigos, imploraban tu pulso, querían llegar a tu silencio suplicante. (RS, "El encuentro" 22-23)

En los versos reunidos en "La Mujer"; se recrea el crecimiento del hijo en las entrañas de la madre, la formación y despertar de los sentidos:

> De adentro, de muy adentro,
> del más viejo limo de lo más viejo de nosotros
> ...Yo sabía que mi hijo estaba allí,
> esperándome,
> acurrucado desde el principio de mis cabellos
> cuando apenas yo misma era música de otra sangre.
> Mi hijo, sí; podía tentar la madera
> y los huecos de los muros donde se asolean los lagartos
> y los sentía llenos de tiempo, de soledad
> ...Yo lo miraba arder, subterráneo, en mi vientre,
> sacudir mis entrañas, doblarme,
> lo miraba crecer. (RS, "El encuentro" 24)

Es interesante ver cómo en la poesía de Rojas Herazo hay una simetría entre el espacio exterior y el interior; obsérvese por ejemplo cómo hay una tierra corporal humana, vista desde fuera y desde dentro; esta tierra corporal se edifica desde el origen, desde la creación del primer hombre, de Adán, reconociéndose en sus sentidos, su sangre, piel, huesos, en un mundo recién creado; este espacio se retoma en la concepción y nacimiento del hijo en el poema "Encuentro". También es interesante ver la simetría entre el espacio cuerpo y la "casa", la cual, en el poema "la casa entre los robles" está viva y se recorre a sí misma en su constitución interior, muebles, rincones, armarios, el sacrificio filial de la madera. El poema "Encuentro" que aquí analizo, también revela la relación entre la casa y el cuerpo del hijo-hombre que crece en el vientre. La relación que quiero establecer se aprecia de modo más claro en el aparte 'El Hijo' de "El encuentro":

> De muy atrás – hoy estoy vivo y no puedo recordarlo –
> ordené tus células y escogí tu piel como un techo remoto.
> Hijo mío, me llamabas,
> y enumerabas para mi silencio
> todo lo que entonces era tuyo y me formaba.
> Simplemente decías: / he ayudado a anochecer,
> éste es el día y la piedra,

ésta la cosecha,
éste mi hermano. (RS, "El encuentro" 25)

En Quessep, la dimensión espacial interior se expresa en la memoria, el olvido y el alma. La primera caracterización de la memoria se asocia a los mundos no reales, al del cuento, y se convierte en un espacio de afirmación que supera la muerte, que parte de la alegría y el amor: "En la memoria queda la epifanía / del amor, y un camino de lilas / desciende de los ojos / en quien ha visto más allá de la muerte /[…]/ Guardada para siempre en su crisálida / está nuestra memoria y en ella están los cuentos; / (MM, "Memoria de los cuentos" 101). Esta relación es posible porque la memoria es un espacio de invención: "le niega ya las flores que inventa la memoria" (LE, "A la sombra de Violeta" 39), "quién sabe hasta cuándo, por el don de la memoria, / persistiremos en hallar una estrella" (MM, "Puerto" 51). La memoria le permite al hombre mantener la esperanza, traspasar los límites terrestres y aventurarse a buscar otros lugares etéreos, otros mundos como la fábula: "y los hombres buscan / alguna fábula en su memoria" (ESNF, "hay palabras perdidas" 21). En la poesía de Quessep la memoria es un espacio que guarda las imágenes de lo bello, del paisaje que asombra al poeta: "para quien vio la flor de los granados / y la esparció en su lecho y su memoria" (LE, "Carta imaginaria" 178); "¿QUIÉN GUARDA la memoria / de este río que pasa / de esta flor que sucede en gris y polvo?" (LE, "Las horas olvidadas" 194). Es pues la memoria, un lugar que no guarda recuerdos dolorosos o imágenes negativas, en la poesía de Quessep: "¿mas no me queda algún remordimiento / que perdió mi memoria cuando amaba la noche?" (MM, "Monólogo de José" 31). Es evidente la relación de la memoria con los espacios exteriores no reales de la fábula, el cuento, el sueño y la leyenda; y la aseveración de que estos espacios son positivos, de esperanza, de alegría y sosiego. Es interesante ver cómo dicho espacio interior se inserta en el sistema de sentidos asociado a estas ideas: esperanza, cielo, libertad, hadas, amor: "Volviendo a la esperanza / miramos el cielo / apretado de pájaros / La tarde vuela en torno / de la fuente / que gotea un tiempo con hadas/…/ La tarde es el recuerdo / del día ya invadido por su fábula" (ESNF, "volviendo a la esperanza" 89).

Asociada a la memoria está el olvido, espacio visto por el poeta como purificador, como medio a través del cual la fábula, el cuento y la leyenda pueden iniciarse: "Contar es ir al olvido" (LE, "En la luna que he contado" 16). Este poder anticipador del olvido se registra en el poema "Parábola" mencionado en páginas anteriores; sólo hasta que el personaje haya olvidado todo, la historia de su vida, su nombre, podría empezar a contar, a crear la leyenda y la fábula, en reemplazo del mundo real: "Sólo entonces comenzaría a olvidar /[...]/Hasta olvidar su nombre y el nombre de todo ser / Así comenzaría desde la primera letra del tiempo / A contarlo de nuevo / A nombrar la leyenda y transformar la fábula en el mundo / real" (LE, "Parábola" 25). Al igual que la memoria, el olvido aparece asociado al sistema de sentidos que incluye los tópicos, sueño, cuento, leyenda, pájaros (libertad), invención: "LA PALABRA nos sueña / Todo transcurre (El fuego / Regresa a ser penumbra / Viejas colinas cuento) /Su leyenda deshace / Los días y los pájaros / La muerte es este olvido / Sin cesar inventando" (LE, "La palabra nos sueña" 23). El olvido es entonces entorno purificador y umbral de la creación, del lenguaje tejido y destejido de historias: "NOS CUENTAN el olvido / Su lentísimo reino / El fabular unánime / De las nubes y el tiempo/[...]/ El olvido, una historia / Que ya nunca termina /Se pierde lo inventado / Palabra cuento día" (LE, "El olvido una historia" 28). Cuando el poeta define el olvido como "fabular unánime" lo está asociando al lenguaje, al topos superior (el arriba, el espacio etéreo característico de la poesía del autor), y al tiempo; pero un tiempo eterno, circular que termina y reinicia, pues el olvido purifica, borra lo creado y abre nuevos horizontes de creación, de reinvención por la palabra. Por ello el poeta lo hace equivalir a la fábula: "Sólo hay olvido o fábula" (LE, "Elegía" 47). Pero al lado de la concepción del olvido como espacio de afirmación, el poeta revela su carácter devastador cuando no le permite al hombre recordar los eventos y personas agradables: "YA NO PUEDO escucharte / en el jardín profundo/[...]/hoy pierdo la memoria / de tus labios quemados por la tierra, / y ahora sólo olvido / cubre mis ojos que la muerte esperan" (LE, "En el jardín profundo" 60). El poeta también ve este lado negativo del olvido en relación con el cielo: "Duro es vivir si olvidamos el cielo,..." (MM, "Si olvidamos el cielo" 57). Pese a que el poeta revela la necesidad de recordar el cielo, como esperanza en este caso, también hace énfasis en cómo el hombre ha olvidado lo que ocurrió en el paraíso; el olvido es aquí entonces, pérdida, derrota: "Nada sabemos ya / de lo que fuera nuestro" (MM, "Nada perdura en la memoria" 91), "Nos persiguen olvidos. Esperamos / la desnudez: paraíso y derrota. /" (ESNF, "nos persiguen olvidos" 29); también es el olvido de Dios hacia el hombre, según el poeta: "Perdónenos, pero nosotros dimos / al polvo nuestros nombres: su caída / nos ilumina y nos quema por dentro. / Somos. Pertenecemos al olvido" (ESNF, "canción para el final" 77).

Finalmente el espacio interior del alma es otro de los elementos de la geografía poética de Quessep. Ésta se manifiesta como un lugar ilimitado que impulsa al hombre a mantener la esperanza: "Quiero tornar a lo que ya no existe / sino en la imagen del hilo sagrado, / tal vez un mito sea, pero mi alma / no se resigna a perder su tesoro" (MM, "Tráeme el alba" 79). Hay también en los poemas un pasaje entre la memoria, el alma y la fábula; en el poema "Un verso griego para Ofelia" el poeta reconstruye la imagen de la mujer en el recuerdo: "Estabas en mi memoria hablándome" (LE, "Un verso griego para Ofelia" 145); de allí el personaje pasa al alma del poeta: "Luego te fuiste por mi alma, reina / de fábulas antiguas y de polvo" (LE 145). El alma también es un espacio desde el cual el hombre puede percibir estados como la muerte y la ruina interior: "Desdicha de ese polvo / que cae sobre el alma" (LE, "Desdicha de los sueños" 63).

El espacio interior también se encuentra elaborado estéticamente en la poesía de Gómez Jattin. En páginas anteriores, analizaba el espacio exterior dividido en dos: el de los amigos y el valle del Sinú, el paisaje (relacionado con el de López); y el espacio de los otros, de los personajes de la apariencia, inauténticos, pertenecientes a un mundo degradado. Hay además de este espacio exterior uno interior; la interioridad del poeta, ya no biológica como en Rojas Herazo, sino existencial (asociado a los estados del alma), es ese resto que en su poema caracteriza como "...una llaga / una tierra de nadie / una pedrada / un abrir y cerrar de ojos / en noche ajena / unas manos que asesinan fantasmas" (P, "Yo tengo para ti" 18). Este espacio interior-alma es visto negativamente por el hablante lírico; su interior está enfermo, hay cierta degradación y tristeza: "Si no remiendas con tus manos de astromelias las / comisuras de mi alma / Si mis amigos nos son una legión de ángeles /[...]/ Qué será de mí". Aquí se percibe la relación espacio exterior-amigos y el interior que es una especie de infierno: "En este cuerpo / en el cual la vida/ ya anochece / vivo yo / vientre blando y cabeza calva / Pocos dientes / Y yo adentro / como un condenado" (P, "De lo que soy" 131). El espacio interior en la poesía de este autor también es memoria, la cual representa un lugar de sosiego cuando está ligado a la infancia: "Hay una tarde varada frente a un río / y entre los dos un niño canta / vaiviniéndose en la mecedora / Está hecha de recuerdos y deseos" (P, "Y van" 26). Este espacio interior-memoria se reitera en el poema "Memoria": "Más allá de la muerte y sus desolaciones / que perviven intactas como la misma vida / hay un sol habitado de palomas y árboles / que guarda tu futuro en mitad de mi infancia" (P, "Memoria" 40).

El espacio interior en Gómez Jattin, es también el espacio de la soledad que se ofrece a la muerte: "Alguien dentro del pecho erige soledades" (P, "Intentas sonreír" 20); "Ofrezco mi corazón a los zamuros / por...porque amo esos pájaros" (P, "Canción" 21)

En Gómez Jattin el espacio interior se vincula a uno exterior, el río; éste es una imagen de la infancia ligada al tiempo, es el espacio en el que el hombre caribe sueña: "El río es un gusano de cristal irisado"(P, "Y van" 26). El espacio del río pertenece a la construcción de una identidad basada en sueños, recuerdos y deseos; que se opone a una apariencia, a una vida falsa: "Psiquiatra hoy él se olvidó de su pasado / y contra lo distinto levanta su bastión / Nada valen las mariposas / que atrapó en su niñez /[...]/ ni las iguanas de febrero / ni el río de limo somnoliento" (P, "La imaginación: la loca de la casa" 60-61). Nótese como el río está ligado a la infancia del hablante lírico y es una realidad unida a sus sentimientos y a esa parte inmune a la angustia y a la desesperación. Este río se opone a ese otro, del fluir de muerte y soledad, se trata de un río interior en el que el poeta navega su angustia y su abandono: "Álvaro yo también tengo un río de enfermedad y / muerte en mi geografía y en mi soledad Álvaro Mutis / ¿No es verdad que es necesario desbocar esas aguas / podridas para que se oreen la vida y la poesía?" (P, "Necesidad inexorable" 76). Hay entonces en la poesía de Gómez Jattin, una geografía interior donde fluye un río degradado, una realidad sin esperanza; pero también hay una geografía exterior en la que fluye el río como espacio caribe no degradado, sino testigo de un tiempo bondadoso y agradable para el hablante lírico.

En la poesía de Rómulo Bustos el espacio interior se refleja en la otredad, en la imperfección del hombre y en la lucha entre el cuerpo y el alma: "Hay alguien que yo sé morándome / arrastra sus alas de ángel sonámbulo /[...]/ pulsando inútil las cuerdas más dulces de mi alma" (PGCI, "Hay alguien que yo se morándome" 22); "Llevamos el arenal adentro, la joroba / en el alma" (PGCI, "Metáfora" 51); "Dad al cuerpo lo que es del cuerpo / y al alma lo que es del alma / sagrada fórmula / para este par de rivales que me comparten / y se reparten mis asuntos" (PGCI, "A la sombra de Stevenson" 57).

El espacio interior en Bustos también es el alma; ésta se recrea con bastante énfasis en el libro *Lunación del amor*. El alma es un lugar de ensoñación en la que el hablante lírico puede tener contacto con el esplendor, el apogeo de alas, el ser diáfano, ubicuo, o el ser terrestre corporal que desde el erotismo ya no es cuerpo sino imagen, memoria: "Te impones a mi alma con argumentos del aire / Diáfano. Ubicuo. No terrestre / Tácita nube – lo sé – también pudieras / ejercer el privilegio de ocultar el sol" (PGCI, "Te impones a mi alma con argumentos" 73); "Tu cuerpo desnudo fluyendo en la caridad del alma / Así te deposité en mis ojos / Así estarás insomne en la memoria / Siempre que vuelva el canto de la alondra" (PGCI, "Tu cuerpo desnudo fluyendo" 77). En este espacio interior, la soledad se aniquila: "Aliento de altos árboles ventalle / de otra alma asomada a la mía / Cautela del amor. Zarpazo suave / Y el alma ya no sola se aduerme en lo vacío" (PGCI, "Aliento de altos árboles Ventalle" 78).

El espacio interior es poco desarrollado en la poesía de Jorge Artel, se impone en su lugar el espacio exterior con sus distintas manifestaciones. No obstante, hay algunas alusiones de dicho espacio edificado en la memoria, el recuerdo de África que reconstruye la historia negra en el poemario. También es el alma la que recibe dicha historia: "Voces en ellos hablan / de una antigua tortura / voces claras para el alma / turbia de sed y de ebriedad" (TN, "La voz de los ancestros" 15); "Almas anchurosas y libres / cada cual lleva su gaita en los repliegues del alma" (TN, "Ahora hablo de gaitas" 31).

Visión de Dios y lenguaje religioso

Uno de los rasgos de la lírica del Caribe colombiano contemporáneo es la poetización de un sustrato religioso fuertemente ligado al judeocristianismo, el cual se manifiesta a través de los siguientes elementos del orden de las significaciones y del lenguaje: la visión de Dios, la pérdida del paraíso, la caída y la ruptura de la relación con Dios; y el lenguaje religioso.

La visión de Dios

En los poetas aparecen dos visiones de Dios: una monoteísta y una politeísta. Estas visiones, en especial la primera, se desarrolla desde tres posiciones: positiva, negativa y de no existencia. En las dos primeras se afirma la existencia de Dios; mientras que en la última se anula dicha existencia. La visión positiva se hace evidente cuando Dios es asumido como un ser poderoso y última esperanza del hombre; como el creador. La negativa se aprecia cuando Dios es desentronizado, y cuando se caracteriza como un ser desentendido del hombre y de su creación; un ser impotente, solo y abandonado. Estas visiones son contradictorias entre sí: afirman y a la vez niegan la naturaleza y el poder de Dios. El lector, al ir de un poemario a otro puede percibir estos cambios.

En Rojas Herazo se afirma a Dios cuando se le reconoce como el creador del hombre: "...de ser zumbido, / silbo de Dios" (DLPN, "Creatura encendida" 7); cuando se le ve como el que otorga profundidad a la vivencia del hombre al ser asociado con sentimientos como la hermandad y la búsqueda del otro. Es el tratamiento que se le da en el poema "La casa entre los robles", en donde, después de toda una exaltación lírica de la armonía familiar, del hombre y la naturaleza, el contenido del poema se sintetiza en el último verso con: "Algo de Dios entonces llegaba a las ventanas / algo que hacía más honda la brisa entre los robles" (RS, "La casa entre los robles" 8-9).

Se afirma a Dios también cuando se toma como la última morada del hombre después de la muerte: "...viajando por la escala total hacia el grave latido de Dios / hacia la palabra desnuda de lengua / hacia donde palpita, eterna, total y rumorosa la ciudad extinguida, olvidada, / que ahora vuela en imágenes rescatadas al cielo" (RS, "El habitante destruido" 33). La visión de Dios en estos contextos es positiva, y se presenta en la primera parte del primer poemario de Rojas Herazo, *Rostro en la soledad*.

En Rómulo Bustos la visión positiva se da en la expresión de Dios como creador del tiempo: "Dios creó las seis de la mañana para que la madre / despierte /Y nosotros podamos recoger los mangos /caídos durante la noche" (PGCI, "Crónica de la madre" 116); "Dios creó las cuatro de la tarde /para que los árboles hablen con la brisa /Para que la hermana mayor regrese" (PGCI, "Crónica de la hermana mayor" 120). Aquí el hablante lírico ofrece una imagen favorable de Dios, ligada a la naturaleza, al paisaje y a la familia.

En Raúl Gómez Jattin esta visión afirmativa de Dios aparece en su último poemario *Esplendor de la mariposa*. Se edifica su imagen como la esperanza: "Tengo en ese corazón / una frágil esperanza / de volar hacia Dios" (EM, "Pájaro" 33). También Dios aparece como el creador: "¿Quién fuera Dios / para darle un alma?" (EM, "Los visitantes eternos" 41); como el interlocutor propicio para una plegaria, con lo cual se reconoce implícitamente el poder de Dios para otorgar la petición, y la debilidad del hombre que necesita ayuda: "Dios – escucha a Raúl – / Soy un devorado por el amor / Soy un perseguido del amor / ¿Amor de ti? No sé / Pero si sé que es amor / y siendo amor a ti te basta" (EM, "Plegaria" 61).

La visión de Dios también se realiza desde una postura negativa. En Rojas Herazo, es la que persiste al final de *Rostro en la Soledad* y en todos los demás poemarios. Se reconoce la existencia de Dios cuando se le desentroniza en su naturaleza y en sus actos, cuando se le enuncia sin nombrarlo: "Alguien me puso un sello/ y un poco de ceniza/ disolvió entre mis venas" (DLPN, "Clamor" 19). El uso de "alguien" revela a un ser creador indefinido, lo cual implica, ora un desconocimiento que desentroniza a la deidad, ora un no entendimiento de dicho ser. Se rebaja la naturaleza de Dios cuando se ironizan sus actos hacia el hombre, como la salvación del alma y la ganancia de la eternidad, el reino de Dios: "Estamos salvados! /...Sea! Pero tenemos un sitio, hombre de Dios / recuerda que tenemos un sitio / un verdadero sitio/ junto al perro y el ataúd de pino..." (RS, "Los flautistas cautivos" 49). Se menciona aquí la salvación en un tono altisonante, que se convierte en ironía cuando se oponen los versos que aluden a la muerte, falsificando la salvación, mediante el uso de "pero".

Además de negar la naturaleza y los actos de Dios, la desentronización ocurre cuando se anula su palabra, que asegura la naturaleza pecaminosa del hombre.[66] En el poema "Nausicrates habla de sí mismo" (DLPN 67), se niega la naturaleza pecaminosa del hombre en el plano de la burla, pues al comienzo se dibuja a un hombre voyerista, mentiroso, timador, y luego se caracteriza como puro e inocente:

> Me encanta sobremanera mirar por las cerraduras a las viejas tetonas...
> soy pecho flojo, tragaentero y gritón...
> No he cometido el primer pecado.
> Soy puro.
> Miradme bien. Soy inocente.
> Soy definitivamente inocente.
> Soy puro, miradme, estoy resplandeciente.
> Os juro que soy puro.
> Os lo voy a repetir con toda lentitud y seriedad.
> Soy un hombre inocente. (DLPN: "Neusicrates habla de si mismo" 67)

La ironía y la burla se enfatizan cuando el personaje ridiculiza el acto divino del milagro: "He sido santo y he realizado milagros tan lujosos como el de cambiar, de revés, un billete de banco y escupir las espaldas de un alguacil..." (DLPN 67). En este poema se trata la inocencia del hombre, un tópico en el que Rojas Herazo hace bastante énfasis, como otra de las caras que revela su visión cruel de la divinidad. Para Rojas Herazo, Dios castiga al hombre siendo éste inocente aún en su maldad: "...toda existencia es inocente, incluso a pesar de ella misma. El mal es inocente. El bien es inocente... [el escritor] Descubre la inocencia convertida en ira, en ambición, en avaricia, en crimen, en seducción, en anhelo, en orfandad, en horror" (Rojas Herazo 253). Este contenido se percibe en el poema citado al igualarse la maldad, la santidad y la inocencia; se verá posteriormente que Rojas Herazo justifica esta equiparación cuando afirma que el hombre

---

[66] La Biblia afirma: "Por cuanto todos pecaron, y están destituidos de la gloria de Dios" (Romanos 3:23) y "Si decimos que no hemos pecado, le hacemos a él mentiroso" (1 de Juan 1:10).

no pidió ser creado por Dios, que fue arrojado a un espacio sin saberlo, sin conocer el porqué y el objetivo de su existencia. En el poema citado, sin embargo, se percibe cierta ironía en la voz del personaje, ya no hacia Dios, sino hacia sí mismo y hacia los demás, pues construye un autorretrato grotesco para finalmente alegar su inocencia y pureza que contrasta con dicho autorretrato. Las repeticiones "soy puro, soy inocente" pueden verse desde dos perspectivas: desde el cinismo del personaje y desde un interés de querer convencer al otro. Dios también se ve en la obra de Rojas Herazo como un Ser desentendido del hombre y de su creación, que no se conmueve ante la miseria y la agonía de aquél: "vuelve a tus vísceras, deja el fango y la baba / y mira a Dios jugando al vuelo y a la estrella/ a la nube y al límite, al trino y la semilla" (TC 13). Dios pues, según Rojas Herazo, ha abandonado al hombre, lo ha dejado en medio de su desamparo, lo ha arrojado de sí para que vague exiliado de sí mismo y del Paraíso: "porque en un fino sitio/ tu voz rema en un aire donde Dios nos olvida (AFCA, "La noche de Jacob" 12). El hablante lírico asevera que ante el abandono de Dios, el hombre no encuentra respuestas, y se enfrenta con el sinsentido de la vida: "Hay quién tuviera puños como dos universos/ para golpear el pecho de Dios/ y hacerle brotar respuestas como ángeles!" (TC 19).

En la obra de Rómulo Bustos también se expresa que Dios ha creado el mundo, pero lo ha abandonado y por ende es el autor-causante del vacío y del lado oscuro del hombre. Esto se aprecia en el poema "El oscuro sello de Dios", cuyo inicio establece la incertidumbre, reflejo del caos: "Acaso sea nuestra sombra /*indeleble sello* de Dios /oscuro emblema del vacío /que nos acecha" (énfasis mío). Las expresiones "sombra", "oscuro" y "vacío", además de poseer sus connotaciones físicas en el infinito, tienen valores aplicables a la conciencia del ser humano; nótese incluso el uso del verbo "acechar" asociado a los significados 'amenaza y peligro'. El nombre de este poema otorga el título a todo el poemario y justamente las ideas centrales son la duda, la incertidumbre, la caída del hombre, su falta de conocimiento y comprensión del mundo que lo rodea, su imposibilidad para acceder a la luz, los temores, el extravío, la carencia de metas y destinos fijos, la negación. Todas estas ideas fungen como experiencias cotidianas del hombre y se reúnen bajo el nombre: *El oscuro sello de Dios*. Según el hablante lírico, esas son las marcas de Dios, sus señales sobre la vida humana. Esta posición coincide con la encontrada en la poesía de Rojas Herazo; la de Dios como victimario y el hombre como víctima inocente, aunque culpado por Dios.

Otra visión en la poesía de Bustos que contradice la del abandono por parte de Dios, es la referida a Dios como amo del destino del hombre, el que decide los acontecimientos que le ocurren a éste; pero dichos eventos son trágicos. Dios se asume aquí como el ser omnipotente que dirige caprichosamente la vida del hombre; como castigador y juez perfecto que lo puede aniquilar: "Borramos, tachaduras en el manuscrito / de Dios, ha dicho el sabio /Su perfeccionismo en verdad /podría del todo aniquilarnos" (PGCI, "Cuestión de estilo" 49).

Al comparar las visiones sobre Dios, de Bustos y Rojas Herazo, se encuentra que para aquél Dios es un ser poderoso que decide el destino del hombre, mientras que para éste es una divinidad impotente para orientar al hombre y liberarlo de su sufrimiento:

> Oh, Dios mío, Dios mío, te suplicamos,
> como el trazo de un barrio donde tenemos el lecho y el pan
> buscamos tu dirección entre las hojas.
> Pero qué, el rictus de tu pupila es suficiente?
> Puedes, acaso, cubrir esta lujosa desdicha,
> este abandono suculento/ esta nevada oscuridad,
> con el pendón de tus despojos?
> Basta que nos habite tu ausencia, para que hayamos rebasado el lindero?
> (Hijo, hijo, me ha dicho tantas veces el retórico!
> la faena está a punto de cuajar,
> tu desfallecimiento tiene algo de arribo.
> Pero siento que mi llegada ha roto el equilibrio,
> que mi ojo es mucho más hambriento que mis vísceras,
> que un ascua, para la cual no hay agua,
> me devora la frente). (AFCA, "Salmo a la derrota" 32)

En estos versos el hablante lírico revela varios sentidos de su posición ante Dios: el deseo de búsqueda y su dirección, lo cual implica un reconocimiento; la manifestación de la duda ante la potencia divina, implicada en la pregunta que pone en entredicho el poder de Dios; la certeza para el hablante lírico del abandono de Dios cuya consecuencia es el exilio de la luz en el mundo; y la visión de Dios para el hablante lírico, como un ser arruinado e impotente. Nótese en los versos la manifestación de sentimientos encontrados, mediante el uso de elementos léxicos contrapuestos, característicos de la poética de Rojas Herazo, los cuales se inscriben en un marco irónico: "Lujosa desdicha, abandono suculento". El final del poema dibuja a un hombre sin esperanza: "No podremos nunca construir el cielo". En este poema Dios es interlocutor del hablante lírico; éste le suplica y a la vez lo impreca. Esta relación dialógica se inscribe en los vínculos de contradicción entre yo-tu, analizadas en el capítulo "Oralidad, poesía conversacional y cultura popular": "Pero, saciarás acaso nuestro furor/ con el mendrugo de tu dulzura?" (AFCA, "Salmo a la derrota" 33).

El hombre dibujado por Héctor Rojas Herazo es un ser desesperanzado en el mundo por el abandono, la soledad y la ausencia que experimenta al estar separado de Dios. Este salmo revela que el hombre no encuentra el camino para reconciliarse con Dios y su respuesta es revelarse contra él, imprecarlo, insultarlo y aun negarlo. El hombre culpa a Dios de su desdicha; por ello, Rojas Herazo manifiesta que éste es un ser inocente y lo exime de su responsabilidad espiritual.

Esta posición del poeta caribeño exterioriza la crisis espiritual, de sentido, de conocimiento, de convivencia y de lenguaje, que vive el hombre moderno; crisis que no puede superar porque no encuentra los caminos para hacerlo y porque justamente ve a Dios como su enemigo. El hombre sabe, según Rojas Herazo, que toda existencia es una propuesta religiosa, y eso explica la contradicción en la poesía del poeta caribeño entre la afirmación y la negación de Dios, entre la súplica y la imprecación hacia Él; el poeta nos dice: "...que, en novela o en cualquier otra forma de la ficción, todo auténtico estilo sea la lenta, parsimoniosa y obsesiva purificación de una teología" (*Señales y garabatos del habitante* 253). Al plantear Rojas Herazo el abandono de Dios con respecto al hombre, se podría aducir una visión trágica tal como la expresa Goldman (1985). Sin embargo, en el pensamiento trágico existe aun un medio o una esperanza de recuperar a Dios, hecho ante el cual la poesía de Rojas Herazo manifiesta una negación total. Se trata pues más bien de una visión desesperanzada de mundo, del hombre y de Dios; y la desesperanza, "como el absurdo, juzga y desea todo, en general, y nada, en particular" (Camus 565). Esto explica la actitud justipreciadora de la realidad, del hombre y de Dios presente en los versos de Rojas Herazo.

La visión de Dios como un ser impotente también se enfatiza en la poesía de Rojas Herazo, cuando se humaniza; es otra manera de desentronización al rebajar a Dios a una constitución biológica análoga a la del hombre: "tiento a Dios, a sus codos, / al alambre en que pone a secar sus membranas" (UA, "Confianza en Dios" 13). Otra manera de plantear la impotencia de Dios es expresando compasión hacia Él: "De manera que aprieto sus dos manos, / una así contra la otra, llenándolas de nada, / y después le pregunto si está bien,/ si ha gozado en el juego,/ si le han dado su poquito de incienso/ o si ya no le duelen los huesos con el frío de la noche" (UA, "Confianza en Dios" 13).

En Bustos la desentronización opera en la caracterización de Dios como ser vulnerable, cansado, con atributos humanos:

> La palabra golpeando un color imaginario
> Es tan alto el techo del mundo con su incansable azul
> Siempre alejándose
> Hay una ventana o un abismo en cuyo borde se escuchan
> trompetas ¿O son pájaros invisibles picoteando
> inútilmente el fruto dorado, el almohadón de oro
> donde Dios recuesta su fatiga?
> La palabra rompiéndose en la falsa flor del eco
> Cayendo pedregosa
> O dormida en el aire. O lanzada en el fragor
> de una honda
> largamente tensada en el más indigente y fervoroso
> de los sueños. (PGCI, "Poética" 148)

En estos casos, el hablante lírico elabora una desmitificación de Dios; se trata de una deidad caída de su cielo, de su grandeza: "Junto a las piedras está Dios boca arriba 7 los pescadores en fila tiraron largamente de la red Y ahora yace allí con los ojos blancos / mirando al cielo / Parece un bañista definitivamente distraído / Parece un gran pez / gordo de cola muy grande / Pero es solo Dios"(ES, "Escena de Marbella" 37). Además de un Dios caído, es un ser cazado por el hombre, hecho que ubica a la divinidad en un lugar inferior a éste: "Los pescadores en fila tiraron largamente de la red / Y ahora yace allí con sus ojos blancos mirando al cielo" (ES 37). La desentronización de Dios que realiza el hablante lírico se fortalece en la reducción del ser supremo a animal: "Parece un gran pez gordo de cola muy grande" (ES 37). El rebajamiento es aún mayor cuando se modaliza la expresión, con el adverbio "solo", dando a entender que el pez es mayor o de mayor supremacía que Dios: "Pero es *solo* Dios /hinchado y con escamas impuras" (ES 37; énfasis mío). Nótese cómo el hablante lírico cambia los atributos de Dios por otros evidentemente desentronizadores: de Dios en las alturas, al contrario se habla de Dios caído; en lugar de Dios poderoso creador del universo, se enuncia un ser cazado, atrapado por el hombre, su criatura; de ser puro, incorruptible, majestuoso, perfecto y omnisciente, se muestra un ser impuro, monstruoso, sin metas, náufrago y corruptible:

"hinchado y con escamas impuras/¿Cuánto tiempo habrá rodado sobre las aguas?/los curiosos observan la pesca monstruosa/.../Otros se preguntan si será conveniente /Comer de un alimento que ha estado tanto tiempo / expuesto a la intemperie" (ES 37). El hablante lírico, además de ubicar a Dios en elementos degradantes como el aspecto material y corporal, lo sitúa en la fiesta y la embriaguez, con lo cual se le saca de su contexto sagrado, para ubicarlo en uno profano, carnavalesco: "–Dios está borracho hijo" (ES, "Aluna" 52).

En la poesía de Gómez Jattin opera también la desentronización como expresión negativa de Dios. Esto se percibe con mayor claridad en el poema "Dios terrible": "no me quejo de tener / un Dios terrible en mis entrañas" (EM 45). Se observa la modalización "un" y "terrible". El artículo plantea la posibilidad de otros dioses; y el adjetivo revela una caracterización desvalorizadora. Se aprecia que Dios trae suplicio, agonía para el hablante lírico.

Finalmente, las formas de exclusión que niegan la existencia de Dios aparecen cuando se desconoce como creador, y cuando se reconocen otros dioses. En la poesía de Rojas Herazo se percibe la duda, e incluso la negación: "Tal vez la poesía /... puede ser la prueba irrefutable, o cabeza de un prontuario definitivo/ de que Dios existió alguna vez" (UA, "Jeroglífico del desconsuelo" 50). La negación aparece implícita en los poemas en los que se habla del origen de la creación en una fuente distinta a Dios: "Todo, en verdad fue construido por el tiempo" (RS, "El habitante destruido" 14).

En Rómulo Bustos, la negación aparece en la visión politeísta alterna. Se habla de dioses que observan al hombre y producen el misterio: "cuya luz imposible /acaso nos haya sido prometida /He aquí el terrible regalo de los dioses" (PGCI, "Poética" 20). Esta pluralidad de la divinidad también se expresa a través de la individualidad indefinida, reflejada en marcas verbales; "la noche /que es la forma oscura y continua /del resuello pavoroso de *un* Dios"(PGCI, "Todo nace del corazón del cielo" 33; énfasis mío). El artículo *un* implica la existencia de otros dioses. Nótese como opera aquí la desentronización, pues este artículo indefinido se combina con la mayúscula del nombre: "un *Dios*"; se indica aquí la carencia de univocidad de Dios como uno de sus rasgos, contrariando la perspectiva sagrada judeocristiana.

La postura del hombre ante los dioses es análoga a la que el hablante lírico plantea con respecto a Dios, en la visión monoteísta. El ser humano no tiene oportunidades, está destinado a la derrota: "Nos es dado escuchar ecos /del eterno banquete de los dioses / Mas sólo hemos sido invitados /a los festines del polvo" (PGCI, "Desde Kayam" 59). En estos versos se plantea una incomunicación entre la divinidad y los hombres, idea frecuente en la poesía de Bustos. Si bien, en ésta no se aprecia una relación directa entre el hombre y Dios, la divinidad se asume lejana espacialmente, y la única posibilidad de contacto es la que realiza el hombre al desentronizarla. Sin embargo, entre éste y el ángel hay una comunión directa, en varios poemas se presentan diálogos entre estos dos seres, lo cual expresa la única posibilidad para el hombre de tener acceso al cielo. Esta comunicación en ocasiones se lleva a cabo con un ángel que ostenta el privilegio de morar en algún lugar del cielo, o con un ángel caído en el patio o en el traspatio: "Afuera parecía que hubiera caído a la tierra /el más suntuoso de los astros" (PGCI 113); se trata de un ángel impuro, acaso alusión al lucero caído del que habla la Biblia, Lucifer, pues está rodeado de música y sus vestidos están manchados: "En su camisón blanquísimo se veían manchas /desleídas" (PGCI 113). Los ángeles, emparentados con los árboles, se asocian a los fenómenos de la naturaleza: "el viento que agitan las alas de mil ángeles" (PGCI 127), "El ángel de la lluvia /tiende la mirada sobre la tierra /húmeda" (PGCI 146). La divinidad plural que plantea Bustos, es la causa de la desesperanza en el hombre que vive en medio de ilusiones, en medio de una mentira: "y descubramos /que todo ha sido una falsa /promesa de los dioses" (PGCI, "Consejo desde Orfeo" 64).

La exclusión de la existencia de Dios en Gómez Jattin se aprecia cuando el hablante lírico se erige como Dios. En el *Esplendor de la mariposa*, se lee: "Encontraré el cielo / encontraré los ángeles / encontraré a Dios / ¡Qué va! / No vas / a parte alguna / porque el cielo / lo llevas en ti" (EM, "Cielo" 65). En *Retratos* se percibe de modo claro esta entronización del hablante lírico como Dios: "Soy un Dios en mi pueblo y mi valle /[...]/ Porque vigilo el cielo con ojos de gavilán / y lo nombro en mis versos" (P, "El Dios que adora" 37). En ese poema se exalta la relación del hablante lírico con los otros, con la naturaleza, con el amor, la pobreza, la humildad, el respeto; también se muestra como el vigía del cielo y creador mediante la palabra. En otros poemas se alude a una visión politeísta; se habla del Señor amor y del Señor de las aguas: "Gracias Señor / por hacerme débil / loco / infantil/

Gracias por estas cárceles / que me liberan / Por el dolor que conmigo empezó / y no cesa / Gracias por toda mi fragilidad tan flexible / Como tu arco / Señor Amor" (P, "Gracias señor" 22); "Si los colores del río no figuran los designios del / Dios de las Aguas/" (P, "Si las nubes" 19).

En Jorge Artel, la presencia del elemento religioso es casi nula. Sin embargo, se pueden encontrar algunos versos que aluden a la visión politeísta vinculada a la tradición africana: "Late un recuerdo aborigen, / una africana aspereza, / sobre el cuero curtido donde los tamborileros, / Sonámbulos dioses nuevos repican alegría - / aprendieron a hacer el trueno" (TN, "La cumbia" 23); "Todas las tardes contemplas / la muerte sin cantos ni atabales / del dios iluminado que nace tras tu choza / y vuelven hacia ti, vacíos, las distancias" (TN, "Argeliana" 98). Artel, también menciona las prácticas religiosas vudú, de origen negro y desarrolladas en el Caribe: "Tambor, lágrima errante a la deriva! / Conjuro *voduista* del Caribe, / tu alma torturada y sensitiva / se pierde en el silencio que la inhibe" (TN, "S\ soneto más negro" 99; énfasis mío). Es interesante ver que en Artel, como en los otros poetas aquí analizados, los rasgos poéticos descubiertos, en este caso el sustrato religioso, obedece a los ejes del sistema poético del escritor. En Artel, uno de esos ejes es *la edificación de la poesía con imágenes sonoras*, en el que la música y el tambor ocupan un lugar privilegiado; también lo es la relación poesía-historia, basada en el ancestro. Se percibe que la visión politeísta enunciada se expresa en el marco de los ejes mencionados.

La pérdida del paraíso, la caída, la ruptura de la relación con Dios, la culpabilidad y el castigo

Ligado al tema de la visión de Dios está el del origen del hombre y la pérdida del Paraíso. Al plantearse el abandono de Dios, en algunos poetas, se alude a dicha pérdida. En Rojas Herazo se recrea la caída, la ruptura de la relación con Dios, la culpabilidad y el castigo. La consecuencia es la terrenalidad-corporeidad, causada por la pérdida de la naturaleza angelical del hombre. Esta corporeidad se manifiesta en la exaltación de los sentidos, el énfasis sobre lo sensorial; como lo afirma el autor, su tendencia ha sido evidenciar lo corporal, lo que padece, la pura biología que es el modo entrañable de reflexionar; el existir hay que padecerlo, agrega el escritor, o soñarlo o degustarlo en sus límites sensoriales (Posada Mejía 10). Es así, como el énfasis sobre los sentidos es también énfasis sobre lo fisiológico, sobre la realidad biológica del hombre. Como plantea Torres Duque (2), en la poesía de Rojas Herazo, el hombre se ve reducido a sus necesidades fisiológicas: los humores, los huesos, los excrementos, los sudores.

Este tema permea la obra narrativa y lírica de Rojas; se dibuja en ella, al hombre envuelto en un proceso primario donde sólo importa la validez de las percepciones, la realización inmediata de lo sensitivo en el que el hombre se paladea, se palpa a sí mismo; es el reencuentro con lo instintivo que constituye el principal placer del hombre, signo de descenso de la líbido al grado oral (Roldán 127-128). Según Romero ("Los poetas" 752-755), este elemento de lo sensorial[67] otorga un tono expresionista, directo, a la poesía de Rojas en la cual deambulan imágenes crudas, donde hay una gran tensión y preocupación por el hombre; se trata, propone Romero, de lo que el mismo Rojas Herazo denominó "la purificación de los sentidos", que lleva al hombre a ver de cerca el rostro doliente de las cosas, a palpar la dura realidad de la derrota; la derrota de su ser atrapado en una terrenalidad y en una corporeidad condenada a pudrirse.

Tales estados en sus poemarios, se tratan desde dos visiones, una positiva y otra negativa.

En *Rostro en la soledad* predomina la visión positiva de la naturaleza biológica y corporal del hombre; éstas se asumen como un despertar de los sentidos a través del cual, el hombre emprende un reconocimiento de sí mismo y del entorno, desde el asombro, maravillado por un mundo nuevo análogo a su reciente creación. Los poemarios de Héctor Rojas Herazo revelan una doble transformación del hombre y del mundo. Los primeros

---

[67] Las razones aducidas por la crítica para esta obsesión por lo sensorial, en la creación de Rojas Herazo, son varias: Vega (8) dice que el autor intenta acceder a una Modernidad sustentada en lo sensorial del mundo; la condición moderna, se contempla así, desde lo sensible, sensorial y racional. Bustos Aguirre ("El Caribe purgatoriol" 1), plantea que los sentidos del hombre, en su única e intransferible subjetividad, contaminan la geografía en la obra de Rojas Herazo. Por su parte, Caballero de la Hoz (1) considera que la insistencia en lo fisiológico se asocia al autorreconocimiento como herramienta para la identificación del hombre y de su entorno. Rodríguez ("Jeroglífico" 13), agrega a esto, que en lo sensorial resaltado por este autor, el hombre se repliega hacia su interior y se hace consciente de su constitución orgánica: vísceras, huesos, secreciones, sudor. Cárdenas y Goyes (35), ven en este tema recurrente de la obra poética y narrativa de Rojas, la necesidad de hacerse cargo del hombre en la plenitud de los sentidos: olores, ruidos, sabores y texturas que configuran objetos; y este ejercicio de los sentidos es una batalla contra la muerte.

poemarios, en especial *Rostro en la soledad,* el mundo y el hombre acaban de ser creados y hay una especie de epifanía de la realidad y del ser humano vivo, un alborozo de la naturaleza y el cuerpo: "rodeado de sustancias estrenadas por tus sentidos / el vello irrumpe sobre tu piel / y la luz viene alborozada al encuentro de tus ojos / todo esperaba únicamente tu llegada / para la perfección y el regocijo" (RS, "Adán" 15). Es la plenitud del Paraíso antes de la caída del hombre: "Pero aún hay arena de ángel en tus hombros" (RS, "Adán" 15). El hombre está situado en medio de una creación apenas edificada, se regocija en la plenitud de sus sentidos aún puros, encandilado por la luz, por el agua, por el aroma fuerte de la naturaleza, extraños para él en ese momento: "Tu soledad es costumbre de luz, / olfato vigoroso.../ dueño de las criaturas en el primer silencio / del agua frente a la voz " (RS, "Adán" 16). Se muestra aquí un Adán, hombre poderoso por los privilegios que le otorgó Dios: el de nombrar el mundo, ser padre de muchas descendencias, ser atemporal y no tener límites de espacio: "Por que de ti han de crecer todos los ruidos del hombre / De tu aliento descenderá el áspero flujo de las familias / y el vaho de las descendencias/[...]/ y sólo tu voz es madre para el ala de los pájaros" (RS, "Adán": 15), "Habitas un tiempo sin límite ardoroso/ [...]/ porque no tienes orilla para sentirte desterrado" (RS, "Adán" 17).[68]

Esta visión positiva del origen, el Paraíso y la naturaleza biológica del hombre, no se volverá a encontrar en los otros poemarios de Héctor Rojas Herazo, pues éstos se centran en el estado posterior a la caída, en el cual el cuerpo ya no está para el regocijo, sino para la enfermedad y la podredumbre,[69]

---

[68] En la Biblia aparecen estos privilegios; antes de la caída Dios no le había puesto límites a los años de Adán; no sufría la muerte, nombró todo el mundo dado por Dios y se le dijo que poblara la tierra: "Y los bendijo Dios, y les dijo: fructificad y multiplicaos; llenad la tierra, y sojuzgadla, y señoread en los peces del mar, en las aves de los cielos, y en todas las bestias que se mueven sobre la tierra (Génesis 1:28).

[69] El tema de la podredumbre es uno de los más importantes en la poética de Rojas Herazo y ha sido analizado por diversos críticos. Torres Duque (2), afirma que el hombre en la poesía de Rojas es pura tierra, un habitante expulsado del paraíso que asume la terrenalidad, pues gana un señorío de carne y tierra, terminando luego por llagarlo y descomponerlo; el ser humano es, en términos de Ruiz ("Desde la luz" 27), "furia de carne que quiere afirmarse sobre la certeza de la destrucción y de la muerte". En la obra de Rojas Herazo, según Brushwood (151), hay un conflicto: el de perdurar frente a desaparecer; y si bien en Rojas Herazo la muerte aparece como un elemento casi inherente a su poesía, la perduración lucha contra ella, los personajes se aferran a la vida y se niegan a desaparecer. Por ello, García Usta ("Rojas Herazo" 48) asevera que la filosofía personal del escritor caribeño es una elección social militante que busca restablecer la inocencia como único poder de salvación contra la destrucción y la muerte; aunque, como establece Castillo ("Nuevas ganancias" 1), ésta se encuentra al acecho

los sentidos para la secreciones escatológicas y la contemplación de la miseria del hombre; el espacio armónico e ilimitado se ha vuelto caótico y lleno de obstáculos, y el tiempo sin límites ahora conduce hacia la muerte.

Esta visión negativa en la que predominan las temáticas de la muerte, la podredumbre, la soledad en el plano negativo, el carácter escatológico y grotesco, empieza a surgir y a afianzarse a partir del grupo de poemas "La sombra inalcanzable" de *Rostro en la soledad*. La pérdida del Paraíso, a raíz de la caída, arroja al hombre a un estado rebajado y agónico: "Nos arrastramos / Quién dice "esta multitud camina"? (RS, "Los grandes gusanos" 54). En dicho estado el hombre inicia el reconocimiento de su cuerpo, de su geografía interior, pero no es una interioridad espiritual ni psicológica (conciencia), sino material, biológica. Este reconocimiento oscila en dos planos en una especie de contrapunteo: el positivo que implica un detenerse sobre sí mismo para escudriñar como un niño las partes del cuerpo y el paisaje exterior: "Me iré de mañana/ y buscaré un color lila sobre el campo/ y me detendré bajo un árbol grande / a contarme / hasta lograr sumas musicales, / los diez dedos de mi mano/ y miraré las hormigas royendo un zapato/ mientras los saltamontes/ fabrican, hélitro por hélitro / el zumbido del día (RS, "Verano" 53). El otro tipo de reconocimiento de la geografía interior y exterior está matizada por valoraciones opuestas a las anteriores: el cuerpo es una carga, una enorme llaga, un fardo de huesos: "Pesadamente nuestro hilo de baba /la niebla de nuestro vaho en los muebles y en los espejos/ y el tiempo espeso/ llenando nuestros órganos de viscoso alimento/ llenando de maderas, de hojas podridas/ de cal y de palabras/ el insaciable laberinto de nuestros huesos" (RS, "Los grandes gusanos" 54). El cuerpo es pues una prisión en la que el hombre vive su agonía, su miseria y su conciencia de

---

de las tripas y los huesos. En los versos de Rojas se representa el drama del hombre como ser condenado desde siempre a soportar las llagas, el padecimiento y la agonía; esta representación se logra dentro de un autorreconocimiento físico y biológico del hombre, mediante una construcción y desconstrucción del cuerpo llevadas a sus últimas consecuencias con el fin de palpar la sustancialidad del hombre (Rodríguez, "Jeroglífico" 13); esto, con el fin de lograr el descubrimiento de sí mismo y de los demás, aunque el cuerpo sea, en la visión del poeta, para la putrefacción y la muerte (Romero, "Los poetas" 751). Tal como lo expresa Rojas Herazo, "lo de la putrefacción no es invento mío. Dentro de ti estás pudriendo, tus órganos se pudren, tu mente se pudre, pero se pudre en la medida en que estás vivo" (Alberto Salcedo, "Conversaciones" 8). Aquí el autor nos desvela una de sus varias paradojas: pudrirse en vida; la cual se une a esa otra gran paradoja clave en su poesía, estar más vivo al tener más conciencia de la muerte. Según Cárdenas y Goyes (13) este reconocimiento del hombre en su podredumbre, permite que adquiera su absoluta y plena libertad de animal destinado a morirse.

polvo, de ser un cuerpo repetido que respira, que ha perdido su carácter único, el privilegio de ser algo más que materia: "Es mi propia creatura, mi sonido de siempre/[...]/ De estar dentro de mí constituido/ para seguir arando sin arado /[...]/ Somos esto, sepamos, somos esto, / esto terrible y encendido y cierto" (DLPN, "Creatura encendida" 7-8). Es interesante ver que en este juego de opuestos, de elementos contrarios, característico de la poesía de Rojas Herazo y del Caribe colombiano en general, los valores y símbolos exhiben un carácter ambivalente; el caso de la luz, un símbolo recurrente en la poesía del escritor caribeño, refleja este recurso: se aprecia un hombre iluminado en el Paraíso por el resplandor de Dios, por su naturaleza angelical, y luego un hombre encendido por los sentidos, origen de la culpabilidad y el castigo; es el momento en el que asume por primera vez su geografía exterior- la naturaleza-, e interior- el cuerpo-: "Hemos llegado a este hemisferio vivo / al de un hombre cualquiera respirando", "Este es el hombre, ¡al fin!, la tierra humana, / la dura geografía del castigo" (DLPN, "Noticias desde el hombre" 9-10).

Hay en consecuencia, una afirmación biológica, asumida desde una actitud análoga a la de un recién nacido que explora su geografía corporal, maravillado por su propio territorio. El reconocimiento lo lleva a volcar los sentidos sobre sí mismo. Rojas Herazo propone verse, gustarse, oírse, palparse, olerse a sí mismo: "Dulce materia mía, lento ruido / de hueso a voz en nervio resbalando. / Tibia saliva mía, espesa mezcla / de mis células vivas y mi lengua. / de sigilosas venas, de sonidos, por extraños follajes amparados, / mis dos brazos irrumpen, mis dos brazos / ávidos de tocar, de ser extremos" (DLPN, "Primera afirmación corporal" 11). Pero esa afirmación, en un mismo poema, pasa del asombro a la agonía; después del reconocimiento de la geografía corporal, sobreviene la limitación de la materia, la conciencia del cuerpo como prisión que va hacia la muerte y la podredumbre, hacia el vacío y la nada, según la visión nihilista y desesperanzada del poeta: "Porque esto soy, no más, esto que miran/ sufrir aprisionado en el vacío:/ una mezcla de sangre, hueso y nada./ De agua sedienta y clamoroso frío" (DLPN, "Primera afirmación corporal" 13).

Es importante señalar que las mismas transiciones y valoraciones de la geografía interior corporal le ocurren a la geografía exterior de la cual se pueden establecer dos tipos en la poesía del escritor caribeño: el espacio terrenal paradisíaco recién creado al que llega el primer hombre, tal como se aprecia en el poema "Adán" de *Rostro en la soledad;* se trata de una geografía epifánica, llena de luz, gloriosa, que se prolonga en el espacio-aldea. Y el espacio mundo visto como prisión, polimorfo, con múltiples caras y antifaces, en el que el hombre transformado, ya no ángel, experimenta su suplicio, la agonía de estar vivo; la caracterización de ese espacio-mundo se prolonga al espacio-ciudad: "Este es el mundo, amigo, /[...]/el mundo barro, el mundo de la espina, / la patria del arroyo y el mordisco /[...] / el pan nuestro del mundo, / el pan amargo" (DLPN, "El hombre se recuenta como un cuento" 15-16), (ver capítulo "Geografía Poética").

Tanto en el espacio-paraíso, como en el espacio-mundo, el hablante lírico considera que el hombre es transplantado sin saberlo, sin pedirlo; ambos lugares son imposiciones. Por lo tanto en ambas manifestaciones de la geografía exterior, el hombre según el poeta, es inocente y víctima. La inocencia es pues un elemento relacionado con el espacio, pues el nacimiento del hombre es un acto en el que éste es lanzado a un ámbito que no conoce, donde no tiene el derecho de preguntar, de inquirir por el significado de su esencia y existencia. El hablante lírico habla entonces, de una vida sin sentido a cuya realidad sólo puede acceder mediante la experiencia sensorial plena: "Este es el mundo, amigo, / [...]/desconocido y oloroso y ciego, / [...]/ Aquí nos llaman/ aquí nos ponen nombre..." (DLPN, "El hombre se recuenta como un cuento" 16-17), "Te parieron de golpe. / con árboles y todo te parieron /[...]/ No preguntes por nada, sigue siendo, / sigue aguantando, sigue respirando. / No preguntes por nada" (DLPN, "Encuentro un memorial en mis costillas" 21-22). Pero este no derecho a preguntar, en ocasiones aparece bajo protesta. El hablante lírico de manera irónica se refiere a él desde una rebeldía contenida, sentimiento que sin embargo, en otras ocasiones alterna con la resignación: "Yo no pido respuesta o ladridos / [...]/ Yo nada quiero, nada, / sino llegar, mirar, olfatear y después..." (DLPN, "Cantilena del desterrado" 34).

La conciencia de lo terrenal y lo corporal en el hombre es llevada al extremo en la poesía de Rojas Herazo. Esto se percibe en cómo el hombre es reducido a una de sus partes o de sus funciones corporales, ofreciéndose así una imagen fragmentada: "Te basta con estar y ser un ruido, / con llevar lo que llevas, / con ser un maxilar bajo un sombrero / o un seno sobre un hijo" (DLPN, "Encuentro un memorial en mis costillas" 21-22).

Ante la pérdida de la naturaleza angelical, la conciencia de lo terrenal, el sentimiento de resignación, derrota y rebeldía (reveladas en la ironía y la protesta), el hablante lírico expresa el anhelo por recuperar la naturaleza primigenia: "¡Yo sobro!/ Éste mundo no es mío. /Dadme algo, / mi viejo hilo/ mi perdida inocencia, / mi antiguo filamento / para buscar mi rumbo / y vestirme de hombre/[...]/ ¡Dame lo que te llevas!/ No me dejes en mí/ sin rumbo por mis huesos" (DLPN, "Ser escondido" 101-102). Vemos aquí un clamor, pero lo más interesante es el reconocimiento del extravío, exilio y éxodo del hombre, y la manifestación del deseo de encontrar nuevamente el camino, de regresar al centro y abandonar los límites, las fronteras, los lados excluidos (AFCA, "Un hombre al lado del camino" 35). Esto me permite plantear que el hablante lírico exterioriza su rebeldía, protesta y resignación; pero en el fondo ha asumido su desamparo, su exilio; y ante éste reconoce la pérdida y clama a Dios por recuperar su rumbo, por salir del abandono. Esto explica, a mi modo de ver, el título del poema "Ser escondido", el cual se puede interpretar de dos modos: Dios como el ser oculto para el hombre según el hablante lírico, el cual se asocia a las ideas del abandono del ser humano por parte de la divinidad y de la indiferencia de ésta hacia aquél, expresadas en los diferentes poemarios. Y el Ser escondido del hombre, el que clama a Dios por su redención y liberación, es la rebelión oculta del alma contra el cuerpo que emerge cuando el hombre hace conciencia de que se ha encendido con sus sentidos para la podredumbre y la muerte.[70] Esta ambivalencia se expresa en lo que Camus (627) denomina poesía rebelde, la cual "queriendo derribarlo todo, ha afirmado al mismo tiempo su desesperada nostalgia de un orden". El hombre rebelde trazado por Rojas Herazo es el que pretende tener la razón; por ello se justifica en los versos, confrontando a Dios: "soy inocente" dice el hablante lírico. Este dibujo del hombre contemporáneo sintetiza parte de la esencia de la rebelión, en la cual, al decir de Camus (565), el hombre se adhiere completa y súbitamente a una parte de sí mismo. Pero esta adhesión en la obra de Rojas Herazo no es sólo al juicio de valor, sino también, y en especial, a la corporeidad, a su naturaleza biológica corruptible.

A este clamor cuyo interlocutor es Dios, el hablante lírico agrega la tristeza del hombre por el abandono que experimenta. Este sentimiento va dirigido al ángel: "Ángel, hermano ciego, / puro, / míranos ahora desposeídos

---

[70] En páginas anteriores se observó que el hablante lírico expresaba el abandono del hombre por parte de Dios, lo cual lo impulsó a buscar salidas; una de ellas es el reconocimiento de la interioridad biológica, la cual mostraba dos caras: la positiva como la exaltación de los sentidos y la negativa del cuerpo como prisión, como espacio de las secreciones, aspecto que se ha ampliado más en este apartado.

de tu alegría y de tu llama!/ desnudo/ como un pensamiento en la mitad de una conciencia" (DLPN, "La espada de fuego" 110). Congruente con las oposiciones, el hablante lírico revela el sentimiento contrario, de arraigo a la naturaleza terrenal y corporal, que implica un rechazo al llamado de Dios, a los que "Desde la luz preguntan por nosotros": "Dadme por siempre este aire terrenal, / esta tierra que piso con mi peso, / este sordo crujido / este olfato temible, /[...]/ todo esto quiero aquí..." (DLPN, "Jaculatoria corporal" 119), "Aunque un ángel me llame/ aquí quiero vivir" (DLPN, Jaculatoria corporal 120).

Ligada a la pérdida de la naturaleza angelical están las temáticas de la culpabilidad y el castigo, en la poesía de Rojas Herazo. En la temática del castigo se aprecia también la base judeo-cristiana; en ella se recrea a lo largo de todos los poemas, la culpabilidad del hombre –que milita contra la inocencia–, por haber tomado el camino de los sentidos y haberse encendido. El castigo en la obra de Rojas Herazo proviene de la divinidad; esto se percibe en el poema "Sentencia" en el que se describe paso a paso los efectos de la condenación del hombre: "El agua amasará tu sacrificio / sin apagar tu sed ni aplacar tu amargura /[...]/ vivirás prisionero de tu ser escondido /[...]/ dudarás de ti mismo" (DLPN, "Sentencia" 121-122). El castigo se manifiesta de varias maneras: en la corporeidad del hombre, en la prisión de sus huesos y su carne: "Mi palabra fue herida de terrestre amargura" (RS, "Limite y resplandor" 16); en la misma naturaleza humana: "Estás castigado Adán, castigado de hombre" (RS, "Adán" 17); en la soledad: "lo más terrible, lo más indefenso y terrible/ es un hombre solo/[...]/ su castigada soledad de escaleras..." (RS, "Castigo y soledad" 51); en la derrota y la agonía: "Porque un hombre es una comarca de tufos sin conocimiento/[...]/ y los orificios por donde la nariz olfatea nuestra derrota" (RS, "Castigo y soledad" 51); en la falta de identidad por la naturaleza biológica: "Hemos llegado a este hemisferio vivo, / al de un hombre cualquiera respirando" (DLPN, "Noticia desde el hombre" 9).

El castigo en la poesía de Rojas Herazo carece de su contraparte implícita: la idea de redención. En efecto, Burke (265), afirma que el castigo presupone o involucra la idea de "pago" del mal cometido; sufrir un castigo lleva consigo las acciones de "redimir", "cancelar la deuda", "rescatar" o "recuperar". Estas ideas están ausentes en la poesía del escritor caribeño, pues éste muestra la imagen de un hombre impotente para "construir el cielo" y la de Dios como ser débil, indiferente, despreocupado del hombre, casi negligente. Partiendo de esto, la base judeo-cristiana de esta poesía no es total, pues excluye la idea de "rescate". Ciertamente, el cristianismo tiene como pilares la justificación-redención, opuestos a la condenación. Rojas Herazo desarrolla en su poesía esta última y por lo tanto excluye la recuperación de la relación hombre-Dios.

Por su parte, la culpabilidad se asume como algo inherente al ser humano: "Cada uno de nosotros es la culpa creciendo" (UA, "El ruido que nos llama entre nosotros" 34). La expiación y liberación de la culpa, se muestran como imposibles para el ser humano; por ello el hombre es un ser condenado a pudrirse, a extinguirse, a no poder jamás construir el cielo. Sin embargo dentro del juego de antagonismos, se niega la existencia de la culpa: "...Pues la culpa no existe (UA, "En Vallejo la poesía pide limosna por nosotros" 41); y es aquí donde surge la inocencia del hombre, "La bárbara inocencia y el horror de vagar sin un delito" (UA, "Las úlceras de Adán" 75). Nuevamente, aquí emerge la dualidad entre resignación y rebeldía, frente a la culpabilidad y el castigo: la inocencia con su doble cara, la de estado primigenio antes de la caída, ante la cual el hablante lírico expresa: "Entonces conoció la alegría de no ser inocente" (UA, "Las úlceras de Adán" 75); y la inocencia como rasgo inherente al hombre aún después de la caída, y que se debe a su ignorancia frente al por qué de su origen. Se trata pues de una inocencia referida a lo espiritual y otra al conocimiento.

La pérdida de la naturaleza angelical del hombre observada en la poesía de Rojas Herazo, en la pérdida del paraíso, la caída y la derrota, también se encuentra en la obra de Giovanni Quessep. Esto se reitera a lo largo de su poesía; y se desarrolla mediante varias isotopías: *la creación del hombre, la caída, la pérdida del paraíso, la condición de polvo del hombre, la duda y/ o imposibilidad de salvación, la vida del hombre sin fe, en sombra y en desesperanza.*

Los tópicos mencionados están ubicados, al igual que en Rojas Herazo, en una visión judeocristiana. El poeta alude a la creación del hombre a través de la palabra: "La nostalgia es vivir sin recordar / de qué palabra fuimos inventados" (ESNF, "mientras cae el otoño" 41). Luego de la creación sobrevino la caída del hombre; el poeta menciona este evento de modo explícito y lo ubica en la misma dimensión del recuerdo: "Apenas recordamos la caída / donde la muerte se llenó de pájaros / y alguien gritó que el cielo es imposible" (ESNF, "el ser no es una fábula" 53). El hombre ha olvidado los acontecimientos claves que determinaron su actual condición, este olvido es quizá lo que explica la posición del poeta con respecto a la inocencia del hombre: "¿No somos inocentes?" (ESNF 53). Pero al lado de la inocencia, el poeta plantea la culpabilidad, causa de la desesperanza: "Cuando dijo, inocente, el hombre es sólo / cero a la izquierda, (cero a la esperanza), / movió mi carne un blanco laberinto / de amor, y creció el tiempo de la culpa" (ESNF, "cuando dijo su nombre" 37). En el capítulo "Geografía Poética" mencioné el papel que cumplen los universos no reales, del sueño, la esperanza, el cuento, la fábula, la leyenda, en la vida del hombre, según el poeta. En el tema que aquí trato, nuevamente se hace presente la importancia de estos mundos, particularmente el de la esperanza. El poeta afirma que ésta declara al hombre inocente y lo purifica de toda culpa; esto se explica justamente porque dicho universo le permite al hombre levantarse, crear e ignorar su condición de polvo, su muerte: "Cada esperanza lucha por nosotros, / nos declara inocentes, ... /[...]/ Cada esperanza llama por su nombre / las noches y los días, el ser puro / de culpa como un fruto, [...]/" (ESNF, "con dura transparencia y dura sombra" 65).

La caída está asociada a la pérdida del paraíso. El poeta expresa el evento en el que el hombre acogió a la muerte y convirtió su naturaleza en polvo: "¿Y si decimos que la muerte / responde al paraíso.../[...]/ Perdónenos, pero nosotros dimos / al polvo nuestros nombres: su caída nos ilumina y nos quema por dentro. / Somos. Pertenecemos al olvido./[...]/ Entregamos la paz, la estrella, el aire, / a cambio de esta nada repentina" (ESNF, "canción para el final" 77). Nótese el uso en el poema de la expresión "perdónenos" dirigida a un interlocutor específico que no es descubierto. Con esta solicitud de perdón se está asumiendo también la culpa y el reconocimiento del libre albedrío del hombre en su elección de Ser, de acoger su naturaleza biológica y mortal, en lugar de un mundo etéreo, no terrenal y ubicado en un espacio superior. Este mundo está simbolizado en las imágenes de "la paz, la estrella y el aire", significando respectivamente: orden, cielo y no-tierra. Por esta misma razón el poeta usa la expresión alusiva a la caída: "nos ilumina y nos quema por dentro"; el hombre hace surgir su naturaleza corporal y terrenal –"Blanco mar de muerte" (ESNF, "razón de tu cuerpo" 84)–, pero el costo de ésta es el olvido, la soledad, la nada repentina, la muerte, la ausencia: "sola en el reino terrenal / de la ausencia" (ESNF, "volviendo a la esperanza" 89).

Frente a la existencia del paraíso, el poeta nuevamente presenta posturas ambivalentes; en los poemas anteriores se aprecia el origen de la condición del hombre, asociado al paraíso; no obstante, ante esta condición y la vida del ser humano en la desesperanza, el hablante lírico se niega a afirmar que en algún momento el hombre haya podido disfrutar de ese espacio de paz; se plantea entonces, que al no haber conocimiento sobre este hecho y al sólo tener acceso al saber de la derrota y la muerte, el paraíso es una idea incierta: "Nadie nos hable entonces de un aire que transcurre, / nadie nos diga que en el principio hubo un jardín:..." (MM, "Por la vida desesperada" 33).

Se resumen entonces estas tres isotopías: caída-pérdida del paraíso-muerte. En el poema "La ronda y el destino" (MM 39) se reconstruye todo el evento:

> Si vivo es porque el aire
> me otorga su escondida claridad;
> dando pasos de ciego en un jardín
> toco los pétalos de la muerte.
> Pasado tanto tiempo
> de estar maravillado por el alba,
> miro en sus hojas la condena,
> lo que me corresponde de la vida.
>
> No me pidas entonces, no me pidas
> la canción de los bosques;
> nada podré bajo este almendro,
>   nada sino soñar contigo y con la nieve. (MM, "La ronda y el destino" 39)

Se pueden ver aquí, la presencia del hombre en el paraíso, su caída y muerte: "dando pasos de ciego en un jardín / toco los pétalos de la muerte."; la conversión del hombre en un ser biológico y su nueva visión de la realidad con los sentidos recién despiertos: "Pasado tanto tiempo / de estar maravillado por el alba,"; y la aceptación de la condena: "miro en sus hojas la condena, / lo que me corresponde de la vida" (MM 39). Esta temática y su desarrollo los encontramos en la poesía de Héctor Rojas Herazo; pero mientras en este poeta la opción del hombre ante su exilio del paraíso y su transformación en ser biológico dado a la muerte, es emprender una labor comprensiva del mundo y de su ser corporal, en Quessep, la salida del hombre es emprender la invención de mundos no reales: del sueño, la leyenda, la fábula: "nada podré bajo este almendro, / nada sino soñar contigo y con la nieve" (MM, "La ronda y el destino" 39). Sin embargo, ambos poetas coinciden en aceptar que dichas labores del hombre se realizan en una vida de angustia, desesperanza y falta de conocimiento. Quessep considera que el hombre trata de redimirse con dichos mundos irreales y de esta manera podría soportar la pérdida del paraíso. Según el poeta, el hombre ha reemplazado el cielo, perdido a causa de la caída, con otros espacios, los de la geografía irreal ya mencionada; esto es una manera de no renunciar al cielo, porque éste significa protección, esperanza: "Duro es vivir si -olvidamos el cielo" (MM, "Si olvidamos el cielo" 57), "buscan un cielo que las proteja / de la quimera o la desesperanza" (MM, "Quimera" 61). Aquí es importante señalar que si bien el hombre se lamenta por no tener acceso al cielo y ve este espacio en su dimensión salvadora, el hombre sabe que su condición de polvo y su paso por la vida son barreras infranqueables para alcanzarlo: "nada tenemos aquí que pueda alegrarnos, / pisamos la hoja caída, no miramos al cielo" (MM, "Quimera" 61).

En este punto sobresale el tópico de la salvación, tocado por el poeta en el mismo marco judeocristiano. Para Quessep el hombre no tiene posibilidad de salvarse: "¿y quien podrá salvarte, / quién te daría lo que buscas entre hadas?" (MM, "Canción del que parte" 28). Aquí coincide con el planteamiento de Rojas Herazo. Hay una necesidad interior y un deseo del hombre, no obstante, de creer que sí puede ser salvo y el poeta revela esa necesidad mediante tres conceptos: dolor, amor y canto: "Escuchas una sonata de Mozart, y piensas / que sólo el sufrimiento redime" (LE, "Elegía" 73), "Buscas tu canto, el amor que te salve" (LE, "Elegía" 73). El poeta también apela a conceptos como la redención y el arrepentimiento los cuales actúan en la esperanza: "No todo está perdido, piensas, / aguijoneado por el impulso de una redención/[...]/¿Dónde lo verdadero entonces, dónde / la rosa revelada por un sombrío arrepentimiento? / Tal vez no todo sea falso, quizá tenga / ese color que dura después de la muerte" (MM, "Joya abolida para el alma" 75). Esta posibilidad no se contempla en la poesía de Rojas Herazo; sin embargo, se aprecia en el poema de Quessep que la duda "tal vez" enmarca y debilita esa posibilidad de redención. El hablante lírico revela aquí dos dimensiones: la del hombre contemporáneo y la de sí mismo. En la primera recrea la visión del mundo del siglo XX, la de la racionalidad de la duda, la de la carencia de fe (aunque deseada por el hombre), la de soledad y aislamiento, la de la falta de sentido del mundo; dicha visión está acompañada por un deseo de cambiar las cosas: pensando en la redención, imaginando el cielo, cantando la realidad. La dimensión del hablante lírico se fundamenta igualmente en la duda; a la vez que él recrea al hombre de su tiempo, él mismo se asume como tal, y pasa de ser crítico de sus contemporáneos, a ser un individuo análogo, el que se da la posibilidad de decir que quizá sean verdaderas las promesas del arrepentimiento y la redención.

La relación culpa-pérdida del cielo es reiterativa en los poemas; esta pérdida es resultado de la elección del hombre. El poeta, además de asumir la duda, manifiesta certeza sobre la realidad que hubiera sido posible si la elección hubiera sido distinta; una realidad distinta al abismo que acogió el hombre: "Hay otra forma de vivir, / pero seguimos aferrándonos / al acantilado, sobre la espuma del mal. /[...]/ Nosotros escogimos la roca de la culpa / de donde no podemos mirar cielo alguno" (MM, "Acantilado" 81). Aquí es interesante ver la dos posiciones en la poesía de Quessep: el hombre inocente-culpable; inocente porque no alcanza a recordar en qué momento hizo su elección y fue condenado; pero es culpable justamente por causa de su elección, de su libre albedrío. Aquí hay una clara diferencia con la poesía de Rojas Herazo; mientras en ésta se defiende al hombre como ser inocente en su misma esencia, y víctima de Dios quien lo castiga implacablemente; en la poesía de Quessep se asume que el hombre es culpable porque optó por el abismo, porque se sigue aferrando al mal, porque abraza la muerte.

La temática de la salvación está asociada en la poesía de Quessep a la carencia de fe del hombre: "dónde hallarás la salvación / y quién o que podrá salvarte? En nada crees" (MM, "Preludio de la muerte" 47), "¿Quién te conoce si eres penumbra / sin fe?" (ESNF, "la soledad es tuya" 49). Este punto se asocia con lo dicho en páginas anteriores sobre la racionalidad de la duda, con la cabida de lo posible. El hombre se encuentra inmerso en el "Tal vez", en el "acaso", en el "quizá"; no tiene certezas, porque la realidad que lo rodea, que lo absorbe, es demasiado aplastante, es la negación del paraíso, de la redención; por ello el poeta edifica otros mundos legendarios, fabuladores, míticos, oníricos, de la música, el canto y el color, en los cuales la salvación sí puede ser al menos contemplada como esperanza: "Alguien se salva por escuchar al ruiseñor/[...]/ Entre ruinas pienso / Que nunca será polvo / Quien vio su vuelo / O escuchó su canto" (LE, "Alguien Se salva por escuchar al ruiseñor" 17), "Sólo una posibilidad de salvación / Qué el destinado la encontrara en el tiempo / Antes que comenzara a marchitarse / Un loto entre millones de lotos" (LE, "Parábola" 25). En estos últimos versos se alude a leyendas e historias sobre la flor de loto cuya función radica en producir el olvido. Nótese el camino de sentidos construido por el poeta: el hombre es culpable por su elección de la muerte y ha perdido el cielo, no puede ser salvo; pero justamente porque ha olvidado el origen y tiempo de este acontecimiento, es inocente y aquí encuentra su justificación para emprender la invención de mundos en los que la salvación es pensable, en los que la muerte puede sobrellevarse e incluso cantarse, en los que la esperanza le otorga un reposo ante su realidad angustiosa.

Lenguaje religioso

Finalmente, la poetización del sustrato religioso también se logra a través del lenguaje, en la lírica del Caribe colombiano. En varias obras de los poetas este lenguaje religioso se recrea en el marco de una intertextualidad, y se manifiesta a través de las siguientes formas: en primer lugar, mediante relaciones entre los poemas y textos religiosos bíblicos y de grupos religiosos, de varios tipos: oración, sentencia, expresiones bíblicas concretas; en segundo lugar, mediante relaciones entre los poemas y un léxico religioso igualmente bíblico; y en tercer lugar mediante la recreación de eventos bíblicos en los versos. Analizaré cada una de estas intertextualidades.

En la poesía de Luis Carlos López, si bien el rasgo poético asociado a lo religioso no es un eje central en su obra, se encuentran algunas intertextualidades que ya no están dentro del poema sino en el paratexto. En efecto, en los epígrafes López retoma apartes de la Biblia: aparecen textos de Jeremías y del evangelio de San Lucas: "Señor, ten piedad de tu pueblo / sálvalo de la ruina" (Jeremías 5: 7) (OP, "Mi burgo" 341); este epígrafe aparece en un poema en el que el hablante lírico hace un lamento por el pueblo, por la falta de progreso, el tedio, la hipocresía y falsa apariencia social y política; aparece al final el cierre típico de los poemas de López con la ironía. El enunciado bíblico es sacado de su contexto religioso para ser ubicado como epígrafe en el contexto poético y cumplir la misma función de lamento, ya no por una ruina espiritual como la que aparece en la Biblia, sino por una ruina social y política, aunque asociadas a aquella. Otro epígrafe retomado en los poemas es: "Quien tenga oídos para oír, oiga" (OP, "Despilfarro" 357). Este enunciado aparece en la Biblia en el apartado "Cuando la sal pierde su sabor" (Lucas 14: 35); Jesús lo usa para referirse al formalismo religioso que se aleja del verdadero compromiso con Dios, y al deterioro y reincidencia que sufre una persona cuando hay pecado, indiferencia hacia Dios y pérdida de entusiasmo espiritual. López no se aleja mucho de este contexto original del enunciado de Jesús, pues el poema se refiere a una crítica a la religiosidad:

Cerca de mi ventana,
fumando un cigarrillo, me siento. Una mañana

> sin sol. Un carromato
> que gime por un poco de sebo...Y el mal rato
> siguiente, que hoy me deja
> de buen humor: un fraile cruzó por la calleja,
> masticando homilías,
> y me dijo: - "Que Dios le dé muy buenos días". (OP, "Despilfarro" 357)

En Rojas Herazo, contrario a López, el lenguaje religioso es uno de los ejes del sistema poético del autor. En sus poemas se encuentran textos como oraciones y sentencias, tipos discursivos que aparecen en la Biblia o forman parte de alguna práctica religiosa como la católica; por ejemplo: "El pan nuestro del mundo" (DLPN, "El hombre se recuenta como un cuento" 16). Esta frase se relaciona con la oración el padre nuestro pero está sacada de su contexto y adquiere otro valor, un valor opuesto; mientras en el evangelio el "pan nuestro" se refiere a la palabra de Dios y al alimento diario, en Rojas Herazo se refiere a la vivencia diaria del hombre en un mundo moderno, una realidad de soledad y amargura, una carga pesada para el hombre:

> el mundo de los dos,
> el que cargamos y pisamos,
> desconocido y oloroso y ciego,
> ¡Y tan dulce, también, y tan amargo!
> Aquí nos llaman,
> aquí nos ponen nombre,
> nos ponen un pezón en las encías
> y nos dan de mamar leche de árbol,
> de viento, de mujer,
> ...Este es el cuento, amigo, de no acabar,
> cuento de dos pulmones y dos filos:
> el cuento de estar vivo respirando. (DLPN, "El hombre se recuenta como un cuento" 16-17)

Otras oraciones en relación intertextual con la poesía del autor es el credo: " 'Creo en Dios' / Creo en los gallinazos y en los techos de paja. / Creo en el colibrí y en la novia que se perfuma los domingos. / Creo en el patio donde defeco bajo el ciruelo. / Creo en un diablo con un rabo de paja y cuernos de alcanfor. / Creo en el ronquido de mi tío bajo el mosquitero" (DLPN, "Primer cartón del trópico" 28). En páginas anteriores tomé estos versos para argumentar el sincretismo religioso, el cual combina valores de distintas creencias. Lo interesante aquí desde el punto de vista del lenguaje, es observar la intertextualidad con la oración el "Credo" de la religión católica, la cual comienza con el enunciado "Creo en Dios" ("Creo en Dios todo poderoso") y continúa con una secuencia en la cual se repite la expresión "Creo en". Nótese que en el poema esta expresión también se reitera, pero se complementa con un contenido totalmente opuesto al credo católico; dicho contenido se resume en la cotidianidad del hombre, "Creo en el colibrí y en la novia que se perfuma los domingos"; en la escatología, "Creo en el patio donde defeco bajo el ciruelo"; y en la creencia del diablo. Se trata entonces de una parodia del credo católico, por cuanto se retoma la estructura de lo dicho y se alude a su contenido pero revirtiendo sus significados y valores.[71] En el caso de la oración tomada por Rojas Herazo, la aplicación es de un tema profano y escatológico sobre un tema sagrado-serio. Esto crea en la imaginación un contraste que sorprende, al igual que la ironía.

El poema "Sentencia" retoma en la forma, la sentencia como texto, que Jehová Dios pronunció contra el hombre y la mujer en el Paraíso después de la caída. La relación intertextual se da en cuanto a la evocación del evento bíblico, a la forma discursiva usada en él y a la forma del lenguaje utilizado: el uso del tiempo futuro premonitorio y categórico. El contenido del poema varía mucho con respecto al veredicto de la Biblia, el cual es dado por Dios a tres receptores: la serpiente, la mujer y el hombre. El poema de Rojas Herazo tiene como receptor al hombre y encierra la corporeidad, la muerte, la angustia y el trabajo. Las coincidencias entre los apartes textuales de la sentencia bíblica y el poema "Sentencia" del poeta caribeño, están en la muerte y en el trabajo: "*Pisarás* firmemente con tu efímero polvo", "El luto *ceñirá* tu esplendor ceniciento", "*Arderás, lucharás, comerás* de tus codos" (DLPN, "Sentencia" 121-122; énfasis mío); al compararlo con el aparte bíblico, se aprecian las relaciones: la misma estructura futura categórica e imperativa por su carácter profético, "pisarás", "comerás", que marca un destino ineludible; veamos el apartado bíblico: "Con el sudor de tu rostro *comerás* el pan hasta que vuelvas a la tierra, porque de ella fuiste tomado; pues polvo eres y al polvo *volverás*" (Génesis 3:19; énfasis mío).

Continuando con las relaciones entre las oraciones católicas y la poesía de Rojas Herazo tenemos: "...y bendito sea el fruto de tu vientre: Agustín" (UA,

---

[71] En efecto, la parodia se define como un texto, generalmente poético, compuesto a imitación de otro en el que se desvía, en un sentido burlesco, versos que otro ha hecho con una intención diferente. Se conservan tantas palabras cuantas sean precisas para mantener el recuerdo del original del que se ha tomado. De este modo, se mantiene el original y se le aplica un tema menos serio (Gennette, *Palimpsestos* 27).

"Segunda resurrección de Agustín Lara" 20). Aquí se demuestra nuevamente la reubicación del lenguaje religioso en el entorno del poema; pero además se observa un recurso interesante, la irrupción de un elemento léxico o un enunciado completo perteneciente, bien sea a una oración católica o a la Biblia misma, en el verso. Se observan dos mecanismos: la yuxtaposición del elemento léxico o del enunciado del verso sin que se forme una unidad significativa coherente; aquí aparece como descontextualizada en el poema. El otro mecanismo, es el uso de la palabra o el enunciado bíblico plenamente integrado a los versos con su referencia bíblica pero con su nuevo contenido. Ejemplos de los dos casos la encontramos en el poema "Segunda resurrección de Agustín Lara":

>nació un cómplice con una media y un
>calzoncillo en cada mano
>y una gran oreja.
>Porque mi reino no es de este mundo sino de
>éste...
>... Y desde entonces el bolero llovió sobre el hombre.
>Cuarenta días y cuarenta noches sobre el pecho
>del hombre...
>... "y cuando Pedro (Pedro Vargas) iba a negarlo con
>el canto y el aleteo del gallo
>lo afirmó (sin saberlo) setecientas veces
>setecientas...
>... "y a los cantineros frente a sus vasos y botellas
>coronados de espina
>y a los magistrados en sus excusados
>y a las matronas bebiendo el cáliz de su orgasmo...
>... "Y tu voz, *ese pan nuestro de cada día,*
>sigue premeditando su asmática dulzura bajo la
>lluvia"...
>..."Tu magro rostro de *Lázaro* que mastica el vinagre"... (UA, "Segunda resurrección de Agustín Lara" 16-24; énfasis mío).

Para el primer caso en el poema tenemos: "nació un cómplice con una media y un / calzoncillo en cada mano / y una gran oreja. / Porque mi reino no es de este mundo sino de / éste" (UA, "Segunda resurrección de Agustín Lara" 20).

Aquí se retoma la frase de Jesús pero de manera ironizada por cuanto Jesús dice: "Mi reino no es de este mundo; si mi reino fuera de este mundo, mis servidores pelearían para que yo no fuera entregado a los judíos; pero mi reino no es de aquí" (Juan 18-36). Un ejemplo del segundo caso es: "Y desde entonces el bolero llovió sobre el hombre. / Cuarenta días y cuarenta noches sobre el pecho/ del hombre" (UA, "Segunda resurrección de Agustín Lara" 21). Aquí se retoma el diluvio pero con un nuevo significado que desmitifica de alguna manera el evento bíblico, cuyo valor es la purificación de la humanidad, la destrucción del pecado y la nueva oportunidad del hombre de vivir en armonía con Dios. Nótese que el bolero tiene como contenido la tragedia, la desgracia, la miseria, la cotidianidad del hombre, que solo podría ser reivindicada por el amor. En este caso, la lluvia ya no es de purificación sino de reafirmación de la mundanidad del hombre. Este mecanismo de darle una nueva valoración y significación a las expresiones y discursos bíblicos, en un plano parcial o totalmente opuesto, es bastante recurrente en Rojas Herazo; de esta manera se desentroniza una realidad sagrada. El poema "Segunda resurrección de Agustín Lara" demuestra este recurso al lograr varios efectos: el uso de expresiones dichas por Jesús, el uso de símbolos alusivos a la vida de Jesús (la corona de espinas), el uso de eventos bíblicos del Antiguo y del Nuevo Testamentos (el diluvio, la negación de Pedro hacia Jesús), entre otros. En cuanto a las expresiones dichas por Jesús, estas aparecen incrustadas y bajo enunciadores distintos al Hijo de Dios: Y desde entonces el bolero llovió sobre el hombre. / Cuarenta días y cuarenta noches sobre el pecho/ del hombre" (UA, "Segunda resurrección de Agustín de Agustín Lara" 24). En cuanto a los símbolos encontramos que son atribuidos a personajes totalmente contrarios a Jesús: "y a los cantineros frente a sus vasos y botellas/ coronados de espina" (UA, "Segunda resurrección de Agustín Lara" 21). Con este verso se pone en el mismo plano al cantinero y a Jesús. Y en cuanto a los eventos, opera en ellos el mismo mecanismo desentronizador: "y cuando Pedro (Pedro Vargas) iba a negarlo con/ el canto y el aleteo del gallo/ lo afirmó (sin saberlo) setecientas veces/ setecientas" (UA, "Segunda resurrección de Agustín Lara" 22).

Finalmente en el poema citado se continúan las intertextualidades con las oraciones bíblicas: "Y tu voz, *ese pan nuestro de cada día*, /sigue premeditando su asmática dulzura bajo la/ lluvia" (UA, "Segunda resurrección de Agustín Lara" 22; énfasis mío). Aquí se refiere a la voz de Agustín Lara, personaje que es descrito en el poema mediante alusiones bíblicas: "Tu magro rostro de *Lázaro* que mastica el vinagre" (UA, "Segunda resurrección de Agustín Lara" 22; énfasis mío). Además del uso de expresiones dichas por Jesús, ubicadas en un nuevo contexto y resignificados de modo contrario, en los poemas también se observa la burla explícita en la voz del hablante lírico hacia dichas expresiones; con lo cual el efecto desentronizador sugerido en los otros mecanismos, se revela directamente como una manera de afirmar la rebeldía: "*La verdad os hará libres*. ¿qué tal?" (UA, "Consignas para el triunfo" 33; énfasis mío). Esta expresión tiene dos interpretaciones: la referida al contexto bíblico: "Y conoceréis la verdad, y la verdad os hará libres" (Juan, 8:32), que se pretende ridiculizar e ilegitimarla; la otra interpretación apunta al contexto de la vida moderna y encierra una crítica mordaz a este modo de vida en el que la mentira y el engaño son patrones para lograr objetivos sociales: "evita tropezar/ con leyes, con aldabas y sudarios./ Invéntate un diploma, me aconsejan/ y pruébale el futuro a tu mostacho./ Así te graduarás, lo aseguramos,/ de anarquista metódico,/ de general tal vez o presidente/ o de tierno payaso chupando risotadas" (UA, "Consignas para el triunfo" 33). Aquí la crítica va dirigida hacia los dirigentes militares y políticos, personajes que son ridiculizados al ser equiparados con el payaso.

En la poesía de Rómulo Bustos también se encuentran expresiones pertenecientes a rezos católicos y expresiones bíblicas: "*Cáliz* de tierra sedienta, el que ama" (PGCI, "Del amor" 68; énfasis mío); "*Y vio Dios que era buena* la tierra del cielo /para sembrar la lluvia" (PGCI, "Crónicas del cielo" 127; énfasis mío). Aquí se observa la expresión tomada de el Génesis cuando Dios creó los cielos y la tierra: "y vió Dios que era bueno", la cual, ya en el poema se incluye en una estructura mítica alejada de la Biblia: "Y cada cierto tiempo /el viento que agitan las alas de mil ángeles /estremece el árbol y sus hojas se esparcen"(PGCI 127). Las expresiones correspondientes a rezos se ilustran con el poema "Matarratón" donde se aprecia la intertextualidad con el Padre Nuestro: "Y este es el conjuro del caballo/ 'ángel frondoso que estás en el árbol/ venga a nosotros el más fino caballo/ las firmes patas del caballo..." (PGCI 114). Los primeros versos citados enmarcan el poema en un contexto profano; "el conjuro", y luego se retoma la estructura enunciativa del Padre Nuestro, contexto sagrado: "ángel frondoso que estás en el cielo"; "padre nuestro que estás en el cielo"; "venga a nosotros el más fino caballo", "venga a nosotros tu reino".

Dentro de los elementos léxicos que utiliza Rojas Herazo como recurso en la poesía, están la justificación y el cielo: "Tal vez, tal vez, decimos, / algo de todo esto pudo haber sido la justificación", "No podremos nunca construir el cielo" (AFCA, "Salmo de la derrota" 32-33). Es evidente que estos dos elementos léxicos están tomados del contenido bíblico. Dos pilares del cristianismo son justamente la justificación del hombre ante Dios mediante el sacrificio de Jesucristo; y la entrada al cielo, al reino de Dios a través de la anterior: "... a los que creemos en el que levantó de los muertos a Jesús, señor nuestro, el cual fue entregado por nuestras transgresiones, y resucitado para nuestra justificación" (Romanos, 4: 24-25); "Gozáos y alegráos, porque vuestro galardón es grande en los cielos" (Mateo, 5:12). El Cristianismo afirma que el hombre puede justificarse ante Dios mediante la fe en Jesucristo, y así alcanzar el reino de los cielos como la vida eterna. El poema de Rojas Herazo presenta una visión derrotista ante este hecho, la justificación y el cielo están ubicadas en entornos imposibles, lo cual discursivamente se aprecia en las expresiones: "pudo haber sido", que manifiesta un evento que nunca ocurrió ni tiene posibilidad de que acontezca; la otra expresión es "nunca", la negación absoluta del tiempo. En los dos elementos léxicos mencionados "justificación y cielo", de base cristiana, se resume parte de la base ideológica de la obra de Rojas Herazo: la de un hombre moderno, derrotado, vencido, sin salida, solo y condenado a extinguirse.

En Giovanni Quessep, el lenguaje religioso no es definitorio en su poesía como lo es en Rojas Herazo, a pesar de que la base judeocristiana en ella es evidente y fuerte. No obstante se encuentran intertextualidades basadas en expresiones y léxico bíblico. En el poema "Edén" se retoma el género plegaria y se incluye el enunciado: "Padre, aparta de mí el cáliz de amargura" (LE, "Del arte y el destino" 161) que retoma parte del enunciado de Jesús en su oración en el Monte de los Olivos antes de su captura (Mateo 26: 42; Marcos 14: 36; Lucas 22: 42). Después de esta referencia, el poema se centra en la mitología griega, lo cual refuerza la visión politeísta presente también en otros poetas como Gómez Jattin y Rómulo Bustos. El enunciado de Jesús se refiere a la prueba de su sacrificio por el hombre, en su crucifixión y muerte; en el poema de Quessep la referencia se hace hacia la creación poética que en él es la fábula, la invención de mundos fantásticos con personajes mitológicos como Dédalo, el Minotauro, para el caso de este poema, y de personajes de cuento de hadas para otros poemas. En general, las expresiones bíblicas usadas en la obra de Quessep aparecen reelaboradas; se mantiene la primera parte y se cambia la segunda.

El léxico religioso también se encuentra en la poesía de Quessep. Palabras como: paraíso, edén, redención, purificación, salvación, arrepentimiento, zarza ardiente, se encuentran en muchos versos y aluden a la base judeocristiana mencionada en páginas anteriores: "así, perdido en esa *zarza ardiente* / que en la memoria oculta a los que amamos" (LE, "Un verso griego para Ofelia" 146; énfasis mío). En Artel, por el contrario, el léxico religioso es escaso, casi inexistente. Como mencioné en páginas anteriores, el sustrato religioso en este poeta es poco. Aparecen dos alusiones: "De ese rumor se nutren / la helada conciencia del gangster, / la deslealtad del rompehuelgas, / *la fe del apóstol,* / la bondad anónima que transcurre a nuestro lado..." (TN, "palabras a la ciudad de nueva York" 126; énfasis mío); "Donde Maceo revive / cada instante su palabra, / como un *arcángel* de bronce / cuyo fuego dio a la patria" (TN, "playa de varadero" 132; énfasis mío). En el primer poema, es de notar el contexto de contraste, de rupturas acentuales en que aparece el elemento léxico; contexto presente en los otros poetas analizados. También resalta la ubicación del personaje apóstol en el marco de la diversidad del mundo moderno, donde coexisten el asesino, el inconforme, el creyente, y otros personajes.

Otra forma de intertextualidad es el uso de personajes y eventos bíblicos pero trasladados a otro contexto con otras significaciones. En Rojas Herazo se recrea la historia de Jonás: "... en que Jonás eructaba sucesivas ballenas y lápices y farolitos" (UA, "Segunda resurrección de Agustín Lara" 16); aquí el personaje y el evento se usan para construir un escenario del realismo mágico. No obstante este realismo se vincula por inversión con el evento bíblico, en el que ya no es Jonás el que eructa ballenas, si no el gran pez el que vomita a Jonás (Jonás, 2:10). Otras historias se recrean en Quessep. La historia de José (Génesis, 37, 40, 41, 42) y la de Jacob y el Ángel (Génesis 32: 22-32). En el poema "Monólogo de José" se recuerdan varios aspectos: José, el hombre con el don de las visiones y los sueños; el viaje de José a Egipto; el evento de la cisterna en donde es echado José por sus hermanos, la túnica de colores que le hizo su padre Jacob. El poema "Jacob y el Ángel" evoca la lucha de Jacob en Peniel contra el ángel, aunque el hablante lírico recrea totalmente la historia, al punto que le da un nuevo significado. Hay una simetría entre los dos poemas mencionados; sus estructuras son análogas: ambos ubican al personaje en un contexto de incertidumbre: "*Acaso* todo esto sea / una visión no más de lo esperado" (MM, "Monólogo de José" 31; énfasis mío); "*Tal vez* en el silencio / se revela su rostro que presiento" (LE, "Jacob y el Ángel" 114; énfasis mío). Ambos poemas ubican al personaje en un contexto de otredad: "*Otro* país vendría... / Alguien me niega, *otro* / que desgarra mi túnica" (MM, "Monólogo de José" 31; énfasis mío); "A cada paso mío / se oculta lo que soy, el *otro* / que me persigue en sueños..."

(LE, "Jacob y el Ángel" 114). Es importante resaltar que la selección de estos dos personajes bíblicos en la obra de Quessep, obedece a su relación con uno de los ejes del sistema poético de este autor, esto es, el universo del sueño. Jacob se asocia al sueño en el poema, y en la historia bíblica existe esta misma relación: "Salió, pues, Jacob de Beerseba, y fue a Harán […] y se acostó en aquel lugar. Y soñó: y he aquí una escalera que estaba apoyada en tierra" (Génesis, 28: 10-12). La relación entre José y el sueño es evidente: José sueña con su futuro e interpreta los sueños del Faraón. Se aprecia aquí que los recursos estéticos de los poetas están subordinados a sus sistemas poéticos y en estos adquieren sus significados y funciones; en el caso de Quessep, las características oníricas de José y Jacob se vinculan a la base onírica de su poesía, como uno de los ejes.

Otro evento en relación intertextual con la poesía de Quessep se menciona en el poema "Babilonia", que alude a la destrucción de esta ciudad predicha en la Biblia (Isaías, 13: 1-22). Además del evento, el poema retoma el enunciado bíblico: "Padre nuestro que estás en los cielos" (Mateo 6: 9). Aquí, el hablante lírico parodia este enunciado cambiando el tiempo verbal: "Padre nuestro / Que *estabas* en los cielos" (LE, "Babilonia" 27; énfasis mío). La parodia desentroniza y anula a Dios en el discurso poético, pues lo saca de la morada eterna.

En la poesía de Gómez Jattin es poca, casi nula la presencia del lenguaje religioso, en las manifestaciones enunciadas, expresiones, léxico y eventos. Aparecen unos cuantos poemas como "Belkis" en el que se recrea la historia de Salomón con la reina de Saba. El hablante lírico la recontextualiza en el marco de uno de los ejes del sistema poético: lo que él mismo denomina la metafísica del amor y el sexo; un sensualismo que ya no responde a la corporeidad y a la geografía biológica de Rojas Herazo, sino a la combinación de una sexualidad y un grotesco extremo. En el poema mencionado, se alude a eventos concretos de la historia bíblica de Salomón y la reina de Saba, como los regalos que ésta le llevó y el prestigio y sabiduría de Salomón: "Esperó varios años para decidirse a visitarlo / Su prestigio de sabio y magnánimo es conocido/[…]/ cuando Belkis llegue a Jerusalén y Salomón / la reciba sabrá ella lo que es un rey / que se disputan todas las noches seiscientas / concubinas" (P, "Belkys" 158). En este mismo poema, el hablante lírico toma posición con respecto a la venida de Jesucristo, evento crucial en la Biblia. Aquí opera la desentronización de Dios, pues se le considera mito y se le caracteriza desde lo grotesco alusivo al mundo de lo bajo: "Sabrá lo que es un hebreo sano inteligente y / bueno / de ésos que la Biblia elogia antes que aparezca / el mito de Jesucristo sin cultura sin falo / y sin ninguna bondad memorable conocida" (P, "Belkys" 159). Otro evento bíblico mencionado en la obra de este poeta aparece en el poema "Godofredo de Bouillon": "... del Cristo amado tan fanáticamente / Nada habla de él ni de su paso por la tierra / que los turcos le disputan palmo a palmo" (P 177). Este evento hace alusión al conflicto árabe-israelí, mulsulmanes contra cristianos; los primeros defienden su ascendencia de Ismael como el tronco escogido con el profeta Mahoma, y rechazan la descendencia de Isaac como la elegida, y a Cristo. La toma de posición del hablante lírico es clara; trata los eventos bíblicos desde una desacralización; bien sea caracterizándolos como mitos, o reubicándolos en uno de los ejes poéticos, poesía-sexualidad, que identifica la poesía de Gómez Jattín, especialmente en el libro *Los Hijos del Tiempo*.

Los acontecimientos bíblicos también aparecen en los poemas de Rómulo Bustos; son varias las menciones al respecto: la espada fogosa del ángel que vela a las puertas del paraíso (PGCI, "Cada día volvemos a inventar el paraíso" 29), símbolo frecuente en la poesía de Rojas Herazo, evocación de la caída del hombre; los cuarenta días de diluvio y la destrucción de Sodoma: "Los cuarenta días de diluvio. Sodoma /calcinada. Borrones, tachaduras en el manuscrito / de Dios, ha dicho el sabio" (PGCI, "Cuestión de estilo" 49). En este poema hay una doble intertextualidad con el lenguaje religioso: la alusión a los dos eventos bíblicos apocalípticos y la mención del manuscrito de Dios; aquí se critica de modo mordaz e irónico las decisiones de Dios escritas en su libro: "También cabe imaginar un final rosa /Como se puede ver es simple cuestión de estilo"(PGCI 49). La destrucción de Sodoma y Gomorra también se recrea en el poema "Variación mínima sobre un tema de Montale"; lo interesante aquí, es el vínculo temporal creado entre este acontecimiento de destrucción, retomado de la Biblia, y la realidad presente del hombre moderno, visto por el lente existencial del hablante lírico: "Arcángeles de fuego vio la mujer /de Lot. Aires de sal y castigo / petrificando sus ojos /Así hemos de volver el rostro / y contemplar sin horror /el diario espectáculo de nuestra nada" (PGCI 50). Otra recreación del lenguaje religioso es el relato de Jonás, que el hablante lírico elabora con base en el evento bíblico, al igual que Rojas Herazo. La historia narrada en tercera persona se traspone a un monólogo que retoma varios actos: cuando echaron suertes para saber quién era el culpable de la tormenta y ésta recayó sobre Jonás, cuando lo arrojaron al mar y fue tragado por la ballena (Jonás:

1: 4-17; 2:1-10). En este monólogo el hombre se reprende dentro de sí mismo, llevado a la profundidad de su interior; pero también se aprovecha el monólogo para elaborar un mito en el que el personaje es hombre-pez, con lo cual se liga el lenguaje religioso y la tradición oral.

La muerte y la soledad

La muerte en la lírica del Caribe colombiano presenta seis facetas: 1) la muerte ubicua, 2) presencia constante en el ser humano e inherente a él; 3) la muerte en relación con lo divino; 4) las tomas de posición hacia la muerte: de desencanto, de anhelo, de resignación, lucha, conocimiento, ironía y burla; 5) la muerte en relación con el tiempo y el espacio; y 6) la muerte en relación con la soledad.

La relevancia del tema de la muerte ha sido uno de los argumentos para incluir a Rojas Herazo en la generación de Mito (Romero, "Los poetas"; Cárdenas y Goyes). La crítica ha asociado este tema, en la obra del autor, con imágenes como la aniquilación o lenta enfermedad, la agonía como destino del hombre, y el verano y la desolación. La agonía de un mundo resecado por la culpa y el desconcierto, por la angustia que consigna en el poema la amplitud expresiva (Arango, "Héctor Rojas Erazo" 29-32). Pero lo más importante de la visión de la muerte en Rojas es su desmitificación. Como lo afirman Caballero de la Hoz (3) y Goyes (198), la muerte en este poeta es una realidad cotidiana que se humaniza, se degrada, se le resta poder; es una preocupación tan cotidiana que causa risa su trascendencia. Estas temáticas de la agonía, la podredumbre y la muerte, se relacionan con el elemento naturalista que introduce Rojas Herazo en la poesía colombiana, ya presente en la obra de Luis Carlos López; se relaciona además, con el realismo grotesco y sensorial, señalado por los críticos.

En Rojas Herazo la muerte aparece como una fuerza ubicua que desarraiga al hombre de su espacio, como elemento presente aun en el recuerdo, en la ausencia del Ser evocado. La muerte se asocia al recuerdo y a la ausencia: "tu propia vida y muerte me rodea / para tu ausencia esta voz mía, / este labio; este diente de muerte/ que nutre mi ansia y a otro espacio me elevan" (RS, "Segunda estancia y un recuerdo" 10). Ante tal ubicuidad, el hablante lírico también expresa la evasión: "Veníamos de los muertos / y traíamos la seguridad de haber encontrado palabras nuevas/ con que nombrar su reposo / habíamos hollado la hierba / que crece sobre las tumbas" (RS, "Ráfaga de humo" 12). En estos versos se aprecia un dejo de optimismo frente a la muerte, como una afirmación de estar aún vivo ante los otros.

La muerte como parte central de la visión existencialista se ubica en el extremo final de una secuencia simbólica, recorrida por el hombre, que construye el autor a lo largo de sus poemarios, a saber: *naturaleza angelical-caída-castigo-terrenalidad / corporeidad- sufrimiento/ agonía- podredumbre*[72]*-muerte*. Es ésta una especie de cadena en la que se sitúa el hombre sin poder evadirla. La muerte como parte corporal del hombre, lo circunda desde su interior, pero también lo acecha desde fuera: es una ubicuidad total: "Venid aquí de nuevo, a mi casa de sangre. / Aquí donde me muero/ donde respiro y muero y me levanto/[...]/ La muerte es un perfume o una ventana/ o un trigal en la tarde./ Nos piensa destruyéndonos/ la muerte nos sostiene" (DLPN, "Elegía" 113).

En los poemarios *Rostro en la soledad* y *Desde la luz preguntan por nosotros*, la muerte posee un carácter individual; pero en *Agresión de las formas contra el ángel*, adquiere un carácter colectivo, de un nosotros: "Ahora es el nosotros, / lo que muere, respira..." (AFCA, "La noche de Jacob" 12), "A tu tiempo sin bordes, la muerte/- la mía, la de todos -" (AFCA, "La sed bajo la espada": 13). Aquí persiste la idea de que la muerte acecha ya no al hombre sino al nosotros colectivo: "Después tornaríamos a lo nuestro: /[...]/ a la muerte lamiendo nuestros bordes de fósforos" (AFCA, "El suburbio del ídolo" 41).

En *Las úlceras de Adán* se aprecia una inversión muerte - vida, como si se intercambiaran sus valores: "Tanto viví mi muerte que ahora sueño/ morir de vida en azorados huesos" (UA, "Epitafio" 14). Esta inversión es posible en la obra de Rojas Herazo porque en ella la vida se ve como un espacio donde el hombre se pudre como preparación para la muerte; hay una preexistencia de dicho estado en la propia vida. La ubicuidad de la muerte en consecuencia se presenta en tres planos: como ceniza presente en las venas del hombre, soplada por Dios (La muerte como raíz primigenia);

---

[72] La podredumbre es un estado antes y después de la muerte en la poesía de Rojas Herazo. Su manifestación anterior se da en las secreciones escatológicas del hombre (sudor, pus, saliva, excrementos, orina, etc).

como estado de podredumbre[73] en las secreciones del cuerpo; como la lenta labor del tiempo (la vejez y la ruina) y como presencia externa que acecha al individuo, presente en el paisaje, en los objetos y en la cara misma de los seres humanos: "Todo perfil es un dibujo de la muerte..." (AFCA, "El navegante" 73), "y novias que nos miran sin pupila/ en trajes salivados por la muerte" (UA, "Agresión a lo desconocido" 45), "Y encuentras tu carcomido sol, tu mismo luto, / tu misma piel ajada/[...]/ Con tu voz sacudes las cenizas/ que la muerte ha dejado en sus cabellos" (UA, "Estampa de año nuevo" 32). Hay en consecuencia, una construcción indicial de la muerte que se hace presente en todos los estadios de la cadena trágica que enuncié anteriormente.

En los poemas de Rojas Herazo se percibe la aceptación de la muerte, no sólo como un estado externo al hombre sino inherente, en el cual éste encuentra su definición: "Nuestra victoria sobre el tiempo estaba en no luchar/ contra la muerte" (RS, "El habitante destruido" 32). "Soy un ángel o un sueño/ o un duro ser que toca/ palpable y castigado. / Abeja, niño, muerte" (DLPN, "Clamor" 19). Esto se explica por la naturaleza biológica del ser humano, el hombre es materia para la muerte, uno de los símbolos de la culpabilidad y el castigo (ver capítulo "Visión de Dios y lenguaje religioso"). Dicho estado, si bien forma parte de la naturaleza humana en la poesía de Rojas Herazo, se aduce que proviene de la divinidad: el hombre es polvo, regresa al polvo y Dios ha soplado ceniza en sus venas, fuego de sentidos condenado a extinguirse.[74]

La ubicuidad de la muerte en la poesía de Quessep se muestra en su presencia constante en la vida del hombre que despliega todo un discurso, todo un ritual análogo a la cadena indicial presente en la poesía de Rojas Herazo: "o vemos a la muerte/ de pie en el umbral de nuestra casa,/ en el umbral del ciprés/ donde nos visten de reyes/ con una túnica/ y un cetro de palo/ y nos azotan con ortigas y nos coronan de flores moradas" (MM, "La

---

[73] En Rómulo Bustos también se encuentra esta relación muerte-podredumbre; en el poemario "La estación de la sed" el símbolo de la mosca lleva la mayor carga significativa, en el cual se evocan otros estados: mortalidad y podredumbre: "sólo recuerdas / el desleído rostro del difunto y la mosca / nítidamente emergiendo de su boca entreabierta / Luego está esa pregunta del catecismo / que nunca supiste responder / ¿Qué significan las palabras vida perdurable?" (ES 10). Nótese la ironía con la que se oponen la eternidad y la muerte; la ilusión y la realidad grotesca del hombre, dibujada por el hablante lírico.

[74] Nótese la relación entre "criatura encendida" por los sentidos, y la ceniza. Al parecer hay en la poesía de Rojas Herazo una oposición entre el fuego –luz de los sentidos, del cuerpo encendido que se vuelve ceniza–, y la luz perenne de la divinidad.

hoja seca" 23). En la poesía de Raúl Gómez Jattin, por su parte, la ubicuidad de la muerte se presenta en el reconocimiento que hace el hablante lírico del hombre como marcado con la muerte, por lo cual éste debe entregarse a ella o dejar que opere en él: "Ofrezco mi corazón a los zamuros / por.../ porque amo a esos pájaros/ De todas formas ya estaba picoteado"(P, "Canción" 21). El poeta se ofrece a la muerte simbolizada en el pájaro, además de manifestar amor hacia ella y resignación. Aquí se hace referencia no al morir en un instante sino al carácter mortal del hombre. Por ello el hablante lírico la presenta como un estado dentro de él y como un ser ligado a él: "La muerte camina en tus huesos/ y florece en mi piel" (P, "La muerte camina en tus huesos" 33), "Siento escalofrío de ti/ hermana muerte"("Siento escalofríos de ti" 30). En el primer poema citado la mortalidad del hombre se asume como un acontecimiento presente, se muere diariamente, la muerte nos posee, nos frecuenta. Nótese las dos actitudes: la muerte camina en los huesos del otro, pero florece en la piel del poeta; este florecer implica algo bello que germina desde dentro.

En el segundo poema citado se percibe la relación fraterna del hablante lírico con la muerte, pero se introduce también el sentimiento de temor ante ella. El hecho de que el poeta vea el acto de desaparición como algo bello explica la búsqueda que emprende: "la vieja muerte vino por el aire/ entró a mis ansias y les puso bridas/ la quise acunar entre mis huesos"(P, "Canción" 21). Además del deseo de morir manifiesto en estos versos, aquí la muerte presenta otra cara distinta a la de ser algo interno al individuo, se trata de un estado ajeno, fuera del hombre, la muerte como parte del mundo, como afirma Ferrater Mora (61), la muerte está presente en todo el ámbito de la naturaleza, es una presencia oculta que acecha las cosas y cae sobre el hombre. El territorio amplio de la muerte, como propietaria del hombre y de sus actos se expresa también en la poesía de nuestro autor: "...Al que trabaja/ cada día un pan amargo y solitario y disputado/ como estos versos míos que le robo a la muerte" (P, "El Dios que adora" 38). Nótese que a pesar del poderío de la muerte, la poesía puede escapar de ella, es el poder vital de la escritura contra la desaparición. Esta lucha contra el aniquilamiento del hombre también se encuentra en el recuerdo, la memoria que revive el acto, al amigo, y al pariente: "Más allá de la muerte y sus desolaciones/ que perviven intactas como la misma vida/ hay un sol habitado de palomas y árboles/ que guarda tu futuro en mitad de mi infancia" (P, "Memoria" 40).

La presencia constante y ubicua de la muerte en la obra lírica de Rómulo Bustos se expresa a través del hombre enfrentado a su propio destino en la mirada de un difunto, en el espacio violento diario donde convive con él: "Un día cualquiera / te asomarás al espejo / y pudieras ser la primera víctima" (PGCI, "Jungla" 44); es la acechanza del aniquilamiento repentino, el temor a la desaparición contra la cual el hombre anhela un día eterno en el que sueña, juega, escribe "Como aquel mortal / que entre los muertos / [...]/pretendemos abrazarnos fervorosos / a la vida" (PGCI, "Como aquel mortal que entre los muertos" 52), sin embargo la muerte actúa como una marca: "verlo hundirse bajo las sábanas / repetir puntual / ese viejo ensayo de la muerte" (PGCI, "Hombre sentado en un escaño de piedra" 48).

La muerte en relación con lo divino es otro de los ejes de la lírica del Caribe colombiano. En la obra de Rojas Herazo se asocia al Apocalipsis mediante los ángeles, a los cuales se les dio poder para aniquilar al hombre, y a los otros ángeles que en la Biblia eran mensajeros de paz: "A su lado los ángeles de la paz y la muerte/ vigilaban su sueño como castos lebreles..." (RS, "Santidad del héroe" 13). La muerte también se sitúa dentro de la ignorancia primigenia del hombre cuando fue creado, –aspecto que se relaciona con la inocencia– antes de la caída, cuando tenía comunión con Dios. "A la diestra la llama de Dios, viva, / palpitando como un ave de diez alas/[...]/ Nosotros estábamos descansando de haber sido hechos./[...]/ Nosotros no sabíamos/ de la fuerza que tienen las raíces para apretar un ataúd" (DLPN, "La espada de fuego" 109). En otros poemas el hablante lírico opone la muerte a la salvación: "Estamos salvados, tú lo dices/[...]/sea! Pero tenemos un sitio, hombre de Dios, / recuerda que tenemos un sitio / un verdadero sitio / junto al perro / y el ataúd de pino" (RS, "Los flautistas cautivos" 49). La muerte se vincula también a la derrota del hombre por causa de la caída, de la pérdida del carácter angelical: "Oh, Dios mío, Dios mío, te suplicamos, /[...]/ caemos, sí, caemos/ sin caridad hacia nosotros contribuimos a la destrucción / con alegría nos destruimos. /Mirad, entonces, la derrota de nuestros elementos/[...]/ Nos evaporamos / y el cielo se evapora con nosotros..." (AFCA, "El Suburbio del ídolo" 42-43).

En la poesía de Quessep la relación entre la muerte y lo divino se arraiga en una visión judeocristiana. El hablante lírico reflexiona sobre la concepción occidental del evento: ¿es la muerte el espacio en que es posible la paz del hombre? El poeta retrotrae la segunda muerte, el evento bíblico en que los hombres serán juzgados por sus obras y en el que se comprobará si sus nombres están escritos en el libro de la vida; todo aquél que no se halle inscrito sufrirá la segunda muerte, una muerte definitiva del cuerpo, y un tormento eterno para el alma. El hablante lírico se pregunta si el hombre no puede evadirse de esta realidad: "la oscuridad del cielo/ despierta a los que yacen/ y les hace creer / en la segunda muerte" (MM, "La paz de los muertos" 73) Con esto, se reitera que la condición del hombre como ser sufrido, sin esperanza, tampoco termina con la muerte, pues es un engaño creer que la paz puede alcanzarse: "Nada como esta noche/ para engañar al alma,/ para sembrar en ella un canto/ entre la hiedra desolado" (MM 73). El hablante lírico también ve la muerte como el resultado de la caída del hombre en el paraíso: "Apenas recordamos la caída / donde la muerte se llenó de pájaros / y alguien gritó que el cielo es imposible" (ESNF, "El Ser no es una fábula" 53). El arraigo judeocristiano se afianza aquí; el hablante lírico expresa varios hechos alusivos a la relación paraíso-caída-muerte, la imposibilidad de equiparar vida y pureza y la condición de polvo del hombre. Se asume que el hombre cedió la dicha a cambio de la nada, de la muerte; no obstante, se destaca la inocencia del hombre, tal y como se encuentra en la poesía de Rojas Herazo, inocencia asociada a la falta de conocimiento: "Perdónenos, pero nosotros nunca / sabremos qué decir ni qué cantar / [...]/¿Y si decimos que la muerte / responde al paraíso, si cantamos / que vivir es un acto de estar, puro, / y no resulta?/ Perdónenos pero nosotros dimos / al polvo nuestros nombres: su caída / nos ilumina y nos quema por dentro./[...]/ Entregamos la paz, la estrella, el aire, / a cambio de esta nada repentina" (ESNF, "canción para el final" 77). Si bien se pueden relacionar estos hechos con Dios, teniendo en cuenta el fundamento judeocristiano aludido, el poeta manifiesta nuevamente sus posiciones ambivalentes, en este caso, con respecto a la muerte. Este evento es el resultado de la caída, del libre albedrío del hombre; pero también es producto del azar: "La rueda del azar / Que lo acerca a la muerte" (LE, "Cercanía de la muerte" 38). Es interesante ver la concepción que de la muerte y la vida tiene el poeta. En primer lugar, el hombre está negado a la dicha, la pérdida del cielo y del paraíso arrojó al hombre a una vida que no es fábula: "El ser no es una fábula" (ESNF 53), sino angustia, soledad, nada. El hecho de que la vida no sea una fábula, indica que no hay dicha, ni paz. Para el poeta, la vida es, en cuanto el hombre puede contarla, recordarla, la vida es entonces palabra: "El ser no es una fábula, se vive / como se cuenta, al fin de las palabras" (ESNF 53). Para el poeta el hombre se encuentra entre la vida –palabras– y la muerte-soledad, ausencia, paraíso perdido: "¿dónde la memoria / de lo soñado, la secreta forma / de ser entre la muerte y las palabras? /[...]/ Eres la soledad, tu pura nada, / tu ausencia de unos pasos en la tierra. / Nunca los sueños, nunca el paraíso" (ESNF, "tu pura nada" 57). Durante esta vida, al hombre se le niega todo; no obstante tiene acceso a esto que se le niega, no en la realidad, sino en la esperanza: "Todo te pertenece en esperanza" (ESNF 57); sin embargo, esta esperanza está aún cruzada por la muerte: "Cada esperanza cruza por la muerte" (ESNF, "con dura transparencia y dura sombra" 65). Es notable la oposición de mundos en la poesía de Quessep; la esperanza formaría parte de esa geografía edificada por el poeta en la que todo es posible, en la que el hombre es inocente, y puede alcanzarlo todo. A esta geografía pertenecería el sueño, la fábula, el cuento, la leyenda y la poesía.

En la poesía de Bustos la relación muerte-Dios se expresa en el poema "El Justo Juez", en cuyo título se revela el origen de la muerte del hombre según el hablante lírico: "Los restos de una mosca se columpian / en el aire / Los hilos casi invisibles con breves / destellos" (ES, "El justo juez" 21); la mosca actúa como símbolo de la muerte y en el poema "De la dificultad para atrapar una mosca" (ES 41), se equipara el ojo de la mosca con el ojo de Dios. Además de la desentronización evidente que opera en el símil, presente también en otros poemas, el hablante lírico expresa que la muerte simbolizada en la mosca, es la mirada de Dios. Esta interpretación es similar a la que se encuentra en la poesía de Rojas Herazo, en la que se plantea que la corporeidad, destino de polvo, de podredumbre, es el resultado de la decisión de Dios y no del hombre mismo, como se establece en la concepción judeo-cristiana.

En los poetas también encontramos varias tomas de posición hacia la muerte. En López prima la actitud irónica y burlesca: "Vivir como las cosas en los escaparates, / para de un aneurisma morir cual mi vecino.../ ¡Murió sentado en eso que llaman W.C!" (OP, "A Satán" 277). La burla también toca a los personajes: "¿Por qué señor, por qué,/ se muere un can hermoso / y no se muere un tal Ernesto Posso? / Cosas de Dios que no comete yerro / Según dice en si epístola San Pablo, / que le quita la vida a un pobre perro, / y le deja la vida a un pobre diablo" (OP, "Mientras llueve" 358). En la poesía de Rojas Herazo la muerte acusa un aspecto ambivalente: el hombre está consciente de que es polvo y asume una actitud positiva: "Y me voy a morir –tu bien lo sabes– / a morirme de barro bien usado,/ a morirme de risa repentina/ de risa de estar vivo como un hombre/[...]/ Me da risa la tierra y mis dos piernas/ las ganas de morirme en que me pudro/[...]/ el aire que respiro me da pena/ pena de coliflor, risa de nada" (DLPN, "Espina para clavar en tus sienes" 91). Aparentemente el hablante lírico acepta la muerte como algo ineludible, incluso como un estado deseable, sin embargo la ironía de los dos últimos versos revela la imposibilidad del hombre para cambiar su condición de barro y polvo. La muerte aparece también como algo impenetrable por el hombre, quien es impotente para alcanzar a comprender su esencia; esto se vincula a lo dicho anteriormente sobre la ignorancia primigenia del hombre cuando fue creado: "Entonces la muerte/ es el lado de nosotros que no podemos / explorar con nuestra flácida agonía" (AFCA, "El suburbio del ídolo" 41). Esta impenetrabilidad de la muerte le otorga el poder para vencer al hombre, para anular el júbilo que el hablante lírico experimenta ante la vida: "Aquí te piensa el cielo, tierra de hinojos,/ tierra mía, amante de vello doloroso./[...]/ Sin embargo, tu borde es ya la muerte,/ ya el ocre te sumerge en el vidrio,/ en el tiempo en esas manos vagas que reclaman tus sueños" (AFCA, "Un día para inscribir en la piedra más blanca" 61). Esto reafirma la visión existencialista de Rojas Herazo que lo lleva a expresar finalmente la ausencia absoluta de escapatorias para el ser humano, pues todos sus caminos –el amor, lo corporal, los sentidos, la comunión con el otro, el paisaje mismo– conducen a la muerte, a la ceniza, al polvo. Ello explica el clamor del hablante lírico en el poema "Ser escondido", por el antiguo filamento, por la perdida inocencia, por la naturaleza angelical que bordeaba la eternidad y lo ilimitado. A esta visión desencantada de la muerte, se le superpone la visión vital relacionada con la geografía caribe, el poder del espacio que penetra la conciencia, el cuerpo, la vida misma del hombre, un espacio que supera en imágenes, las fronteras, el fin, las prisiones: "De la tierra vivimos y de mar nos morimos/ de bramido de toros nos morimos" (DLPN, "Aldebarán" 45). Es tan fuerte la geografía caribe que la muerte se transforma en vida, en fiesta, en jolgorio, en carnaval, donde ella sale a danzar: "Oímos cantar una noche, tras los muros de un pueblo, a un pájaro que tenía en el varillaje de su alas la dimensión de augurio / los muertos alzaban, entonces, sus manos y cantaban y nos miraban con rostros encendidos en la fosforescencia de las islas" (DLPN, "Aldebarán" 46); pero la muerte en el Caribe también es sombra, podredumbre, ruina, ancestro que vaga por las casas y las calles afirmándose en la memoria, recogiendo sus pasos en los espacios encendidos de luz, de sal, de mar, de yodo donde el ser se aferraba al otro, a su descendencia que en este retorno se niega a abandonar. Esta creencia pagana arraigada en la visión de mundo caribe, es recreada por rojas Herazo tanto en su poesía como en su narrativa, al igual que por otros escritores como García Márquez, Rómulo Bustos, Raúl Gómez Jattin, entre otros: "De este diario morir frente a la sal,/ desde este pudrirse con caracoles y totumos/[…]/ De este patio enlutado donde ronda la abuela,/ donde mataron una casa/ y aventaron sus puertas, sus quicios y sus ventanas" (DLPN, "Aldebarán" 46). Uno de los espacios caribes que en la poesía de Rojas Herazo tiene el poder de transformar la muerte en vida, es el mar: "El mar/ la furiosa comarca de un cielo descendido, / el sol comiendo ropa, ollas de barro, perros y fogones/[…]/ Y era entonces un hombre, / un hombre simplemente que volvía de la muerte" (DLPN, "Los corceles de espuma" 55).

La muerte en la poesía de Quessep se asume como la única certeza del hombre, como el conocimiento al que sí se tiene acceso: él sabe que va a morir, que su naturaleza es perecedera. En este hecho consiste la pérdida del hombre, su derrota. Pero el hablante lírico no asume una actitud positiva sino más bien de resignación e impotencia ante lo inevitable: "pero si yo no guardo/ sino la inútil tela/ que muestra lo mortal/ lo que se pierde desde el alma al cielo" (MM, "Final" 49). Se construye una espera inevitable de la muerte: "Como quien va a morir/ esperas en la puerta de tu casa" (MM, "Preludio de la muerte" 47). Asimismo, el hablante lírico escudriña los sentimientos del hombre ante su naturaleza mortal, y con ello hace énfasis en su carácter de víctima ante una realidad sobre la que no tiene dominio alguno: "Continuamente se oye el viento/ silbar entre las piedras,/ y alguien cuelga una red en su puerta/ protegiéndose de la muerte que avanza" (MM, "Puerto" 51). Esta idea se reitera cuando el hablante lírico considera que aún si el hombre se convenciera a sí mismo de que la muerte es un evento que no le atañe, y acudiera a la invención, a la imaginación e intentara crear un mundo fantástico, la realidad de su carácter mortal no lo abandonaría; todo será lo mismo, dice el poema, aún si el hombre canta o inventa un paraíso: "Abre tu red si lo deseas/ para cazar la mariposa angélica,/ y dí también que en ella/ la muerte es una historia de los otros" (MM, "Todo será lo mismo" 63). Pero el hombre sigue edificando con el fin de combatir la muerte, aún si ésta es infalible; y dicha edificación se realiza en la escritura sobre lo perdurable: "si en la piedra escribimos nuestra dicha/ algo contra la muerte atesoramos" (MM, "Ramo nocturno" 93).

La muerte también se muestra en Quessep como una realidad incomprensible en sí misma, como un mundo de invención al que entra el hombre. Este planteamiento está en relación con los universos de ficción creados por el poeta, contrapuestos y alternos a la realidad: el jardín (huerto, edén o paraíso), el mundo del espejo, del sueño, del cuento, la leyenda y la fábula, entre otros. La muerte formaría parte de esta clase de universos extraños, donde podría ocurrir cualquier cosa: "Dejad que todo se apresure/ a enterrar a los muertos/[...]/Estarán en el limo/ mirando las estrellas/ donde el vuelo de un pájaro/ no es sino un par de hojas desprendidas" (MM, "Sepultar a los muertos" 67). El hablante lírico denomina este universo de la muerte, la tercer orilla de la no-acción, espacio de la nada, del tiempo suspendido: "donde el vuelo de un pájaro/ no es sino un par de hojas desprendidas" (MM 67). Si bien el hombre sabe que la muerte es inevitable, no conoce este universo; aquí es claro que este estado se ve como una realidad con contenido, esto es, metafísica; no hay aquí una posición materialista, la muerte no es un hecho biológico en el que termina la vida, sino un espacio desconocido: "Te sientes, así, transfigurado,/ y es para ti la muerte una historia cantable;/ pero no sabes su color/ o qué pájaros cantarán en su cielo" (MM, "Una historia cantable" 71). Nótese el uso de la expresión "su cielo" lo cual indica que la realidad de la muerte es al parecer, paralela a la de la vida. Si bien el hombre es impotente ante la muerte y ésta lo acecha y lo arroja al desespero y a la amargura, en la poesía de Quessep el hombre puede ver la muerte positivamente, sin temor, en otro de los universos alternos: en la fábula; lo cual está en concordancia con la visión general del poeta sobre estos mundos de ficción, espacios de esperanza, de alegría; en síntesis son los *loci ameni* en los que el hombre ya no es mortal, en los que sí hay posibilidad de vida: "Quizá el país que todo lo reúne / como espejo, la fábula / donde la constelación es una piedra diminuta/ y alguien canta a la muerte como una crisálida" (MM, "Tráeme el alba" 79). Esta idea se reitera en el poema "Lectura de William Blake" en el que el hablante lírico expresa su alegría a pesar de su carácter mortal, proveniente de otra realidad, donde fluye el mito y aparece el hada y el jardín: "Estoy feliz, a pesar de la muerte / que me acecha desde las araucarias, / mi alegría proviene de otro cielo / donde los pájaros adoran la mirada del tigre" (MM, "Lectura de William Blake" 95). El que tiene la posibilidad de acceder a estos mundos no reales, tiene la capacidad de ver más allá de la muerte. En el poema "Memoria de los cuentos" se reitera el universo ficcional del cuento en el que toda imagen es creación, reinvención, vida que reinicia, epifanía del amor; en estos espacios la muerte pierde su poder y el hombre se levanta sobre ella: "En la memoria queda la epifanía / del amor, y un camino de lilas / desciende a los ojos / en quien ha visto más allá de la muerte" (MM, "Memoria de los cuentos" 101). Sin embargo, en este tema y visión de la muerte, se encuentra la ambivalencia típica de la poesía de Quessep; la cual expresa posiciones contrarias, reflejo a su vez de una conciencia caótica, ya no del poeta, sino del hombre contemporáneo. Un hombre sin certezas, sin asideros fijos, sin creencias, cuya falta de conocimiento sobre aspectos esenciales de su ser y existencia, lo arrojan a la duda y a la variación del pensamiento. Quessep expresa la resignación y el temor ante la muerte, también revela en sus poemas la acción del hombre contra ella y los espacios en los que no tiene incidencia, los del cuento, fábula, leyenda, mundos finalmente mágicos creados por el lenguaje y la memoria. No obstante, el poeta presenta el aniquilamiento de estas últimas posibilidades, llegando definitivamente al mismo punto, al de la desesperanza. En el título "La muerte de Merlín" se aprecia esto; en él se encierra la destrucción de la magia, de la invención, con lo cual se plantea el triunfo de la muerte sobre los mundos que aparentemente eran inmunes a ella. Pero una vez que triunfa la muerte, ella misma se convierte en mundo desconocido de posibles creaciones, de seres incomprensibles, un espacio de invención, y como tal es deseada por el poeta: "Ven que la muerte espera, / como la floresta magnífica espera la muerte" (MM, "Entre Árboles" 103), "Venga la muerte así, como ha venido / la infancia en un juguete; y encontremos / al bajar por la sombra a su floresta / un tapiz que se teja eterno, fábulas" (MM, "Juguetes" 111). La muerte se ha transformado así en fábula y ha destruido el tiempo, ha eliminado la naturaleza perecedera del hombre. Esto parece una contradicción. Pero obsérvese que la metamorfosis de la muerte en fábula explica lo planteado, al igual que la alusión a la eternidad como temporalidad. Esta idea se redondea en el poema "Muerte de Merlín", en el cual, después de la muerte de la magia, aparece el bosque, un rincón desconocido, alucinado, un espacio de libertad ya no del pájaro sino de la libélula: "Sin embargo, –para quien pueda ver / a través de su párpados de escarcha–, existe un rincón desconocido / que brinda la constelación y la rosa" (MM, "Muerte de Merlín" 113). También en el poema "Madrigal de la muerte" (LE 48), se expresa este mundo de metamorfosis que quizá ocurre después de la muerte: "Tal vez el polvo te transforme / En la luna desconocida". El hablante lírico expresa abiertamente que la única manera de intentar vencer la muerte, o por lo menos sus preludios, es convirtiéndola en fábula: "¿perdido está el Edén y es vana la escritura/ si el horror de morir no se convierte en fábula?" (LE, "Del arte y el destino" 161).

Si en Quessep la lucha contra la muerte se logra mediante la invención de mundos, de la fábula, de la leyenda y el cuento, en Gómez Jattin es a través del recuerdo; en el pensamiento del hombre se encuentra reconstruido el tiempo y el acontecimiento, símbolos en sí mismos; allí también se libra la batalla contra la muerte y se crea un espacio inmune en el que Joaquín Pablo, Lola Jattin, la abuela oriental, Cavafis y Pavese pueden nuevamente caminar, sentir, entrar en comunión con el poeta; la lucha contra la muerte a través de la creación y el recuerdo, se convierten así en la pervivencia de la otredad.

Otro elemento que combate a la muerte en la poesía de Gómez Jattin es el carnaval. En "Veneno de serpiente cascabel" la victoria del talisayo campeón y el niño en la pelea, se convierte en disfraz y fiesta. El carnaval, al ser una exaltación de la carne, de la existencia material del hombre, es entonces la afirmación contra la desaparición del cuerpo. En esta lucha contra el exterminio del cuerpo vale todo: el juego sucio con el veneno de serpiente cascabel, el ruego, el canto a la oscuridad para que esta no se vaya.

Lo anterior demuestra distintas maneras de asumir la muerte en la poesía del autor: con resignación, abandonándose a ella o luchando contra ella a sabiendas de que al ser una marca, es un destino ineludible: "Que es necesario verle los ojos a la muerte/ para aprender a morir a solas" (P, "Necesidad inexorable" 76). Pero en esta diversidad de rostros de la muerte, llama la atención su relación con la poesía. Este hecho ha sido destacado en la obra de Gómez Jattin. La muerte es, al lado de la locura, uno de los epicentros de su propuesta estética. Para el poeta cartagenero, la creación poética es un fragmento de la autodestrucción, un anticipo de la muerte; y ésta es un estímulo para la vida y la creación (Jáuregui, "Tierra, muerte y locura" 1-2). No obstante, la aniquilación se ve dominada por la memoria (Olaciregui 18), y en este sentido, hay una lucidez en el poeta, comparable con la lucidez de la muerte de la que nos hablaba Héctor Rojas Herazo; no podemos evitar la relación en cuanto a la visión análoga que estos dos poetas tienen, amen de elementos como el dolor y la desolación, entre otros.

En efecto, en la obra de Gómez Jattin, la poesía escapa a la muerte, pero a la vez mata al hombre, es un arma de doble filo pues es vida en cuanto le permite al poeta descifrar su dolor, exteriorizar el miedo y la desolación, recrear las vidas en la memoria; pero la poesía a la vez son cuchillos a los que el poeta tiene que acostumbrarse, son fuerzas que lo impulsan a experimentar o penetrar las sombras. Es esta dualidad la que se percibe en "Metafísica del poema y la muerte": "¿Azul verdad/ azul y blanco/ Hendido por una franja violeta" (P 81). El símbolo de la franja representa la muerte como señal adherida al poeta. En este poema se opone también la muerte a la creación, a la poesía que vive y sueña: "Dos manos una boca/ Y casi todo el resto/ Soy/ otro que sueña/ querida" (P 81). Nótese que el hablante lírico se dirige a alguien a quien invita a levantarse, a revivir mediante la observación del ser que escribe: "levántate y mira/ como sino hubieras muerto nunca/ a quien escribe estos versos" (P, "Metafísica del poema y la muerte" 81). En síntesis lo ilimitado, lo infinito dado en los símbolos del azul y el blanco (el cielo) –lo cual simboliza a la vez la poesía y la vida–, está cruzado por la muerte –la franja violeta–. La poesía es pues vida y muerte: "Octavio Paz Poesía mata al hombre nuestro/ y de su podredumbre enlaza lo que queda/ lo que merecía otro tiempo más durable/ con la muerte de una parte de la muerte" (P, "Salamandra para Octavio Paz" 77). Son visiones encontradas, como las que concilia y separa la soledad y la muerte, el deseo y el miedo a ésta; como la muerte, la libertad y la prisión; la muerte y el tiempo: "En las lágrimas tuyas está todo el terror/ a la noche de la soledad y la muerte"(P, "En las lágrimas tuyas está todo el terror" 113). Este terror es compartido por la soledad y la muerte porque como afirma Pérez del Río (68), ésta solo se torna presente en aquélla, al estar a solas; es vivir con la ansiedad de que la vida se convierta en una permanente despedida. Para Gómez Jattin la muerte es prisión porque está incrustada en los huesos, es un laberinto sin salida, pero a la vez es una forma de libertad pues es el instante en que se huye definitivamente de esa ansiedad de morirse diariamente, de pudrirse, de estar en soledad: "Estoy prisionero/ en una cárcel de salud/ y me encuentro no marchito/ Me encuentro alegre/ como una mariposa/ acabada de nacer/¡Oh quién fuera hipsipila / que dejó la crisálida!/Vuelo hacia la muerte" (EM, "Mariposa" 13). Aquí la muerte se traduce en un abandono del cuerpo, la crisálida, para emprender un viaje hacia Dios o hacia sí mismo. Es en este libro *Esplendor de la mariposa* en donde la muerte deja de verse como un estado presente en la vida del hombre, fuera o dentro de él, para verse como una puerta hacia otra realidad. Es quizá el efecto de la doble prisión que experimenta el hablante lírico: la cárcel de salud y su propio cuerpo.[75]

---

[75] El tema de la libertad y la prisión es otro de los rasgos significativos destacado por la crítica en la poesía del escritor cartagenero. Según Cadavid ("Los poetas" 3), éstos se desarrollan en el poemario *Esplendor de la mariposa*, el cual tiene una estructura de diario y posee dos temas claves: la conciencia de exiliado de la realidad y la levedad del espíritu que se niega a las ataduras

Si se quiere acceder a la postura de Gómez Jattin ante la muerte, se puede plantear que es bastante ambivalente. Es la visión del pesimista, quien al decir de Pérez del Río (10) oscurece toda idea de porvenir y sus ideas son el resultado de un choque con el dolor, el desengaño y la muerte. No obstante este pesimismo no es total pues, como lo demostré en páginas anteriores, el poeta también presenta armas de combate contra el aniquilamiento como la poesía, el carnaval y el recuerdo, quizá porque sabe que la muerte es la reducción a la nada, que morir implica la pérdida definitiva de sí mismo y del otro; el poeta reconoce que la muerte es una destitución y un despojo. El hablante lírico enfrenta además, la melancolía ante la muerte porque sus pasos en el diario vivir del hombre anticipan la vivencia del límite; de este modo en la obra de Gómez Jattin se percibe una tesis negativa de la existencia; pero en medio de estas visiones encontradas, además de la melancolía, también está la del desesperado pues mientras el melancólico no busca ni desea morir y vive la muerte día a día, el desesperado en cambio, la desea y la espera, cree que haber nacido es la mayor desventura, la vida es un tormento insoportable y la muerte resulta ser una liberación. En la obra del poeta cartagenero se percibe entonces al pesimista, al melancólico y al desesperado, en suma, una visión existencialista de la vida. Anotaba que en varios versos el hablante lírico expresaba el deseo de acoger la muerte, pero también la vivencia de ésta a cada instante y la manifestación de un rechazo por la vida en la protesta hacia la madre: "Madre yo te perdono el haberme traído al mundo"(P, "Un fuego ebrio de las montañas del Líbano" 39). Ante la vida como tormento, el poeta logra resarcirse en el amor homosexual, no agape sino eros contra tánatos. El otro, el amigo contra la soledad y la muerte.

En la poesía de Bustos también se encuentran varias actitudes hacia la muerte. En primer lugar es reiterativa la toma de posición resignada y de lamento ante ella; es esencia y destino inherente al hombre y ello le produce un estado de impotencia y tristeza: "Y ser tan sólo gótico sueño / que empina sus altas torres / a la nada" (PGCI, "Y ser tan solo" 61). Ante el carácter mortal, destinado a la nada, en los poemas de Bustos también se caracteriza al hombre como ser iluso con falsas esperanzas: "Como aquel mortal / que entre los muertos / deseando alcanzar una sombra amada / naufragaban sus manos en el aire / así –vamos– / pretendemos abrazarnos fervorosos / a la vida" (PGCI, "Como aquel mortal que entre los muertos" 52). Otra

---

terrestres. De Ory (7), anota que este libro habla del lado oscuro del poeta, del encierro y de su dolor frente a la libertad de la poesía.

toma de posición ante la muerte es de ironía y derrota: "Sólo recuerdas / el desleído rostro del difunto y la mosca / nítidamente emergiendo de su boca entreabierta / Luego está esa pregunta del catecismo / que nunca supiste responder/ ¿Qué significan las palabras vida perdurable? / La pregunta sigue revoloteando / zumbante como una mosca" (ES, "Escena I" 10); la ironía se establece aquí en la relación entre las dos escenas, la mosca en el cadáver y la pregunta sobre la vida perdurable que zumba como la mosca, esto es, la muerte que rodea y aniquila la posibilidad de la vida perdurable.

La muerte también se ve como espectáculo y se expresa de modo grotesco en la poesía de Bustos. En el poema "Monólogo del actor", se recrea el carácter del hombre moderno, el de víctima ante la cual la mentalidad actual se regodea. Es indiscutible la ironía y el humor mordaz con el que el hablante lírico expresa este hecho típico de la época actual: "De los varios papeles que he representado / el que más aplausos me ha cosechado / es el de víctima/[...]/Extraños fervores de este público / que goza con mi muerte" (PGCI, "Monólogo del actor" 55).

Finalmente en Artel la toma de posición hacia la muerte se logra desde la cultura y la tradición negroide; es la desaparición de personajes y el ritual que rodea el evento. El énfasis sobre la ritualización se refuerza con la danza y la música: "En tus currulaos, / tus velorios y tus cortejos fluviales, / Se prolongan los ritos, / como voces perdidas, / que hablan a mi raza / del primitivo espanto frente a la eternidad" (TN, "noche del chocó" 77). El ritual de la muerte se describe con más claridad en el poema "velorio del boga adolescente", donde el acto se describe más como una fiesta que como una tragedia: "Desde esta noche a las siete / están prendidas las espermas: / cuatro estrellas temblorosas / que alumbran su sonrisa muerta." (TN, "velorio del boga adolescente" 27). El escenario descrito se complementa con la preparación del muerto, como si asistiera a una fiesta: "le pusieron la franela / y el pañuelo de cuatro pintas / que llevaba los días de fiesta" (TN 27). Es interesante ver la analogía que se establece con los eventos de canto y rituales practicados en el Caribe como la pelea de gallos y los jolgorios: "Hace recordar un domingo / lleno de tambores y décimas, / O una tarde de gallos, / o una noche de plazuela. / Hace pensar en los sábados / trémulos de ron y de juerga, / en que tiraba su grito / como una atarraya abierta!" (TN, "velorio del boga adolescente" 28). A esta construcción del escenario vivo del hablante lírico, como una manera no solamente de evocar la vida del boga, sino de exorcizar la muerte, le sigue la realidad de ésta: "Pero está rígido y frío

/ y una corona de besos / ponen en su frente negra / (Las mujeres lo lloran en el patio, / aromando el café con su tristeza. / Hasta parece que la brisa tiene / un leve llanto de palmeras!" (TN 28). La ruptura acentual en los versos de este poema es evidente, y se refuerza con la reiteración de la vida del boga, de su fuerza, su trabajo, su voz, su canto, su ejecución de la gaita, esto es, las múltiples imágenes sonoras que identifican al hombre, especialmente de raza negra: "Murió el boga adolescente / de ágil brazo y mano férrea: Nadie clavará los arpones / como él, con tanta destreza!/ Nadie alegrará con sus voces / las turbias horas de la pesca.../ Quién cantará el bullerengue! / Quién animará el fandango! / Quién tocará la gaita / en las cumbias de Marbella! /[...]/ Mañana, van a dejarlo / bajo cuatro golpes de tierra" (TN, "velorio del boga adolescente" 28-29). Es interesante notar que aparentemente la toma de posición hacia la muerte en los poemas de Artel, particularmente en el poema citado, se logra desde una perspectiva biológica y social –por la descripción física y ritual–, sin que haya una reflexión metafísica como es evidente en poetas como Rojas Herazo, Quessep, Gómez Jattin y Bustos. No obstante, la ruptura acentual establecida en los versos y la oposición vida-muerte que se establece en el poema mencionado, permite afirmar que si hay una posición que resalta la paradoja resumida en el último verso: "Mañana, van a dejarlo / bajo cuatro golpes de tierra" (TN 29). Después de la vida exaltada por la música, la danza, las voces, después de la compañía, al boga le queda su soledad y aniquilamiento, lo que Bustos, Rojas Herazo y Quessep denominan "tu pura nada", el vacío.

La relación muerte-tiempo también es otro de las significaciones que se extraen de las obras de los poetas. En Rojas Herazo, la muerte es producto de la lenta acción del tiempo: "Enseñando a la muerte, a la nuestra, / a la de cada quien minuteando su horario, / a vivir y ganar su cada día con su pan y su diente" (UA, "Jeroglífico del desconsuelo" 53). Este mismo sentido se halla en la poesía de Quessep: "El color del tiempo y la muerte / Nube o alondra lo conoces" (LE, A la entrada del reino" 33). La relación muerte-tiempo se aprecia más claramente en el poema "Canto del extranjero" en el que se agrega la soledad y la nostalgia; se describe un hombre cuya mirada está proyectada hacia la muerte: "El hombre solo habita / una orilla lejana / Mira la tarde gris cayendo / Mira las hojas blancas / Rostro perdido del amor / Apenas canta y mueve / la rueda del azar / que lo acerca a la muerte" (LE, "Cercanía de la muerte" 38). En la poesía de Bustos la muerte también es producto de la lenta labor del tiempo, como en Rojas Herazo y Quessep: "A cada paso /

sentimos morir nuestro atado a la espalda / escurrirse el lento peso de ilusiones / oscuros viajeros sin árboles ni cisternas / Así partimos a otra orilla (¿a otras voces?) (PGCI, "Viajeros" 31). La relación de la muerte con el tiempo en Gómez Jattin se traduce en la decrepitud del cuerpo por la vejez: "Furor de los años en tropel Pasos de la muerte/ Ella camina indemne solitaria en mi camino" (P, "Cambio de identidad" 107). El hablante lírico experimenta la vejez como una de las caras de la muerte con sus señales: "Vientre blando y cabeza calva/ Pocos dientes /Y yo adentro como un condenado" (P, "De lo que soy" 131). En la poesía de Bustos la concepción temporal está ligada a la decadencia del cuerpo, y en ella hace su presencia la muerte: "Y cargas el día a tu espalda / como un fardo misterioso y funesto" (PGCI, "Profesas la dicha" 83). Se trata entonces del envés de la eternidad, la mortalidad del hombre, su verticalidad temporal sucumbe ante la horizontalidad del espacio: "la tumba: "A cada paso / sentimos morir nuestro atado a la espalda / escurrirse el lento peso de ilusiones" (PGCI, "Viajeros" 31). Esta relación tiempo-muerte es análoga a la que se encuentra en la poesía de Rojas Herazo y Gómez Jattin; en el primero la vejez, la enfermedad y la podredumbre son los estados que testifican la muerte como presencia inherente a la vida del hombre. En el segundo es la agonía interior, la soledad y la vejez misma los heraldos del carácter mortal del ser humano. En Bustos la muerte es el viaje de éste en el tiempo: "Así partimos a otra orilla (¿a otras voces?) /[…]/ Extraños como vinimos" (PGCI, "Viajeros" 31).

Finalmente la relación muerte-soledad también es recurrente en la lírica del Caribe colombiano. En la poesía de Rojas Herazo dichos estados rodean al hombre como consecuencia de la pérdida del paraíso: "Solos hasta morir por los senderos, / solos de muerte entre las venas, solos…" (DLPN, "Primer cartón del trópico" 31). En la poesía de Giovanni Quessep se expresa esta misma relación: "El hombre solo habita una orilla lejana /[…]/ Apenas canta y mueve / la rueda del azar / Que lo acerca a la muerte" (LE, "Cercanía de la muerte" 38); la muerte posee en sí misma este rasgo de soledad: "Nadie podrá negar la dicha que en ti nace / o ese cielo, su claridad tan honda, / donde para la muerte solitaria / amada por un tiempo de nardo y maravilla" (LE, "A la sombra de Violeta" 40).

Además de la muerte asociada a la soledad, la lírica del Caribe colombiano contiene plurisignificaciones sobre esta última. En la obra de López la soledad se asocia al tedio y al hastío, temas claves en su poética: "Y en la villa me aburro, y aburrido / de mi, de ti, de aquel, de todo y nada, /

vuelvo a mi soledad, como a su nido / regresa el ave herida y desplumada" (OP, "Por el atajo III" 219). Pero, como en todas las temáticas de López, al lado del carácter lírico, nostálgico y solemne, emerge el contraste burlesco: "Soledad de necrópolis, severo / y hosco mutismo. Pero / de pronto en el poblacho / Se rompe la quietud dominical, / porque grita un borracho / feroz: –Viva el partido liberal!" (OP, "Siesta del trópico" 263). Pareciera que el pueblo, –designado despectivamente con la terminación 'acho'– no fuera digno de poseer una verdadera soledad, grave, seria, solemne. A esta soledad del pueblo, se opone la del espacio rural, deseada por el hablante lírico: "Solo y tranquilo cruzo la vereda, / no temiendo dejar bajo una rueda, / –despanzurrado ante una flor– mis huesos..." (OP, "Por el atajo II" 63).

En Rojas Herazo la soledad se ha considerado como una de sus obsesiones; no solamente la soledad del ser humano, del estupor y orfandad existencial del hombre, sino también la de una geografía y su historia (Bustos Aguirre, "El Caribe purgatorial" 7). Algunos críticos consideran que la soledad en Rojas es un efecto de la ruina, un camino hacia la muerte (Rodríguez, "De la ruina"), o uno de los niveles de la ausencia asociado al silencio, a la derrota y al dolor. La soledad es también el producto de la incomunicación con el ser supremo después de la constante interrogación, presente en los versos de Rojas (Bolaños 7-8, 16). El mismo poeta ha dicho que la soledad es un elemento que convive con la muerte y con la destrucción del ser humano (Luque Muñoz, "Héctor Rojas Herazo" 35): "nacemos solos, vivimos solos y morimos solos, es la total soledad [...] Todos estamos solos. De ahí viene la urgida necesidad de consolación [...] Cada ser humano [...] tiene que encarar el drama de vivir solo".

La importancia que el mismo escritor le otorga a este tema se evidencia en toda su obra poética e incluso narrativa; todos los personajes aludidos: Adán, Caín, Celia, entre otros, se dibujan como seres exiliados, desterrados del mundo y de sí mismos, que vagan por el mundo buscando consolación. Según García Usta ("Rojas Herazo" 43-48), Rojas presenta al hombre como un Caín abandonado a la purgación de su soledad y su desdicha; sin embargo, frente a este destino, la poesía de Rojas Herazo, agrega García, nunca dejará de insistir en el compromiso central que tiene el hombre de rebasar y destruir su soledad individual, pues busca y halla su trascendencia en el otro. Este tema se asocia a la agonía: "Esa agonía se nos aferra al alma como un ácido y crea un clima de soledad" (Arango, "Héctor Rojas Erazo" 29).

La soledad ha sido señalada como una temática clave en la literatura del Caribe colombiano; y vemos cómo Rojas Herazo nombra esta categoría y su relevancia en su primer poemario *Rostro en la soledad* (1951), pero le otorga un carácter más allá del estado físico y material, pues revela sus verdaderas raíces: la pérdida de Dios en el mundo, la caída. En éste y sus otros poemarios se perciben varias actitudes hacia la soledad: una soledad de vida, cuya plenitud aprovecha el hombre para celebrar el autoconocimiento del cuerpo y el primer contacto con el mundo; se trata de una soledad que lo lleva a una identidad y aun gozo de sentirse vivo. La otra, es la soledad de muerte, en la que el ser humano experimenta su miseria, su aislamiento y su destino ante la desaparición definitiva. Aquí el individuo se reconoce solo, para probar y experimentar hasta el fondo su decadencia y podredumbre.

La soledad de vida se percibe en el poema "Adán" en el que el hablante lírico escudriña las más ínfimas experiencias sensibles del primer hombre sobre la tierra. La soledad es el espacio y tiempo precisos y apropiados para que el hombre pueda verse en su corporeidad plena; para que pueda observar detenidamente y gozarse en ello, cada parte y cambio de su cuerpo, cada contacto con lo exterior: "Estás solo, /biológica y hermosamente solo" (RS, "Adán" 15). Es la soledad la que permite que Adán reciba toda la carga de los sentidos que se despiertan por primera vez: "en la satisfacción de tus miembros frente a la lluvia. / rodeado de sustancias estrenadas por tus sentidos" (RS, "Adán" 15). En este poema Rojas Herazo utiliza uno de los procedimientos que marcará toda su producción poética: se trata del detalle, de la descripción de las cosas y eventos mínimos, de la focalización de lo ínfimo. Al parecer el poeta intenta penetrar la sustancia de las cosas y los seres, su constitución interna y profunda para desentrañar lo que está oculto a los ojos del hombre. Este procedimiento se utiliza en "Adán" para revelar el gozo del auto descubrimiento y la revelación del mundo que opera en el hombre a través de la soledad: "el bello irrumpe sobre tu piel /, y la luz viene alborozada al encuentro de tus ojos", "Contémplate solitario primero ante la luz, / y escucha bien tu sangre / porque de ti han de crecer todos los ruidos del hombre". Esta soledad está compenetrada con la naturaleza "estás verde de soledad y paraíso", y esta compenetración hace que la soledad se vuelva un rumor, un aroma, el aire mismo que circunda al hombre "Adán, estás bello de soledad, estás oloroso a soledad"; "Tu soledad es costumbre de luz, / olfato vigoroso" (RS 16). Al final del poema "Adán" la soledad se transforma en algo negativo. En los primeros versos, la soledad es un espacio en el que está situado el hombre sin que éste alcance a percibir su significado. Una vez que Adán reconoce su cuerpo y su entorno, asume la soledad como algo interno, la percibe, la palpa: "estás castigado, Adán, castigado de hombre, / no puedes ni siquiera sollozar / porque no tienes orilla para sentirte desterrado". Esta visión negativa es el otro valor que apunté al comienzo; se asocia con el olvido, la decadencia y la muerte. En el poema "palabras para aventar en el olvido", el recuerdo y el olvido parecen caminos para acceder a la soledad, aquí se da una alternancia entre el pasado del recuerdo y el olvido, y el presente de la soledad. En estos significados emerge la visión existencialista de Rojas Herazo que se expresa en un hombre que se siente anónimo, excluido, inútil, habitado en las márgenes de los espacios, en los límites, en las fronteras. Llama la atención cómo estos valores de la soledad se asocian al espacio de la ciudad, también presente en la poesía de Jorge Artel: "la respiración de las ciudades y el latido de los puertos.../ nuestro nombre fue solamente un número / transitando en avenidas innecesarias. / Nos hirieron de soledad" (RS, "Palabras para aventar en el olvido" 20-21). Otro de los valores que puedo percibir es la relación de la soledad con el nacimiento, el tiempo y la espera. En el poema "El encuentro" se recrea la soledad del hijo en el vientre de la madre que sólo puede romperse con el lenguaje: "y era terrible escuchar tu soledad y tu llamado" (RS, "El encuentro" 23), "hijo mío como me llamabas, / y enumerabas para mi silencio todo lo que entonces era tuyo y me formaba" (RS, "El encuentro" 25). Al igual que el recuerdo y el olvido, el tiempo es uno de los varios casos que asume la soledad. Esta idea me parece interesante en la poética de Rojas Herazo porque contradice la visión trivial de la soledad; es decir, la espacial física. Para el poeta caribeño la verdadera soledad es la que está vaciada de espacio, es la soledad del tiempo vertical, la cual penetra la conciencia del ser humano: "y los huecos de los muros donde se asolean los lagartos / y los sentía llenos de tiempo, de soledad" (RS, "El encuentro" 24). Nótese aquí la igualdad entre los dos estados, tiempo y soledad. "Aquí el tiempo en latos círculos, en ávidas lenguas, / en dura soledad. / Aquí el tiempo sin hombre y sin espacio /[...]/ solo el tiempo resbalando en la piedra de las ruinas. / más eterno que la cal..." (RS, "El habitante destruido" 30). En este poema la relación tiempo soledad ya no es de identidad sino de contenido a continente. Se trata aquí de una soledad absoluta, con un ser y una existencia propias por cuanto deja de ser sentimiento expresado por el hombre. Esta misma visión de la soledad como tiempo se halla en Quessep, como parte de un círculo inevitable para el hombre: "Tiempo: esperanza: nadie / (Oh exilio y hundimiento / irrefutable / la soledad es esto: el mar en todas partes" (ESNF, "el mar y los amantes" 80).

Los dos tipos de soledad que he planteado en Rojas Herazo, se asocian a los significados que Octavio Paz ha señalado, el de tener conciencia de sí, que se relacionaría en parte con la soledad de vida; y el que corresponde al deseo de salir de sí, entendida como carencia de otro, nostalgia y búsqueda de comunión (Paz, *El laberinto* 211-212).

La soledad en Rojas Herazo está asociada también a la separación del hombre de Dios, pues se vincula al destierro, y que en la obra del caribeño corresponde a la expulsión del hombre del paraíso y al inicio de un lento vagar por el mundo; siempre en exilio. Hay una identificación entre la soledad y pecado original, soledad y orfandad, soledad y muerte (Paz, *El laberinto* 211); identidades presentes en la obra del poeta caribeño.

La soledad también se asocia a la escatología dada bajo una de las formas que trabaja Rojas Herazo: la apocalíptica. Se describe el estado posterior a la destrucción del hombre y el mundo y la consecuente instalación del tiempo como correlato de la soledad: "este viento, esta alta soledad en círculos dichosos / y este orbe rumoroso de arenas en el tiempo" (RS, "El habitante destruido" 32). En otros poemas la soledad se asocia al castigo. Es quizá el valor negativo más marcado que le otorga el poeta, pero se trata de una soledad espacial asociada a la derrota, al carácter indefenso y desamparado del hombre: "lo más terrible, lo más indefenso y terrible / es un hombre solo / con la pura soledad de su cráneo frente a nosotros" (RS, "Castigo y soledad" 51). En medio de este sentimiento, el ser humano se busca afanosamente en el otro; pero no para salir de su estado solitario sino para compartirlo con los demás y librarse un poco de él: "Nos mira con pómulos y orejas y busca un solo poro, un solo poro indeciso en nuestra piel / para empujarnos de golpe toda su soledad. / Su castigada soledad de escaleras.../ su agria soledad" (RS, "Castigo y soledad" 51).

En Giovanni Quessep se edifica la soledad del poeta y del ser humano en general, la soledad relacionada a la nada, a la esperanza, al recuerdo, los sueños y la invención. La soledad es el estado deseado por el poeta: "Quisiera ver la luna / De nevadas violetas / sobre este cuerpo solitario / Que un día entró a la niebla/[…]/Quisiera ver la luna / callada del que duerme / la soledad de piedra / De esta otra Biblos que es la muerte" (LE, "Elegía"

46); "Esperanzas no tengo si no es en la leyenda / sirve el poeta a solas y su canto es cielo" (LE, "Quien ama la penumbra melodiosa" 75). La soledad del ser humano se asume como estado inevitable y ubicuo como la muerte: "Estamos solos en la vida / y en la muerte, solos en el jardín y en el alba" (LE, "Piedra blanca" 135). Esta clase de soledad, al igual que la del poeta, es vista positivamente, como estado que potencia la invención: "La soledad es tu mayor tesoro; / por ella va tu fantasía / consteladade historias, / de mares que se alejan y de blancos países". Pero también es vista negativamente al ser asociada con la nada, opuesta a los sueños: "Eres la soledad, / tu pura nada, / tu ausencia de unos pasos en la tierra, / Nunca los sueños, nunca el paraíso: / Todo te pertenece, en sombra y agua" (ESNF, "tu pura nada" 57).

En Raúl Gómez Jattin se encuentra la soledad del poeta, asociada a la muerte, su nostalgia y su tristeza: "Esa Sara Ortega de Petro la que hoy es mi comadre /tres veces / la que cuando muero de soledad o de locura / acude a verme con un tazón de sopa y todo su cariño" (P, "Abuela oriental" 66); "Álvaro Yo también tengo un río de enfermedad y muerte / en mi geografía y en mi soledad Álvaro Mutis" (P, "Necesidad inexorable" 76). La soledad en la poesía de Gómez Jattin forma parte del inventario vivencial del ser humano: "Vuelve con sus cicatrices en el alma / de fugada de un harem / con sus 'mierda' en árabe y en español / Con su soledad en esos dos idiomas" (P, "Abuela oriental" 65).

En la poesía de Bustos y de Jorge Artel, la soledad no es una temática recurrente. En el primero sólo se asocia a la ausencia: "Derramar la soledad / como si la vida entera se inclinara / sobre el eje de tu ausencia" (PGCI, "Brama la sombra duele" 95); y en el segundo, aparece en el escenario de la música y la ciudad: "Te hablo nueva York, / desde mi soledad / compartida por diez millones de habitantes" (TN, "Palabras a la ciudad de nueva York" 119); "Los tambores en la noche/[…]/la emoción en las manos / les arrancan la angustia de una oscura saudade" (TN, "tambores en la noche" 26).

El tiempo y la memoria

La elaboración estética de la temporalidad es otro de los rasgos estéticos de la lírica del Caribe colombiano contemporáneo. Al igual que se estableció una poética del espacio, aquí podemos plantear una poética del tiempo que se manifiesta de cuatro formas: 1) el tiempo de la memoria, el recuerdo y la historia; 2) el tiempo de la cotidianidad y del rito; 3) el tiempo primigenio, de la creación, el origen y el fin; y 4) un tiempo mágico: legendario, fabulado, onírico y eterno.

En la obra de Rojas, el recuerdo ha sido señalado como un aspecto importante. Con él, el hombre se purifica frente a sí mismo (García Usta, "Celia se pudre" ix); la recuperación del pasado permite la búsqueda de la identidad e incita al lector a la nostalgia y a la evocación (Cárdenas y Goyes 67; Ferrer, "Poder y nostalgia" 9). El mismo Rojas afirma que lo único que poseemos es el recuerdo, y cuando éste desaparece, viene la muerte (Posada Mejía 11).

El tiempo del recuerdo y la memoria en la poesía de Rojas Herazo, se asocia a un pasado algo mágico y nostálgico; tiempo de juego, de imágenes amables para el hablante lírico: "Lidia era la dueña de los cocuyos. /[...]/ la recuerdo entre las tablas rotas / y los cordajes de humo. / Su voz era un crustáceo herido. / Toda ella como un barco, / como un nocturno barco, / para siempre abandonado (DLPN, "La reina" 49); esta visión temporal del libro *Desde la luz preguntan por nosotros*, se vuelve a encontrar en *Las úlceras de Adán*. Es la coordenada asociada también al paisaje, pero desde una focalización desde la infancia: "Desde un tiempo que jamás tuvo entonces,/ tiempo de tan atrás que ya ni lejos, / en que podíamos contar y olvidar y volver/ a contar / todos y cada uno de los insectos, / trocitos de papel o muñecos de paja / que llorábamos por nuestra mano izquierda/" (UA, "En Vallejo la poesía pide limosna por nosotros" 40).

Pero al lado de esta visión positiva hacia el recuerdo y la memoria, en la poesía de Rojas Herazo, también hay lugar para una negativa, asociada a la ausencia y la soledad, a la ruina y a la muerte: "Recuerdo tu voz en esta aldea curvada por el tiempo /[...]/ Para tu ausencia esta voz mía, / este labio; este diente de muerte" (RS, "Segunda estancia y un recuerdo" 10). La ruina como efecto del tiempo se aplica tanto al cuerpo del hombre, su casa biológica, como a su casa material: "Ahora se derrumba la techumbre / y la carcoma habita el bostezo del perro / y la sombra de los armarios. / Ahora es la vida de la casa bajo los élitros de los insectos/[...]/ Y ya es olvido / este lugar que fue nuestro / en un solo día de tiempo" (RS, "miramos una estrella desde el muro" 47); destruida la casa en lo real, ella sólo puede habitar en el espacio de la memoria: "Te hago el relato de estas cosas ahora / cuando todos han muerto. / Cuando ya solamente la memoria / es río, cosecha solitaria espuma de patios, / trinos que se deshacen en el calor /[...]/ te hablo de la memoria, / de las alcobas, los muebles y los cuchicheos en la / memoria" (UA, "Inventario a contraluz" 73). La ruina de esa otra casa, el cuerpo, es otra de las manifestaciones de este tiempo: "Miras el tiempo atrás, miras tu sangre, / tus derrotadas horas, tu sonido / malhayando un tal vez y un no me importa /[...]/ Recordando un recuerdo, te preguntas / por lo que pudo ser y lo que ha sido. /lo que eres, lo que tu sed y tu suplicio afirman. / Y encuentras tu carcomido sol, tu mismo luto, / tu misma piel ajada/[...]/ con el tiempo humeando a tus espaldas" (UA, "Estampa de año nuevo" 32). El tiempo es pues, elemento devastador y devorador, el tiempo purgatorial de la culpa y la soledad, y el tiempo de la salvación, del milagro donde los personajes se redimen (Bustos, 2000 4).

En Giovanni Quessep el tiempo de la memoria y el recuerdo es el de la nostalgia por el pasado: "Volver al tiempo amado" (LE, "Amara yo el olvido" 62); es un pasado de encantamiento, esto es, de fábula: "como si el tiempo diera marcha atrás / y las nubes no fuesen sino hojas" (LE, "En el puerto" 148). Esta relación con el pasado se ve desde dos perspectivas en la obra de Quessep: la de los eventos pretéritos del hombre en su origen en el paraíso; y la de su historia personal. El pasado del hombre en el primer sentido se asume como pérdida y derrota: "En la rosa casi historia / Del jardín imaginado / Todo ilumina en pasado / Todo florece en olvido" (LE, "En la luna que he contado" 16), "TANTO CIELO que tuve, / tanto que fue el edén, lo que los hombres sueñan," (LE, "El escarnio" 77). La segunda concepción del pasado no es vista como pérdida ni derrota por el poeta, sino como ganancia pues es fuente del relato; en él se encuentra la base para elaborar la fábula: "Todo pasado es bello y habla una lengua desconocida, / la fuente nos dice historias lejanas, /o la hoja seca entre las páginas de un libro / nos lleva de la mano hasta su árbol de fábulas" (LE, "Aventurarse en el pasado" 79). Pero este pasado se ve amenazado por el otro, el que volvió al hombre temporal y objeto de la muerte: el pasado del origen: "...pero ¿no los recubre un polvo antiguo como el cielo, / un polvo mágico del que no se puede escapar?" (LE 79). Este tiempo del pasado individual del hombre también es el camino para reencontrar el ser perdido: el amor; o el ser que ha muerto: "Aventurarse en el pasado como buscador de tesoros, / con una canción para despertar a los que fueron" (LE 79), "Anduviste a mi lado / por las calles doradas de Venecia/[…]/ Venecia nos amaba, y a ti, colmándote de flores, / te dio ese azul del mar" (LE, "Preludio para una elegía" 83).

En Gómez Jattin, este tiempo de la memoria y el recuerdo se asocia a la infancia y también responde a una necesidad de retener el fluir que desgasta la realidad y el hombre. En algunos poemas aparece un tiempo estático que ha sido petrificado o disminuido en su movimiento por la visión del poeta y el lenguaje: "Hay una tarde varada frente a un río/[…]/El cuerpo de esa tarde /es un fluido tenso entre el pasado y el futuro / que en ciertos lugares de mi angustia /se coagula como una caracola instantánea"(P 26). En este poema "Y van", la manipulación del tiempo por parte del hablante lírico, tiene lugar por la acción de la memoria; es una tarde de la infancia detenida en este espacio que es retrotraída a un presente indefinido, entre el pasado y el futuro. Se perciben aquí tres facetas temporales: la detención, el fluir y la indeterminación del tiempo, las cuales se expresan mediante una serie de símbolos que alternan en los versos; para la detención se usan los símbolos de la tarde varada, el sol que anida entre los mangos; el fluir se representa en el río, el vaivén en la mecedora de bejuco, el viento y el cinematógrafo (imagen en movimiento); y la indeterminación se logra mediante un efecto de focalización que liga el pasado con el presente impreciso: el niño que se mece y a la vez observa el río y esa mirada se transmuta en la tarde que ya no está detenida sino que fluye en la mecedora: "Es una tarde enclavada en el recodo de un tiempo / que va y viene en la mecedora". Pero ese niño ya es el hombre del presente: "y al niño lo he visto casi un hombre / en la penumbra de un cinematógrafo". Finalmente, esta unión del pasado y el presente impreciso se reitera en la tarde hecha de recuerdos del ayer y deseos del aquí y del ahora. Hay un compás en el poema que permite el vaivén de lo estático a lo dinámico y luego a lo estático, en un fluir lento que amenaza con detenerse. Este compás se repite en el poema "Vengan a mis labios" (P

31). Hay una oposición entre el poeta ubicado en un espacio, pero en un presente indeterminado: "Yo no tengo presente /sólo futuro y pasado" (P 31), y el fluir del tiempo representado en el movimiento del agua: "antes del agua y ahora /que el agua viene /Yo no tengo caminos/ sólo las piedras /y el agua que viene" (P 31). Lo interesante en este poema es que la alternancia estático-dinámico termina en una fusión de estos elementos: lo estático se simboliza en la negación del camino que implica movimiento, cambio: "Yo no tengo caminos", y en la posesión de la piedras-lo inmóvil: "Sólo las piedras"; lo estático también aparece en la ausencia: "Yo no tengo amores / sólo tu ausencia". Y el fluir está representado, además del agua, en el camino, el amor y aún la soledad. La fusión de las dos dimensiones enunciadas en una de ellas, la estática, ocurre por la muerte: "Yo no tengo soledades/ sólo tu muerte/ y el agua que a mis pies muere".

La detención del tiempo en la poesía de Gómez Jattin opera mediante dos mecanismos: el recuerdo y el retrato. Ambos aparecen en toda su obra. El recuerdo, planteaba antes, se convierte en la lucha contra el aniquilamiento, es la partida que el poeta le gana a la muerte y a su heraldo, el paso del tiempo, la vejez, la decrepitud. En el retrato, el poeta reconstruye los perfiles ligados a las vivencias y los sentimientos. Generalmente aparece ligado al recuerdo: "Vienes en el viento /Rosa alba de mi niñez /Desde muy lejos/ de la Liguria a Cereté /Confundida con la rosa /de los vientos" (P, "A una amiga de infancia" 56). Se retrotrae y detiene el tiempo de la infancia y con él, la amistad, el amor. "Como fuerza de monte /en un rincón oscuro /la infancia nos acecha /Así el leopardo —Martha Cristina Isabel—/[...]/Ha saltado derrumbando años /y sobre mi niñez —de bruces— me ha derribado"(P, "El leopardo" 58). Al retener la infancia en el retrato y revivirla en el recuerdo, el hablante lírico encuentra en ella el *locus* y el *tempus amenus*; por ello es el lapso que más reitera en sus poemas.

Hay entonces una oposición entre ese tiempo detenido de la infancia, la tarde varada frente al río, y el paso de los años que separa, aniquila, envejece y deteriora el cuerpo: "Los años-Martha-con su carga de piedras/ afiladas/ nos ha separado" (P, "Desencuentros" 59). El tiempo detenido de la infancia es el de la presencia del otro, la compañía, la amistad, la libertad, el fluir; mientras que el presente es la nostalgia, la desolación, la soledad y la prisión.

El tiempo del recuerdo, el pasado añorado y reconstruido, también se trata en los poemas de Bustos. Es una temporalidad idílica, paradisíaca:

"Nada oscuro seguía nuestros pasos en el jardín /[...]/Y todo era sol / pues el sol moraba nuestra sangre" (PGCI, "Del cielo fabulado" 37). Aparece aquí el símbolo de la luz, que refuerza el carácter positivo de este tiempo. El recuerdo incluye la temporalidad de la infancia lúdica y onírica, inocente: "El cielo estaba a tiro de guijarros / en aquellos días ¿recuerdas? "(PGCI, "Poema a la hermana menor" 133). Nuevamente se aprecia aquí, la presencia de la zona celeste lo cual reitera la benignidad del tiempo del recuerdo. (Ver capítulo "Geografía Poética").

Este tiempo de la memoria y el recuerdo posee un carácter serio y solemne en los poetas mencionados; es un tiempo y un espacio de experiencias sublimes. Por el contrario, en la poesía de López, pese a que es poca la mención de esta temporalidad cuando emerge en el poema, lo hace en el marco de la ironía y la burla: "Recuerdo los detalles, cualquier simple detalle, / de aquél minuto: como si fuera un chimpancé, / la sombra de un mendigo bailaba por la calle, / gimió una puerta, un chico dio un gato un puntapié..." (OP, "Versos para ti" 283).

Finalmente, el tiempo de la historia también asociado al recuerdo se desarrolla en la poesía de Rojas Herazo, Quessep y Artel. En Rojas Herazo la historia se mueve en una tríada de vida, muerte y sueños, en la cual la rutina del cuerpo, el deambular en los espacios y el vivir una realidad de lenguaje, constituyen el transcurrir de dicho tiempo: "La luz llegaba todos los días. / Y las moscas. / Y los sueños llegaban puntualmente / a veces, por fortuna, con catarro. / Se nos iban los dedos y los ojos / abrochando camisas y zapatos, / buscando direcciones / o subiendo escaleras. Había olores. /Unos altos señores con bigotes, / asomados al cielo, / hablaban del deporte o la patria, / del alza de rábanos / o el calor de las islas. / Había libros. / Nos pintan consignas y muñecos en la frente / y luego nos sentaban en parejas / a mirar el crepúsculo. / Y llegaban la luz todos los días / con sus sueños y moscas, puntualmente" (UA, "Cómo hicimos la historia" 15). Se aprecian en este poema los símbolos de la luz y las moscas que representan la vida y la muerte, respectivamente en la poesía del autor.[76] La historia aquí recreada es la del hombre como ser individual que es manipulado: "nos pintaban consignas y muñecos en la frente / y luego nos sentaban en parejas". El hombre aquí se ubica en una historia de tedio, en un tiempo repetitivo y vacío; es un ser al que se le han inventado algunas actividades y costumbres para que gaste su

---

[76] Estos símbolos tienen la misma valoración en la poesía de Bustos.

existencia: forma de vestir, el deporte, el símbolo de la patria, la economía, libros, luchas políticas; actividades que lo alienan. El ser humano aquí es un títere manejado por las estructuras sociales y políticas.

En Quessep el tiempo de la historia está atravesado por el de la fábula y el sueño: "Soñó la historia o la leyenda" (LE, "Parábola" 24); esta historia es de siglos y milenios que transcurren y evocan la historia del ser humano en los dos siglos pasados: "Los pueblos soportaron el hambre y la peste / Reyes brutales o invasores sanguinarios / No hicieron más que multiplicar el sueño / De los devoradores de lotos / Y las sectas se multiplicaron / Y hubo divisiones y grandes matanzas / Entre los mismos que mantenían la fábula / Como el hilo de una madeja perdida entre un laberinto de / juguetes" (LE, "Parábola" 24-25). En este poema Quessep relaciona el tiempo de la fábula, la leyenda, la historia, la memoria-olvido y el sueño: "Sólo entonces comenzaría a olvidar / A deshacer la historia de su vida y la de los demás/ [...]/ Hasta olvidar su nombre y el nombre de todo ser / Así comenzaría desde la primera letra del tiempo / A contarlo de nuevo / A nombrar la leyenda y transformar la fábula en el mundo / real" (LE, "Parábola" 25)

El tiempo de la historia en la poesía de Artel se interna en el pasado de la raza, en el ancestro y la herencia; es la revisión de éste como coordenada tamporal, fuente de la identidad del presente de América. La presencia del ancestro es predominante en los poemas, la evocación de los eventos pretéritos y la conexión de éstos con el aquí y el ahora del hablante lírico. Justamente uno de los rasgos distintivos de la literatura caribeña, especialmente la actual (década del noventa), es el retorno a los escenarios históricos, una revisión del pasado de la región, sobre todo de los eventos claves e inexpresables como el genocidio amerindio y la trata de esclavos (Burnett 92). Esta vuelta al pasado se encuentra en escritores como Walcott, Naipul, Wilson, Harris, Pauline Melville, David Dabydeen y Fred D'Aguiar, entre otros. Este rasgo de la literatura caribe obedece a la conciencia de que los discursos históricos son sitios para la inscripción del poder, y por ende existe un escepticismo hacia las teorías centradas en occidente (Burnett 93).

Todo esto responde a una identidad cultural caribe, y de esa forma lo expresa Artel en su obra basándose en la etnicidad, la historia y en algunos aspectos de dicha identidad como la lengua, la música, la danza y el paisaje. ¿Cómo reconstruye Artel este pasado?: 1) Uniendo pasado-presente, (la herencia): "Poeta de mi raza, heredé su dolor" (TN, "Negro soy" 13). 2), explorando el sentimiento del ancestro: "El hondo, estremecido acento / en que trisca la voz de los ancestros, / es mi voz. / La angustia humana que exalto" (TN, "Negro soy" 14). 3), reconstruyendo el evento histórico no directamente sino mediante símbolos que actúan como puertas-umbrales del pasado: viento, puerto, mar: "Oigo galopar los vientos / bajo la sombra musical del puerto. / Los vientos, mil caminos ebrios y sedientos, / repujados de gritos ancestrales, / se lanzan al mar. / Voces en ellos hablan / de una antigua tortura, / voces claras para el alma / turbia de sed y de ebriedad" (TN, "la voz de los ancestros" 15). El viento actúa como pasaje y a la vez forma el evento histórico. El poeta usa también los acontecimientos contiguos que comunican indirecta y simbólicamente el momento preciso del desarraigo del negro, del acto mismo de esclavitud: "Oigo galopar los vientos, / sus voces desprendidas / de lo más hondo del tiempo / me devuelven un eco / de tamboriles muertos, /de quejumbres perdidas / en no sé cual tierra ignota, / donde cesó la luz de las hogueras / con las notas de la última lúbrica canción" (TN, "La voz de los ancestros" 16).

Con la reconstrucción del pasado, la poesía de Artel se convierte entonces, retomando a Burnett (109), en resistencia, sobrevivencia y celebración, aspectos característicos de la literatura del Caribe: "Contemplo en sus pupilas caminos de nostalgia, / rutas de dulzura, / temblores de cadena y rebelión. /[...]/ Una doliente humanidad se refugiaba / en su música oscura de vibrátiles fibras.../ –Anclados a su dolor anciano / iban cantando por la herida...–"(TN, "La voz de los ancestros" 17). El hablante lírico recrea aquí, el evento histórico y la huella dejada en toda una raza que tuvo como escenario el Caribe. En efecto, esta región fue el entorno de lo que Sanz (31) denomina otro acto de genocidio al referirse al transplante de miles de africanos de su hábitat original al otro mundo bajo condiciones infrahumanas. Sanz (131) agrega que fueron reglas de colonización que ha dejado una herida aún no sanada. Por ello, el hombre y mujer caribes han tenido que reencontrarse con su propia historia. Historiadores y escritores han asumido esta tarea. En el caso de la literatura caribe inglesa de los años cincuenta, se encuentra un interés por descubrir las claves de su historia e identidad, principalmente en las civilizaciones africanas, remontándose a varios siglos atrás.[77] En Jorge Artel encontramos esta preocupación en el marco de la literatura del caribe colombiana.

---

[77] Es importante señalar que el movimiento de la negritud tuvo un gran impacto en la literatura caribe anglófona y francófona, en el movimiento del regreso a África (Sanz 135).

El tiempo de la cotidianidad y el rito es otra de las manifestaciones importantes en la poesía del Caribe colombiano. El primero se refleja en un tiempo cronológico, lineal que delimita las acciones humanas; el segundo en una circularidad en el marco del tiempo profano.

En López este tiempo cotidiano se liga al hastío y el aburrimiento, y se ve desde una posición irónica: "¡Oh qué ingente tristeza y qué infinito / deseo de emigrar.../y diariamente / comiendo gato frito..." (OP, "Hay que comer carne de gato" 303). Este tiempo se vincula a la crítica social, política y religiosa, característica de la poesía de López: "Don Juan Manuel trabaja catorce horas al día, / desde hace medio siglo. Don Juan Manuel, así que amanece, apostado tras su ferretería, / le da un tiro a cualquiera por un maravedí" (OP, "Don Juan Manuel" 374); "Se afeita antes de misa, por la mañana, / todos los días, al saltar del lecho. / Es presumido y gasta en su provecho / la colecta de toda la semana" (OP 374). La labor del tiempo sobre el hombre y la casa también es tema en la poesía de López: "Nada vale hoy nada nuestra vida! ¡Nada! / Sin juventud la casa está fregada, / más que fregada, viejo bodegón!" (OP, "A un bodegón" 261).

En la poesía de Rojas Herazo el tiempo cronológico se traduce en el paso de los días y en la naturaleza perecedera del hombre: "Soy un ángel o un sueño / o un duro ser que toca / palpable y castigado. /[...]/diciembre como enero / igual a tantos lirios!" Esta temporalidad se enmarca en el tedio y el hastío, tal como se encuentra en la poesía de López; también se vincula al tiempo del origen, pues se asume como consecuencia de lo que ocurrió en esa coordenada primigenia: "Me pusieron mi ropaje de vísceras / y luego me dijeron:/[...]/ con veinticuatro horas de jornal o de sueño, / con sesenta minutos en cada órgano, / con sesenta segundos de tic-tac en las venas /[...]/Heme aquí con mis días, / mis semanas, mis meses, metidos en cintura" (DLPN, "Cantilena del desterrado" 33).

En la poesía de Quessep, el tiempo del mundo real es el cronológico, lineal, que opera sobre el hombre con su lenta labor aniquiladora, llevándolo a la negación y la muerte; esta temporalidad se convierte en un heraldo de la muerte, le recuerda cada día al hombre su naturaleza perecedera: "Tal vez nube o historia / Del tiempo que nos cuenta" (LE, "Poema con una rosa" 15), "Sólo mis ojos guardan / dolor y muerte, –sólo la miseria del tiempo / convierte en polvo la ronda que amamos" (LE, "Primera maravilla" 84).

En la poesía de Bustos el tiempo cronológico está ligado al paso de los años en la vida del hombre, al fluir en el mundo y el universo. La vejez como en los otros poetas, en López, Rojas Herazo y Gómez Jattin, es tema en Bustos; el tiempo se asume como la acción de una decadencia en el cuerpo del hombre: "Del otro lado /es un niño el que juega /Ha izado inocente sus cometas /desde la mañana del mundo /Un niño /o un viejo muy cansado / Ah, cómo nos zarandea el viento" (PGCI, "Del otro lado" 27). El paso lento e inclemente del tiempo sobre el hombre también se verbaliza en el poema "Cotidiano" (ES, "Cotidiano" 11). Pero aquí se asume desde un replegarse el hombre sobre sí mismo, tal como se encuentra en la poesía de Rojas Herazo; hay pues, un reconocimiento en el que el hombre intenta encontrar un equilibrio y en el que sin embargo se enfrenta a su ser destinado a la desaparición: "cada mañana sorprendes /una leve inclinación de tu adentro /[...]/Pero entre la primera posición y la segunda /queda siempre un residuo /Una brizna de polvo que se acumula /Sobre esta oscura aritmética se edifica tu alma" (ES, "Cotidiano" 11). Se perciben aquí los símbolos del polvo-tierra y de la oscuridad y la visión de la cotidianidad, de un tiempo repetitivo que vive el hombre y lo lleva a hacer las mismas cosas. En el poema "Consolación pedestre" (PGCI 53), se evidencia esta elaboración de la rutina: "Viernes, sábado, domingo...que más da /De este juego semanal /nos hemos siempre alimentado /[...]/¿A qué agregar un día más a la semana?" (PGCI 53).

Pero opuesto al tiempo rutinario, de hastío, del sinsentido, está el tiempo de la cotidianidad ritual en el que cada hora es una crónica, esto es, un tiempo único en el que el acto significa, en el que ocurre la comunión diaria con el hermano, con la madre; quizá haya aquí repetición, pero no esta vacía, son eventos y acciones reiteradas en un rito sagrado, poético cuyo escenario es la casa: "Dios creó las seis de la mañana para que la madre / despierte /Y nosotros podamos recoger los mangos /caídos durante la noche /[...]/la madre atiza el día y suelta los olores /[...]/las hojas de bijao abren su fruta humeante /Desayuna el mundo" (PGCI, "Crónica de la madre" 116). Este tiempo de la cotidianidad casi épica se recrea también en los poemas "Crónica del medio día" (PGCI 119), y "Crónica de la hermana mayor" (PGCI 120). En el primer caso, se trata del tiempo físico en el punto exacto en que la luz es plena y los objetos no proyectan sombras, es el tiempo en que la madre extiende la ropa como si desplegara el cielo y el ojo recibe la fortaleza del color y la libertad del vuelo: "La luz se empoza en los techos de zinc /Un pájaro canta /[...]/y el color amarillo que ha hecho nido /en lo alto/ Sería dichosa la madre / si sobre él pudiera tender la ropa recienlavada" (PGCI, "Crónica del medio día" 119). En el segundo poema se reconstruye otro tiempo preciso en el día durante el cual ocurren otros eventos rituales, míticos, emparentados con el paisaje: "Dios creó las cuatro de la tarde / para que los árboles hablen con la brisa / para que la hermana mayor regrese / y pueda esperarla junto a la verja /[...]/En la esquina / La acacia ha encendido cada una de sus flores / y parece un fino candelabro a plena luz" (PGCI, "Crónica de la hermana mayor" 120).

En Artel, además del tiempo profundo "lo más hondo del tiempo" (TN, "La voz de los ancestros" 16) de la herencia, del ancestro, de la historia fuente de identidad, se halla este otro tiempo en el presente ritual, la noche en la que se despliega la música, la danza negra y el recuerdo. Es un tiempo impenetrable, mágico durante el cual se construye otro mundo no racional, espacio de la corporeidad desbocada: "Hay un llanto de gaitas / diluido en la noche. / Y la noche, metida en ron costeño, / bate sus alas frías /[...]/ Amalgama de sombras y de luces de esperma, / la cumbia frenética, / la diabólica cumbia, / pone a cabalgar su ritmo oscuro / sobre las caderas ágiles / de las sensuales hembras"(TN, "La cumbia" 21-22). En esta temporalidad el hombre sufre metamorfosis súbitas: "El humano anillo apretado / es un carrusel de carne y hueso /.../ Es un dragón enroscado / brotado de cien cabezas, / que muerde su propia cola / con sus fauces gigantescas" (TN, "La cumbia" 22-23). La noche, la música y la danza no sólo abren el umbral de las transformaciones, sino también el del pasado; transporta al hombre a los tiempos y espacios del ancestro o retrotrae a éste al círculo del presente en el que los negros danzan: "Trota una añoranza de selvas / y de hogueras encendidas, que trae de los tiempos muertos / un coro de voces vivas. / Late un recuerdo aborigen, / una africana aspereza, / –sonámbulos dioses nuevos que repican alegría– / aprendieron a hacer el trueno"(TN 23). Noche e historia, presente y pasado se vinculan aquí, dos temporalidades emparentadas. La noche también es la temporalidad de la muerte: "Desde esta noche a las siete / están prendidas las espermas: / cuatro estrellas temblorosas / que alumbran su sonrisa muerta" (TN, "Velorio del boga adolescente" 27).

También se encuentran, en la obra de Artel, vínculos entre esta temporalidad, la muerte y el tiempo histórico ancestral: "En tus currulaos, / tus velorios y tus cortejos fluviales, / se prolongan los ritos, / como voces perdidas, / que hablan a mi raza / del primitivo espanto frente a la eternidad." (TN, "Noche del chocó" 77). Se observa entonces que la temporalidad en la poesía de Artel está atravesada por el tiempo histórico ancestral, el tiempo de la identidad, de la etnicidad. Esto demuestra la coherencia en la propuesta poética del escritor.

En los poemas de Rojas Herazo, la noche también es una temporalidad vinculada al paisaje, a la soledad, al recuerdo y al misterio: "Noche de tantos años en una noche/[...]/Noche para quedar, curvado por el viento bajo el tenso rugido de una noche sin tiempo" (DLPN, "Corceles de espuma" 53); "Noche grande y extraña, / ser descendido, intacto, quiero en el aire, duro, /flotando en grandes alas de soledad" (DLPN, "Nocturno penitente" 79).

El tiempo primigenio, de la creación, el origen y el fin en los poetas posee una base religiosa. En la poesía de Rojas Herazo esta temporalidad resulta de vital importancia estética, pues el hombre es visto como un transeúnte que llega a su morada de carne y huesos desde el Génesis. Dicha morada fue otorgada por alguien no especificado en algunos poemas, o identificado como Dios, en otros (Ver capítulo "Visión de Dios y lenguaje religioso"). Este tiempo, además de reflejar la creación del hombre refleja sus carencias: es tiempo del ofrecimiento del cuerpo pero también de la negación de su naturaleza angelical, de su carácter eterno. Esta coordenada también se vincula con un futuro pronosticado asociado a esta pérdida: "tendrás humores pues tendrás un cuerpo / Pisarás firmemente con tu efímero polvo" (DLPN, "Sentencia" 121). Hay una línea temporal clara en la poesía de Rojas Herazo, en cuanto al tipo aquí tratado: el tiempo primigenio que le otorgó eternidad al hombre antes de la caída; el tiempo de muerte, tiempo histórico de los límites del cuerpo-; y el tiempo del fin: "Habitas un tiempo sin límite ardoroso, / sin espumas, sin tribus ni apetitos remotos" (RS, "Adán" 17); "Aquí el tiempo en altos círculos, en ávidas, / en dura soledad / Aquí el tiempo sin hombre ni espacio. /[...]/ sólo el tiempo resbalando en la piedra de las ruinas. / Más eterno que la cal..." (RS, "El habitante destruido" 30). En este poema se reconstruye un tiempo histórico: "Ay, salía el amor a nuestro encuentro / y lo esperábamos con los brazos extendidos / Venían las estaciones a nuestro olfato / y las recibíamos en las ramas de los árboles /[...]/Entonces todos trabajaban como construyendo / algo que iba a ser tranquilo y perdurable/[...]/ Era bello mirar a los niños bajo la sombra de las madres / y a los donceles en el efímero equilibrio de su cuerpo" (RS, "El habitante destruido" 30-33). Hay, en consecuencia, un tiempo primigenio, un tiempo histórico y un tiempo apocalíptico eterno.

El tiempo primigenio, en la poesía de Quessep, es el tiempo del olvido remitido a la pérdida del paraíso; es una temporalidad trunca que el hombre no puede recordar: "Decimos la palabra / y hay un tiempo / Como el olvido / Y una historia trunca" (LE, "Paraíso perdido para el poeta" 13). En páginas anteriores planteaba en el tiempo cronológico y su labor aniquiladora, una temporalidad opuesta a la vida; parece ésta una idea simple, pero adquiere su valor al asociarse con el génesis de la creación y el hombre; el poeta hace alusión a la época en que aún éstos no poseían límites y afirma: "el tiempo ha destejido / lo que tejió el Señor" (LE, "Un verso griego para Ofelia": 144). En efecto, el hombre en el principio era atemporal, no así el mundo, pues Dios lo estructuró con el día y la noche. Una vez que ocurre la caída y el exilio del paraíso, el hombre se vuelve temporal: 120 años es el límite impuesto como castigo. A partir de aquí, el tiempo se convierte en la negación del hombre, inicia su labor heráldica de la muerte; es el tiempo de la culpa (ESNF, "cuando dijo su nombre" 37): "El tiempo nos conduce / por su laberinto de horas en blanco / mientras cae el otoño / al patio de nuestra casa" (ESNF, "mientras cae el otoño" 41); "¿Se pierde alma / en el otoño? Caen las hojas en / tus huesos, la ventana es ya leyenda / No te perdona el tiempo" (ESNF, "la soledad es tuya" 49).

Al igual que en Rojas Herazo, en Quessep el tiempo primigenio encuentra su contraparte en el del fin. Se asume en un futuro apocalíptico del hombre que viene a ubicarse al otro extremo temporal del origen, de la pérdida del paraíso; y el futuro irreal, el que no tiene posibilidad de acontecer: "SE CUMPLEN las parábolas El reino / Va a convertirse en polvo/[…]/ Se ha esperado milenios No lo invento / Todo puede leerse en los escudos / Y el color de la tarde" (LE, "Mensaje Enviado en la punta de una lanza" 29). Este futuro está pues asociado a la muerte, lenta labor del tiempo sobre el hombre. Es interesante ver cómo en el caso del futuro irreal, el poeta toca nuevamente este tema y la pérdida del paraíso: "SI DE LA MUERTE FUERAS / infierno o paraíso, / si vinieras de un tiempo / de doloroso olvido, / no serías las música de innumerables alas, / ni te vería en el jardín del polvo, /oh encantadora de las hojas blancas". Se oponen aquí el futuro irreal con la forma verbal condicional y el presente; en esta oposición se revela otra: la contradicción paraíso-fábula; muerte-fábula; paraíso / muerte-música.

En Bustos el tiempo del origen es el de la creación; es una temporalidad mítica que no sólo habla del acto mismo sino del nacimiento de temporadas del año. En "Crónica del árbol de agua" (PGCI 127), y en "Crónica de los nueve cielos" (PGCI 129), se habla del origen del tiempo y de las diferentes estaciones: "Un día /Dios sembró un árbol de agua /[…]/Y hubo así estaciones /[…]/Entonces comienza el invierno" (PGCI 127); "salvo los ojos de nueve cazadores /que desde el origen del tiempo han sido dispuestos / para su muerte" (PGCI 129).

El tiempo fabulado, legendario, de la poesía, del sueño y la eternidad se desarrolla en varios poetas. En la poesía de Rojas Herazo el tiempo de la fábula es el tiempo heroico: "Estaba/ gigantesco y tumbado en la mitad del tiempo. /Ancha vena fecunda, musical y terrible /[…]/ Por sus oídos, resbalando en el tiempo, / fluía el sordo rumor de ciudades lejanas / estaba allí, /presente y corporal, hecho de tiempo y ritmo, / ordenando las vidas y los ríos" (RS, "Santidad del héroe" 13). Es éste el tiempo de la victoria del guerrero: "En esta tierra descansarás / y este murmullo será la fiesta / por tus sentidos eternamente repetida" (RS, "Reposo del guerrero" 43).

En Quessep, la acción devastadora del tiempo sólo puede ser exorcizada mediante el canto, el cual es en esencia cuento. Reaparece aquí el tiempo de la leyenda y la fábula; un tiempo encantado que ya no es muerte y olvido, sino reinvención en una duración eterna, que recomienza: "El ruiseñor cantó / Sobre esta piedra / Porque al tocarla / el tiempo no nos hiere" (LE, "Alguien Se salva por escuchar al ruiseñor" 17), "¿De dónde sacas/ tu vibración, tu honda / música que nos es tiempo, / sino palabra sola" /ESNF, "secreto poderío" 45). En este mundo no real, el tiempo puede detenerse, evitando así el aniquilamiento del hombre: "Quien crea en la leyenda / Puede mirar las nubes / Verá que empieza a detenerse el tiempo" (LE, "No tenemos conjuros" 19). El tiempo es aquí fuente de la palabra, origen del relato: "El fabular unánime / De las nubes y el tiempo" (LE, "El olvido una historia" 28); el cual, por su esencia mítica puede remontarse al origen del mundo, a la víspera de sí mismo, para volver a nombrar las cosas; este tiempo es mutable, puede transformar su duración e invertirla: un minuto es un siglo, y un siglo un minuto; se borran aquí los límites pues se trata de una temporalidad edificada sobre el lenguaje: "Historias que brotaban de la mano del tiempo/[…]/Así comenzaría desde la primera letra del tiempo / A contarlo de nuevo / A nombrar la leyenda" (LE, "Parábola" 24-26).

Esta relación tiempo-palabra, se vuelve identidad con la poesía: "Oh poesía, pájaro prisionero en su canto, / tiempo que huye de sí y a sí mismo se alcanza" (LE, "Del arte y el destino" 161). Nótese aquí la relación entre poesía y libertad; esta última bajo el símbolo del pájaro; pero está presa en el canto, imagen que encierra una paradoja pues el canto en la poesía de Quessep es cuento, lenguaje, mundo fabulado, leyenda donde el tiempo no tiene limitaciones, es circular, mítico, eterno; por ello, el poeta dice que dicho tiempo huye de sí y vuelve a sí mismo, va y regresa, parte y recomienza. La relación enunciada entre poesía y libertad se vuelve más evidente cuando el tiempo posee el sentido de lo real y es vencido por dicha libertad; pierde así su potestad aniquiladora: "Pájaro, larga dicha / tendida como rama / que abre las estaciones, / cuando el tiempo / no sabe a dónde ir" (LE, "Resurrección" 158).

La relación tiempo-poesía en Quessep se expresa en la escritura, la cual se asume como una fuerza que transforma el evento presente en pasado; actúa aquí una labor de distanciamiento como si la palabra extrajera fuera el alma de las cosas: "SI SE NOMBRA la blancura / Deshaciéndose en tu mano / Lo nombrado es ya lejano / Silencio de la escritura/[...]/ La palabra es su partida" (LE, "Si se nombra la blancura" 20). La poesía es entonces tiempo que ha perdido su esencia y ha adquirido otra: la temporalidad del lenguaje, ya no del acontecimiento, la temporalidad de la palabra: "Oh poesía, pájaro prisionero en su canto, / tiempo que huye de sí y a sí mismo se alcanza" (LE, "Del arte y el destino" 161). La paradoja anterior de la poesía como tiempo negado en sí y tiempo renovado en sí mismo se explica con la imagen anterior también paradójica: la poesía es pájaro, esto es libertad, prisionero en la música, la cual no posee fronteras en tanto es creación y fábula.

El tiempo del sueño en Bustos es el de la vigilia, en el que además de ocurrir traslapes, suceden imágenes propiciadas por el mismo lapso elegido; en "Crónica de la noche" (PGCI 121), el tiempo se desliza entre el paisaje con sus sombras convirtiendo una forma en pavorreal, en árbol, en rama y nuevamente en ave. En este tiempo onírico los eventos ocurren simultáneamente, se invierten, suceden cambiando los espacios: "Si agitara los brazos estaría en el cielo / de los barriletes y los pájaros / Si ahora me diera una vuelta sobre el cuerpo ¿en qué otro sueño despertaría?" (PGCI, "Crónica del sueño" 115).

En Rojas Herazo no se plantea la eternidad pues la muerte y la podredumbre proponen un hombre finito. En Quessep, la eternidad sólo es posible en la fábula y la leyenda; pero es una eternidad del lenguaje, de los mundos creados por la palabra. En Gómez Jattin la eternidad se presenta como una anulación del tiempo. En páginas anteriores analizaba el fluir del tiempo en el poema "Vengan a mis labios", donde se funden las dimensiones estática y dinámica en la primera, a raíz de la muerte. Ver la muerte como ausencia de movimiento es una trivialidad, sin embargo, negar este movimiento en la muerte implica negar algo más allá de ésta y proponer una visión materialista: el hombre es cuerpo que se pudre y se aniquila, no hay eternidad. Nótese que esta visión se reitera explícitamente en otros poemas, en "Cielo": "Mañana seré libre/[...]/...levantaré el vuelo/[...]/ encontraré el cielo /encontraré los ángeles /encontraré a Dios/¡Qué va! no vas/ a parte alguna /porque el cielo /lo llevas en ti" (EM 65). El otro poema es "En las lágrimas tuyas está todo el terror" (P 113) donde se percibe la visión del tiempo detenido y la eternidad. Lo absoluto asociado a la soledad, la muerte, el amor y el sueño como estados que trascienden el tiempo y el espacio. Se aprecia aquí el tiempo atemporal, sin límite, otra dimensión que se agrega a la poética de Gómez Jattin. Es interesante ver que en el poema esta eternidad –en realidad, la anulación del tiempo– parece ser real en el eros, en el cuerpo hiperbolizado: "... y los hombres sueñan la eternidad / Las chimeneas son falos humeantes /que penetran el cielo de Lo Absoluto" (P 113). Se ofrece aquí la inversión de lo bajo y lo alto; la región de lo bajo, el falo, es llevado a la región de lo alto: lo absoluto. Es el rebajamiento que opera en lo sagrado a causa de lo profano, efecto que también se encuentra en el uso del lenguaje de lo grotesco. La eternidad, es pues en este poema una experiencia corporal del presente: "Los hombres han conocido a través /de lo insólito la eternidad /El sexo de Borges es infinito y estoico" (P 113).

La eternidad en la poesía de Bustos se asume como un estado deseado pero imposible para el hombre: "Dulce es imaginar que la ágil flecha / florecerá en su inmovilidad de siglos" (PGCI, "Borgiana" 47); en varios poemas el hablante lírico expresa el anhelo por esta atemporalidad: "Fuera la vida una ancha ventana /[...]/ Y que nadie quedara sin regresos / Llenos de cuerpo, *siempre*, sin adioses"(PGCI, "Una ancha ventana" 28; énfasis mío); "a la orilla del tiempo /Y tal vez azules /Yo los quisiera eternos"(PGCI, "Días lentos" 109). En otros casos el tiempo eterno se dibuja en símbolos: el ajedrez y la rayuela, juegos cuyo espacio refleja el infinito y la eternidad:

"Sobre su caparazón inútil / dibuja su ajedrez el tiempo / como un niño / que traza inocente su rayuela" (PGCI, "Tortuga" 139). La visión del tiempo detenido como una búsqueda de suspender la muerte o alcanzar la eternidad, también se refleja en tres poemas del autor: "Días lentos /[…]/ Yo los quisiera eternos" (PGCI, "Días lentos" 109); pero este tiempo también es el de la espera, vista negativamente, como hastío: "Tanto cielo sobre nosotros / como un cumpleaños que no llega / Mucho ya hemos aguardado anclados a la espera" (PGCI, "Tanto cielo sobre nosotros" 30); "Miró al cielo y aguardó las señales del trueno / y de los pájaros" (PGCI, "Tal vez mis pies sobre esta hierba" 32).

En Jorge Artel no hay una visión de la eternidad y esto se explica porque justamente el centro de su poesía es la historicidad, la presencia del tiempo como fuerza recreadora; y la eternidad es anulación de dicho tiempo.

El problema de la identidad

Al igual que el viaje, el problema de la identidad ha sido un tema clave en la literatura del Caribe hispano y no hispano (Mateo Palmer, "La literatura Caribeña 612; Rodríguez, "Pluralidad e integración" 13; Portuondo 87). En la poesía del Caribe colombiano también es rasgo significativo importante. Se presenta en la siguientes facetas: la identidad ontológica reflejada en la pregunta por el sentido y pertenencia del ser; la identidad caribe mestiza referida a las actividades cotidianas del hombre de esta región, a su prácticas culturales y creencias; la identidad étnica negra e indígena; identidad en el otro; identidad mediante el acto poético; y la identidad cuestionada desde el no conocimiento del hombre.

En la poesía de Rojas Herazo la identidad ontológica se traduce en una identidad biológica como se planteó en los otros capítulos. Más que una preocupación por la caracterización de la esencia interior, hay una reafirmación corporal del hombre ligada al origen y a su constitución orgánica; a la pregunta ¿qué soy? o ¿qué es el hombre?, el hablante lírico responde que es criatura encendida por sus sentidos despiertos, ser vivo con sueños que se pudre y muere: "*Somos* esto, sepamos, *somos* esto / esto terrible y encendido y cierto:/ algo que tiene que vivir y vive / por siempre sollozando pero vivo" (DLPN, "Creatura encendida" 8; énfasis mío). Dos aspectos que conforman la identidad en este plano, además de lo corporal, son los sueños y la ambivalencia. Es interesante ver cómo pese a que en la poesía de Rojas Herazo el centro estético y significativo es el ser biológico, hay además un énfasis en la constitución onírica del hombre, la cual descifra enigmas que la propia conciencia del hombre no alcanza a descubrir: "en un tiempo nutrido de pavor, de gajos / exprimidos, / que madura, que canta, / que oxida nuestros bordes al derramar su hora. / De esto nada sabemos. Lo sabe nuestro sueño" (UA, "Adivinanza del fuego" 11-12). Hay, pues, una triada que identifica al ser humano: vida (biológica), muerte y sueños;

esto se percibe en el poema citado en páginas anteriores, "Cómo hicimos la historia": "La luz llegaba todos los días. / Y las moscas. / Y los sueños llegaban puntualmente/" (UA, "Cómo hicimos la historia" 15). Ya había anotado en otros capítulos la valoración que hace Rojas Herazo de la luz en relación con el ser encendido por los sentidos y de las moscas como símbolo de muerte. Esta composición del hombre revela a su vez su carácter contradictorio: ser biológico para la muerte y ser onírico: "Fundido con el mar, la muerte, el sueño" (UA, "Estampa de año nuevo" 32); nuevamente se yuxtaponen los símbolos y sentidos, vida (mar), muerte y sueño.

Cabe preguntarse qué significado tiene el sueño en la poesía de Rojas Herazo, como parte de la identidad del hombre. En Quessep se observaba que el sueño hacía parte de la geografía espacial al lado de la leyenda, la fábula y el cuento; luego en este autor el sueño es espacio y rasgo del hombre ligado a su capacidad de invención y a la irrealidad que lo rescata de la vida angustiada y de la historia de la humanidad. En Rojas Herazo, por su parte, el sueño aparece ligado a la pérdida de la naturaleza angelical; la estructura onírica en él esta formada por una esencia venida del Génesis, de un recuerdo del paraíso, vinculado al presente de la culpa; nuevamente este eje poético emerge como elemento estructurador del sentido: "Lo demás –la saliva y la queja de otro labio / el camino, el disturbio– que fueron descifrando tu despojo, / destilando, llama y pus de tus sueños/ el clamor que sacude tu inocencia agredida" (UA, "Algunos puntos de asombro en el camino" 48); pues antes de encontrar ya han ocultado/ tu desgarrado sueño con sus alas" (UA, "En Vallejo la poesía pide limosna por nosotros" 44). Por su parte, la identidad biológica del hombre aparece después de la caída; es esta una idea reiterada en la poesía de Rojas Herazo (Ver capítulo "Visión de Dios y lenguaje religioso"): "Ahora soy de cartílago y rocío, / de tarde, de vainilla y cementerio" (DLPN, "Primera afirmación corporal" 11); "Soy un ángel o un sueño / o un duro ser que toca / palpable y castigado" (DLPN, "Clamor" 19). Esta identidad se refuerza con la pertenencia al espacio terrenal que el hombre reclama: "Dadme por siempre este aire terrenal/[…]/ No me llamen de arriba ni de abajo / De aquí quiero ser" (DLPN, "Jaculatoria corporal" 119). Pertenencia que difiere de la planteada por Quessep y Bustos, en cuyas obras se expresa un deseo de desarraigo de la tierra –mundo– en la que habita el hombre; Quessep lo manifiesta mediante un deseo de pertenencia a los espacios del sueño, la fábula, el cuento y la leyenda; y Bustos, mediante un deseo de acceder al cielo. No obstante, hay en estos poetas una conciencia

La poética del Caribe continental

de que el hombre pertenece a la tierra-mundo, como un hecho ineludible y triste (Ver capítulo "Geografía Poética").

La definición según la cual el hombre es ser para la muerte (Heidegger, *Ser y tiempo* 269-290; Jolivet, *Doctrinas* 120-121), también se encuentra en la identidad ontológica planteada por Quessep. Para entender esto en su poesía, es necesario recordar la oposición entre el mundo real y el mundo fabulado. En el título *El ser no es una fábula* se sintetiza la posición frente a la identidad ontológica en este poeta. Pese a que el hombre, mediante la invención, puede evadirse de la realidad y continuar siendo en el mundo legendario, en el cuento o el sueño, no deja de ser mortal: "Déjame, reina dolorosa, / déjame ser el que no vuelve, / el que no ha de contar su fábula / sino a las hadas de la muerte" (LE, "El que no ha de contar su fábula" 68). El hablante lírico, después de regocijarse en las palabras que crean mundos posibles, el de Alicia en el país de las maravillas, el del Hada en el castillo encantado, el de la amante entre mariposas, después de decir: "al borde de las hadas / La piedra del castillo / Una sola palabra el hondo patio / Te da sombra en el tiempo / Tu historia es lo que sueñas / Lo real es ya fábula naciendo de tu mano / Oh muerte lejanísima / Duración del encanto" (LE, "Palabras para recordar a la bella durmiente" 21), el hablante lírico dice: "Pero no somos dioses, no podemos / vencer nuestra miseria; / nos vamos sin retorno, y a embriagarnos / de un vino triste al aire sin estrellas" Un vino triste (LE, "Un vino triste" 195). La presencia de estas aseveraciones poéticas permite establecer dos tipos de identidad en la obra de Quessep: la verdadera identidad del hombre, lo que es en la realidad, ser para la muerte, hecho doloroso; y lo que es en la fábula y la memoria, identidad efímera, que se desvanece, pero que sólo existe por la fe y la palabra. No obstante en esta última idea es que dicha identidad se vuelve una irrealidad, porque el hablante lírico declara con respecto al hombre: "¿Quién te conoce si *eres* de penumbra / sin fe?" (ESNF, "la soledad es tuya" 49). En suma, el hablante lírico habla del no ser de la memoria (ESNF, "en el no ser de la memoria" 15-17) y del ser que no es una fábula (ESNF, "el ser no es una fábula" 51-53).

En la poesía de Gómez Jattin la identidad del Ser, se da como el autorreconocimiento de una esencia degradada, aislada, desligada del mundo: "(Mi resto es una llaga / una tierra de nadie / una pedrada /un abrir y cerrar de ojos / en noche ajena / unas manos que asesinan fantasmas)" (P, "Yo tengo para ti" 18). También se postula en su obra a un ser para la soledad y la muerte, como en los poetas mencionados. En Bustos se mantiene esta misma visión de la identidad: "Y ser tan sólo gótico sueño / que empina sus altas torres a la nada" (PGCI, "Socrática" 45).

La identidad caribe mestiza referida a las actividades cotidianas del hombre de esta región, a sus prácticas culturales y creencias, aparece en los seis poetas. Al igual que en la identidad referida al 'Ser', en este tipo de identidad se encuentra una identidad ligada al 'estar', al pertenecer al espacio caribe. En la poesía de López se refleja en la recreación de las costumbres sociales, religiosas y prácticas políticas de los pueblos del Caribe, heredadas de la colonia. Hay en efecto, un trasfondo histórico en la poesía de este escritor, pues revela en un plano sublime, el resultado del proceso socioeconómico y político de Cartagena, que según Abello (161), va desde un esplendor durante sus primeros siglos de existencia, hasta el abandono y la pobreza en el siglo XX. López evoca esta época de esplendor-decadencia: "Noble rincón de mis abuelos: nada / como evocar, cruzando callejuelas / los tiempos de la cruz y de la espada, / del ahumado candil y las pajuelas.../ Pues ya pasó ciudad amurallada, / tu edad de folletín.../ Las carabelas / se fueron para siempre de tu rada.../ –¡Ya no viene el aceite en botijuelas!" (OP, "A mi ciudad nativa" 243).

Lo interesante aquí, es preguntarse ¿cómo es tratada la identidad de este espacio caribe y sus habitantes, recreados en la obra de López? En este punto es necesario tomar toda su obra, pues en esta totalidad se expresa lo que López denomina "la nueva Arcadia del Caribe", producto de los procesos de colonización e imposición de estructuras europeas. El problema de identidad emerge aquí, en la despersonalización del individuo generada por dichas estructuras[78]. Estos individuos descritos por López carecen de una identidad social, cultural y religiosa referida a la autenticidad; son seres sumergidos en la apariencia, en una vida falsa y vacía. Esta misma recreación de personajes se encuentra en la poesía de Gómez Jattin cuando se opone el mundo del individuo en su infancia, ligado a una identidad caribe, y el mundo del individuo ya adulto que se ha dejado arrastrar por la estructura sociocultural y política vacía, cuya historia se remonta a los procesos de colonización.

La identidad como pertenencia e identificación con el espacio caribe, también se percibe en la poesía de Rojas Herazo, pero ya no desde una visión

---

[78] Esta despersonalización del ser humano causada por los procesos de colonización se plantea para América latina (Deprestre, "Los fundamentos socioculturales" 26).

crítica, sino de canto y júbilo que celebra la esencia de la tierra caribe y de sus habitantes: "porque *somos* de aquí, / de estas raíces, / de estos légamos blandos, / de esta arena / con sangre de idolillos esparcida" (DLPN, "Primer cartón del trópico" 30; énfasis mío). La fusión del espacio caribe y de su habitante se expresa más claramente cuando el hablante lírico se identifica con los elementos característicos de esta región: la sal, el mar, las islas, la arena, las olas, el efecto veloz de descomposición que genera el calor del trópico, de la casa y el patio: "*Somos* la sal y hacia la sal marchamos. / De la tierra vivimos y de mar nos morimos/[...]/ ¿*Qué somos?* / Este poco de mar, estos crustáceos, / estas islas de fósforo que llevamos dormidas. / *Somos* también, estas piedrezuelas impasibles / y ese niño que atesora un naufragio en su memoria. / De aquí *somos y esto somos*. /[...]/ *Somos de aquí*, de este orbe rumoroso, / de esta arena con olas y naranjos, / de este diario morir frente a la sal, / de este pudrirse con caracoles y totumos, / de estas paredes rotas, / de estos trozos de esquifes / que siguen navegando por las calles. / De este patio enlutado donde ronda la abuela, / donde mataron una casa/ [...]/ *Esto somos no más: mar que se pudre / que camina y se pudre con nosotros*" (DLPN, "Aldebarán" 45-46).

Además de la identidad con el espacio del Caribe, también está la referida a los acontecimientos cotidianos íntimos que ocurren en sus regiones. En la poesía de Gómez Jattin se expresa lo que el hablante lírico es, a través de sus acciones, de una filosofía popular basada en la simplicidad, que oscila entre el quehacer diario y el sentimiento u oficio de poeta. "*Soy* un dios en mi pueblo y mi valle /No porque me adoren Sino porque yo lo hago / porque me inclino ante quien me regala / unas granadillas o una sonrisa de su heredad /[...]/ Porque vigilo el cielo con ojos de gavilán y lo nombro en mis versos" (P, "El Dios que adora" 37).

Otra forma de pertenencia ligada a la identidad con el Caribe es la del origen, ya no del hombre como ser genérico, sino del individuo en la familia y la madre. Ésta se halla en los poemas de Gómez Jattin y Bustos. En la poesía del primero, la exploración del origen en la madre le permite al hablante lírico buscar la causa de su esencia presente, se declara racional y a la vez preso del delirio; ambigüedad que le permite la creación. Sin embargo el reconocimiento de lo que es en el origen, en el útero, en lugar de acercarlo a una afirmación de sí mismo y de su génesis, lo lleva a una negación. Esto se percibe en el poema "Un fuego ebrio en las montañas del Líbano" (P, "Un fuego ebrio de las montañas del Líbano" 39). Allí el poeta plantea la dualidad de su ser cuando manifiesta la fusión cultural de España y el Líbano. La relación identidad y origen también se mediatiza con el acto de creación poética. En el poema "Lola Jattin" (P 190) el hablante lírico se oculta en el fluir del tiempo donde se yergue Lola, la madre, frente al espejo en el ayer, hoy sólo un recuerdo que se funde con el hablante lírico en la poesía, aun dolorosa: "Más allá de este verso que me mata en secreto/ está la vejez - la muerte - el tiempo inacabable/ cuando los dos recuerdos: el de mi madre y el mío/ sean sólo un recuerdo solo: este verso".

Esta identidad asociada a la pertenencia y el origen también se aprecia en la poesía de Bustos, en el conjunto de poemas de "Crónicas de las horas", en los que la familia, la madre, los hermanos y los espacios cotidianos, la casa y el patio, se convierten en elementos centrales que motivan la creación poética. La identidad con la madre es más notable; es fusión onírica: "el profundo respiro de algún ser acechante / Pero yo no lo veía. *Yo lo soñaba por los ojos / de mi madre /* Cuando en las tardes rallaba con sus manos / una luna / que ya diluida parecía / la leche purísima del coco" (PGCI, "Al otro lado del mundo" 112; énfasis mío). Con las hermanas aparece una identidad basada en la complicidad de la infancia, en el juego y el sueño. Se trata de una identidad fraternal reiterada en varios poemas; en "Crónica de la madre", "Crónica de los hermanos", "Crónica del mediodía", "Crónica de la hermana mayor", "Crónica de la noche", "Poema de las pertenencias" y en el "Poema de la hermana menor". En este grupo se refleja el sentido de pertenencia mediante el retrato de los seres cercanos y de las actividades cotidianas del entorno caribe al que pertenece el poeta.

En la poesía de Gómez Jattin los retratos también resultan interesantes en la exploración de la identidad, por cuanto son perfiles basados en el recuerdo y la memoria del hombre y la cotidianidad caribe. Se reconstruyen una serie de personajes ligados a sus afectos y a su entorno: el personaje de Joaquín Pablo vinculado a las peleas de gallo en los matorrales; de Rosa alba real como las mariposas en el patio; de Tania Mendoza Robledo y su exilio del pueblo en busca de un futuro en otra parte; de Martha Cristina Isabel con sus noticias desde la otra parte del mundo para un pueblo innombrado; del mismo poeta frente al mar, espacio de sus primeros poemas de consolación; de los pueblerinos, hombres de río extraviados en una cotidianidad aplastante; de la abuela oriental, imagen de la mujer malvada, grotesca, en medio de dos culturas y de dos idiomas, reflejo de la pluralidad lingüística de los habitantes del Caribe. La identidad en el retrato se vincula también al viaje como búsqueda del exilio y como retorno de éste; es el caso de Sara Ortega de Petro llegada desde lejos del mundo a un patio solar, con vestiduras deslumbrantes, inverosímiles que regresó para quedarse en su Caribe (ver capítulo "El viaje y el exilio"). En la poesía de este autor aparecen otros retratos, que ya no se vinculan al Caribe, pero sí expresan la identidad del hombre contemporáneo. El poeta explora los sentimientos de los personajes construyendo así una identidad basada en la tristeza o la desgracia de ellos; en general son retratos trágicos que revelan el estado interior. Eusebio en el poema "Consolación" (P 41) está lleno de congoja; Joan Manuel Serrat se muestra en sus palabras que dejan lágrimas; el hermano Miguel no es sino una sombra, humo que se desvanece; el poeta malogrado es el fracaso de la imaginación. Otros personajes son seres degradados: el prostituido ya viejo, sombra decrépita; el asesino y su soledad. También se construyen personajes degradados por el entorno social otrora buenos, en la infancia; pero ahora convertidos en mentirosos, aparentes, fríos; con ello el poeta alcanza a criticar la sociedad burguesa como lo hizo Luis Carlos López: "Lo más probable / es que *seas* como los otros /ignorante y mentirosa" (P, "A una vecina de buena familia" 46; énfasis mío), "Isabel ojos de pavo real /ahora que tienes cinco hijos con el alcalde / y te paseas por el pueblo un chofer endomingado" (P, "Qué te vas a acordar Isabel" 23). El énfasis en los retratos como reflejos de identidad también es tema en la poesía de López y Rojas Herazo. El trasfondo ideológico es análogo a los retratos de Gómez Jattin. Obsérvese, por ejemplo el poema "Responso por la muerte de un burócrata" de Rojas Herazo (AFCA 79) en el que se recrean los rasgos de este personaje de una sociedad capitalista: sus sentimientos, manera de vestir, acciones rutinarias, su ser anónimo y finalmente la realidad de su muerte y su putrefacción, las cuales demuestran el sinsentido de su identidad (o no-identidad) en un contexto vacío y despersonalizado.

Otra manifestación de la identidad es la alteridad, la identificación con el otro. Esta relación identidad-alteridad, se reconoce en la poesía contemporánea (Caballero Wangüermet, "Tradición y renovación"; Torre Serrano; Román Gutiérrez; Carreño), pues aquella se basa en el concepto de persona como identificación, diferencia, negación y búsqueda. Las letras contemporáneas tienen como constante un yo desplazado, doblado o superpuesto, esto es, el otro, la alteración que implica un cambio en la realidad física y psicoespiritual. La búsqueda de la identidad se convierte en el siglo XX en un asilamiento total y radical, en una despersonalización, pues ser el otro implica un yo ausente que lleva a la anulación de la individualidad y a las dudas sobre la propia existencia, a una inestabilidad (Carreño 13-14). Estos postulados se vinculan a temas como la falta de conocimiento en el hombre y la crisis de sentido o pérdida del centro, presentes en la poesía del Caribe colombiano que trataré posteriormente. Se relacionan también con las relaciones dialógicas tratadas en el capítulo de "Oralidad, poesía conversacional y cultura popular" de este trabajo.

No obstante esta anulación, la poesía de Rojas Herazo propugna por esa identidad como búsqueda, en la temática del reconocimiento del otro. Varios críticos consideran que su poesía tiene una función vital y es un arma para el descubrimiento de sí mismo y del otro (Romero, "Los poetas de Mito" 751). Dicho reconocimiento es un hecho posible en la medida en que se dialoguice la palabra moderna, reflexiva y crítica (Vega 42). La temática también se ha asociado a la compasión, imagen central en la obra de Rojas, la cual está unida al tiempo de la redención, o tiempo de asomarse al otro y acompañarlo; ser uno con él en su sufrimiento (Bustos, "Caribe purgatorial" 4). El mismo Rojas Herazo dice que escribir es un acto de compasión y que el hombre necesita consolación (Posada, "Héctor Rojas Herazo" 11); en otras palabras, tal como lo expresa el poeta, es la literatura como hermandad; es la idea de la comunicación y la compasión hacia el prójimo (Salcedo, "Conversaciones con el maestro" 6; García Usta, "Rojas Herazo" 48).

Este deseo de asomarse al otro y acompañarlo, que se filtra y construye en los versos de Rojas Herazo, busca aliviar la soledad y el sufrimiento, dos temas recurrentes en su obra; esa soledad que se experimenta, según el escritor, en todo momento y en todo lugar: en el pueblo, en la casa, en el patio y en la ciudad, en este contexto urbano en el que, como asevera Goyes (173), el hombre moderno se enfrenta a su miseria física y espiritual, a causa de su masificación, anonimato y fragmentación; estados que el hombre alivia, en los poemas de Rojas Herazo, cuando se asume en la máscara del amigo, en el que logra la reconciliación con su esencia, con su humanidad; la cual, en palabras de Cárdenas y Goyes (63), tiene lugar dentro de "una composición dialógica que marca el encuentro con el otro como el deseo de comprender, consolar e inocentar al hombre".

En la lírica de Rojas Herazo esta identidad también opera en el eje poético de la corporeidad del hombre, de su ser biológico. El hablante lírico se incluye en un nosotros colectivo "somos"; se solidariza con el otro "hermano mío"; se reconoce en el "tu" y lleva a los demás y a sí mismo a una fusión de identidades. "Por eso *somos* llaga. / Por eso, *hermano mío,* / miro ahora tus arrugas, / tu despojo visible, / devorando tu porción de agonía / en el comedor de esta casa terrestre / *Te veo – me veo y nos vemos en ti –*"(AFCA, "Esquela para colgar en el hombro de mi amigo" 67; énfasis mío).

En la poesía de Gómez Jattin, el hablante lírico en su autodescubrimiento encuentra que en sí mismo no posee identidad sino que ésta proviene de los otros; se trata de una identidad fuera de sí misma, exterior. Nótese cómo en los poemas anteriores el autor intenta buscar su esencia en la cotidianidad, en el origen, (véase páginas 201-202) entre otros aspectos, lo que indica que hay un interés por evadir el ser interior, quizá porque se ha dado cuenta que allí solo hay soledad, amargura y una terrible conciencia del sufrimiento y la muerte. El poeta revela que sólo es, en cuanto puede ser el otro. En el poema "Ellos y mi ser anónimo" se puede apreciar lo anterior, mediante el recurso de expresar la identidad plena mediante el nombre propio y la lenta desaparición de la persona hasta llegar al anonimato, a ser nadie: "*Es Raúl Gómez Jattin todos sus amigos* / *y es Raúl Gómez ninguno* cuando pasa / cuando pasa todos son todos /*Nadie soy yo Nadie soy yo*/ Porqué querrá esa gente mi persona/ si Raúl no es nadie Pienso yo/ Si es mi vida una reunión de ellos/ que pasan por su centro y se llevan mi dolor/ Será porque los amo/ Porque está repartido en ellos mi corazón/ Así vive en ellos Raúl Gómez / Llorando riendo y en veces sonriendo/ Siendo ellos y siendo a veces también yo" (P 70; énfasis mío). Se usa el nombre propio completo cuando el poeta habla de su identidad plena en lo otros, sus amigos, después el nombre se reduce y el poeta pasa a ser ninguno, esto es, alguien que no es o que no está; finalmente el nombre sufre otra reducción mayor 'Raúl' y pasa a ser nadie, esto es, ausencia del ser. Este uso del nombre propio y sus reducciones como recurso estilístico se comprueba al final del poema cuando aparece Raúl Gómez con algo de identidad recuperada pero en los otros: "*Así vive en ellos Raúl Gómez*" (P 70; énfasis mío).

Otro aspecto digno de resaltar en este punto de la identidad, es el relacionado con la poesía como acto creativo. En la obra de Gómez Jattin se aprecia la búsqueda de la identidad mediante el acto poético, lo cual concuerda con el ser a través de los otros, apuntado en páginas anteriores; la poesía hermana, vincula, relaciona. Por ello, la búsqueda de la identidad mediante la poesía y del otro, vienen a ser un solo elemento. En el poema

"El Dios que adora"", una de las definiciones del ser es la creación: "Soy un dios en mi pueblo y mi valle/[...]/ porque vigilo el cielo con ojos de gavilán/ y lo nombro en mis versos" (P 37). Pero la relación identidad-poesía se aprecia más cuando ocurre la fusión entre los dos, cuando el ser se confunde con la creación: "Cuando llegó tu carta rumorosa como el viento /había lanzado todos los libros a la calle/ y *como no estaba el mío me tiré yo mismo a la /intemperie*" (P, "Respuesta a una carta" 74). La creación logra moldear la esencia del poeta: "Despreciable y peligroso/ Eso han hecho de mí la poesía y el amor" (P, "Conjuro" 96). También se convierte en el arma contra la soledad, es la huida y la presencia dolorosas que llena el vacío del poeta: "Descifro mi dolor con la poesía/[...]/*La poesía es la única compañera* /acostúmbrate a sus cuchillos/ que es la única" (P, "De lo que soy" 131; énfasis mío).

El último aspecto de la identidad asociada al ser y pertenecer se asocia a lo étnico, el cual ha sido tema de la literatura del Caribe, resaltado por varios críticos (Mateo Palmer, "La literatura caribeña"; Cortés). Se ha planteado que dicha búsqueda se inscribe en diversas instancias, entre otras, en la indagación de la historia como trasfondo o eje temático;[79] y en la indagación de las raíces étnicas de los pueblos del Caribe, especialmente de los conflictos del hombre negro, denominador común en el espectro de razas presentes en la región (Mateo Palmer, "La literatura caribeña" 608-612). Es justamente esta última instancia la que desarrolla Artel en su poesía, en la cual se propone una identidad étnica tanto en el plano individual como el plano colectivo que adquiere su valor en el ancestro. El poeta se interna en su historia tratando de desentrañar su situación presente. Estos dos tipos de identidad individual y colectiva en ocasiones tienden a fundirse, el yo del hablante lírico se trasmuta en una marca de raza: "*Negro soy* desde hace muchos siglos / Poeta de mi raza, heredé su dolor" (TN, "Negro soy" 13; énfasis mío). Aquí el hablante lírico presenta su yo – único, "soy", en fusión con un yo colectivo, plural que se interna en el pasado. Esta fusión se percibe en cómo el hablante lírico se asume en el ancestro: "El hondo estremecido acento / en que trisca la voz de los ancestros, / *es mi voz*" (TN, "Negro soy" 14; énfasis mío). Se trata pues, de una identidad no solo étnica sino

---

[79] En la literatura del Caribe francófono por ejemplo, son bien conocidos los movimientos de la negritud con autores como Aimé Cesaire, Edouard Glissont y Patric Chamoiseau en cuyas obras se recogen reflexiones sobre la identidad relacionada con distintos momentos de la historia antillana (Cortés 112).

también histórica arraigada en un pasado que no alcanza a diferenciarse del presente, en el que el poeta experimenta el dolor, la nostalgia y los deseos de rebelión de sus abuelos. La estrategia poética que revela esta idea se basa en símbolos sonoros y en el sentido del oído que actúan como umbrales, como puertos que llevan al hablante lírico a ubicarse en el espacio y en el tiempo de su ancestro: "*Oigo galopar los vientos,* / *sus voces* desprendidas / de lo más hondo del tiempo / me devuelven *un eco* / de *tamboriles* muertos" (TN, "la voz de los ancestros" 16; énfasis mío); "*Oigo galopar los vientos,* / temblores de cadena y rebelión, / mientras yo –Jorge Artel– / galeote de una ansia suprema, / hundo remos de angustias en la noche!" (TN, "la voz de los ancestros" 17; énfasis mío). Se aprecia aquí, que las imágenes sonoras situadas en el presente actúan como un pasaje hacia el tiempo pretérito del ancestro, que se confunde con las coordenadas temporales del hablante lírico.

Además de esta identidad relacionada con la pertenencia del hablante lírico a la raza negra en el plano del pasado, en la poesía de Artel se encuentran dos tipos más: la referida al hombre negro en el presente, de diversos países y regiones como el Congo, Brasil, Colombia, Argentina, Panamá y México. El poeta hace un recorrido espacial que le permite lograr un reconocimiento de su raza a manera de integración cultural e histórica que se liga al ancestro: "Negro de los candombes argentinos /[…]/ cántas aún las tonadas nativas, /[…]/ Negro del Brasil, / heredero de antiquísimas culturas, /[…]/ Negro de las Antillas, / de Panamá, de Colombia, de México /..." (TN, "Poema sin odios ni temores" 141-142). El propósito del hablante lírico es plantear que la verdadera identidad de América se encuentra en ese sustrato negro y que sólo la lealtad a la memoria y a la tradición pueden construir dicha identidad. Pero también es interesante ver que la exaltación del elemento negro, como base de la identidad en América, está acompañado de otras bases étnicas, indígenas, mestizas y mulatas.[80] Explícitamente se rechaza la postura que niega su propia identidad étnica: "Esos que *no se saben indios,* / o que *no desean saberse indios* / Esos que *no se saben negros* / o que *no desean saberse negro* / los que viven traicionando su mestizo, / al mulato que llevan"(TN, "Poema sin odios ni temores" 143). Mientras Nicolás Guillén busca en su poesía una verdadera fraternidad de todos los hombres, blancos y negros, civiles y militares, para la marcha hacia el porvenir libre de los pueblos (Allen

---

[80] Este planteamiento posee su correlato socio-histórico, pues el Caribe colombiano es la región del país con la más alta densidad poblacional de origen africano mixto; además de la población estrictamente negra (6%) de la población (Helg Aline 698).

38), Artel busca dicha fraternidad en la integración de la raza negra y las híbridas que contienen el elemento negro: mestizos y mulatos que forman la conciencia de América. Nuestro poeta, contrario a Nicolás Guillén, toma una postura contestataria hacia el hombre blanco desde un plano histórico. En sus poemas se rememora la trata negra a manos de los blancos y se modaliza desde la posición del ancestro que vivió esta época: "el Senegal sonoro, / sin bandera y sin amo, / estremecido por la demoniaca / presencia del hombre blanco" (TN, "La ruta dolorosa" 102). Es importante aclarar que lo que desea exaltar el hablante lírico es el origen y la presencia negra del habitante americano como base de una identidad: "Negros de nuestro mundo, / los que no enajenaron la consigna, / ni han trastocado la bandera, / este es el evangelio: / Somos - sin odios ni temores - / una conciencia de América!" (TN, "Poema sin odios ni temores" 146). En este tratamiento del problema de la identidad, el hablante lírico toma dos posiciones: de dolor - nostalgia; y de rebelión. En el "Poema sin odios ni temores" se percibe la segunda posición. El hablante lírico manifiesta explícitamente su actitud rebelde ante dos interlocutores, el negro y los que niegan su raza; al primero le recuerda su ancestro, su origen y su papel en el contexto social presente: "Negro de los candombes argentinos, / Bantú,.../ - Qué se hicieron los *barrios del tambor?* - /[...]/ yo sé que vives y despierto / cantas aún las tonadas nativas (TN, "Poema sin odios ni temores!" 141). Al segundo interlocutor el hablante lírico le expresa su rechazo: "Y aquellos que se escudan / tras los follajes del árbol genealógico, / deberían mirarse el rostro / - los cabellos, la nariz, los labios -" (TN, "Poema sin odios ni temores" 144). En síntesis, se puede plantear que en la poesía de Artel, el problema de la identidad se resume en el elemento negro y en el ancestro de esta raza.

El problema de la identidad que trata Artel en su obra no es un asunto aislado; por el contrario, se registra en toda la literatura antillana y está ligado a la presencia africana en ésta. René Depestre ("Problemas" 19) hacía énfasis en lo que él denominaba una literatura de la identificación basada justamente en la identidad del hombre negro expresada en francés, inglés y español. Esta problemática se desgaja en una pregunta básica: ¿De qué manera el hombre negro se puede convertir en lo que es, y así encontrar su verdadera personalidad en la sociedad y en la historia? Afirma Depestre que el problema de la identidad del hombre negro depende de la historia, de las relaciones sociales en las Antillas y de hechos muy concretos y determinantes para la raza negra como la esclavitud. Es por cierto esta relación identidadesclavitud uno de los temas centrales de la poesía de Jorge Artel. Esto explica la dualidad que en ella se encuentra entre dos universos significativos, dos tiempos y dos espacios: el universo del ancestro libre con plena identidad y el encuentro consigo mismo situado en el pasado y en la madre África: "el Congo impenetrable / donde nuestros abuelos transitaron"(TN, "La ruta dolorosa" 102). Y el negro esclavo ubicado en un espacio y en un tiempo itinerante, América y un pasado doloroso: "He aprendido a sentir / la mirada larga y azul del hombre blanco / cayendo sobre mi carne / como un látigo"(TN, "Encuentro" 118). El hecho de que Artel relacione identidad y esclavitud es significativo por cuanto la trata de esclavos implica un proceso de despersonalización; el hombre es animalizado y cosificado, pues como afirma Depestre, "El hombre negro se convirtió así en hombre-carbón, en hombre-combustible, en hombre-nada" ("Problemas" 20). La esclavitud implicó entonces despersonalización o pérdida de identidad, reificación del hombre y transculturación.[81] Esto explica el énfasis que hace Artel en el rechazo explícito a la época histórica del negro esclavo: "Te habían robado el suelo de tu África, / donde esos también el horizonte, el río y el camino" (TN, "Yanga" 135). Y la afirmación sobre el ancestro y las prácticas culturales características de esta raza.

Junto a esta identidad relacionada con el negro de las diferentes regiones de América, en la poesía de Artel se encuentra la relacionada con el hombre del litoral; en la cual se encuentra el hombre caribe. No obstante nuevamente el hablante lírico explora los lazos que lo unen al negro: la música, el ancestro, el paisaje: "hombre del litoral, / mi luminoso litoral Atlántico / En qué salto de la sangre / tu y yo nos encontramos / o en que canción yoruba nos mecimos / juntos, como dos hermanos?" (TN, "La ruta dolorosa" 101-102).

Finalmente, en la poesía del Caribe colombiano, además de la identidad asociada al Ser y Pertenecer, existe la asociada al Saber; la falta de conocimiento en el hombre es uno de los rasgos que caracteriza especialmente la producción poética de Rojas Herazo, Quessep y Bustos.

---

[81] Aquí asumo el concepto de trasculturación utilizado por Fernando Ortiz en *Contrapunteo cubano del azúcar y el tabaco*. Nos dice el cubano que el vocablo transculturación expresa mejor las diferentes fases del proceso transitivo de una cultura a otra, porque éste no consiste solamente en adquirir una distinta cultura, lo que en rigor indica la voz angloamericana 'aculturación', sino que el proceso implica también necesariamente la pérdida o desarraigo de una cultura precedente, lo que pudiera decirse una parcial desculturación, y, además, significa la consiguiente creación de nuevos fenómenos culturales que pudieran denominarse de neoculturación (103).

En páginas anteriores planteaba que en la poesía de Rojas Herazo, la temática de la pérdida de la naturaleza angelical estaba ligada a la pregunta sobre la identidad del hombre. Antes de la caída, el hombre poseía una esencia atemporal que luego se perdió; por ello el escritor explora una nueva esencia que es más sustancia y existencia. La pregunta por la identidad en la poesía de Héctor Rojas Herazo se explica porque se muestra al hombre como quién ignora su razón de existir, las causas de su origen ¿por qué fue creado y para qué? El hablante lírico se pregunta si el hombre está en el mundo para repetir las mismas acciones cotidianas, para recontarse como en un cuento. Esta incertidumbre se refleja en el poema "Clamor": "*Soy un ángel un sueño/ ser que toca*/ palpable y castigado/ Abeja, niño, muerte" (DLPN 19; énfasis mío). Lo que sí conoce el hombre es su naturaleza biológica, física, su ser para la muerte y la podredumbre, aunque no pueda explicarse las causas de dicha naturaleza: "Por saber que me pudro: / Ámame" (AFCA, "Súplica de amor" 29). Se muestra un hombre que sabe que es una criatura encendida, con sus sentidos abiertos. Este conocimiento se ubica en el escenario de la creación, después de la caída; el hombre recién creado ignoraba su destino de muerte, un saber que adquiere cuando es expulsado del paraíso: "A la diestra la llama de Dios viva, /[…]/ Nosotros estábamos descansando de haber sido hechos. /*nosotros no sabíamos* / de la fuerza que tienen las raíces para apretar un ataúd" (DLPN, "La espada de fuego" 109; énfasis mío). Por cuanto el hombre ignora muchos aspectos de su vida, relativos a su esencia, origen y fines de la existencia, la labor que debe emprender es el autorreconocimiento corporal, ámbito que no conoce totalmente, pero que al sentirlo, obtiene la posibilidad de explorar. Por eso es que toda la poesía de Rojas Herazo está marcada por la incursión del hombre al interior de su cuerpo, el recorrido por su composición y descomposición orgánicas. Se podría plantear que ante el no conocimiento de los aspectos arriba mencionados, la opción que plantea el poeta para el hombre es incursionar y conocer su propia geografía corporal. No obstante, el resultado de este conocimiento es desolador porque el hombre palpa su propia miseria, su desaparición y aniquilamiento definitivo, su carencia de eternidad. Es aquí, donde obtiene el saber sobre la pérdida del paraíso y la imposibilidad de alcanzar el cielo, según Rojas Herazo: "*Lo sabemos* /[…]/ es hondo y *lo sabemos*: / con cal y mugre y lágrima y suspiro / no podremos nunca construir el cielo. / Nos evaporamos / y el cielo se evapora con nosotros" (AFCA, "Salmo de la derrota" 33; énfasis mío). El hombre dibujado por este poeta es un ser con preguntas sin resolver, pero sin derecho a inquirir por las respuestas: "*No preguntes* por nada, sigue siendo, / sigue aguantando, sigue respirando. / *No preguntes por nada*" (DLPN, "Encuentro un memorial en mis costillas" 22; énfasis mío); y el cuestionamiento mayor que se hace es para qué le fue dada una existencia corporal al hombre si su destino es la desaparición y la podredumbre: "¿Y me voy a morir –*tú bien / lo sabes*–/[...]/Para qué me pusieron estos ojos / y estas manos sin aire / y estas venas?" (DLPN, "Espina para clavar en tus sienes" 91; énfasis mío).

También en la poesía de Quessep hay un énfasis sobre la oposición entre el conocimiento y el no-conocimiento que el hombre posee acerca de la realidad que lo rodea. Al igual que Rojas Herazo, el poeta plantea que el hombre está rodeado de una serie de enigmas, y carece del saber necesario para resolverlos por lo que se convierte en un ser indefenso, en una víctima. El conocimiento al cual sí tiene acceso el hombre representa también su derrota: "Sabes que ya has perdido, / y aún conservas la esperanza, un vuelo" (LE, "Elegía" 73); el hombre conoce pues la pérdida, la muerte, la desdicha. Sobre esto tiene certezas: "LA DESDICHA me acerca a mi destino / y a mi naturaleza verdadera, / la desdicha que hace fantasía y palabras" (LE, "Quien ama la penumbra melodiosa" 75). Lo que no conoce es el Ser que dirige su destino antes de la muerte, su origen: "¿Qué dios entre la música / primaveral decide / nuestro destino? ¿Qué aire venturoso / para el amor existe? (LE, "Lo que dejó el invierno" 76); el hombre también ignora el acontecer de su propio destino: "mas el destino es tan oscuro / que nada conocemos todavía. / Por eso vamos al castillo / en busca de la cámara encantada / para dejar la vida / por lo que aún sigue siendo una sombra" (MM, "Caballeros andantes" 29). Aquí se revela algo importante: es la falta de conocimiento del hombre lo que lo impulsa a crear los mundos no reales, a edificar historias, personajes y espacios fantásticos; el hombre no pretende acceder al saber que no posee, pues considera que está perdido; por lo cual encuentra una salida a su carencia en dichos mundos mágicos. Estos mundos llegan a ser tan poderosos que el hablante lírico expresa la posible confusión entre ellos y la realidad: "Acaso todo esto sea / una visión no más de lo esperado" (MM, "Monólogo de José" 31). El hombre tampoco conoce cómo se construye la historia, esto es, cómo se entretejen los acontecimientos en lo cuales el mismo está involucrado, los eventos que determinan su propio acontecer: "*Nadie sabe* los hilos de la historia / que gira en la ventana, / ni el viento azul, ni la terrible noria" (LE, "Umbral de la muerte" 140; énfasis mío). El no conocimiento también versa sobre el paraíso: "*NO SÉ* SI EXISTE el paraíso" (LE, "Manuscrito" 174; énfasis mío); sobre la creación: "LOS ALMENDROS DE ORO polvoriento, / qué solos. *Nadie sabe* / quien los sembró, ni quienes / son ya sus hojas amarillas;" (LE, "Qué solos" 177; énfasis mío). El poeta opone los dos elementos saber – no saber: "¿Quién se vuelve destino, piedra, fecha? / ¿Quién va de nunca a olvidado mañana? / *Lo que ignoramos, ay, lo que sabemos*/[…]/ Cruda esperanza que incendia la piel. / Los días y las cosas sin nosotros" (ESNF, "lo que ignoramos" 25; énfasis mío). Aquí se manifiesta el conocimiento sobre la muerte, la ausencia y la soledad, el vacío que deja el que parte; también se manifiesta el no saber sobre la persona que morirá: si es el mismo hablante lírico, o los seres que lo rodean; éste se pregunta quién será el elegido. El hablante lírico utiliza expresiones específicas para expresar esta falta de conocimiento en el hombre: "tal vez", "posiblemente", "quizá", "será posible", "acaso": "Quizá nos toque ahora / dejar la trampa armada, / y mañana una túnica y un cetro / sea todo lo que hallemos bajo el cielo" (LE, "El otro lado del jardín" 141); además de estas expresiones, el poeta usa un léxico que refleja la visión que tiene el hablante lírico de la realidad; según él, el mundo es un laberinto, un jeroglífico: "Como un acto del otoño / que cae entre nosotros, da su orilla / nublada al laberinto de las cosas" (ESNF, "en el no ser de la memoria" 17). Estas categorías también son usadas por Héctor Rojas Herazo quien considera que el hombre busca descifrar lo que no conoce, los enigmas.

El no saber está unido al no creer; el hombre al haberse liberado de Dios y haber adquirido conciencia de sí mismo, perdió la fe que lo llevaba a conocer los eventos esenciales asociados a su origen, la muerte, el destino, la historia. El conocimiento religioso le explicaba los enigmas, y al perderlo; también perdió el saber sobre éstos. Estas ideas subyacen a la poesía de Quessep; por ello el hablante lírico asocia en ocasiones el no saber al no recordar.

A esta idea se puede aplicar la tesis de Bataille (123) según la cual el hombre ha perdido la revelación proveniente de su relación con Dios, de la experiencia religiosa, la cual era el máximo saber para el hombre. Ante la idea de que Dios es efecto del no saber, en la poesía de Quessep se plantea que la pérdida del paraíso, de la relación con Dios, la pérdida del cielo, de la naturaleza angelical, la caída, son los causantes de la falta de conocimiento del hombre, asociado al olvido y a la derrota.

La presentación de un hombre que carece de conocimiento y comprensión también es una característica de la poesía de Bustos; un hombre indeciso que se mueve en el universo del "tal vez", "quizá", "acaso". Este se dibuja especialmente en el grupo de poemas "Icaro dudoso" del *Oscuro sello de Dios*. La falta de conocimiento se vierte sobre aspectos específicos de la vida: la libertad: "*Tal vez* /llevamos alas a la espalda / *Y no sabemos*" (PGCI, "Ícaro dudoso" 19); la constitución interna del hombre, los sentimientos vistos como voces, la otredad plural verbalizada: "Diversas voces nos llegan desde dentro /[...]/acordes de una extraña música que *no entendemos*" (PGCI, "Diversas voces" 21; énfasis mío); esa otredad en ocasiones se relaciona con el alma, es una presencia venida de fuera: "Hay alguien *que yo sé morándome* /Arrastra sus alas de ángel sonámbulo /.../¿ De qué ancho cielo habrá venido /este huésped *que no conozco*?" (PGCI, "Hay alguien que yo se morándome" 22; énfasis mío). El desconocimiento del hombre también versa sobre su sitio en el universo: "derivamos en la vasta ilusión del universo / *Misterio de este don* /que nos hace desdichados y perfectos" (PGCI, "Náufragos" 23; énfasis mío). Lo desconocido se encuentra en los poemas de Bustos como misterio y enigma; nótese aquí la relación con Quessep y Rojas Herazo cuya poesía dibuja a un hombre enfrentado a una labor comprensiva del mundo, el cual posee una faz jeroglífica.

En la poesía de Bustos la falta de conocimiento y comprensión en el hombre proviene de su ubicación en el espacio: el ser humano está a la deriva, es náufrago, es extraño, está errante por el mundo, no posee caminos, ni destinos: "La ilusión es nuestro lazarillo en este viaje /sin rutas" (PGCI, "Viaje" 25). Esta falta de centro está ligada a su vez a la conciencia de infinitud del espacio: "Demasiado vasto es el misterio /para encerrarlo en la pupila" (PGCI, "Demasiado vasto es el misterio" 26), "Tanto cielo sobre nosotros" (PGCI, "Tanto cielo sobre nosotros" 30). Nada es veraz, seguro, certero en la vida del hombre; es la visión que el hablante lírico expresa; esto explica el uso reiterado del "tal vez". Sin embargo, paradójicamente sí hay una certeza para el hablante lírico, y es el saberse perdido, el soportar la culpa, el tener una marca interna que lo inquieta y una esperanza que es ilusión, espejismo: "Llevamos el arenal adentro, la joroba /en el alma / también están el oasis casual, el lejano /espejismo /Todo eso que en verdad no es solo /una metáfora" (PGCI, "Metáfora" 51). Al referirse a estas verdades, el hablante lírico ya no usa un verbo condicional (sería), sino un lenguaje aseverativo que asegura la existencia, la realidad de la idea: "*Es* el peso de Caín /el que nos duele y nos acecha" (PGCI, "Un vaso de agua del Leteo" 60; énfasis mío). La conciencia certera también se expresa en la naturaleza transitoria del hombre, en su mortalidad; no hay destino, no hay ruta, dice el hablante lírico, pero en la vida sí existe un fin: la nada, la ausencia de ser, su desaparición: "Y ser tan sólo gótico sueño /que empina sus altas torres / a la nada" (PGCI, "Y ser tan solo" 61). En suma, el hombre es sueño de muerte para el hablante lírico.

El viaje y el exilio

Las temáticas del viaje y el exilio son consideradas representativas de la literatura del Caribe hispano y no hispano (Dépestre, "El fin" 203-204; Rodríguez, "Pluralidad e integración" 12; Mateo Palmer, "La literatura caribeña" 616-617; Dash 451-461; Benítez Rojo, *La isla* 212-234).[82] En la poesía del Caribe colombiano también son rasgos estéticos significativos y se manifiestan de diferentes maneras en los poetas: como partida es posibilidad de cambio, y como retorno es arraigo y pertenencia; se muestra en símbolos como el mar, el puerto y las embarcaciones; como el transitar del hombre en la tierra y el universo, sin rutas fijas; como rasgo inherente al hombre; y el viaje asociado al exilio.

---

[82] Emilio Jorge Rodríguez en su trabajo "Pluralidad e integración en la literatura caribeña" (1980), anota que la ausencia del suelo natal (viaje, despedida, regreso, destierro, emigración) es parte inseparable de la historia caribeña (12). Cita obras importantes que han tratado el tema, como: *Cahier d'un Retour au Pays natal* de Aimé Cesaire (1947), *Retour de Guyane* (1938) de Damas, *Een vreemdeling op Aarde* de Boeli (1963); obras que se ocupan de la partida y el regreso. También cita obras en las que se trata la emigración laboral, como *Gouverneurs de la Rosée* de Jacques Roumain (1944), *Compère général soleil* de Stephen Alexis (1955), "Donde Cuba", de Elis Juliana. También menciona Rodríguez la emigración hacia las metrópolis económicas, tema encontrado en autores como Claude McKay, George Lamming, *The Emigrants* (1954), Samuel Selvon, *The Lonely Londoners* (1956), entre otros. Esta temática de la situación del emigrado se encuentra en toda la literatura puertorriqueña del siglo XX, con los narradores, René Marqués, José Luis González, Emilio Díaz Valcárcel, entre otros. El exilio también se ha considerado como temática característica de la poesía cubana femenina (Harrison 213-216), de otros poetas que lo relacionan con la revolución (Rodríguez Sardiñas 364-365). Sobre la importancia de las migraciones en la historia del Caribe, también ha trabajado Duany (63-73). Considera el autor que la emigración en masa es una de las características distintivas de Caribe contemporáneo; se plantea que las culturas caribeñas son "culturas migratorias" debido a que consideran la movilidad geográfica como un modo de progresar en la escala socioeconómica. En la poesía del Caribe colombiano, además de los seis poetas aquí trabajados, la temática del viaje es tratada en *Laúd Memorioso* (LM) de Meira Delmar, en sus poemas "El regreso": "Cada día que pasa, /cada día, /es más corto el camino / del regreso / De repente la nave / romperá el horizonte / y la veré avanzar hacia la orilla / flameante de banderas (LM 31).

En la poesía de Rojas Herazo, el viaje como retorno es regocijo y aparece como ofrenda. El poema "Regocijado, el viajero hace ofrenda del litoral a su hijo" (AFCA 75-76), se muestra como la experiencia que genera el fruto de mundos acumulados; la travesía se ha convertido en imágenes de horizonte, litoral, lejanía, mar y viento: "A las colinas que hilvanan estos horizontes / he atado mi duelo. / En la orilla mis miembros, / mi suplicio en el ludibrio de la espuma, / mi amor doloroso / en este patio donde brilla la palma. / Serás el oído de este litoral / y asumirás su dibujo más puro / esa línea que hace temblar la lejanía/[…]/ pues hemos llegado / y el cántaro y la siembra has de ver hermanados" (ACFA 75-76). La partida también es un acontecimiento jubiloso, de transformaciones: "Voy a partir – entre olor de naranjos he de partir – / y una canción, una canción más lenta y suave que la espuma /[…]/ El navegante que concuerda con el filo del mar / el deseado / el emisario de una tan alta desnudez" (AFCA, "El navegante" 71).

En la poesía de Quessep, el viaje es camino de evasión de la desgracia y posibilidad de cambio. Para que pueda mantener este carácter, el poeta expresa que el hombre debe mantenerse siempre en movimiento sin rumbo establecido para no detenerse; el caminar constante equivale a tejer y destejer la fábula, el sueño: "Por la virtud del alba / quieres cambiar tu vida, / y aferrado a la jarcia / partes sin rumbo conocido" (MM, "Canción del que parte" 27). El viaje también representa el desplazamiento hacia los mundos no reales; el poeta dibuja al hombre como un caballero andante en busca del castillo y del bosque encantado: "Por eso vamos al castillo / en busca de la cámara encantada / para dejar la vida / por lo que aún sigue siendo una sombra" (MM, "Caballeros andantes" 29), "Miré cómo te ibas sin dolor hacia un reino de alas" (LE, "A la sombra de Violeta" 39). Hay finalmente una visión negativa hacia el retorno. Contraria a la visión de la poesía de Rojas Herazo, en la de Quessep, se considera que la esencia del viaje es la ida y no el regreso; porque partir justamente implica desarraigarse del mundo terrenal: "Dichoso quien no ha oído / Tus pasos que regresan" (LE, "Nocturno" 37); venir implica morirse para el poeta: "VENÍA por la pradera, / por el mar. Estoy inerme" (LE, "El arte de recordar" 126). Regresar implica una reconciliación con lo propio, una vuelta a sus raíces (Ette 50-51). Esto explica la posición del poeta con respecto al retorno, el cual involucra el negarse a fabular, recordar el paraíso perdido, imbuirse nuevamente en la vida desolada y de dolor que pretendía abandonar: "Por qué quiere volver?" (LE, "A la sombra de Violeta" 40). Volver también se relaciona con la pérdida. En el poema "El otro encanto" (LE, "Nocturno" 45), el poeta revela que en su regreso ya no encuentra a sus seres queridos, y se ha vuelto un desconocido; pero el regreso puede ser positivo en el deseo del hablante lírico de encontrar a los seres queridos: "¿...si vengo de tan lejos y nadie me conoce? /[...]/ Quiero encontrar de nuevo / a los que amé y me amaron, / volver a mi morada" (LE, "El otro encanto" 44).

El viaje asociado a las imágenes del mar, el puerto y las embarcaciones, se encuentra en la poesía de López, aunque no de manera significativa. A pesar de que buena parte de la vida López la pasó en Cartagena, antiguo puerto negrero y ciudad a la orilla del mar, en su poesía deambulan más los espacios delimitados en el pueblo, la plaza, la casa y la calle; sus poemas dan una idea de una ciudad vieja, rancia y no abierta hacia el mar. Por ello, las alusiones al viaje y sus motivos son pocas en sus versos, hecho que no ocurre con un poeta como Artel, cuyos poemas están abiertos hacia otros espacios, África, América, y siempre hacia el mar; hay una sensación de movimiento en sus poemas, como en los de Quessep. Las imágenes del puerto y el mar vinculados con el viaje se hallan en el poema de López, "Puerto, mar y cielo" (OP: 377). Es interesante ver que esa sensación de trashumancia, de movimiento de la ciudad que anotaba antes, se ve aquí como un estado del pasado, luego el énfasis en espacios en cierto sentido, encerrados, revela un estado presente opuesto al perfil histórico de Cartagena: "¡Oh, puerto, mar y cielo de un villa /[...]/¡Puerto estéril que ayer de orilla a orilla / miró ambular la indígena canoa / y que hoy fecunda la tajante quilla / del barco altivo de potente proa!..." (OP, "Puerto, mar y cielo" 377).

En Rojas Herazo la imagen del viaje en los símbolos mencionados, se construye mediante una prolongación espacial que se inicia en la casa, continúa con el camino, un hombre transitando, un árbol, la playa, los barcos y el mar: "Levantamos, en cada respirar, en cada poro nuestro, / un poco de estos grumos, / de estas chozas con vientres olorosos a fiebre. /Miramos un camino con un hombre cantando, / extendemos los ojos, / vemos un árbol, ¡un árbol solamente en la playa insaciable! / Y más allá los barcos, el mar de olas eternas" (DLPN, "Aldebarán" 45). Esta prolongación la realiza el hombre caribe, el habitante del litoral. Los elementos mencionados se ubican también en un contexto sociohistórico caribe en la poesía de Rojas Herazo, referido a las actividades laborales de los habitantes de esta región: "Encenderemos, por tanto, el arpegio de los navíos. Aprontaremos los cestos y alimentaremos con el fruto de nuestras playas las balandras que han de formar una expedición sin regreso" (DLPN, "Aldebarán" 46); "De las islas el azul viajaba en el cacao perfumando la estela livianamente trazada por las balandras" (DLPN, "Aldebarán" 48).[83]

En Quessep las imágenes de las embarcaciones, el puerto y el mar, mantienen la relación con los mundos del sueño y la evasión: "[…], es posible que muera / soñando un país de dátiles / y un barco lapislázuli de navegantes fenicios" (MM, "Sonámbulo" 37). Sin embargo, en lo que concierne al puerto, el poeta expresa visiones negativas debido a la oposición movimiento – permanencia que establece, simbolizadas en el mar y el viaje para el primero, y el puerto, para el segundo; este último implica quedarse, arraigarse y por ende niega el cambio, la evasión de la vida estática, el huir del mundo terrenal que le recuerda al hombre la pérdida del paraíso. Nótese cómo hay una clara oposición entre el mundo terrenal (asociado a la muerte, la desolación, la soledad, la desesperanza),los mundos etéreos en los que se pueden ubicar los de la fábula, el cuento, el cielo; y ese otro mundo, el del viaje por el mar, al cual se opone a su vez, el puerto – ligado a lo terrenal: "El puerto, corroído por el salitre, / conserva las sombras de la desesperanza; / flores ya no hay, solo algas miserables / perdido ya el perfume del fondo marino" (MM, "Puerto" 51). En el poema "Por ínsulas extrañas" (LE 150) se observa la preferencia del hablante lírico por los espacios no-terrenales; él escoge el camino en lugar de la casa y la raíz; elige aún el viaje en busca de lo fantástico, la fábula: "TUVE TODO en mi casa, / el cielo y la raíz, la rama oculta / […]/ pero yo nada quise, y me fui lejos / por caminos, por ínsulas extrañas / en busca de los ojos / del tigre y el rumor / de una fuente / que no era de mi mundo" (LE 150).

En la poesía de Artel el viaje también se representa en los espacios. El puerto dibujado en los poemas como un lugar de nostalgia, de espera, encuentro y partida: "Como otra canción, / tenue, el perfil de un velero / se diluye a distancia"(TN, "Barlovento" 82). Este espacio ocupa un papel importante en la poesía de Artel, es el pasaje que recibe la voz de los

---

[83] Durante el siglo XIX la agricultura en el Caribe colombiano se desarrolló en pequeñas parcelas, con la excepción de algunas plantaciones, a través de cultivos de arroz, maíz, cacao, caña de azúcar y plátano (Posada Carbó, *Caribe colombiano* 74). Aunque la explotación económica del cacao nunca fue tan importante como la del tabaco y el azúcar, creó buenas expectativas en las décadas de 1870 y 1880 en la Costa caribe colombiana; el cacao fue considerado como un producto comercialmente atractivo durante las dos últimas décadas del siglo XIX en Bolívar y en Magdalena (Posada Carbó, *Caribe colombiano* 100-103).

ancestros, que rememora su llegada a América: "Oigo galopar los vientos / bajo la sombra musical del puerto. / Los vientos, mil caminos ebrios y sedientos, / repujados de gritos ancestrales, / se lanzan al mar" (TN, "la voz de los ancestros" 15).

El viaje como el transitar del hombre en la tierra y el universo sin rutas fijas, se encuentra en la poesía de Bustos bajo varias formas como el viaje sin destino por el infinito: "Asperjados de luz /derivamos en la vasta ilusión del universo" (PGCI, "Náufragos" 23); como este mismo transcurrir pero a través del mundo, en medio de la soledad; se trata del caminar del hombre en el tiempo, como destino compartido "Una ruina abrasada en lo solo / nos reveló hace siglos un destino de escombros /que no queremos /[…]/La ilusión es nuestro lazarillo en este viaje /sin rutas" (PGCI, "Viaje" 25). El viaje se asume entonces como el paso del hombre por la vida; el hablante lírico desea la eternidad en este paso, sin muerte: "Fuera la vida una ancha ventana /[…]/Llenos de cuerpo sin adioses /Este largo paseo no nuestro / ¿Quién lo inventará?" (PGCI, "Una ancha ventana" 28). En este deambular por el universo y la vida, el hombre se separa cada vez más del paraíso: "Cada día volvemos a inventar el paraíso /[…]/ Cada día /alejamos nuestros pasos" (PGCI, "Cada día volvemos a inventar el paraíso" 29). El viaje continúa entonces hacia ese otro camino: la muerte, la cual se asume desde la falta de conocimiento y comprensión que expresa el hablante lírico: "Oscuros viajeros sin árboles ni cisternas /Así partimos a otra orilla (¿a otras voces?)" (PGCI, "Viajeros" 31).

La otra clase de viaje que se encuentra en la poesía de Bustos es hacia el cielo pero en el sueño y la escritura poética. Este vínculo cielo-tierra es frecuente en la poesía del autor (Ver capítulo "Poética del espacio"). En el "Poema a la hermana menor" se construye el camino en el juego imaginario de los niños; el trazo de las alas, la escalera: "como subiendo en un solo pie una escalera empinada /cuyo extremo se recostaba en el sueño /[…]/sólo han quedado confusos trazos sobre la tierra /las débiles líneas, los fallidos guijarros del poema" (PGCI 133). Para este viaje, el hablante ha trazado un itinerario preciso pues ha podido detallar las diferentes instancias del cielo (los nuevos cielos) los eventos que acontecen en cada una de ellas, los umbrales, las puertas, (el traspatio, el árbol), todo ha sido preparado para que la escritura poética y el sueño conduzcan a dicho lugar. En conclusión, la visión del viaje en este poeta del Caribe se ubica en esferas más allá de lo físico, de lo geográfico: es el viaje interior, el de la vida y la muerte, el del hombre en el mundo y en el tiempo, el viaje en la ensoñación del juego y la alucinación del paisaje; en suma es un viaje etéreo, poético.

Finalmente, el viaje aparece en la poesía del Caribe colombiano como rasgo inherente de ciertos personajes. En López se recrea al viajero como un personaje especial: "Conoce, pues, trajina por pueblos y caminos, / medio mundo. Es un raro músico de arrabal" (OP, "El trashumante Mateo" 162). Este mismo personaje es dibujado por Rojas Herazo: "Por sus oídos, resbalando en el tiempo, / fluía el sordo rumor de ciudades lejanas, / el redoble de cascos en apagadas colinas" (RS, "Santidad del héroe" 13). En la poesía de Quessep, el viaje en tanto rasgo del personaje, actúa como elemento desencadenador del cuento y la fábula; el navegante (viaje) también es el encantador (mundo no real) y el relator (cuento, leyenda, fábula): "Cambió su nombre por el de Ulises / Navegante y encantador / Lo sorprendió la muerte / Cuando trataba de contar la Odisea" (LE, "Epitafio del poeta adolescente" 9). En la poesía de Gómez Jattin tampoco falta el viajero, llegado de lejos con el mundo a cuestas: "Tallada en una carne alada oscura y firme / llegó mi hermana Sara desde lejos del mundo" (LE, "Escrito para ti, en tu nombre" 66); también aparece el inmigrante, personaje que forma parte de la historia del Caribe.[84] "A esa abuela ensoñada / venida de Constantinopla" (LE, "Madrigal del encantado" 65). En la poesía de Bustos, en ocasiones se habla de un viajero llegado de muchos lugares, que refleja al hombre enfrentado a muchas realidades, lleno de las mismas experiencias de los otros hombres en el mundo; un ser enfrentado al viaje de la vida y de la muerte: "Justo es imaginar que viene de muchas partes /[…]/Podemos incluir dos o tres remordimientos /que nunca faltan en el inventario de un hombre / […]/verlo hundirse bajo las sábanas /repetir puntual /ese viejo ensayo de la

---

[84] En la poesía de Meira Delmar, escritora del Caribe colombiano de la ciudad de Barranquilla, también aparece este mismo personaje marcado por el viaje; en su poema "Inmigrantes" se recrea la travesía de libaneses hacia América: "Una tierra con cedros, con olivos, / una dulce región de frescas viñas, / dejaron junto al mar, abandonaron / por el fuego de América. / Traían en los labios / el sabor de la almáciga, / y el humo perfumado del narguileh / en los ojos, / en tanto que la nave se perdía en las ondas / dejando atrás las piedras de Beritos, / el valle deleitoso al pie de los alcores, / los convites de vino en torno de la mesa / tendida en el estío / bajo el cielo alhajado. / El mar cambió de nombre / una vez, y otra, y otra/hasta llegar por fin a la candente orilla, /[…]/ A veces cuando suena el laúd memorioso / y la primera estrella / brilla sobre la tarde, / rememoran el día / en que el 'bled' fue borrándose / detrás del horizonte" (LM 81-82). En Raúl Gómez Jattin aparece la referencia a la abuela oriental en el poema "Un fuego ebrio de las montañas del Líbano", la inmigrante: "Yo te sé de memoria Dama enlutada /[…]/ En ti circula un fuego ebrio de las montañas del Líbano" (P 39).

muerte" (PGCI, "Hombre sentado en un escaño de piedra" 48). Se percibe aquí la nostalgia del viaje, hecho destacado en la literatura del Caribe. Se ha planteado que la causa es la lejanía de la tierra que produce el exilio; sin embargo en los poemas analizados se observa que más que un desplazamiento geográfico, se trata de uno interior, temporal, vivencial, metafísico, el cual produce ese sentimiento nostálgico, bien sea porque el hombre no conoce las rutas, o porque se sabe inevitablemente guiado hacia la muerte, otra forma de exilio. El viajero en la poesía de Bustos se construye en el paisaje, el almendro que espera al viajero con paciencia: "A algún misterioso viajero aguarda /la hábil tejedora del ramaje /del almendro" (PGCI, "Almendro" 144); también son las huellas de los pájaros, interminables transeúntes, en el cielo: "Rastro que dejan en su huida /los nueve pájaros del Corazón del Cielo"(PGCI, "Arcoiris" 155); y los seres que deambulan por la tierra en busca de agua, esperando a que Pulowi abra los caminos. Es interesante notar que en esta visión del viaje, el individuo se funde con el paisaje, ya no es cuerpo sino ave enigmática, burros grises, puentes sin río, trupillos alucinados: "- Qué es aquello?, indago /- Burros. Burros grises /[...]/ súbitos puentes sin río/ [...]/ Astucias del paisaje" (ES, "La estación de la sed" 55); "De cuando en cuando indígenas en bicicleta /cruzaban el desierto /perdiéndose entre los trupillos /como una alucinación"(ES, "La estación de la sed" 57).

En la poesía de Artel, el viaje como rasgo inherente al hombre negro es una isotopía marcada; este elemento se articula bien a la poética del autor pues se vincula a la temática histórica de la esclavitud. En efecto, este proceso histórico se basó en el desarraigo espacial del negro y su traslado a diferentes partes del mundo. El viaje es pues un elemento identificatorio de la raza. Es interesante ver cómo en esta poesía hay un énfasis especial sobre esta isotopía: en el pasado de su raza, en el presente a través de personajes y espacios: marineros y puertos. El hablante lírico rememora el pasado, el viaje de sus ancestros: "de esos vientos ruidosos del puerto, / y miro las naves dolorosas / donde acaso vinieron / los que pudieron ser nuestros abuelos" (TN, "La voz de los ancestros" 16). También hace énfasis en esta isotopía como rasgo de etnia y de cultura: "Mis abuelos bailaron / la música sensual. / *Viejos vagabundos* / que eran negros, terror de pendencieros" (TN, "La cumbia" 24; énfasis mío). Los personajes mencionados y evocados tienen un carácter itinerante: es el negro que viaja de un lugar a otro llevando su música: "Mr. Davi era negro / y había nacido en tierras muy lejanas tal vez..../ Lo conocí en el puerto:" (TN, "Mr. Davi" 37); es el hablante lírico que se identifica como transeúnte: "Pero hoy encontré mi corazón marino / que dormía borracho sobre un puerto / ventilado de recuerdos. / Y me habló de un viaje largo en veleros festivos / adornados con mástiles / abrumados de canciones"(TN, "Canción en el extremo de un retorno" 61). Hay una visión romántica de estos personajes marcados por el viaje; son seres abstraídos de la realidad, sin asidero espacial, soñadores, con un oficio: la música y la nostalgia. Aquí es importante retomar la postura de Polit (43-60) según la cual en la poesía de tema negro ha predominado la tendencia a atribuir al negro rasgos de inocencia, entre otros: la sensualidad del baile y el canto; la religiosidad basada en el animismo, lo mágico y lo mítico; y la personalidad natural, llana, rayana en la ingenuidad, lo que implica un grado de idealización, mitificación y generalización del ser negro.[85] Justamente este último rasgo es el que se asocia a esta imagen del negro –transeúnte-soñador, que Artel construye en sus imágenes, retomemos el poema citado: "corazón marino", "puerto ventilado de recuerdos", "veleros festivos". Estas imágenes, se reiteran constantemente cuando aparece la isotopía del viaje: "La tierra festejará mi retorno y será leve / a mis abarcas de apretado barro, / para no lastimar el lejano / recuerdo de cansancio que tienen mis pies" (TN, "Canción en el extremo de un retorno" 62); "Y junto a las horas cálidas, / volveré a contemplar mis cien rutas abiertas, / hemos de conocernos de nuevo el mar y yo" (TN 62). Se afirma aquí el viaje como señal de identidad del hablante lírico que proviene del ancestro: "Te habían robado el suelo de tu África, / donde eras también el horizonte, el río y el camino" (TN, "Yanga" 135). Nótese aquí el uso de los símbolos que implican viaje, movimiento, proyección, pero en el marco de la autenticidad y pertenencia del negro a su espacio y cultura. Esto se diferencia de ese otro viaje, de desarraigo y despojo.

Con la presencia de estos símbolos que expresan la isotopía del viaje, se sintetizan varios sentidos: la marca auténtica del negro en su espacio, la señal del desarraigo y exilio forzado, la representación de uno de los modos del ser caribe, el ligado al mar, el viajero, el marinero, el itinerante. Pero además de estos sentidos quisiera señalar otro: el referido a una realidad del hombre moderno; su constante desplazamiento, la realidad de las migraciones, especialmente del hombre caribe y el exilio. En efecto, en la literatura caribeña el tema del exilio se vincula al del viaje y se motiva por la experiencia intensa de la inmigración económica, política, o de búsqueda intelectual y

---

[85] Polit (43-60) analiza estos rasgos en cuatro poetas: Emilio Ballagas, Nicolás Guillén, Luis Palés Matos y Manuel del Cabral; aunque el énfasis de cada rasgo es diferente entre ellos.

artística. Ambos motivos son cronotópicos y se basan en la oposición espacio conocido / espacio desconocido (Mateo Palmer, "La literatura caribeña" 616). En la poesía de Artel, esta oposición posee dos valoraciones: la negativa en lo que respecta al desarraigo del ancestro; y positiva en lo que concierne al hombre itinerante, el marinero, el músico transeúnte. Ligado al viaje se encuentra pues el exilio, en tanto que representa el desplazamiento hacia otro lugar, lejos de las raíces, de la vida anterior. En la poesía de López es poco frecuente esta temática; aparece en uno de sus poemas, "Desde el exilio" y el tratamiento que hace el escritor se caracteriza por la burla y la ironía como en los otros rasgos estéticos, el centro es la crítica política y social: "¡Oh, no, no estoy en el exilio! ... Un día/ me vine de mi tierra a esta nación, /[...]/ por lo que he sido tan felicitado, / ¡que en el jardín zoológico ha estrechado / también mi diestras un viejo chimpancé!..." (OP, "Desde el exilio" 322). En este poema se hace referencia al cargo de embajador que tuvo López en Alemania; por ello alude a ciertas actividades relacionadas, desde la burla: "...voy a informarle a la Cancillería / que aquí no hacen sardinas de cartón. /Luego verás la enorme propaganda / que haré del higo chumbo, en la demanda / –debido a mí– que asume hoy el café" (OP 322).

El exilio en la poesía de Rojas Herazo se remite a la salida del hombre del paraíso, a su destierro; muchas son las alusiones a este tópico, con todos los elementos del lenguaje religioso que aparecen en su poesía: los eventos, los personajes, los enunciados y expresiones en general (Ver capítulo "Visión de Dios y lenguaje religioso"): "Me pusieron mi ropaje de vísceras / y luego me dijeron: / camina, escucha, dura" (DLPN, "Cantilena del desterrado" 33); "La bárbara inocencia, / los ojos indecisos y las manos, / el horror de vagar sin un delito" (UA, "Las úlceras de Adán" 75). En los primeros versos citados se hace referencia al tema del viaje del hombre a su morada corporal y terrenal, vinculada al origen y al nacimiento; los otros versos hablan directamente del destierro de Adán, del paraíso. Este sentido del exilio se reitera a lo largo de la poesía de Rojas Herazo, especialmente en los personajes tomados: Adán, exiliado del jardín del Edén; Caín, expulsado y condenado a vagar; Jacob, quien tuvo que desterrarse de su tierra por el engaño a su padre y el robo de la bendición de la primogenitura a Esaú; Jonás, quien emprendió un viaje para huir de la presencia de Jehová y de su mandato de ir a predicar a Nínive; Lot quien salió con su esposa y familia de Sodoma debido a la inminente destrucción de ésta a manos de Dios. Con todos estos personajes, los poemas de Rojas Herazo evocan los eventos del viaje y del exilio.

Esta visión del exilio en relación con la pérdida del paraíso, también se encuentra en la poesía de Quessep. El hombre fue arrojado del jardín convirtiéndose en extranjero: "Extranjero de todo / La dicha lo maldice / El hombre solo a solas habla / De un reino que no existe" (LE, "Cercanía de la muerte" 38). En la poesía de Quessep el exilio también se asume como posibilidad de fabulación, de elaboración del cuento y la leyenda. En el poema "Parábola del siglo VIII" (LE 11), Li Po cuenta desde su exilio en otra realidad, la penumbra del dragón, la historia del guerrero. El exiliado expresa la nostalgia por el espacio que dejó y su deseo de regresar allí cuando dicho lugar se haya convertido en fábula: Quiero tomar a Biblos, / a la ciudad de lapislázuli / para ser la ventura / entre los tamarindos y la parra" (LE, "El escarnio" 77).

El exilio también se asocia al extranjero. En la poesía de Quessep es el hombre que emprende el viaje por el sueño y el mar: "como habla el extranjero que sueña con el mar" (LE, "A la sombra de Violeta" 40). El extranjero es el exiliado cuya travesía se inicia con el fin de penetrar en la fábula, en el cuento. Llama la atención cómo esta valoración del exilio coincide con la visión que el poeta tiene del extranjero, y que se puede percibir nítidamente en el poema: "Canto del extranjero" (LE 49-52). El extranjero penetra en los universos del cuento, de Penélope, del hada, de la bella durmiente, de Alicia: "Ya te olvidas Penélope del agua / Bella durmiente de tu luna antigua / Y hacia otra forma vas en el espejo / Perfil de Alicia" (LE, "Canto del extranjero" 50); el poeta-extranjero quiere descifrar el secreto de la fábula en el reino del hada: "Cómo entrar a tu reino si has cerrado / La puerta del jardín y te vigilas / En tu noche se pierde el extranjero / Blancura de isla" (LE 49). Este extranjero es el viajero de la palabra, del canto, del nombre que pronunciado produce el efecto de verse transportado al otro reino-maravilla; es el viajero de la voz y la memoria cantada: "Pero hay un caminante en la palabra / Ciega canción que vuela hacia el encanto / ... Si pronuncia tu nombre ante las piedras / Te mueve el esplendor y en él derivas / Hacia otro reino y un país te envuelve / La maravilla" (LE 50).

El exilio también se relaciona con la muerte y soledad, en la poesía de Quessep: "Cuando oí su relato del exilio / supe que la impiedad no tiene nombre /[...] / y entendí la muerte (ESNF, "cuando dijo su nombre" 37), "tiempo: esperanza: nadie: (oh exilio y hundimiento irrefutable) (ESNF, "el mar y los amantes" 81). Aquí el tema aparece ligado al relato, como en el viaje, pero ya no visto positivamente como fuerza fabuladora, sino como expresión de aniquilamiento del hombre: "Cuando oí su relato del exilio / vino la gran desolación, el luto, / que movía los pasos en la sombra" (ESNF 37).

Anotaba que el desarraigo y el exilio son características de la literatura del Caribe, generalmente referidas al espacio exterior; sin embargo el espacio interior también puede asociarse a estos rasgos. Justamente en Raúl Gómez Jattin encontramos estos dos tipos: el desarraigo y el exilio interior generado por la falta de acoplamiento del poeta a la realidad que lo rodea, pero con una esperanza, un presente de reconciliación: el amigo; y el desarraigo y el exilio exterior: la prisión en la que paradójicamente el poeta encuentra otros puentes de reconciliación: su libertad interna, en la escritura poética; y en Dios.

En el punto de la otredad anotaba el desdoblamiento del hablante lírico. Cabría preguntarse cual de estos habitantes internos se encuentra desarraigado. Nótese que la dualidad señalada persiste en varios poemas; es la misma dualidad reflejada en el padre y la madre, la ascendencia española y árabe, el sexo con hombres y mujeres, el vínculo zoofílico hombre-animal; todos estos son dobles construidos en los poemas, el corazón y el resto: "Yo tengo para ti mi buen amigo/ un corazón de mango del Sinú/[...]/Mi resto es una llaga/ una tierra de nadie/[...]/en noche ajena.../" (P, "Yo tengo para ti" 18); el yo alegre y el otro amargo: "Intentas sonreír/ y un soplo amargo asoma/ quieres decir amor y dices lejos/ ternura y aparecen dientes/[...]/ Alguien dentro del pecho erige soledades/[...]/Alguien hermano de tu muerte/ te arrebata te apresa te desquicia" (P, "Intentas sonreír" 20). Estos últimos versos revelan que esa otra parte del hablante lírico es la que lo pone en exilio; es el otro yo el que exhibe la resignación y el pesimismo: "Ofrezco mi corazón a los zamuros/ por.../porque amo esos pájaros/ De todas formas ya estaba picoteado/" (P, "Canción" 21). Esta doble voz se escucha en muchos poemas: la del corazón del hablante lírico que entra en relación con el amigo, legión de ángeles; y la otra voz, la que intenta apresar, exiliar y desarraigar: "Por qué querrá esa gente mi persona/ si Raúl no es nadie Pienso yo/ Si es mi vida una reunión de ellos/ que pasan por su centro y se llevan mi dolor/ [...]/Así vive en ellos Raúl Gómez/ Llorando riendo y en veces sonriendo/ Siendo ellos y siendo a veces también yo" (P, "Ellos y mi ser anónimo" 70).

El desarraigo y el exilio toman varias formas en Raúl Gómez Jattin; de desolación y soledad, y de prisión exterior. La soledad se asume como ausencia del ser amado, del padre: "hay un silencio grave parecido al olvido/

que me nubla los ojos y quiebra mi garganta/ en tus voces que guardo como una tibia sábana/ para el frío de los años y la soledad cansada" (P, "Memoria" 40). La ausencia también la experimenta el hablante lírico con respecto al tiempo, al espacio y a los seres que lo rodean: "Ya para qué seguir siendo árbol/ si el verano de dos años/ me arrancó las hojas y las flores/ Ya para qué seguir siendo árbol/ si el viento no canta en mi follaje/ si mis pájaros migraron a otros lugares/ Ya para qué seguir siendo árbol/ sin habitantes" (P, "Pequeña elegía" 93).

Al haber prisión, exilio con respecto al exterior, surge la búsqueda de otro espacio: el viaje, otro motivo característico de la literatura del Caribe como se demostró al inicio de este capítulo; pero ya no es una migración del cuerpo, sino el movimiento de la imaginación. Esto explica el título "El esplendor de la mariposa": prisión en la crisálida, exilio de una realidad por encierro; libertad en la mariposa, huida, viaje hacia la realidad que le propone la escritura.

Además de presentarse a sí mismo como un ser exiliado, desarraigado de la realidad, el hablante lírico también presenta otros personajes caracterizados por estos rasgos: son seres desechados por la sociedad; desvinculados del sistema de valores: la prostituta, el verdugo, el suicida, el asesino: "Camina como arrastrando su sombra/ No mira a nadie ni nadie lo mira/[...]/Hay un vacío a su alrededor/[...]/fue a visitar a los viejos amigos/ y éstos le cerraron las puertas en la cara/ Y así todo el mundo/ Hay un cerco de púas en torno de Carlos/ el parricida" (P, "Un asesino" 48). El poeta escudriña las formas de exilio dentro de un mismo espacio debido a los límites impuestos por los mismos hombres, cercos que impiden el paso del otro a nuestro territorio; por ello el hablante lírico hace énfasis en la otredad como posibilidad de convivencia, como búsqueda de comprensión y consenso, la acción comunicativa en su sentido pleno (Habermas, *Conciencia moral*). El hablante lírico también recrea la soledad de los habitantes de pueblo, exiliados del resto del mundo; recrea el marasmo y la resignación que los lleva a repetir las mismas cosas diariamente; es una especie de fracaso por inercia, análogo al que recrea Luis Carlos López al referirse a estos personajes: "Hoy los veo deambular por el mar de la vida/ con la cabeza oculta bajo la sombra grave/ de sus mediocridades adornadas de oro/ Y sus hijos son sombras de sus sombras marchitas/ [...] (P, "Pueblerinos" 62).

Otra de las formas que toma el desarraigo y el exilio en Gómez Jattin es la prisión. Mencioné que el encierro físico que experimenta el poeta en *Esplendor de la mariposa* se traduce en una libertad; el exilio se convierte en una liberación interna en Dios, en la poesía, en el pensamiento y en el amor, ya no un amor carnal sino metafísico: "Pensar que estoy aquí/ es más doloroso que estarlo/ porque mi pensamiento /será libre siempre/ aquí en mis poemas/ y mi cuerpo prisionero/ aun en el vuelo de la mariposa/"(EM, "Prisión" 49).

Finalmente, en la obra de Raúl Gómez Jattin, también se hace referencia al exilio del escritor: "Tú que vives en el "pozo cegado" del exilio sabes/ que un hombre no entrega su amistad sino/ por una necesidad inexorable.../" (P, "Necesidad inexorable" 76). El hablante lírico se refiere al exilio exterior del personaje pero lo asocia con su exilio y desarraigo interior: "Álvaro Yo también tengo un río de enfermedad y/ muerte/ en mi geografía y en mi soledad..." (P 76). Carew ("El escritor caribeño" 38) toca justamente el estado del escritor caribeño, un ser en equilibrio entre el limbo y la nada, el exilio en el extranjero, cansado por una búsqueda paradójica: poner fin a su exilio en su país, pues el escritor reconoce en su lucidez ideológica las superposiciones culturales, las alienaciones de su propio contexto. Nótese cómo esta concepción de Carew se ajusta a lo encontrado en la poesía de Gómez Jattin, un poeta exiliado por la prisión, la desolación, la soledad, el desarraigo, pero con el anhelo de encontrarse en el otro. Gómez Jattin no sólo le apuesta a esta clase de exilio, sino también al de la marginalidad, con estos personajes expulsados de la sociedad; marginalidad que él mismo experimenta en la prisión por su locura. Este poeta recrea ese estado en el que según Carew "El escritor está aislado en medio de mareas marginales de penas, desesperaciones, esperanzas, de remolinos de ansiedad, de cataratas de rabia" ("El escritor caribeño" 45).

La estética de lo grotesco

La lírica del Caribe colombiano también se caracteriza por una estética de lo grotesco que se desarrolla en los diferentes poetas mediante los siguientes recursos: lo inarmónico, lo cómico; lo extravagante y lo exagerado; la anormalidad; los actos del drama corporal; la escatología; y el tedio.

López utiliza la estética mencionada para generar la ruptura con el modernismo y proponer una nueva visión poética. Lo inarmónico se refiere al conflicto, a la confrontación, al choque, a la mezcla de lo heterogéneo y a la confluencia de disparates (Thomson 20). Para desarrollar este aspecto es necesario referirnos a toda la propuesta estética de López, pues se puede plantear como un proceso que subyace a la elaboración lírica. Se podría afirmar que lo inarmónico es fuente u origen de la creación en este escritor, y es justamente lo que le permite confrontar los universos material y espiritual, de incluir elementos que le otorgan heterogeneidad al poema, de tal manera que toda la obra del poeta cartagenero produce en el lector un efecto de caos y entropía, como si éste estuviera ante una realidad disparatada e incongruente.

Lo cómico se ha asociado a lo grotesco, pues se basa en alguna noción de incongruencia y yuxtaposición de opuestos; lo grotesco por su parte siempre se refiere a algo que el lector encuentra simultáneamente chistoso y repulsivo. En López podemos observar esta faceta de lo grotesco y el humor, de tal manera que es posible establecer cuándo el poeta está creando una risa mordaz y burlona esencialmente cómica, o una risa amarga, al generarse el conflicto y la oposición en el verso mediante la introducción de un elemento ordinario, o una realidad que choca en el verso con otra presentada en los versos que lo anteceden. En el primer caso, el poema "Barrio holandés" revela un elemento humorístico que aparece en el poema desarmonizando la realidad: "de algún lobo de mar / con un *remiendo azul en el fondillo*. / Y junto a enorme par / de gruesos calcetines de algodón, / cuelga *la indiscreción* / de *un calzoncillo"* (OP 340*).* Y en la risa amarga se observa el efecto contrario: "Cruza el arroyo el solitario entierro de un pobre... Y ahora va, como inútil adjetivo, / despanzurrado dentro de un cajón / de tablas de barril.- He aquí un motivo / para una cerebral masturbación" (OP, "In pace" 159).

Lo grotesco tiene un elemento marcado de exageración,[86] aquí lo relacionaré con la distorsión del cuerpo humano. En los poemas dichas distorsiones se presentan mediante adjetivos con marcas despectivas o con un léxico burdo para la caracterización física de los personajes: "Ceñido de una banda de seda tricolor, / panzudo a lo Capeto. Mientras que su consorte luce por las callejas su barriga. Grotesco, exuberante / como un enorme paquidermo" (OP, "Hongos de la riba II" 135). Los anteriores ejemplos ilustran las distorsiones físicas de los personajes, muy comunes en la poesía de López que aluden a las deformaciones de las partes del cuerpo (cabeza, abdomen); hecho que revela la concepción particular del todo corporal y de sus límites como base de las imágenes grotescas. En el verso citado se advierte también las mezclas entre rasgos humanos animales, una de las formas grotescas más antiguas (Bajtín, *La cultura popular* 284).

Muchas de estas descripciones grotescas, extravagantes, constituyen caricaturas que pueden generar reacciones humorísticas. En López aparece tanto la caricatura con menor grado de exageración como la que tiene un nivel alto de extravagancia: "Cutis garapiñado, / nariz curva de anzuelo" (OP, "De perfil" 141). En este verso se aprecia lo que Bajtín (*La cultura popular* 284) denomina *el motivo de la nariz* como uno de los motivos grotescos más difundidos en la literatura mundial, en casi todas las lenguas. Se aprecia aquí, y en otros poemas, la habilidad descriptiva de López en lograr retratos caricaturescos. El poeta es un fotógrafo y posee una precisión neorealista, pues logra dichos retratos-caricaturas mediante contrastes, antítesis y la capacidad de presentar una realidad simple que se subraya y transfigura en la medida en que lo contiguo alcanza a identificarse (González, "Retratros" 133-145). López es un maestro del retrato psicológico, en quien no hay una simple habilidad descriptiva (Espinosa 36).

Esta fuerte relación entre lo grotesco y la caricatura, ya ha sido planteada; pues ésta puede definirse como exageración absurda o ridícula

---

[86] Tal como lo plantea Bajtín (*La cultura popular* 276), la exageración o hiperbolización es uno de los signos característicos de lo grotesco, pero no el signo más importante; no constituye la naturaleza intrínseca de la imagen grotesca.

de características o rasgos peculiares (Thomson 38). Esta definición podría causar confusión entre las dos categorías, si no fuera porque en la caricatura no existe confusión de elementos heterogéneos incompatibles, ni intrusión de elementos extraños, como sí ocurre en lo grotesco. No obstante, sí podemos establecer relaciones entre los dos elementos, por cuanto en los dos, hay una exageración, un grado de anormalidad implicada. Y es justamente esta anormalidad la que encontramos en la poesía de López. Cuando la caricatura se vuelve extrema en dicha exageración, adquiere caracteres grotescos y lo chistoso alterna con el disgusto. Esta son reacciones que el lector de los poemas de López puede experimentar.

Grotesco y caricatura, se convierten así en dos caras de una misma moneda en la obra del poeta cartagenero, especialmente, en uno de los tres tipos de caricatura,[87] esto es, el referido a la desproporción que se exagera a tal punto que raya en lo salvaje y plenamente anormal.

La caricatura en la poesía de López, señalada por varios críticos (Arévalo, *Luis Carlos López* xxix; Bazik 71; Maya 546) como elemento estético, surge con mayor fuerza en los trabajos satíricos tempranos del autor, para luego convertirse en una parte integral de su poesía tardía (Bazik 116). En efecto, dicho elemento no sólo toca la distorsión del cuerpo; sino también la que alude a los espacios y realidades sociales, a las características y modos de vivir de la ciudad en cuanto a los comportamientos y al modo de vestir; y a la naturaleza y el paisaje. La primera se aprecia en el poema "Hongos de la riba": "mientras que su consorte luce.../ mil dijes y una cara feroz (OP, "Hongos de la riba II" 135); "Señoras discretas / en las frivolidades del five o' clock tea, / con sombreros que fingen enormes viñetas / y calvas con un brillo como de barniz" (OP, "En la terraza" 133). Como afirma Maya (548), en los poemas de Luis Carlos López se describen los personajes, los rincones de la vida provinciana, el letal aburrimiento del trópico sofocante y la monotonía de las costumbres nacionales.

El segundo tipo de distorsión caricaturesca, referido al paisaje y a la naturaleza, que recrea lo grotesco, se expresa en López, en lo rural que alterna con los elementos urbanos; como afirma Arévalo (*Luis Carlos López*

---

[87] Hay tres variedades de caricatura; la que implica el retrato realístico de desproporciones; la que establece las exageraciones de dichas proporciones, pero en un grado en que se reconoce el original; y la que se relaciona explícitamente con lo grotesco (Christoph Martin Wieland, citado por Robertson Alton Kim 269).

xxix) sobresale el paisaje, el retrato y la caricatura ambiental. Los poemas en los que la naturaleza es el motivo principal, pertenecen a los tres primeros volúmenes, *De mi villorrio*, *Posturas difíciles* y *Varios a varios*. Pero detrás de esta descripción de la naturaleza y sus temas –el amanecer, el crepúsculo y la tormenta tropical–, no hay idealización; por el contrario, su belleza y fealdad aparecen en proximidad en una carticatura que crea la distorsión del cuadro convencional del paisaje (Bazik 71; Alstrum, *La sátira y la antipoesía* 135). Sus paisajes son producto de su visión integral de la realidad, en la que exalta los contrastes: lo sublime y lo cursi, lo noble y lo bellaco, lo trágico y lo cómico (De Zubiría 213).

La manifestación de lo grotesco en la exageración, también se encuentra en poetas como Rojas Herazo y Rómulo Bustos. Llama la atención que ambos utilizan este procedimiento para describir a Dios: "Le pregunto al tendero gordo, / con toda seriedad: /- ¿Usted es Dios, señor? / Y él me responde, / mientras corta trocitos de jamón, / mientras mueren / poco a poco sus ojos: / - No, no soy dios, pero sí lo conozco. / - ¿Cómo es él ¿ - le pregunto. / Y él me responde: - es así. / Y me da su tamaño, su peso, sus medidas." (UA, "Un agujero" 79). Se percibe aquí la ironía en la relación entre Dios y el tendero y en el énfasis del enunciado "con toda seriedad". Esta caracterización "gordo", alusiva a la deformidad y al rebajamiento de Dios por su corporización, se encuentra en la poesía de Bustos pero con un mayor grado de desentronización, pues la comparación se realiza con un animal: "Junto a las piedras está Dios bocarriba / Los pescadores en fila tiraron largamente la red / Y ahora yace allí con sus ojos blancos mirando al cielo / Parece un bañista definitivamente distraído / Parece un gran *pez gordo* de cola muy grande / Pero es solo Dios / *hinchado y con escamas impuras* /[…]/ Los curiosos observan la pesca *monstruosa* / Algunos separan una porción y llevan para sus casas/ Otros se preguntan si será conveniente / Comer de un alimento que ha estado tanto tiempo / expuesto a la intemperie" (ES, "Escena de Marbella" 37). El hablante lírico describe de modo grotesco a Dios como un ser caído, deformado, impuro y con la descomposición de la carne. Bustos crea un rebajamiento, el cual es el principio artístico esencial del realismo grotesco; las cosas sagradas y elevadas son reinterpretadas en el plano material y corporal. Bajtín (*La cultura popular* 286) plantea al respecto un columpio grotesco que funde el cielo y la tierra en su vertiginoso movimiento; el cielo desciende a la tierra. En la poesía de Bustos se aprecia este mecanismo en los poemas citados de *La estación de la sed*, en el manejo de lo grotesco relacionado con Dios; pero también se percibe en los poemas de *En el traspatio del cielo*, en los que el patio funge como umbral del cielo, el árbol como pasaje, y los ángeles comen los frutos y realizan acciones análogas a las de los hombres.

La descripciones grotescas no sólo se expresan mediante exageraciones, sino a través de imágenes asociadas a estados emotivos; esto se encuentra en la poesía de Gómez Jattin; las imágenes grotescas se relacionan con la soledad, la desesperanza del poeta y su visión desencantada de la realidad: "Ya para que seguir siendo árbol / sin habitantes / a no ser esos ahorcados que penden / de mis ramas / como frutas podridas en otoño" (P, "Pequeña elegía" 93). El poeta usa la podredumbre y las secreciones del cuerpo como correlato de sus estados interiores: la amargura y la angustia. Hace corresponder así la geografía corporal con la interior: "Decir mi soledad y sus motivos sin amargura/ Acercarme a esa mula vieja de mi angustia / y sacarle de la boca todo el fervor posible / toda su babaza y estrangularla lenta / con poemas anudados por la desolación" (P, "Elogio de los alucinógenos" 97). La geografía interior y exterior a menudo entran en armonía; se asocia la vejez, la decrepitud del cuerpo como instancia de una decadencia y un desarraigo interior: "En este cuerpo / en el cual la vida ya anochece / vivo yo / Vientre blando y cabeza calva / Pocos dientes / Y yo adentro / como un condenado"(P, "De lo que soy" 131).

Otro elemento de lo grotesco es la anormalidad. Se trata de la novedad de una divergencia con respecto a la normalidad establecida socialmente. Esta anormalidad se puede presentar de una manera directa y radical, lo cual lleva a considerar lo grotesco como ofensivo y no civilizado, como una afrenta a la decencia y un ultraje a la realidad que se expresa en un lenguaje amoral (Thomson 26). López acude a este elemento de lo grotesco como una manera de ir en contra del contexto social y estético de su época, contra todas las costumbres conservadoras que tienden a disimular y ocultar los comportamientos que rompen con la normalidad, pero forman parte de la cotidianidad del hombre. Para ello utiliza elementos cotidianos, populares, yuxtapuestos a los que caracterizan a las conductas de grupos sociales burgueses. Opone las costumbres aristocráticas a lo popular: "Y puestos a secar / en una alegre tapia de ladrillo, / flotan dos camisetas, un calzón /... con un remiendo azul en el fondillo / y junto a enorme par / de gruesos calcetines de algodón, / cuelga la indiscreción / de un calzoncillo" (OP, "Barrio holandés" 340). Pero este elemento de la anormalidad no causa un efecto tan inarmónico como sí lo genera la introducción de lo grotesco y lo escatológico con las secreciones del cuerpo: orina, bilis, pus, excremento y las alusiones a las partes bajas del cuerpo asociadas a lo sexual: "Si hasta el cura del pueblo / que es un lama sencilla / al mirarte sacude su indolente cachaza" (OP, "Campesina no dejes" 233). En este poema la intención de crear un contexto anormal se hace más evidente al relacionar el epígrafe: "porque hay cosas pueriles, como / rascarse la nariz que se complican / de una manera abstracta y ridícula...". Justamente lo grotesco se manifiesta en las acciones y comportamientos que han sido censurados socialmente, que se han estigmatizado en la comunidad. "Un viejo / surge como una apoplejía / de remolacha, hirsuto el entrecejo, y hecha un turbio raudal de porquería" (OP, "Del natural" 164), "Luce un faro que tiene / la burda forma de un erecto pene / fenomenal" (OP, "Visión inesperada" 178); "Yo junto al pleyel, tenía / toda la flema de un anglosajón" (OP, "De sociedad" 198).

Otra de las manifestaciones de la anormalidad en el marco de lo grotesco es el uso de descripciones sobre la sexualidad humana y la zoofilia, elementos frecuentes en la poesía de Gómez Jattin, dentro de lo que se ha denominado una estética de lo repulsivo (Bustos, "R.G.J.: Resplandorético" 150), que desarrolla el autor mediante tres elementos: la palabra obscena, el bestialismo en la poesía y el lenguaje directo. El mismo escritor reconoce que cuando se trata del eros, su poesía acusa cierta agresividad en el lenguaje. Se trata, como anota Bustos ("R.G.J.: Resplandorético" 143), de los estratos prohibidos del habla que emergen justamente cuando aparece la temática de la zoofilia, el amor, la homosexualidad, y la visión erótica del poeta.

El poeta describe el acto sexual con hombres y mujeres utilizando un lenguaje cotidiano tabú y escatológico: "La cocinera hace todo/ se levanta la falda y lo trepa a uno a su pubis/ Te pone las manos/ en las nalgas y te culea en esa ciénaga insondable/ de su torpe lujuria de ancha boca" (P, "Donde duerme el doble sexo" 105). En esos versos se aprecia la combinación de un lirismo con un lenguaje cotidiano prohibido. Se puede interpretar que esta manifestación de lo grotesco en la sexualidad proviene de la búsqueda del otro; sin embargo la misma violencia en las palabras plantea que el hablante lírico pretende subvertir un orden, romper con normas morales y sociales y enfrentar al lector a ese lado oscuro que lo acecha. También se puede ver como un afán de huir de sí mismo, de autoexiliarse imbuyéndose en una relación sin límites entre el poeta y el mundo. Cabría reflexionar sobre el carácter poético de esta manera abierta con que el hablante lírico describe su experiencia sexual. Quizá si asociamos el acto poético como un acto de rebelión como lo expresa Camus (1981) se puede valorar ese tipo de poesía. Lo que es indiscutible es que en estos poemas hay una actitud desafiante con el lenguaje de cara a un contexto de normalidad social; más aun cuando el hablante lírico reinterpreta valores y actos como el amor, el sexo limpio, lo hermoso y lo tierno: "Todo ese sexo limpio y puro como el amor/ entre el mundo y si mismo Ese culear con / todo lo hermosamente penetrable Ese metérselo/ hasta una mata de plátano Lo hace a uno/ Gran culeador del universo todo culeado" (P, "Donde duerme el doble sexo" 105). Hay una inversión de símbolos: el amor por el sexo, el erotismo por lo obsceno. Este afán de penetrar al mundo refleja la soledad del poeta, es como volcar el vacío interior hacia una presencia múltiple que está afuera.

Lo grotesco también toma forma en la zoofilia. Esta temática ha sido anotada por la mayoría de los críticos en la obra de Gómez Jattin. (Bustos, "R.G.J.: Resplandorético"; Valdelamar, "Raúl Gómez Jattin"; Jáuregui, "Tierra, muerte y locura"; De Ory). Bustos ("R.G.J.: Resplandorético" 142), la asocia a la erótica; Valdelamar ("Raúl Gómez Jattin" 4), nos habla de la crudeza y el tratamiento de lo erótico asociado a la zoofilia; Jáuregui ("Tierra, muerte y locura" 8-10), plantea el coito zoofílico como tema de la poesía de Gómez Jattin; establece que el poeta trata el sexo de los animales como iniciación sexual del varón y la zoofilia implica que la palabra subvierte el código moral. Este elemento está relacionado en Gómez Jattin con el amor y el erotismo, los cuales son vistos desde un pansexualismo, tal como lo advierte el mismo escritor (Ramos, "Entre la locura" 11-12), y Jáuregui ("Tierra, muerte y locura" 3). En efecto, agrega Gómez, en el mundo de su eros cabe dicha visión, la cual recubre animales, mujeres y paisajes; incluso los amores prohibidos, la homosexualidad, tema también recurrente en su obra. Pero además de esto, está el amor infantil de la compañera o la hermana, la mujer en la reminiscencia. La infancia en la obra de Gómez es un espacio de libertad, de inocencia que produce nostalgia en el poeta (Valdelamar, "Raúl Gómez Jattin" 3).

En la zoofilia que propone Gómez Jattin, como planteamiento estético, igualmente se encuentra el uso del lenguaje grotesco y de expresiones tabú: "La gallina es el animal que lo tiene más caliente/ Será porque el gallo no le mete nada/ Será porque es muy sexual y tan ambiciosa que le cabe/ un huevo Será porque a ella también le gusta que uno se lo meta/ lo malo es que caga el palo" (P, "...Donde duerme el doble sexo" 104). Mientras la sexualidad con mujeres y animales se describe de modo grotesco a través de un léxico tabú; la sexualidad con hombres se recrea sin estos elementos, desde un lirismo que raya en una obscenidad igualmente desafiante frente a la sociedad, que se deleita en la víspera y en el después del acto sexual y en los sentimientos internos de esta relación estigmatizados por la sociedad; incluso hay un dejo de nostalgia en la descripción de la relación homosexual: "Eros íntegramente bello porque no toqué/ tu cuerpo aunque tú lo querías y yo también / Pero antes de mi deseo estaba mi futuro (P, "Ni siquiera una dulce noche" 141). El énfasis sobre la sexualidad con mujeres, hombres y animales refleja la imagen de lo que Bajtín (*La cultura popular*) denomina el cuerpo grotesco asumido en su todo y en sus límites. Los contactos sexuales descritos por el poeta exponen las fronteras entre el cuerpo y el mundo y entre los diferentes cuerpos. Bajtín asevera que lo grotesco se interesa por todo lo que sale, hace brotar y desbordar el cuerpo, por las ramificaciones que prolongan el cuerpo uniéndolo a los otros cuerpos. En Raúl Gómez Jattin encontramos el énfasis en esta prolongación sobre cuerpos humanos, animales y vegetales; se destaca así unas de las partes por donde el cuerpo se desborda: el vientre y el falo. Bajtín considera que estos lugares se superan con fronteras entre dos cuerpos y entre el cuerpo y el mundo; de tal modo que si se analiza este aspecto en Raúl Gómez Jattin, se observa que dicha ruptura de fronteras están en concordancia con la otredad, la búsqueda del otro y con el deseo de superar la soledad, el desarraigo y el exilio. La reconciliación se realiza entonces a través de estos acontecimientos que afectan al cuerpo grotesco, de los actos del drama corporal como el acoplamiento.

Otro elemento de lo grotesco son los actos del drama corporal, cuyos elementos revelan los acontecimientos principales que afectan al cuerpo grotesco, comer, beber, las necesidades naturales y excreciones (transpiración, humor nasal, etc), el acoplamiento, el embarazo, el parto, el crecimiento, la vejez, las enfermedades, la muerte, el descuartizamiento, el despedazamiento, la absorción de un cuerpo por otro. Estos acontecimientos se efectúan en los límites del cuerpo y del mundo, o en los del cuerpo antiguo y del nuevo; y en ellos el principio y el fin de la vida están indisolublemente imbricados (Bajtín, *La cultura popular* 286).

En Jorge Artel esta manifestación de lo grotesco tiene pocas expresiones; sólo se encuentran aspectos alusivos a las secreciones del cuerpo de la mujer negra: "Y la tierra, / como una axila cálida de negra, / su agrio vaho levanta, denso de temblor, / bajo los pies furiosos / que amenazan golpes de tambor"

(TN, "La cumbia" 22); también se registran descripciones zoomorfizadas de la mujer negra que expresan la fortaleza de su danza: "Dame tu ritmo negra, / que quiero uncirlo a mi verso; // mi verso untado en el áspero / olor de tu duro cuerpo" (TN, "Barrio abajo" 35).

En la poesía de Rojas Herazo, los actos del drama corporal están ausentes en la primera parte del poemario *Rostro en la soledad*; se aprecia más un canto al cuerpo, a la naturaleza, al nacimiento, al héroe, al guerrero, en un tono que fluctúa entre lo lírico y lo épico; hay una empatía entre el hablante lírico y el entorno, el cual es armónico. En la última parte del libro que comienza con "La sombra inalcanzable", hay un cambio en esos contenidos de los poemas. Sale a escena la ruina, la podredumbre, las secreciones del cuerpo, las irrupciones de eventos grotescos que horadan el verso: "Ahora se derrumba la techumbre/ y la carcoma habita el bostezo del perro" (RS, "Miramos una estrella desde el muro" 47). Esta cara de lo grotesco en las secreciones del cuerpo se liga a una escatología apocalíptica: "No intentes otra cosa que escuchar rumor de destrucción" […] "Exprime ahora los humores del leproso" (RS, "Miramos una estrella desde el muro" 47). Lo grotesco se vincula también a la muerte y sus efectos en el cuerpo: "Y un ataúd, un fresco ataúd de pino, / que empieza a pudrirse en la lengua de las moscas" (RS, "Los flautistas cautivos" 48).

En los poemas de Rojas Herazo hay una descripción de un universo degradado donde la suciedad y la miseria del hombre tienen su espacio: la baba, el resuello, el vaho, la saliva, el orín, la pus, la caries, el excremento, el sudor, el catarro; el mundo de la enfermedad donde se manifiesta la fragilidad carnal del ser humano: "la bata de dormir,/ el brazo apostemado de un enfermo" (DLPN, "El hombre se recuenta como un cuento" 16). También se afirma lo grotesco mediante la imagen de un cuerpo fragmentado; en los versos aparecen las vísceras, los intestinos, la nariz. Además del cuerpo fragmentado, aparecen acciones censuradas como hurgarse la nariz, expeler el mocus, palparse los órganos sexuales: "empezó a hurgarse las narices y a untar plácida y minuciosamente su mocus amarillo en las nalgas de un arlequín" (DLPN, "Al payaso le duelen los zapatos" 65). También hay un énfasis en lo grotesco referido al olfato como percibir el hedor de sí mismo: "Queremos este peso nuestro, / este hedor de nosotros" (DLPN, "La estatua de sal" 71). El uso de todos estos recursos del lenguaje cumplen varias funciones en el poema: 1) manifestar la corporeidad absoluta del hombre y su naturaleza sensitiva, las cuales en el contexto grotesco pierden ese carácter sublime que el hablante lírico le había otorgado en el escenario de la creación del hombre, y adquieren los valores negativos que observamos. Esta función del lenguaje grotesco se vincula directamente y de modo coherente con la propuesta estética de Rojas Herazo. 2) La otra función es la desestabilización de las normas sociales en las que lo grotesco está excluido y está relegado al tabú lingüístico, cultural y de clase; aquí se aprecia la conexión con la poesía de Luis Carlos López en la que estos recursos cumplen la misma función. Rojas Herazo se especializa en describir eventos que causan escozor y asco en el lector "me daban ganas de morirme, / de vomitar una salchicha comida hacia tres meses" (DLPN, "Los salmos de Satanás" 86). Estos eventos se describen además mediante el uso de elementos léxicos con una carga significativa y sensorial fuerte: "heder, pudrirse, orinar, masturbarse, hedionda, mugriento "viejo verde, viejo de exilas mugrientas" (DLPN, "Walt Whitman enciende las lámparas en el comedor de nuestra casa" 94).

La manifestación de lo grotesco, además de cumplir estas funciones de interpelación violenta hacia el lector, le sirve al hablante lírico para manifestar su desubicación del entorno donde vive, su desidia ante el mundo y sus sentimientos de decepción: "¡Oh, como es de impúdica toda presencia! / [...] / ¿habéis oído el terrible estrépito de una masticación? / ¿Y qué tal dos nalgas triturando sus mejillas en un sofá? / Esto explica, por fin!, la infección de mi alma" (AFCA, "Apuntes en la libreta de Medusa" 47). La expresión de aversión hacia el mundo se desplaza también hacia el ser humano: "Toda presencia deja una grasa eterna sobre nosotros./ Es mugre./ Toda presencia es odio" (AFCA, "Apuntes en la libreta de Medusa" 47). Estas dos expresiones vinculan la poesía de Rojas Herazo a la de Luis Carlos López; ambos poetas acuden a este recurso como una manera de manifestar su rebeldía frente al contexto social; ambos revelan ese lado corporal devolviéndole la naturalidad que este posee, pero que ha sido velada por la sociedad mediante la apariencia. Pero el énfasis sobre el cuerpo y sus secreciones no sólo cumple esta función crítica, también revela los límites del cuerpo y del mundo, anotados en páginas anteriores. Considero entonces que en la poesía de Rojas Herazo el lenguaje grotesco cuyo énfasis está en la corporeidad y sus secreciones, no sólo es afirmación biológica (como ocurre en la primera parte de *Rostro en la soledad*) sino negación corporal, deseo de salirse de dicha naturaleza, de querer bordear los límites entre el cuerpo, el mundo y el otro.

Merece la pena resaltar que el lenguaje grotesco aparece en la poesía de Rojas Herazo en el escenario de lo humano y no alcanza a tocar totalmente el escenario de lo divino. Lo que sí se hace es corporizar a Dios, otorgándole codos, membranas; pero dicha corporeidad no alcanza a tener la dimensión biológica que tiene la del ser humano y que se manifiesta a través de las secreciones y la podredumbre. Este hecho de mantener apartado en cierto sentido, el universo divino[88] de la escatología y lo grotesco demuestra la separación absoluta e irreconciliable del mundo de Dios y del mundo del hombre, que Rojas Herazo expresa en su poesía. De la misma manera que, según el poeta, el hombre no puede alcanzar el cielo, no puede recuperar su naturaleza angelical perdida, liberada del suplicio del cuerpo. Dios y su universo, los ángeles, no pueden tocar esa realidad biológica de podredumbre y de muerte del ser humano. Lo grotesco en Héctor Rojas Herazo toma las formas de la geografía corporal, la nausea, la podredumbre, la enfermedad, las secreciones del cuerpo. En Raúl Gómez Jattin esta dimensión se manifiesta con la ruina, la decrepitud del cuerpo pero más que con alusiones al cuerpo en decadencia con la ruina interior: "mi resto es una llaga..." (P, "Yo tengo para ti" 18); "Se me escapó dejándome en la frente/ el gusano de la paciencia" (P, "Canción" 21); también los versos revelan escenas grotescas de personajes marginales: es necesario saber de toda la dulzura/ que entrelaza al verdugo con la muerte/[...]/de la sangre que pringa sus pantalones" (P, "Si se quiere llegar" 27); la ruina corporal de estos seres: "sus vellos enroscados atrapando la luz/ sus suaves hendiduras llenas de sudor agrio" (P, "Piel" 29). En este poema se encuentran vínculos con la poética de Héctor Rojas Herazo, la descripción de las secreciones del cuerpo de un ser degradado, de una prostituta. La ruina corporal se aprecia en los versos sobre la vejez: "y súbitamente entrar en la vejez/ sin ningún diente/ y todas las arrugas" (P, "Siento escalofríos de ti" 30). La decadencia corporal se asocia a la descomposición social contemporánea: "y pasaron hombres por su vida/ como un tren por encima de un tierno animal/ y sólo dejaron un gato viejo y reseco/ Una sombra decrépita y lastimosa" (P, "Prostitutio ante el espejo" 45).

Lo grotesco también se manifiesta a través de lo escatológico; aparece en los poemas de López, Rojas Herazo y Bustos; se expresa directamente, o con alusiones a los espacios y eventos relacionados con los excrementos. La apelación a lo escatológico en la poesía de estos autores responde a lo que Clark (116) considera como la búsqueda de efectos más ofensivos lograda

---

[88] Este universo se refiere a Dios (judeo-cristiano), pues cuando el hablante lírico menciona a otro dios con minúscula lo degrada con la escatología: "el eructo de un dios que golpea cansadamente las maderas de nuestra casa?" (DLPN, "Jeroglífico del Varón" 35).

mediante la apertura de esa puerta privada que oculta las anormalidades de la sociedad: el patrón fecal de las entrañas, el tabú lingüístico[89] que es suprimido para dar paso a la palabra vulgar, grosera, estigmatizada por las comunidades. El propósito satírico de López al usar esta faceta es evidente. Se trata de poner al hombre de cara a una realidad que pretende disimular, por cuanto lo aleja de su racionalidad social y cultural y lo acerca a su lado animal, biológico. Como afirma Clark, "lo satíricamente grotesco destruye la posición superior que el hombre orgulloso pretende lograr al elevarse a sí mismo y a su dignidad; lo grotesco [reduce] al hombre a un animal que defeca ante nuestros ojos" (116).

En López, lo escatológico forma parte del mundo de ironía y oposiciones característico de su poética; emerge para romper la estructura del poema y generar un efecto sorpresivo y cómico en el lector: "Y la cocina, / que no huele a rosas, / se encuentra junto a la letrina. / Cosas de la raza latina!" (OP, "Otra emoción" 207). En otros poemas lo escatológico se une a otro elemento grotesco, el tedio: "Domingo de bochorno, mediodía / de reverberación / solar. – Un policía, / como empotrado en un guardacantón, / durmiendo gravemente. Porquería / de un perro en un pretil/ Indigestión de abad, / [...]/ Soledad de necrópolis, severo / y hosco mutismo" (OP, "Siesta del trópico" 263).

En Rojas Herazo lo escatológico se mezcla con los otros elementos de lo grotesco: "y a los magistrados en sus excusados / y a las matronas bebiendo el cáliz de su orgasmo" (UA, "Cómo hicimos la historia" 21). Se aprecia la intención burlesca hacia el campo político, al rebajarlo. En los versos del autor también se encuentran las oposiciones típicas de la poesía de López y la ruptura generada por la aparición del elemento escatológico: "Una línea que difunde el cobijo de las acacias;/ Un rincón donde el niño defeca por vez primera" (AFCA, "La luz en el vértice" 63); "Ahora un hombre instaura su planta / y un animal defeca sobre el rocío" (CER, "Cuatro estancias a la rosa" 24).

Lo escatológico en la poesía de Bustos se desarrolla en el poemario *La Estación de la sed*, lo cual marca una clara diferencia con los poemarios

---

[89] En el caso de López, es importante ver que mientras lo grotesco se revela mediante el lenguaje verbal directo, libre de tabú, en la ironía el poeta acude muchas veces al eufemismo burlón, incongruente con la realidad que designa.

recogidos en *Palabra que golpea un color imaginario*.[90] En el primer poemario se registran imágenes asociadas a la muerte y a la podredumbre: "De aquella escena entre paredes de caña / y tierra apisonada / sólo recuerdo / el desleído rostro del difunto y la mosca / nítidamente emergiendo de su boca entreabierta" (ES, "Escena I" 10); también se construyen escenas que evocan imágenes escatológicas: "El ciempiés en el piso del retrete / tratando de escalar la pared / O braceando / en la pequeña vorágine de la taza / la lisas, inexpugnables paredes / las cien patas de tu alma" (ES, "Ciempiés" 15); se aprecia aquí la asociación entre un estado físico descrito de forma degradada y un estado espiritual. La poesía de Bustos también desarrolla imágenes vinculadas a las funciones físicas del cuerpo, como se halla en los versos de Rojas Herazo: "puede atrapar una presa nueve veces / más grande / Había que imaginar su digestión lenta / diminuta, inapelable" (ES, "Chassmodio" 18). En otras ocasiones se hace énfasis en detalles mínimos vinculados a la podredumbre: "los restos de una mosca se columpian / en el aire" (ES, "El justo juez" 21); "La dificultad para atrapar una mosca / radica en la compleja composición de su ojo/[...]/ probablemente tampoco distinga entre tú / que intentas atraparla/ y los restos descompuestos en que se posa" (ES, "De la dificultad para atrapar una mosca" 41); nuevamente se establece aquí la visión del hombre como un ser en descomposición física y espiritual.

Finalmente, el tedio es otro de los rasgos de lo grotesco (Clark 116), en la medida en que lleva al extremo de la pasividad, de lo estético, la vida del hombre y su alrededor. Se trata del entorno plantado en la anomia de los personajes imbuidos en un aburrimiento letal que aniquila el espíritu, la vida misma. Este elemento es muy frecuente en la poesía de López; se dibuja un paisaje taciturno, unos seres caídos en el letargo que amenazan con extinguirse; individuos indiferentes y errantes en las calles: "Domingo de murria, de holgazanería/ parroquial parece que la población / sufre a medio día / la modorra de una mala digestión" (OP, "Cromito" 161). En los versos anteriores se percibe la combinación del tedio con un elemento burlesco: "La población parece abandonada, / dormida a pleno / sol- ¿Y qué hay de bueno? / y uno responde bostezando: - ¡Nada!" (OP, "Tedio de la parroquia" 287).

---

[90] Llama la atención el hecho que el poemario *La estación de la sed* está dedicado a Rojas Herazo con el epígrafe: "Sabes que no hay descanso / ni agua para apagarse". La influencia de la poética rojasheraciana en este libro es evidente.

Encuentros y desencuentros en la poesía del Caribe colombiano

El análisis de los rasgos estéticos e ideológicos de las poéticas de los seis escritores, no solamente permite la postulación de una lírica general del Caribe colombiano, sino también establecer comparaciones, con base en los encuentros y desencuentros entre ellos. Es este el tema de este capítulo cuyo objetivo es señalar las analogías y diferencias entre los escritores, y agregar otros aspectos no tratados o levemente mencionados en los análisis previos. En efecto, entre los seis poetas se pueden establecer claras conexiones que pueden ofrecer evidencias para el establecimiento de líneas historiográficas basadas en criterios estéticos.[91] Dichas conexiones no sólo se verifican en el plano de la comprensión e interpretación de las obras sino también en el análisis de datos provenientes de la formación literaria de los autores. Las relaciones que estableceré aquí las desarrollaré en tres frentes: la de las interacciones entre los poetas desde una estética de la recepción; la de las interacciones entre sus sistemas, ejes y rasgos poéticos; y la de las interacciones entre algunos elementos que no fueron tratados en el cuerpo del trabajo.

Al inicio de esta investigación planteé que además de la línea estética tipificadora de la lírica contemporánea del Caribe en el siglo XX, la recepción de las obras es un aspecto importante para determinar la importancia del escritor y su producción literaria en el contexto sociohistórico y estético. Aquí retomaré los niveles de recepción,[92] dentro de los cuales sólo me interesa el

---

[91] Aquí sugeriré algunas de estas líneas en un plano meramente hipotético y provisional, pues debe ser objeto de una interpretación profunda independiente que supere los límites de este trabajo.

[92] La estética de la recepción distingue varios niveles de recepción, entre ellos está el alto nivel de diálogo de autores que revela la apropiación y transvaloración de un predecesor al que se le reconoce una importancia decisiva (Por ejemplo, Pascal como lector de Montaigne) (Jauss, "El lector como instancia" 74). En el caso de la literatura del Caribe colombiano tenemos casos como: Rubén Darío, Nicolás Guillén y Germán Espinosa como lectores de Luis Carlos López; Luis Palés Matos como lector de Jorge Artel; García Márquez, Rómulo Bustos y Charry Lara como lectores de Rojas Herazo; Gustavo Cobo Borda y María Mercedes Carranza como lectores

reflexivo, en el que se demuestra cómo los poetas elegidos han sido lectores recíprocos; de esta manera se agregan argumentos a favor de la hipótesis de las analogías y diferencias entre ellos. También me interesa mencionar la importancia del paratexto[93] en estos argumentos. Antes de detenerme en el nivel de recepción reflexiva trataré la evidencia de dichas lecturas recíprocas con el uso de epígrafes en los poemarios. Bustos cita versos de Rojas Herazo en *Lunación del amor* (LA) y en *La estación de la sed* (ES). Vale la pena analizar las relaciones entre estos paratextos y el poemario: "...temblando como un vasto filo / el vidrio y la espuma de tus alas" (LA 67); "Saber que no hay descanso ni agua para apagarse" (ES 5). El primer epígrafe es tomado del poema "Noche de Jacob" de Rojas Herazo en cuya poética las alas son símbolos de profundidad, amor, eternidad y erotismo: "Eres de aquí, de nunca, / tú, la de esplendentes alas!/ Hermosura que impasible humedeces como el sudor de un ángel" (AFCA, "A la hermosura" 98). Estos significados subyacen al poemario *Lunación del amor* de Bustos: "En la caza del amor / dos abismos se vierten" (PGCI, "Cetreros que en alta batalla se iluminan" 91); "Y agitando muchos pares de alas / conmueve terriblemente el aire" (PGCI, "Órfico II" 89). El segundo epígrafe refleja elementos claves de *La estación de la sed*, el agua, el deambular del hombre por lugares desérticos físicos y simbólicos y el paisaje caribe. Otro elemento paratextual interesante en la relación entre Rojas Herazo y Bustos es el prólogo "Esbozo de una conducta poética" (septiembre de 1995) que el primero le hace al libro *Palabra que golpea un color imaginario* del segundo (PGCI 11). Bustos también toma como epígrafe un verso de Gómez Jattin como antesala de su libro *En el traspatio del cielo* (TC): "Sigo tirándole piedrecillas al cielo / buscando un lugar donde posar sin mucha/ fatiga el pie" (TC 7). Este verso es tomado

---

de Giovanni Quessep; William Ospina, Oscar Collazos y María Mercedes Carranza como lectores de Raúl Gómez Jattin; Guillermo Martínez Gonzáles como lector de Rómulo Bustos. El nivel que acabo de ilustrar es el reflexivo; Los otros niveles de recepción son: el socialmente normativo y el prerreflexivo. En el nivel socialmente normativo, la comprensión del lector puede ser reconocida públicamente, ser acogida en el canon escolar de los autores modelo y ser sancionada por las instituciones culturales. Sin embargo, esta normativización de la recepción es contrarrestada por la fuerza antinormativa de la literatura y la necesidad de lectura como placer estético se libera de la institucionalización. De este modo, la siguiente generación de escolares encuentra interesante no las normas estéticas, ya valoradas y sancionadas, sino las experiencias nuevas; esta subversión representa el nivel prerreflexivo (Jauss, "El lector como instancia" 74-75).

[93] Retomo el concepto de Genette (*Palimpsestos* 10-11) de paratexto como una de las formas de la intertextualidad, referida a la relación menos explícita y más distante que el texto mantiene con: título, subtítulo, prefacios, epílogos, prólogos, epígrafes, etc.

del poema "Qué te vas a acordar Isabel" (P 23) en el cual se reconstruye el escenario de la infancia en un entorno caribe, de tradición oral y juegos; estos aspectos justamente son algunos de los más destacados en el poemario de Bustos antes mencionado.

En el nivel de recepción reflexivo también se encuentran vínculos entre los autores elegidos del Caribe colombiano. Es importante señalar las recepciones que Rojas Herazo y Raúl Gómez Jatttin hicieron de la obra de López, pues nos indican cómo los poetas seleccionados en estas investigaciones tuvieron conocimiento de sus antecesores. Rojas Herazo destaca el dibujo, el paisaje, la mirada profunda y desencantada de la realidad, la capacidad para desnudar a los personajes de su cotidianidad, como características de los poemas de López.[94] Raúl Gómez Jattin reconoce la producción de López como una obra estética coherente que reflejó un mundo personal, popular y social mediante un estilo osado y novedoso.[95] Raúl Gómez Jattin también hizo su lectura de la obra poética de Quessep; asevera: "Puedo también invocar aquí la presencia de Giovanni Qussep, cuya poesía, tan sutil que es casi impensable, he aprendido a valorar últimamente, y de la cual se que ha sido destacada por importantes críticos de Hispanoamérica" (Entrevista a Raúl Gómez Jattin por Henry Stein 2). Gómez Jattin también tuvo sus propios lectores en el grupo de escritores que analizo; Rómulo Bustos destaca en la obra de éste la imagen arquetípica de la libertad negada por el entorno, la voz existencial que se expande y habla

---

[94] La recepción que de López tuvo Rojas Herazo es bien peculiar; afirma que López es un caricaturista, que más que poeta es un "amargo meditador que emplea, para su uso y abuso, un sector instrumental del modernismo" (*Señales y garabatos* 554). Si bien Rojas Herazo considera al poeta cartagenero como costumbrista y crítico que no le interesa cantar sino juzgar, llama la atención los énfasis que hizo en su lectura sobre aspectos como: la mirada detenida "hasta el hueso" de López: "Ha mirado y remirado hasta la saciedad, todo ese abigarrado mundo, todo ese goyesco espectáculo que se le ofrece cotidianamente: ha hundido en su sangre a las verduleras, a los agiotistas, a los jugadores de barajas, a los charlatanes de esquina, a los don juanes de trastienda, a los copleros de chalina y guitarra" (*Señales y garabatos* 556). Estos énfasis se relacionan con varios aspectos de la producción poética de Héctor Rojas Herazo, la cual refleja parte de la cotidianidad recreada por López, pero con otros valores; y parte de los procedimientos estéticos de éste, en otro marco lírico y con otros propósitos.

[95] Gómez Jattin expresa de López: "[...] Luis Carlos López, que me lo decía mi padre de memoria. Esa es una literatura que hoy sigo admirando profundamente [...] Los pocos hombres de letras serios en este país siempre han valorado a López, quien inventó una obra estética, que es un mundo en el cual se condensa una Cartagena mítica, en la eternidad del tiempo de la literatura que puede estar, guardadas las proporciones, junto a la Alejandría de Cavafis o la Buenos Aires de Borges" (Entrevista a Gómez Jattin en Stein 2).

a los otros. Bustos también reconoce la influencia de López en Gómez Jattin, por la imaginación escéptica y carnavalesca de aquél en los versos de éste; y la influencia de Antonio Machado, la cual también es reconocible en la poesía de Giovanni Quessep (Bustos, "Raúl Gómez Jattin" 141; 152), y de Héctor Rojas Herazo.[96] Varios de los poetas seleccionados en esta investigación atestiguan su recepción mutua: Rojas Herazo, Bustos y Gómez Jattin[97] leyeron a López, Gómez Jattin leyó a Quessep; Bustos leyó a Rojas Herazo,[98] Giovanni Quessep y Gómez Jattin; y Rojas Herazo leyó a Jorge Artel (Entrevista a Rojas Herazo por García Usta 40). Otro dato interesante en los poetas elegidos es la coincidencia en sus lecturas: Machado fue leído por Rojas Herazo, Giovanni Quessep, Raúl Gómez Jattín y Rómulo Bustos; Aurelio Arturo fue leído por Bustos (Luque Muñoz, "Tinta hechizada" 53) y por Giovanni Quessep (Cobo Borda, "La poesía de Quessep" 312).

La ubicación de los seis poetas seleccionados en la línea del Caribe contemporáneo y en el contexto de la poesía colombiana, al igual que las recepciones mutuas de sus obras, sustentan las relaciones entre ellos. Los vasos comunicantes se auguran en este nivel y en efecto se comprueban en el análisis detallado de sus producciones líricas; los vínculos no sólo emergen en el plano de los procedimientos estéticos y de las ideologías recreadas, sino también en sus sistemas poéticos. Cómo están construidos estos procedimientos y sistemas será el tema siguiente. Antes, me detendré en los pasos que seguí para analizar las obras y llegar a establecer dichos procedimientos y sistemas.

El acceso a los procedimientos estéticos de las obras permite el reconocimiento del sistema poético del autor, entendido éste como el conjunto de elementos o rasgos artísticos que nuclea la producción lírica total del escritor y le otorga coherencia. La construcción del sistema poético se hace en el acto de lectura al reconocer los ejes poéticos alrededor de los cuales gira la totalidad de la obra. Estos ejes son rasgos estéticos del orden

---

[96] De Antonio Machado me gusta, pues, su leve adiposidad de hombre. Su forma de entornar los ojos, como si siempre estuviera concentrado en la parte más húmeda y fina de una lejanía. –Su manera de andar. Sus pantalones arrugados– Los retratos en que nos mira como un padre, a la vez severo y risueño, satisfecho, sin embargo, como si nos viera regresar de un viaje. – Ese rumor de aljibe que hay en sus palabras. El idioma es allí un agua que canta. – El garfio de su duda. – Los árboles que se menean en sus poemas. Sus muros blancos y penitentes. Su azul. El color de abeja de sus mediodías. Su delicada pesadumbre (Rojas Herazo, *Señales y garabatos* 47-49).
[97] Gómez Jattín le dedica su último libro *Esplendor de la mariposa* a Luis Carlos López (1995).
[98] Bustos también le dedica su último libro *La estación de la sed* a Héctor Rojas Herazo (1998).

del lenguaje y de las significaciones, relevantes para la obra. Algunos criterios útiles para determinar cuándo un rasgo se constituye en eje poético son: la frecuencia con que aparece en los poemas y su capacidad para vincularse a sus diferentes universos de sentido; también la capacidad de interacción que tenga dicho rasgo con las temáticas y los recursos estéticos. Un rasgo poético es plurisignificativo y multiforme; se expresa de diferentes maneras en los poetas. En este capítulo trataré los encuentros y desencuentros entre los seis poetas elegidos en cuanto a los ejes, rasgos poéticos y sus manifestaciones.

El sistema poético de López se caracteriza por cuatro ejes: la ironía, la oralidad y la tradición y cultura popular, la geografía poética y lo grotesco. El sistema de Rojas Herazo contiene rasgos como lo grotesco, la geografía poética, la oralidad y tradición y cultura popular, la visión de Dios y el lenguaje religioso, la identidad, el viaje y el exilio y la muerte. El sistema poético que subyace a la obra de Quessep se constituye con los ejes: geografía poética, el tiempo y la memoria, la oralidad y la tradición y cultura popular, la muerte, el viaje y el exilio, la identidad y la visión de Dios y el lenguaje religioso. Los ejes en la poesía de Gómez Jattin son: la muerte, la geografía poética, la oralidad y la tradición y cultura popular, la identidad, la ironía, el tiempo y la memoria y lo grotesco. El sistema poético de Bustos tiene como rasgos representativos: el tiempo y la memoria, la geografía poética, el viaje, la identidad, la visión de Dios y el lenguaje religioso, la oralidad y la tradición y cultura popular. Finalmente, la poética de Artel se define con los rasgos: la identidad, la oralidad y la tradición y cultura popular, la geografía poética, el viaje, el tiempo y la memoria. La manifestación de estos rasgos-ejes poéticos y sus relaciones en los poetas es uno de los resultados más interesantes de esta investigación. Desarrollaré estos aspectos paso a paso.

Como se observó en el capítulo "Oralidad, poesía conversacional y cultura popular", las inscripciones de la oralidad en sus tres manifestaciones, si bien son análogas en lo que respecta a la presencia del rasgo estético en los seis poetas, posee una diversidad generada por el tratamiento que cada uno de ellos realiza en la obra, por su relación con los sistemas poéticos. Por ejemplo, en lo que al habla coloquial y la estructura repetitiva se refiere, en los poetas se hallan diferencias. En López, por ejemplo, el habla cotidiana obedece a la ironía como procedimiento artístico típico del autor que a su vez se vincula a sus deseos de romper con el modelo lírico imperante en su época. En Rojas, por el contrario, el habla cotidiana se vincula a la vida diaria sin sentido del hombre, tal como la ve el poeta. En Gómez Jattin esta habla se relaciona con la ironía, como en López, pero más ligada a la nostalgia por lo perdido, por lo auténtico. En Artel, la presencia del habla cotidiana en la pronunciación, al igual que en López, obedece a un efecto de ruptura con el contexto lírico imperante en Colombia, en su época.

En lo que respecta a las repeticiones, se aprecian diferencias ente López y Rojas Herazo. Mientras en el primero se relaciona con lo cómico, lo grotesco y lo carnavalesco, en el segundo, obedece a una estructura fragmentaria tanto del lenguaje como del mundo.

En el caso de la oralidad como formación discursiva, hay muchas coincidencias entre los poetas en las relaciones dialógicas. En el uso del 'nosotros' los seis poetas expresan lo que ellos y los otros seres humanos comparten: la naturaleza derrotada, el suplicio, la angustia y un destino de muerte (Rojas Herazo y Quessep); la capacidad de fabular, de crear mundos como salida a esa angustia (Quessep); el no conocimiento del hombre y su falta de comprensión sobre la realidad, el origen, su naturaleza corporal, la pérdida del paraíso (Rojas Herazo, Quessep, Gómez Jattin). El 'nosotros' también aparece cuando emerge el sentido de comunidad caribe (Bustos y Rojas Herazo).

En las relaciones dialógicas 'yo-tú', los poetas coinciden en la caracterización del otro: hay relaciones de empatía con el amigo, el depositario del amor; aún cuando hay antagonismo contra éste, se da en contraste y complementación que implica el deseo de recuperar al otro. Las relaciones de contradicción, de exclusión, imprecación y rechazo son para los que pertenecen a la burguesía, al contexto social moralista hipócrita, contra el que no es auténtico. También el 'tú' se construye como Dios. Las relaciones dialógicas con Dios son cambiantes: hay relaciones de empatía, de contraste y complementación, de resignación, súplica, reclamo y deseo de reconciliación.

En cuanto a los aspectos de la tradición oral y la cultura popular en los poetas analizados se encuentran coincidencias en cuanto al arraigo en las prácticas de la región caribe. El mito, la leyenda y el cuento aparecen en Rojas Herazo, Bustos, Quessep, y Gómez Jattin en la recreación de personajes, del ritual en que emergen estos géneros, y en su estructura misma recreada o incrustada en los versos, mediante procesos de intertextualidad. También aparece en la producción poética de estos escritores la música, el canto, el grito, el lloro, el conjuro, el rezo, rondas y juegos infantiles. En la música, Gómez Jattin retoma el vallenato, el porro, el fandango como elementos estéticos. Jorge Artel también toma el vallenato y las otras formas musicales, pero ya no como elemento sino como principio composicional; su poesía se edifica sobre una estructura sonora especialmente percutiva con funciones identificatorias de la raza negra y comunicativas al abrir puerta a los ancestros. En este punto es interesante ver cómo los rasgos estéticos que están presentes en un poeta como rasgo secundario, en otros, adquiere importancia estructural. Esto ocurre con el canto; aparece en Quessep, Bustos y Artel. En los dos primeros es un elemento recreado en los versos; en Quessep aparece en su estructura repetitiva, en el significado de la canción popular y en otras características como el lamento; en Bustos, por su parte, está ligada a los juegos y rondas infantiles. En Artel, la canción forma parte de la edificación de la poesía con imágenes sonoras que caracteriza su producción lírica, en la que aparecen poemas-canciones que cantan el dolor de la raza negra, el erotismo de su danza y la nostalgia que une al poeta con el espacio y tiempo de su ancestro. Finalmente la tradición y cultura popular en los seis poetas se complementa con la manifestación de prácticas como el grito, el lloro, el lamento, el conjuro, el rezo y los juegos de tradición oral. El grito aparece en Artel vinculado a la danza y en López a la ironía; el lloro aparece en Artel ligado a prácticas del Caribe como el velorio con música, bebida y comida; los juegos infantiles emergen en los versos de Gómez Jattin y Bustos; en este último se liga al conjuro.

La geografía poética presenta varios encuentros y desencuentros en los poetas analizados. En la oposición espacio rural-urbano, hay una clara toma de posición negativa hacia el segundo y positiva hacia el primero. Lo rural en López es el campo, en Rojas Herazo es la aldea, en Gómez Jattin es el valle del Sinú; estos lugares son propicios para el recuerdo, la paz interior, se asocian a la infancia y al amor. La ciudad por su parte es el espacio inauténtico, degradado. En Artel y Quessep el topos urbano, posee una valoración positiva, porque en el primero se trata de la ciudad caribe; y en el segundo se vincula al recuerdo y al amor, aspectos evaluados positivamente. En cuanto al espacio tierra-hábitat, coinciden en las posiciones negativas Rojas Herazo, Quessep y Bustos; esta tierra-mundo es el lugar de la derrota, de la amargura, angustia y desolación, tránsito de la muerte; la tierra materializa la pérdida. Esta caracterización negativa proviene de la caída del hombre y de su expulsión del paraíso. Esta tierra-hábitat sólo posee carácter positivo cuando se convierte en escenario caribe. En Rojas Herazo y Gómez Jattin se encuentra esta visión. Llama la atención cómo la tierra como hábitat general del hombre no es objeto de reflexión poética en López, Gómez Jatin y Artel; en estos hay una concreción de dicho espacio, hay límites, mientras que en Rojas Herazo, Quessep y Bustos se va más allá del entorno específico hacia una reflexión poética e ideológica de la tierra-mundo, como morada de los seres humanos en la que se hace real su derrota, su naturaleza finita, su viaje sin rutas y su muerte.

El mar es otro de los espacios analizados en los seis poetas; se muestra con significaciones ambivalentes en López, Rojas Herazo y en Gómez Jattin. Es visto positivamente como fuerza vital de luz, pero también como ruina y soledad que le recuerda al hombre su naturaleza transitoria y putrefacta; también el mar lo impulsa a la soledad. Esta misma valoración negativa se encuentra en la obra de Quessep; el mar cuenta el tiempo del hombre, le recuerda sus limitaciones temporales, violencia y abismo. Mientras que en Bustos y Artel posee valores positivos. En el primero es el cielo-mar, otra forma de ligar el topo de arriba con el de abajo, también es el mar mítico wayuu; en el segundo es espacio de libertad. Es importante señalar que tanto en López como en Artel, el mar no es un elemento recurrente, como sí lo es en los otros poetas.

El patio es otra de las coordenadas espaciales de esta geografía poética. Como en el anterior, no es elemento predominante en López y Artel, aparece una o dos veces en las obras seleccionadas en este estudio. En Rojas Herazo, Quessep, Gómez Jattin y Bustos sí es una coordenada importante y posee significados análogos en los cuatro poetas. Es un lugar que encierra un misterio, una magia, posee un carácter en cierto sentido, fantástico. En Rojas Herazo representa las regiones mitológicas del miedo, es el lugar donde transitan los fantasmas, es el espacio para el ritual del cuento y la leyenda y donde se dan cita los ancestros. En Quessep igualmente es el escenario de la leyenda y el cuento de hadas y el sueño; es la puerta al recuerdo y al pasado, revela secretos y conserva el tiempo. En Gómez Jattin el patio es el lugar privilegiado de la infancia, de los juegos e invenciones, de fantasías, lugar atemporal, sin límites, abierto a las esquinas del mundo. En Bustos igualmente posee un halo mítico, es el lugar donde se recuenta la crónica diaria del hombre cotidiano, de la madre y los hermanos, el patio es receptáculo de luz, lugar profundo y sagrado, morada de la madre, portal al cielo y a los ángeles; lugar vasto donde se despliegan los fantasmas y los sueños.

El árbol y la casa son los dos últimos espacios de la geografía poética de lo tangible. El primero no es elemento recurrente en López, Artel y Gómez Jattin; sin embargo, en ellos se asume como espacio de reposo (López), símbolo de vida, testigo de la música y la danza (Artel) y lugar de los juegos de la infancia (Gómez Jattin). En Rojas Herazo, Quessep y Bustos el árbol es un topo importante. En el primero es el testigo de la corporeidad y el autorreconocimiento biológico del ser humano; el hombre y el árbol también se repliegan sobre sí mismos, éste pasa a formar parte del primero e incluso se llega a fundir con él. Esta misma fusión se registra en la poesía de Bustos mediante una relación simpatética, mítica entre el hombre y el árbol. En Quessep y en Bustos el sentido del árbol es análogo en cuanto a que es un portal para otro mundo diferente al real, es el umbral a espacios no reales: el mundo de la fábula, la leyenda y el cuento en Quessep, y al cielo en Bustos. En ambos, es morada de libertad y acceso a otro tiempo, eterno. Finalmente, la casa en López, Rojas Herazo, Quessep y Bustos se vincula al ancestro, la ascendencia y a la pertenencia familiar. En los dos primeros se recrea la casa en ruinas de un presente opuesta al esplendor de sus espacios en el ayer. En Quessep no es muy recurrente este elemento; y en Artel es casi nulo.

Los espacios no tangibles, de la interioridad se encuentran presentes en Rojas Herazo como inmensidad íntima biológica; en Quessep es la memoria, el olvido y el alma como espacios de invención y fabulación; en Gómez Jattin es la interioridad degradada del poeta; y en Bustos es el espacio de lucha, conflicto del alma y el cuerpo, pero lugar de ensoñación también como en Quessep. En Artel, el espacio interior no es frecuente, pero aparece como memoria de África en el pasado.

Es importante señalar que las variaciones significativas de los elementos constitutivos de la geografía poética son causadas por la intervención de un rasgo valorado positiva o negativamente. También es interesante ver cómo dichos elementos espaciales están vinculados con los rasgos identificatorios de las poéticas de cada escritor. Se aprecia, por ejemplo, que la casa, el árbol y el mar están definidos en el marco de la corporeidad y la terrenalidad del hombre en Rojas Herazo. El patio y el árbol se resignifican con la infancia, temporalidad clave en la poética de Gómez Jattin. El mar, el árbol y el patio en Quessep están vinculados con la fábula, el cuento, la leyenda y el sueño, eje poético principal en toda su obra. En Artel, el árbol se asocia a la música y la danza, aspectos de la poética de imágenes sonoras que sostiene su obra.

Los encuentros y desencuentros entre las poéticas de los escritores también se revelan en el rasgo de la visión de Dios y el lenguaje religioso.

La visión de Dios aparece en tres poetas: Rojas Herazo, Gómez Jattin y Bustos. En Quessep y López no aparece este elemento de manera explícita. En las obras de los tres primeros poetas se evidencian tres visiones de Dios, una negativa y una positiva en la que se reconoce su existencia; y una de no existencia. La positiva es desarrollada por Rojas Herazo, Gómez Jattin y Bustos cuando se ve a Dios como creador, del hombre en el primero y el tercero; y del tiempo en el segundo. Dios es visto como el Ser que le otorga profundidad y esperanza a la vida, como el interlocutor preciso que tiene el poder de conceder peticiones ante la debilidad del ser humano (Gómez Jattin); también es la última morada del hombre; es Dios el que da sentido a la hermandad del amigo y la familia (Rojas Herazo, Bustos). Pero a esta visión positiva se contrapone la que niega y desentroniza a Dios, en el marco de las ambivalencias características de la poesía del Caribe colombiano que revela las contradicciones ideológicas del hombre moderno. En Rojas Herazo y Bustos, especialmente, se presenta a Dios como el creador que ha abandonado al hombre y a su creación; como un ser desentendido del mundo y de lo que en él acontece. Ambos poetas lo caracterizan con la impotencia, antes que con la omnipotencia, es Dios humanizado y rebajado cuyas palabras son objeto de ironía. Ambos poetas ven a Dios como victimario y castigador y al hombre como víctima y ser condenado. La visión de no existencia de Dios único se revela en Rojas Herazo, Gómez Jattin, Bustos y Artel mediante el reconocimiento de otros dioses, en una concepción politeísta.

Otro elemento de este rasgo estético es la pérdida del paraíso, la caída, la culpabilidad y el castigo. También aquí encontramos las visiones positiva y negativa. Rojas Herazo, por ejemplo, recrea los momentos iniciales en que fue creado el hombre, antes de la caída, con una epifanía de luz, exaltando los sentidos de Adán y su primer reconocimiento del mundo y su cuerpo; es la plenitud del paraíso y de la naturaleza biológica del hombre. Quessep también rememora en sus poemas el tiempo de creación del hombre por la palabra. Pero los dos poetas hacen más énfasis en la visión negativa, en la caída, el castigo, la pérdida del paraíso, la culpabilidad y la muerte. Ambos poetas recrean estos momentos en sus poemas y expresan que es imposible alcanzar el cielo, recuperar lo perdido; la idea de redención en este marco no tiene cabida, aunque sí plantean una salida: Rojas Herazo en el autorreconocimiento corporal y Quessep en la invención de mundos. No obstante, los dos poetas coinciden en aceptar que el hombre vive en la desesperanza, la angustia y la falta de conocimiento. Hay un énfasis en ambos escritores en la idea de inocencia del hombre; en Quessep, a raíz de que el hombre ha olvidado los detalles y causas de su caída; y en Rojas Herazo porque Dios culpa al hombre y lo castiga sin que éste alcance a entender las razones. Tanto el olvido y el no entendimiento constituyen variantes de la misma idea del no conocimiento en el hombre, eje significativo clave en la producción poética de estos dos poetas y de Bustos.

El tercer elemento de este rasgo significativo es el lenguaje religioso encontrado en los seis poetas, con diferentes énfasis, y manifestado mediante la intertextualidad entre los poemas y textos religiosos bíblicos y de grupos religiosos. En Luis Carlos López no es un eje poético, pero sí se encuentran paratextos, apartes de la Biblia que fungen como epígrafes. En Rojas Herazo el lenguaje religioso sí es un eje de su sistema poético; y en Quessep y Bustos no es eje pero sí un elemento recurrente. En estos poetas se encuentran oraciones, sentencias, expresiones bíblicas, elementos léxicos, eventos y personajes bíblicos. En estos aspectos hay coincidencias: Rojas Herazo y Quessep retoman apartes de la oración "el padre nuestro"; retoman el personaje Jacob; le dedican un poema a Adán; los dos con Bustos reiteran la imagen del ángel del paraíso y su espada; Rojas Herazo y Bustos retoman al personaje e historia de Jonás. Todos estos elementos poseen una base judeocristiana y apuntan a la crisis de sentido del hombre moderno, como se verá en el capítulo "De lo estético a lo ideológico en la poesía del Caribe". En lo expuesto también se aprecia cómo las expresiones, eventos y textos bíblicos son ubicados dentro del sistema poético del autor; López los sitúa en el marco de la ironía y la crítica social, política y religiosa; Gómez Játtin los ubica en la sexualidad y lo grotesco; Quessep, en el universo de la fábula, el sueño y la leyenda.

La poética del tiempo se establecía en cuatro manifestaciones: tiempo de la memoria, el recuerdo y la historia; el tiempo de la cotidianidad y del rito; el tiempo primigenio, de la creación y el fin; y el tiempo mágico y legendario. El primero se desarrolla en la poesía de Rojas Herazo, Gómez Jattin, Bustos y Quessep, desde posiciones positivas y negativas. En los tres primeros, la visión afirmativa se observa en la nostalgia de un pasado casi mágico, de juegos en la infancia; en el último es la nostalgia de un pasado de encantamiento y fábula. La visión negativa se aprecia en la relación con la soledad, la ruina y la muerte, para el caso de Rojas Herazo y en la evocación de la pérdida del paraíso en Quessep. En la poesía de Artel, la memoria y el recuerdo no se desarrollan especialmente; sino como aspectos vinculados a la historia y en López las pocas alusiones se realizan desde la ironía y la burla. El tiempo de la historia posee una connotación negativa en Rojas Herazo, Quessep y Artel. En los primeros se reconstruye la historia individual y colectiva, de la humanidad; Rojas Herazo la plantea como la historia del tedio, un tiempo repetitivo y vacío en el que el hombre es manejado por las estructuras sociales y políticas; Quessep recrea la historia de violencia, siglos y milenios, desde la elaboración de la fábula en el poema. Artel, por su parte revela el genocidio de la raza negra, como un tiempo desafortunado y también recrea la herencia y el sentimiento del ancestro en los escenarios caribes. Este tiempo histórico no es esencial en la poesía de Bustos, Gómez Jattin y López. El tiempo de la cotidianidad y el rito están presentes en López, Rojas Herazo, Bustos y Artel. En los tres primeros se plantea el tiempo de la cronología cotidiana, como el paso de los años sobre el hombre y sus huellas. Rojas Herazo plantea un tiempo de hastío y tedio, repetitivo. En el caso de Bustos, además de esta interpretación, está la del tiempo de la cotidianidad ritual en el que cada hora es una crónica donde ocurre la comunión diaria con el hermano y la madre. Esta ritualidad se percibe también en Artel pero en el plano de la música y la danza. En este tiempo cronológico también emerge la noche como lapso de misterio en la poesía de este escritor y de Rojas Herazo. El tiempo primigenio posee un sustrato religioso; en Rojas Herazo y en Quessep se asocia al paraíso, como temporalidad de la creación del hombre y el mundo, y de la caída y pérdida de este edén. Se puede establecer en la producción de estos dos poetas la línea temporal: tiempo primigenio-tiempo de muerte-tiempo del fin; los cuales implican eternidad, historicidad y apocalipsis, respectivamente. En Bustos, el tiempo del origen está marcado por la creación del hombre como en los otros poetas, y por el mito que genera las estaciones del año. Este tiempo primigenio no aparece en la poesía de López, Gómez Jattin y Artel.

El tiempo fabulado sólo se registra en Rojas Herazo y Quessep. En el primero es el tiempo heroico y legendario. En el segundo constituye un eje poético; es la temporalidad inmune a la muerte, fuente de la palabra y el relato, que se remonta a su propio origen, se invierte, renueva constantemente o se detiene. Este tiempo está hecho de lenguaje y no de acontecimiento. En Bustos, en lugar de un tiempo fabulado, se plantea un tiempo onírico, análogo a este; es la vigilia en la que hay traslapes. Finalmente, el tiempo de la eternidad se plantea en los escritores. En Gómez Jattin es la anulación del tiempo posible en el eros y el cuerpo hiperbolizado; es una experiencia corporal del presente. En Quessep sólo hay eternidad en la fábula; en Bustos este tiempo está detenido y se refleja en los símbolos del ajedrez y la rayuela. Es importante ver la posición frente a este tiempo. Rojas Herazo niega la posibilidad de la eternidad; solo hay muerte y podredumbre; Bustos la ve como algo imposible para el hombre; y Gómez Jattin, a pesar de que ve lo absoluto en el eros, plantea igualmente la negación de la eternidad por la muerte y podredumbre del hombre, como en Rojas Herazo.

Como se observó, la poética del tiempo en la poesía del Caribe presenta una complejidad en las analogías y diferencias entre los poetas. Es interesante ver cómo hay rasgos estéticos presentes en unos escritores y ausentes en otros. El tiempo del recuerdo y la memoria aparece con la burla y el carácter carnavalesco en la obra poética de López, frente al carácter serio y solemne en los otros poetas. En esta obra, como en la de Gómez Jattin, no hay una elaboración histórica del tiempo, aunque sí del cronológico, ligado al tedio en López. El tiempo primigenio tampoco se estetiza en estos poetas; como sí aparece en Rojas Herazo, Quessep y Bustos. En la poesía de Artel, se trabaja el tiempo de la historia pero no este tiempo primigenio. Estas variaciones enriquecen la poesía del Caribe colombiano y la abren hacia las manifestaciones líricas de las otras partes del Caribe.

En el rasgo estético de la muerte y la soledad también se pueden establecer relaciones. En Rojas Herazo, Quessep y Bustos se plantea la ubicuidad de la muerte, la cual despliega un discurso ritual que le recuerda al hombre su presencia constante dentro y fuera de él. En estos tres autores también se establece una relación entre la muerte y lo divino. Rojas Herazo y Quessep la ubican como el extremo de la cadena caída-perdida del paraíso. En este sentido, la muerte se ve como castigo de la divinidad, idea planteada por Bustos en el símbolo de la mosca como el ojo de Dios. Tanto la ubicuidad como la relación muerte-Dios no se tratan en la poesía de López, Artel y Gómez Jattin. No obstante en éstos y en los otros poetas se encuentran tomas de posición hacia la muerte. En López prima la actitud burlesca e irónica hacia este aspecto, típica de su poesía. En Rojas Herazo y Quessep la muerte es una realidad impenetrable e incomprensible para el hombre, por lo cual toman una posición negativa hacia ella; no obstante, en el primer poeta también se ve desde un prisma positivo cuando la muerte se asocia al Caribe. Tanto en este escritor como en Quessep, Gómez Jattin y Bustos hay una actitud de resignación, lamento e impotencia ante la muerte. Quessep plantea como salida convertir la muerte en fábula. En Gómez Jattin también se establece una posibilidad de evasión del aniquilamiento a través del recuerdo, la memoria y el carnaval. En Artel, por su parte, la muerte se asume desde la cultura y la tradición negra; se asocia a la fiesta como en la posición carnavalesca y épica de Gómez Jattin, pero más desde una perspectiva ritualizada vinculada a los rasgos que caracterizaban al difunto, la música, el canto y la danza. Hay en consecuencia tres posiciones hacia la muerte en los seis poetas: como estado biológico, social y metafísico. Finalmente, en Rojas Herazo, Quessep, Bustos y Gómez Jattin la verticalidad temporal del hombre sucumbe ante la horizontalidad del espacio-tumba.

La soledad asociada a la muerte aparece en Rojas Herazo y en Quessep como consecuencia de la pérdida del paraíso. Como estado no asociado a la desaparición, la soledad aparece en López vinculada al tedio y al hastío. En Rojas Herazo es la soledad de vida que permite el autorreconocimiento del cuerpo y la soledad de muerte; es ubicua en la poesía de Quessep y se asocia a la esperanza, el recuerdo, los sueños y la invención. En Gómez Jattin también se relaciona soledad y muerte, además de la tristeza y la nostalgia. En Bustos y en Artel no es temática recurrente; no obstante en el primero se asume como ausencia y en el segundo desde la música y la ciudad.

Al igual que en los otros rasgos estéticos de la lírica del Caribe colombiano, la soledad, además de relacionarse con otros elementos, participa en los ejes poéticos de los escritores. En López se vincula al tedio; en Rojas Herazo a la muerte, al origen y creación del hombre, a la separación del hombre de Dios, su caída y castigo; en Quessep, la soledad se vincula al eje poético de la muerte y la invención; en Gómez Jattin, nuevamente se vincula a la muerte, además de la nostalgia; y en Artel a la música.

La problemática de la identidad se plantea desde una perspectiva ontológica en la poesía de Rojas Herazo, Quessep, Gómez Jattin y Bustos. En lo cinco poetas la respuesta a la pregunta '¿Quién es el hombre?', es 'un ser para la muerte.' Todos los poetas mencionados coinciden en la concepción de la identidad del ser para la muerte, entendida ésta como hecho ontológico, como fin de toda existencia, y no meramente como hecho óntico, –"el morir"–. No obstante, en la poesía de Rojas Herazo y de Bustos también se asume esta última concepción, en el énfasis sobre la enfermedad, la podredumbre y las secreciones del cuerpo, especialmente en el primero.[99] A esta coincidencia de sentidos se le agregan las peculiaridades: Rojas Herazo afirma que el hombre es un ser encendido por los sentidos; la identidad es biológica, corporal, terrenal y onírica; Quessep asevera que el ser humano no es fábula; pero sí ser para la invención; Gómez Jattin plantea que es un ser solo, degradado y asilado. La identidad ontológica no es reflexión poética en López, pero sí lo es la identidad caribe mestiza, referida a este espacio; hay en la poesía de este autor una reflexión marcada en la despersonalización del individuo actual, el cual carece de autenticidad; este hecho también se encuentra en la poesía de Artel pero referida al hombre que niega su identidad mestiza, mulata, negra o indígena y a la esclavitud como proceso que buscaba el desarraigo y la pérdida de identidad del hombre negro. En la poesía de Rojas Herazo se encuentra una fusión del habitante caribe con su espacio, y la identificación con los elementos característicos de esta región: la sal, el mar, las islas. También se aprecia una identidad con los acontecimientos íntimos del Caribe, análoga a la planteada por Gómez Jattin cuando alude a la filosofía popular basada en la simplicidad del habitante caribeño del pueblo. Se puede establecer una relación entre este poeta y López en lo que concierne a la crítica sobre los habitantes del Caribe que han perdido su autenticidad por la apariencia de la posición social. En la poesía de Gómez Jattin se censura a los personajes que han dejado su identidad de la infancia ligada al contexto caribe, por los comportamientos de una sociedad burguesa. En ambos opera la despersonalización. También se puede proponer una relación entre la exploración de la identidad asociada al origen en la madre entre Gómez Jattin y Bustos. En el primero el reconocimiento de dicho origen lo lleva a una autonegación y a un rechazo; en el segundo, por el contrario, lo conduce a una afirmación fraternal y a un sentido de

---

[99] Recuérdense los poemas de Rojas Herazo en los que se reitera la naturaleza biológica del hombre, como ser encendido por los sentidos, imbuido en una casa de carne, huesos y secreciones. En los poemas de Bustos, de *La estación de la sed*, se menciona la descomposición del cuerpo, el morir, y los símbolos de la mosca. En cuanto lo ontológico y lo óntico, la muerte y 'el morir', Heiddeger, quien estableció planteamientos sobre el ser para la muerte, no hace la diferencia; no distingue entre el segundo en tanto fenómeno existencial, acontecimiento individual concreto, y la primera, fin de toda existencia (Jolivet 121). En los poetas de Caribe colombiano, especialmente en Rojas Herazo, Quessep, Gómez Jattin y Bustos, se encuentra la reflexión ontológica no solamente referida a la identidad sobre el ser, sino también sobre el estar (pertenecer) y el conocer, como se verá más adelante.

pertenencia. En este orden de relaciones también es importante mencionar el vínculo entre Rojas Herazo y Gómez Jattin en lo que concierne a la alteridad. En la obra de los dos poetas se plantea que la identidad viene de los otros; pero en Rojas Herazo se lleva a cabo desde la identidad biológica y en Gómez Jattin en la búsqueda del amigo que puede salvarlo de su interioridad angustiada y degradada. Finalmente, la identidad étnica es otro aspecto de este rasgo estético; se desarrolla en la obra de Artel a través de la presencia del elemento negro como rasgo determinante de la identidad de su raza y de toda Latinoamérica.

Otro aspecto del rasgo en cuestión es la identidad cuestionada desde el no-conocimiento del hombre. Este aspecto se reitera en las obras de Rojas Herazo, Quessep y Bustos. En ellas se plantea que el hombre ignora su destino, las causas de su naturaleza mortal, las razones por las cuales fue creado, quién dirige su destino y su sitio en el universo. El hombre se mueve en la incertidumbre, en el "tal vez", "acaso", "quizá"; son éstas marcas léxicas muy utilizadas por los tres poetas mencionados. Lo que el hombre sí conoce son: su naturaleza biológica, su derrota, su identidad de ser para la muerte, la pérdida del paraíso, la imposibilidad de acceder definitivamente al cielo y la culpa.

El viaje y el exilio son temas claves en los seis poetas analizados. La partida se asume como acontecimiento jubiloso, oportunidad para las transformaciones y la huída de la desgracia, en Rojas Herazo y Quessep. Mientras que para el primero el regreso también es motivo de regocijo y es experiencia acumulativa de mundos, para el segundo el retorno se asocia a la pérdida, es la vuelta a la tierra y negación de la fabulación. Las imágenes del puerto, el mar y las embarcaciones también se encuentran en los poetas, en especial, en López, Rojas Herazo, Quessep y Artel. En el primero, son imágenes transhumantes del pasado; en el segundo, son espacios de tránsito hacia el mar, dentro de una prolongación espacial que se inicia en la casa; en el tercero, las imágenes de asocian a los mundos del sueño y la fábula, excepto el símbolo del puerto, el cual posee connotaciones negativas pues se relaciona con la tierra, con el retorno a las raíces, al mundo agónico del que el poeta quiere escapar a través de la invención de mundos no reales. Por el contrario, para Artel, el puerto es lugar de nostalgia y pasaje que recibe la voz de los ancestros. Otro aspecto digno de resaltar en los poetas es el viaje como rasgo inherente a los personajes. Los seis poetas coinciden en este punto, recrean al viajero con un historial de imágenes y acontecimientos en su cuerpo (López, Rojas Herazo, Gómez Jattin, Bustos), al navegante encantador y relator (Quessep), al inmigrante (Gómez Jattin); también está el viaje como rasgo de la raza y cultura negra relacionado con el ancestro transeúnte, itinerante histórico. Finalmente el exilio es tratado en las obras vinculado al destierro del paraíso en Rojas Herazo y Quessep, y al desarraigo interior en Gómez Jattin.

En el análisis de la estética de lo grotesco llama la atención cómo no todos sus elementos se encuentran presentes en todos los poetas analizados; ejemplo de ello es la casi ausencia de dichos elementos en la poesía de Jorge Artel y la inexistencia en la de Giovanni Quessep. Lo grotesco no es eje poético característico en el primer poeta y no aparece como tal en el segundo. Se podría establecer una línea historiográfica basada en este rasgo estético que se inicia con López, continúa con Rojas Herazo, y es recibida por Gómez Jattin y Rómulo Bustos. En sus obras se utilizan mecanismos como la exageración vinculada a la ironía; la anormalidad que subvierte el contexto social, desde diferentes fuentes: el uso de elementos cotidianos y la mención de comportamientos censurados por la sociedad, en López; el uso de la zoofilia en Gómez Jattin; la mención de secreciones y hechos escatológicos en Rojas Herazo y Bustos. Lo grotesco en estos poetas sirve para dos fines: interpelar violentamente al lector y manifestar la desubicación del poeta con respecto al entorno donde vive y su desidia frente al mundo. Es importante señalar también que esta estética de lo grotesco posee sus vínculos con la cultura cómica popular. Prueba de ello es el hecho de que lo cómico popular busca abolir las fronteras entre el cuerpo y el objeto, el cuerpo y el mundo; también acude a un repertorio verbal por medio de obscenidades, injurias, imprecaciones, travestismos rebajantes, despedazamiento del cuerpo (Bajtín, *La cultura popular* 319). Este vínculo con la cultura popular también se aprecia en el rasgo estético de la oralidad y la tradición popular analizado en páginas anteriores.

De lo estético a lo ideológico

Los procedimientos estéticos analizados están inter e intra relacionados, como se demostró en los capítulos anteriores. Pero además están ligados con ideologías[100] en las obras. Y es justamente esta conexión la que se establece en la etapa explicativa e interpretativa de la metodología. Considero que esta relación poesía e ideología se da tanto en el plano del lenguaje como en el de las significaciones[101] en el marco del discurso de ficción lírico; aquí asumo que la poesía no es reflejo de procesos ideológicos,[102] sino que

---

[100] Utilizo aquí el concepto de ideología o formación ideológica y no el de visión o concepción del mundo, por las siguientes razones. El concepto de 'visión del mundo' de Goldman se refiere al "conjunto de aspiraciones, sentimientos y de ideas que reúne a los miembros de un grupo (o lo que es más frecuente, de una clase social) y los opone a los demás grupos" (*El hombre* 29). Este concepto presenta los siguientes problemas: esta noción supone que se tengan en cuenta juicios de valor, implica también una postura ante el mundo y un punto de vista, lo cual supone que el texto es capaz de transcribir una visión global y coherente y reducir su capacidad de transcripción a una sola perspectiva. El concepto de ideología o formaciones ideológicas plantea que no sólo existe un punto de vista en el texto de ficción a partir del cual se desarrolle una visión social, sino una serie de puntos de focalización que la escritura construye y deconstruye sin cesar (Cros 34-35), y que el lector también construye y deconstruye en su enfrentamiento al texto. En efecto, una formación ideológica caracteriza un elemento susceptible de intervenir, como fuerza confrontada a otras fuerzas, en la coyuntura ideológica característica de una formación social; cada formación ideológica constituye un complejo de actitudes y representaciones que no se refieren a posturas en conflicto (Pecheux 130. También citado por Cros 63). Nótese como el centro del concepto de formación ideológica es la idea de conflicto, de antagonismo, de oposición; justamente es esta dialéctica de formaciones ideológicas lo que se recrea en la obra poética mediante los procedimientos estéticos.

[101] Hacer énfasis en la evocación de ideologías tanto en el plano de las significaciones como del lenguaje, me distancia de las posturas sociológicas literarias que pretenden establecer sólo en los contenidos, los procesos ideológicos. La literatura no sólo es autónoma en cuanto universo de ficción, sino también en cuanto proceso y práctica discursiva; retomando un concepto de Umberto Eco (1979), es una entropía del lenguaje, pues usa el orden del lenguaje cotidiano, lo desordena y crea un nuevo orden, el del discurso artístico.

[102] En la relación literatura y sociedad, Lukács (*El alma* 55) plantea que hay un reflejo específicamente estético de la realidad a través de la obra de arte. Aquí me alejo de esta postura,

ella es en sí misma autónoma en cuanto universo artístico de sentido.[103] Además de concebir la autonomía del texto poético y su relación con la ideología, en esta investigación considero que ésta no aparece de manera unívoca en la obra, sino que por el contrario, hay un encuentro antagónico de ideologías.[104] Existe en consecuencia una plurivocidad: voces de las distintas formaciones ideológicas en la obra lírica que entran en conflicto. En los poetas seleccionados, puedo ilustrar estos planteamientos mediante las ambivalencias y la contraposición de ideologías que pueden presentarse en la obra en dos niveles distintos de profundidad o subyacencia: uno más profundo en el que el lector-analista infiere dichos antagonismos a partir de los procedimientos estéticos de la obra y responde a preguntas que se hace con respecto a aparentes contradicciones que aparecen en el texto y que a simple vista darían la idea de que el poeta acusa incoherencia poética; y un nivel menos profundo en que mediante procedimientos igualmente estéticos –como el personaje y ciertos tipos de discurso, por ejemplo–, le sugiere al lector de manera clara las formaciones ideológicas que contrapone.

En las obras de los seis poetas subyacen tres ideologías contrapuestas: la de una sociedad natural basada en una visión mítica; la de una sociedad moderna fundada en la visión ilustrada y en la razón; y la de la profunda crisis de la modernidad.[105] En la primera ideología se observa la idea de

---

pues considero que la obra, en este caso, lírica, no es reflejo de la realidad sociohistórica, sino que ésta aparece recreada en un plano profundo del tejido estético de la obra; ésta evoca mediante sus procedimientos las ideologías, y a su vez las contrapone. Justamente Zima (127-133) critica la sociología de la literatura en la que las representaciones de ficción se utilizan inmediatamente a nivel de la explicación, esto es, que se extraen de la totalidad del contexto de ficción. Dicho de otro modo, se cree ingenuamente que los textos literarios se remiten inmediatamente a la 'realidad' (a referentes) y que tienen un carácter denotativo; de este modo, cierran los ojos ante procedimientos connotativos sin los que la literatura es inconcebible como ficción, como segunda realidad 'connotada', o lenguaje modelizador secundario (Lotman, *Estructura del texto*), cuyos signos no designan inmediatamente los elementos de la realidad del sentido común. (También citado por Cros 18).

[103] La sociología experimental y empírica y el análisis de contenido norteamericano poseen el problema epistemológico de que se interesan por el hecho sociológico que representa el hecho literario y no por la literatura en cuanto tal; por lo tanto no tienen en cuenta la especificidad del texto de ficción.

[104] Aquí me distancio de la postura de Goldman (*El hombre* 30) según la cual una obra literaria o artística expresa una sola concepción del mundo, en tanto fenómeno de conciencia colectiva que alcanza su mayor claridad conceptual o sensible en la conciencia del pensador o del poeta.

[105] La formulación de estos tres estadios las tomo de Urdanibia (49). En realidad, es una postulación simple para la complejidad que encierra el fenómeno desde la perspectiva histórica; sin embargo

origen, magia y divinidad; el concepto de tiempo y de sujeto hacen que la solución a los problemas de aquí abajo sea buscada fuera del propio mundo, en el más allá; es el típico pensamiento premoderno. En la segunda, la razón es el topos privilegiado; el 'más acá' juega el papel fundamental. En la tercera, llamada también condición posmoderna, se carece de fundamento, no hay sentido ni en el más allá ni en el más acá. Los aspectos que ilustran estas tres ideologías se pueden encontrar en las obras de los seis poetas. En López la ubicación del *locus amenus* en el campo, la exaltación del paisaje y el rechazo hacia la burguesía, sus sistemas y prácticas, revelan la nostalgia y el deseo por el retorno a esta etapa de la sociedad natural. De igual forma, las elaboraciones ideológicas de la primera parte de *Rostro en la Soledad* de Rojas Herazo, se ubican en esta sociedad natural; el poema "La casa entre los Robles" revela nítidamente dicha sociedad: la fraternidad, el modo de producción agrícola, la casa como señal de poder, fuerza, autoridad y orden, con sus símbolos: "bestias", "frutos", "cosecha"; los símbolos del cristianismo, base religiosa de esta sociedad premoderna occidental: 'hermano', 'hermana', 'miel', 'don de reposo', 'nuestro pan', 'espigas', 'ángeles', 'Dios'. Pero el poema revela dos visiones: la mítica y la histórica; la primera basada en los símbolos judeocristianos referidos al aliento de vida que recuerda el Espíritu de Dios sobre las aguas: "el reflejo del aire sobre el pozo", "el aire suavemente respiraba en los lechos", "el viento dulcemente flotaba en los manteles", "la brisa entre los robles"; la segunda se manifiesta en el poderío de la casa y del padre, amo y autoridad del modo de producción (Ferrer Ruiz, "La estación de la sed" 2). Otros elementos de esta ideología tradicional o sociedad natural en la poesía de Rojas Herazo son los personajes ubicados, ora en un contexto mítico, ora en un contexto caballeresco premoderno; me refiero a los guerreros y a los héroes salidos del tiempo, envestidos de gesta y aventuras. También se puede observar la preferencia de Rojas Herazo por el espacio aldea en la primera parte de *Rostro en la Soledad*, lugar idílico como el campo en López que representa esa sociedad natural. En la poesía de Quessep, ¿no es quizá la creación de estos mundos atemporales, míticos y legendarios reflejo de esa nostalgia por el retorno de la sociedad premoderna?; también es el universo del guerrero como en Rojas Herazo, de castillos y gestas; en la poesía de Quessep se establece que la solución posible de los problemas se encuentra en el más allá de la fábula, la leyenda y el cuento de hadas. En Gómez Jattin, al igual que en López y en Rojas Herazo, hay una preferencia por el valle,

---

refleja a nivel general tres estadios claves en la estructura ideológica de rupturas y continuidades ideológicas, económicas, políticas y socioculturales.

espacio natural, de pueblo, ligado a una filosofía vivencial sencilla. Al igual que en Quessep, en Bustos la búsqueda de la felicidad se encuentra en un más allá cuyo umbral es el patio y el traspatio, y cuyo pasaje es el árbol; se trata del cielo, pero no el cielo judeocristiano, sino el construido por el poeta, al igual que la fábula y la leyenda de Quessep. En Bustos, la búsqueda de ese *locus amenus* que armoniza con una ideología de la sociedad natural, también es el desierto donde el indígena desarrolla una vida mítica. En Artel, este tipo de sociedad se refleja en la vida de la comunidad negra, en su presente de música y danza abstraído de la realidad, y en su pasado paradisíaco.

La ideología de la modernidad se expresa en las obras de los seis poetas desde su propia crisis, es decir, desde la misma ideología posmoderna. Hay aquí un dualismo, un dialogismo en el que las posiciones antagónicas se presuponen mutuamente. Este dualismo ya ha sido anotado por los críticos; los fragmentos de la modernidad llevan en sí la marca de la modernidad y su crisis; en nuestra sociedad, todo está marcado por esa ambigüedad; todo es moderno y antimoderno (Tourraine 102); esa es la razón por la cual en las obras de los seis poetas encontramos aparentes contradicciones en el tratamiento del tiempo, el espacio, la muerte, las relaciones dialógicas, la identidad, la visión de Dios y el lenguaje religioso, el viaje y el exilio y el lenguaje grotesco. ¿Cómo se revela la modernidad y sus valores, al igual que la crisis de los mismos en las obras de los seis poetas? Analizaré estos aspectos y plantearé cómo se expresan en los rasgos estéticos. Hay cuatro ideas claves que caracterizan la modernidad: el progreso, la razón y el conocimiento, la historia y la secularización. El pensamiento moderno se traduce en la preponderancia del sujeto autónomo con la fuerza de la razón y con la idea del progreso histórico hacia un brillante final en la tierra (Urdanibia 51-52). La lógica de la modernidad está basada en la importancia de lo científico técnico, en la trascendencia abstracta del Estado, y en la visión de un tiempo cronométrico y lineal. La tesis de la historia plantea que el sujeto pasará a ser pensado desde categorías colectivas: nación, cultura, clase social y raza; la tesis del sujeto, por su parte, establece que todos los hombres son esencialmente idénticos entre sí, hay pues, una idea de universalidad; y la tesis del progreso es mediadora entre las dos tesis anteriores. Es interesante ver que estas tesis e ideas de la modernidad se encuentran recreadas en el nivel profundo de los poemas de los escritores elegidos. En primer lugar, la visión del tiempo cronológico y lineal, dirigido al progreso de la historia y de la perfección y la felicidad, en los poetas se asume como camino hacia la muerte y la derrota del hombre, la vejez y el aniquilamiento; se observa aquí uno de los valores de la modernidad puesto en crisis. En segundo lugar se establecen otros tiempos: el del origen y el fin en las obras analizadas, lo que plantea un fin de la historia, lo cual refleja la crisis de la tesis de la historia; no hay final brillante, sino apocalíptico. La idea de raza y nación como valores de universalidad en la modernidad se encuentran en la obra de Artel, pero el autor propone un regreso al pasado, a su ancestro, hecho contrario al pensamiento moderno el cual considera que hay que hacer tabla rasa del pasado para que los seres humanos queden liberados de las desigualdades transmitidas, de los miedos irracionales y de la ignorancias (Touraine 19). La recuperación del pasado propuesta por Artel tiene como objeto la recuperación de la identidad; hacer memoria del ayer implica recordar las raíces culturales de la raza negra y de América. En este punto hay una ruptura con la modernidad puesto que ésta propone un culto cada vez más intenso por lo nuevo, lo original que no existía en las épocas precedentes (Vattimo, *En torno a* 9). La modernidad plantea entonces el olvido como fuente para la renovación. En este punto es necesario mencionar la posición de Quessep; en el poema "Parábola" (LE 24-26) analizado en los capítulos anteriores, el olvido es la posibilidad de comenzar de nuevo, hecho que refleja una posición moderna; no obstante, el olvido planteado por la modernidad con respecto al pasado tiene adelante un progreso, una historia feliz, mientras que el olvido, la flor de loto de Quessep, tiene atrás los horrores de la guerra, el hambre, la peste, las matanzas, y adelante tiene el encanto de crear la fábula, la cual finalmente termina siendo el desencanto del reino convertido en polvo. Es esta última una posición totalmente posmoderna. La anulación de la historia como progreso y entidad unitaria, señal de la crisis de la modernidad (Vattimo, *En torno a* 101), también se encuentra en la poesía de Rojas Herazo; en el poema "Cómo hicimos la historia" (UA 15) se aprecia un acto repetitivo que vuelve sobre sí mismo, esto es, a la muerte como realidad ineludible. La posición de López también es clara; el poeta expresa una nostalgia por el pasado y un rechazo por el presente y el progreso.

La tesis del sujeto relacionado con la universalidad se refleja en el concepto de ciudadano, lo que Rojas Herazo plantea de modo crítico como "un número más", un código, un ser anónimo; es este ciudadano el que rechaza también Gómez Jattin, Bustos, Artel y López al referirse a los individuos insertados en un orden sociopolítico. En consecuencia, esta tesis de la modernidad entra en crisis en los poetas. De igual forma ha fracasado la idea de concebir una sociedad racionalizada, de la vida social transparente y regida por decisiones racionales; ¿Cómo puede existir tal sociedad si en ella aparece la injusticia, la alienación, el verdugo, el homicida, el parricida, el prostituto, el esclavo, la prisión, el burócrata que termina enfrentado a la enfermedad y a la muerte?, esta pregunta es arrojada por los poemas de lo seis escritores elegidos; pregunta manifestada a través de los personajes y retratos recreados. Ante este panorama, la respuesta es el desencanto, sentimiento que se encuentra en estos poetas y ante el cual plantean salidas, aunque marcadas por el pesimismo. Quessep propone el *Libro del Encantado*, en el que el hombre construye la fábula, concepto ambivalente en su poesía pues refleja la postura posmoderna que había anunciado Nietzsche en *El Crepúsculo de los Ídolos*, "el mundo real a la postre se convierte en fábula", haciendo alusión a la crisis de la modernidad; y la postura romántica o prerromántica en la que la fábula, la leyenda y el cuento de hadas, actúan como posibilidad de reencantamiento ante la decadencia y la crisis. Otros, como Gómez Jattin, buscan salidas al desencanto, la destrucción y la crítica de la ideología moderna, en la sexualidad. Para la mentalidad moderna, el punto se resume en lo siguiente: Dios está ausente, por lo tanto, el hombre, criatura de Dios que lleva la marca de la libertad del creador, queda reemplazado por un ser de deseo; el 'yo' no es más que la envoltura del ello, de la sexualidad que trata de recuperar su energía vital atravesando las barreras que las convenciones sociales y los agentes de la moralización levantaron (Tourraine 97). Este punto es claro en la pansexualidad que el poeta plantea, en la homosexualidad y la zoofilia como elementos de lo grotesco que rompe con las normas establecidas en la sociedad. Aquí es interesante ver la transición de la obra de Gómez Jattin. Esta pansexualidad aparece en *Tríptico cereteano*, pero en *Esplendor de la mariposa* ya hay un cambio. En la primera obra, el poeta expresa la concepción moderna del sujeto quien ya no puede considerar que la nobleza del hombre proceda de ser una criatura hecha por Dios; no puede ver en los demás la presencia del ser, del infinito, y no concibe el amor como una divinidad; no reconoce a Dios en el otro, sino que sólo puede mostrar su capacidad de combinar el ello con el yo, de modo que el amor es la combinación del deseo, que es impersonal, y el reconocimiento de la otra persona como sujeto (Tourraine 221). En la segunda obra ya no es el deseo y la combinación del yo y el ello, sino el amor en relación con Dios. Se observa aquí una ruptura con la concepción moderna.

La poética del Caribe continental

Además de los aspectos de la modernidad planteados, también se encuentran otros, referidos a las instituciones configuradoras de la sociedad moderna: la producción económico-industrial y el estado burocrático-administrativo; cuyo telón de fondo es la revolución científica junto al desarrollo de las ciencias experimentales. Quisiera tratar el punto concerniente al estado burocrático en los poetas, pues aquí también se registran rupturas con la modernidad. Para argumentar esto traeré a colación dos temas: la postura de Rojas Herazo sobre la burocracia expresada de modo claro en el poema "Responso por la muerte de un burócrata"; y la postura de López con respecto a la burguesía. La idea de progreso de la humanidad, de esplendor de la historia dirigida hacia la felicidad y la convicción de una sociedad racionalizada, pretendía tener su bastión en dicho estado burocrático-administrativo. Rojas Herazo simboliza la crisis de este estado mediante la muerte del burócrata. Es importante señalar los dos mundos contrastados que recrea el poeta: el de la administración con sus elementos "Tu corbata de hombre numerado / cuando acariciabas la silueta de una artista de cine / con tus dedos azorados en la gaveta del escritorio" (AFCA, "Responso por la muerte de un burócrata" 79- 81), "un monarca de papeleta / te amonesta por el pecado de retrasarte" (AFCA 80); el otro mundo es el de la enfermedad, la muerte y la podredumbre que revela la paradoja de la vida: "Se te ha borrado súbitamente el mundo / como la lámpara que trasladan a otro aposento" (AFCA 79), "Ahora, pariente delicado del gusano y el ángel" (AFCA 80). El poema citado expresa la decadencia del estado burocrático-administrativo que se auguraba exitoso y capaz de coadyuvar la idea de progreso y el ideal de la sociedad racionalizada.

En cuanto a la burguesía es importante señalar en primer lugar que ésta históricamente se liga a los albores de la modernidad cuyo inicio se marca a partir del siglo XVI.[106] En la obra de López se evidencia una crítica mordaz hacia el estado burocrático y las costumbres burguesas. Es interesante ver que, a diferencia de la modernidad tardía, la burguesía conservaba aún la práctica

---

[106] Los rasgos iniciales de la modernidad comienzan a darse en el siglo XVI, en la salida de la Edad Media. Durante el Renacimiento se dan grandes cambios técnicos, científicos y políticos que instaura un juego de signos, costumbres y cultura que sirve de base para una nueva estructura social. Los siglos XVII y XVIII ponen las bases filosóficas (Descartes y la filosofía de las luces), tecnológicas aplicadas y científicas (física). También emerge la ley del progreso del espíritu humano que enunciaba en páginas anteriores hasta llegar a mediados del siglo XVIII y principios del XIX. La revolución de 1789 erigió el Estado burgués moderno y comienza a funcionar el sistema constitucional y su organización política y burocrática (Urdanibia 45).

religiosa en el seno de la vida privada; el mundo no giraba en torno a Dios, sino que lo religioso pasaba a ser una parte de las costumbres mecanizadas. El burgués, asevera Tourraine (233), es el hombre de la vida privada, de la conciencia, el decoro, la familia y la piedad. En la obra de López se aprecia este aspecto como parte de las prácticas burguesas; el poeta critica desde la burla y la ironía lo que considera una práctica vacía, superficial y aparente.

Otros aspectos del análisis estético realizado en los que se manifiesta la modernidad y su crisis son los concernientes a la poética del espacio. En la argumentación de la ideología de la sociedad natural planteaba la preferencia de los poetas por los espacios campo, aldea, valle, lo cual establece un vínculo entre el individuo y la naturaleza y el paisaje. La modernidad rompió con este vínculo entre el mundo natural y el humano, lo cual crea una nostalgia en el hombre posmoderno impulsándolo a un reencantamiento; esto se registra en los poetas estudiados; es más, se aprecia un rechazo hacia los espacios urbanos, lo cual reitera la recuperación de los lazos entre el mundo humano y el mundo natural, pues otro de los rasgos de la modernidad fue la concentración urbana. La modernidad también rompió según Weber (citado por Tourraine 95), la alianza y la unidad del cielo y la tierra; este aspecto nos recuerda la geografía poética de Bustos en la que justamente se busca la unión de estos dos mundos mediante el patio y el árbol; esta búsqueda es recíproca, pues en sus versos aparece la madre en el cielo laborando como la madre de la tierra; y el ángel que desciende para probar los frutos terrenales. También en la poesía de Rojas Herazo se revela la nostalgia por esta unión cielo-tierra, cuando se habla del hombre con su arena de ángel aún sobre su cuerpo.

He planteado el trasfondo ideológico de los rasgos estéticos remitidos a la poética del espacio, el tiempo, lo grotesco asociado a la sexualidad y aspectos de la identidad en relación con personajes y retratos. No obstante hay otros sentidos de lo grotesco y de la identidad que también poseen un trasfondo ideológico remitido a la modernidad y su crisis: la valoración del hombre como ser biológico y la identidad en el no-conocimiento. La ideología occidental de la modernidad reemplazó las meditaciones del alma por la disección de los cadáveres o el estudio de la constitución del cerebro (Tourraine 19). ¿Acaso no se observa aquí uno de los sentidos claves que subyace a la obra de Rojas Herazo? En efecto, ante la pérdida del paraíso, Rojas Herazo propone la exploración y disección del cuerpo, la contemplación de los cadáveres, la incursión por la constitución orgánica del hombre. Lo interesante aquí es la doble voz de esta propuesta. Considero que una de ellas es la del hombre moderno que pretende sublimar lo biológico, lo físico; pero la nostalgia, el sufrimiento y la ironía con que Rojas Herazo enuncia estos aspectos en algunos poemas, me permite plantear que allí se esconde la propia crisis de este pensamiento: el hombre está feliz de ser cuerpo, pero lo acoge la miseria de dicha materialidad.

En lo que respecta al no conocimiento, la revolución científica y el desarrollo de las ciencias experimentales llevaron al hombre moderno a creer que había resuelto todos los misterios del universo por lo que puede prescindir de todas las preguntas sobre lo absoluto (Fernández del Riesgo 81). Los poetas del Caribe analizados, especialmente Rojas Herazo, Quessep y Bustos, plantean que el hombre no conoce, no sabe y no comprende; y esta ignorancia versa sobre los aspectos referidos a lo absoluto y al destino del hombre; en general, preguntas sobre el ser y el mundo. El hombre moderno considera que el conocimiento es una importantísima fuente de poder; por su incapacidad de dar razón sobre enigmas claves del ser humano, dicho conocimiento entra en crisis. Esto genera la vuelta a la pregunta por lo absoluto, a la búsqueda de Dios, aunque en medio del vacío y la incertidumbre.

La crisis de la modernidad también se refleja en otros rasgos estéticos analizados: la oralidad, la poesía conversacional y la cultura popular; la muerte; la visión de Dios y el lenguaje religioso. Analizaré a continuación el trasfondo ideológico de estos rasgos.

Las relaciones dialógicas planteadas en el capítulo "Oralidad, poesía conversacional y cultura popular", revelan tres aspectos ideológicos de la modernidad, relacionados entre sí: 1) la pérdida en el hombre del orden omnicomprensivo del mundo, asociado a la crisis del racionalismo y la crisis de sentido; 2) La pérdida de la conciencia de Dios; la ausencia de Dios en el corazón del hombre asociada a la soledad, la revelación de la muerte, la desaparición y la corruptibilidad del cuerpo; 3) La crisis del lenguaje, asociada a la pérdida de relación con el otro y con Dios.

En los poetas se revela la voz del hombre moderno encerrado en sí mismo, en un "yoísmo", en cuya realidad individual trata de encontrar los móviles y los órganos de su conquista del otro (Laín Entralgo 37). Se trata de una individualidad interpretada como res pensante (sobre el destino, la muerte, el origen), instinto vital, sentimiento y centro creador. Este aspecto se refleja en los poetas mediante la soledad del hombre, su expresión de abandono, de seres excluidos de un orden social, de su visión del otro como 'yo' a través de la máscara, el doble. Pero además de esta voz, está la de rechazo hacia esta realidad individualizadora, la de un hombre que ha vislumbrado la crisis de los valores de la modernidad, del racionalismo como explicación última e irrefutable del hombre, la sociedad y el mundo, del sistema de producción capitalista y de la secularización, entre otros. Esto se observa en las relaciones del 'yo-tú' y del 'nosotros'. En las primeras se aprecia que la empatía se genera hacia otro que es amigo; hay una búsqueda de comprensión, un interés de construir la acción comunicativa contra la acción con arreglo a fines que impone el hombre moderno (Habermas, *Teoría de la acción*). Aquí el 'tú' no es el mismo 'yo', sino la alteridad en su definición totalizante. En las relaciones de antagonismo desde el contraste, notamos que también emerge el amigo; pero justamente como manifestación de un deseo de complementación con el otro y de recuperación de éste cuya identidad se ha perdido por la mentalidad moderna que ha adquirido. Recordemos los interlocutores del hablante lírico en Gómez Jattin, en López, en Rojas Herazo, en Quessep y en Artel. En ellos hay imprecación hacia el 'tu', hay protesta como una manera de despertar su conciencia. En los casos en que el 'tu' es Dios, se observan nuevamente las dos voces, del hombre moderno y del hombre en crisis frente a la modernidad. El primero rechaza a Dios queriendo anularlo, mientras el segundo expresa el deseo de reconciliación, de súplica, ante el vacío que experimenta por la ausencia de Dios en la mentalidad y corazón del hombre moderno. En la obra de López, Rojas Herazo, Quessep y Gómez Jattin se aprecia con más claridad esta crisis de sentido del hombre que se ha dado cuenta que los ideales de la racionalidad iluminista o razón instrumental y la base científico-positivista en la que se sustenta el proyecto de la modernidad, no son ciertos, son fantasías que desembocaron en la soledad y en el reconocimiento de la corporeidad corruptible del ser humano, su finitud y falta de trascendencia. Por ello, en poetas como Quessep, por ejemplo se aprecia el rechazo del ideal moderno referido al olvido del poder de la imaginación y de los símbolos, y propone como salidas otros lenguajes, el de la fábula, la leyenda, el cuento, otros interlocutores, el hada, y otros espacios no reales, porque justamente la realidad está viciada y desgastada. Estos son otras oportunidades de conocimiento, de construcción de sentidos, pues en la realidad natural se ha perdido el orden omnicomprensivo, hay una crisis de sentido generada por los ideales de la modernidad. Aquí es importante señalar el énfasis de la lírica del Caribe colombiano puesto en el no conocimiento y comprensión del hombre con respecto a hechos trascendentales, como el origen, el tiempo, la muerte, el destino del hombre, la identidad, entre otros.[107] También es importante volver a mencionar la importancia de las relaciones dialógicas. Los seis poetas, ante la crisis de la modernidad, le dan importancia a la acción comunicativa, orientada al entendimiento como la opción, la salida. La búsqueda del otro, la recuperación de la identidad en otros mundos fabulados, del pasado, están en la base de estas obras líricas del Caribe colombiano.

En el nivel profundo de la ideología, se relacionan las obras de Rojas Herazo, Bustos, Quessep, y Gómez Jattín cuyas ambivalencias revelan aparentes contradicciones en las obras, pero en realidad están evocando ideologías contrapuestas. Por ejemplo, en sus poemas aparece la doble visión hacia Dios: de negación-anulación, y de búsqueda y deseo de redención. Estas aluden a dos ideologías del hombre contemporáneo, la del racionalismo que aniquila a Dios, y la del hombre desencantado que quiere recuperar su centro en Dios, volver a creer (Vattimo, *Creer que se cree*), recuperar el paraíso, puesto que el racionalismo no le ofrece salidas a su soledad. Estas formaciones ideológicas son evocadas por procedimientos del orden del lenguaje como el lenguaje religioso y la oralidad; y del orden de las significaciones como: la relación Dios-hombre, la culpa y el castigo; la poética espacial que contrapone lo celeste a lo terrenal, lo real y lo imaginario; la poética del tiempo que contrasta el tiempo del origen, el Génesis, y el tiempo presente de desolación y abandono. En el nivel menos profundo, en las obras estudiadas puedo citar la de Artel, quien opone la ideología del hombre blanco frente al negro acudiendo al viaje, la identidad, la oralidad, el tiempo, las imágenes sonoras, entre otros procedimientos estéticos. En la obra de López, se contraponen la ideología de la formación social burguesa y la obrera, mediante distintas formas de la oralidad: el dialogismo, las formas de apelación, el nombre propio; y mediante el retrato, la ironía y el humor, lo grotesco y lo escatológico.

Se puede plantear que la estructura ideológica que subyace en la poesía de Rómulo Bustos, Héctor Rojas Herazo, Quessep y Gómez Jattín, se

---

[107] Al respecto, afirma Giani Vattimo: "En fin, el científico, como el hombre de la calle, sigue estando ante el misterio de la realidad (¿por qué hay ser en vez de nada?)" (*Entorno a la posmodernidad* 92).

relaciona con dos de las tesis planteadas por Horkheimer y Weber referidas a la modernidad: 1) la pérdida de sentido y 2) la pérdida de libertad. La primera ocurre a causa de la invalidación de la razón objetiva, es decir, aquélla que proviene de la racionalización de las imágenes del mundo y que concibe al mundo humano como parte de un orden cosmológico. Este tipo de razón establece la posibilidad de descubrir una estructura omnicomprensiva o fundamental del ser y la deducción de una concepción del destino humano, a partir de dicha estructura (Habermas, *Teoría de la acción* 441). Al perderse esta visión o esperanza, el hombre queda a la deriva, sin posibilidad de comprensión de su entorno y su porvenir esencial. Esta es la visión que expresan Rojas Herazo, Quessep y Bustos en sus obras, mediante una verbalización basada en la incertidumbre. Horkheimer ve en la pérdida del sentido la acción de la razón relativista que reemplaza la verdad objetiva universal (citado por Habermas, *Teoría de la acción* 441). Esta verdad universal es Dios. La pérdida del centro, de Dios en el hombre moderno, lo lleva a naufragar en búsqueda de asideros. En realidad, esta pérdida de Dios en la conciencia moderna ha creado una nostalgia y un deseo de recuperación del centro; por ello en los poetas mencionados hay búsqueda en otros dioses, en el politeísmo de los mitos, en la interioridad y la corporeidad del mismo hombre y en los mundos fabulados. En la poesía de estos escritores, se encuentran varios de estos elementos además del anhelo del cielo unívoco y plural (los dos cielos de Bustos), de la creación de un puente para acceder a él. Los tres poetas apuntan en el trasfondo ideológico de sus obras a la modernidad, la cual lleva consigo lo que Berger y Luckmann (70) designan como el debilitamiento y el colapso de un orden *omnicomprensivo de sentido* causado por el pluralismo moderno, que conduce a su vez a la relativización de los sistemas de valores y a esquemas de reinterpretación. La razón relativa de la que hablaba Horkheimer es consecuencia entonces de dicho pluralismo. En Rojas Herazo, Quessep y Bustos esto se puede apreciar en la visión religiosa expresada en tres instancias: Dios, los dioses y los seres míticos provenientes de culturas indígenas del Caribe y de fuentes grecolatinas. El hombre moderno, el que es recreado en la poesía estos autores, se encuentra desorientado, inseguro y perdido en un mundo confuso pues está lleno de posibilidades de interpretación y lo dado por supuesto en su contexto histórico ha sucumbido; se ha resquebrajado el ámbito del conocimiento seguro y no cuestionado. Este conocimiento se halla en lo que Berger y Luckmann (88) denominan "las profundidades de la conciencia del individuo", la esfera del conocimiento incuestionado, la verdad, que en el universo poético de Bustos se localiza en ese espacio, umbral del cielo, el traspatio donde el árbol asciende a sus cimas. Nótese que en los poemas del autor hay un viaje hacia "lo más hondo, el fondo", donde está el árbol. En Rojas Herazo se localiza en el autorreconocimiento de la geografía corporal, y en Quessep, en la exploración de mundos fabulados. Considero que estas búsquedas son justamente el anhelo de recuperar lo incuestionable, la esfera del conocimiento incuestionado, el centro perdido por la crisis de sentido, por la pérdida del orden omnicomprensivo. Pero son búsquedas que en la realidad llevan a una frustración pues se encuentran con la irrealidad la ficción y con la muerte; no obstante quizá sea esto una victoria para el hombre en lugar de una derrota, porque el final de las búsquedas iniciadas en la creación poética terminan llegando a la misma invención por la palabra.

Estudiados los aspectos ideológicos de la modernidad, su etapa anterior y su crisis subyacentes en los rasgos estéticos, me parece importante finalizar este capítulo con los trasfondos ideológicos del Caribe que se detectan en dichos rasgos. La hipótesis que pretendo sustentar es que en las obras de los poetas se reflejan los grandes temas del Caribe colombiano: la esclavitud y la formación de las sociedades criollas (Múnera, *El fracaso*); la hacienda como centro del modo de producción agrícola; la reivindicación de la cultura del pueblo, de la clase trabajadora; y el esplendor y decadencia del Caribe.

Las alusiones a la hacienda en los poetas no son totalmente explícitas, pues aparecen como menciones fugaces y frases que sirven de trasfondo escénico al poema. Veamos apartes de dos poemas de Rojas Herazo en los cuales se recrean de modo sintético momentos históricos importantes en el Caribe: "...machetes por la noche removidos, / farol de trenes nuestros, / de bodegas, / de fardos de cacao, / de negros en cuyo sudor nadan cien hijos" (DLPN, "Primer cartón del trópico" 29); "Suspiraré sobre ese libro de cuentas sembrado por un /contrabandista en una playa desolada y evaporado con la / infinita energía de los crustáceos en los acantilados de la / aurora. Diré las íntimas claves que hicieron posible la detención de cien hombres atónitos en derredor del naranjo / alanceado por un monje y hablaremos del día que se mece / elevando el perfume de los cementerios... Encenderemos, por tanto, el arpegio de los navíos. Aprontaremos los cestos y alimentaremos con el fruto de nuestras playas las balandras que / han de formar una expedición sin regreso (DLPN, "Aldebarán" 46); "¡Cuántos"De las islas el azul viajaba en el cacao perfumando la estela livianamente trazada por las balandras. ¡Cuánto / esplendor en el aire! ¡Qué aire tembloroso! ¡Qué música / en los patios!

Nausícrates traía el albayalde y acomodaba / los tambores de algodón y las brochas de espliego" (DLPN, "Aldebarán" 48). En estos versos se revelan varios aspectos importantes en la configuración social del Caribe colombiano: el uso del machete en la labor agrícola, el tren como medio de transporte de la producción agrícola y el transporte marítimo; la producción de cacao y algodón. Estos medios, instrumentos y modos de producción, identifican la Hacienda en su nacimiento y expansión en el Caribe. Uno de los obstáculos para su expansión era la selva que rodeaba la sección central de sabanas, por lo que los hacendados apelaban a la agricultura de fuego con la mano de obra indígena y negra de lo pueblos y palenques; el trabajo consistía en tumbar la montaña o el rastrojo en un lote donde el mozo sembraba maíz para él, y por debajo, pasto para el hacendado (Fals Borda, *Capitalismo* 38). El cultivo del arroz, el maíz, la yuca y el plátano se hacía en pequeñas parcelas que incluían pastos y frutales. El cacao, por su parte era cultivo de exportación en la costa; a finales de 1870 se le prestó más atención a este producto en el Sinú (Posada Carbó, *El Caribe colombiano* 81-102). En esta región al igual que en todo el Caribe colombiano el cultivo de algodón fue una actividad importante (Posada Carbó, *El Caribe colombiano* 125). Este dato es significativo, pues Rojas Herazo es de esta zona del país marcada históricamente por la Hacienda. En el poema "La casa entre los robles" se aprecia la recreación de la experiencia de producción basada en la cosecha. Lo interesante de los datos históricos anteriores relacionados con los versos de Rojas Herazo es la toma de posición del hablante lírico y la visión sobre los hechos. Tanto en el poema de "La casa entre los robles" como en "Trópico" y "Aldebarán", hay una visión al parecer romántica y épica sobre las actividades de producción relacionadas con los cultivos y Hacienda en el Caribe; el hablante lírico se muestra alucinado con el cacao, el algodón, las balandras, el viaje de los productos. El poeta no presenta el trasfondo ideológico que supone el modo de producción arriba enunciado que implica una relación de explotación y subordinación (Fals Borda, *Capitalismo* 31); sus versos no revelan las luchas antagónicas implicadas. Esto me permite pensar en un focalizador desde dentro de la Hacienda, no el campesino, ni el indígena, ni el negro, sino el hacendado; o un focalizador desde fuera que no es actor dentro del proceso de producción y está obnubilado con el avance productivo y la apertura hacia otros mundos con la economía. De igual manera, Artel presenta los procesos históricos antes tratados desde un lente sublimado, pues los ve desde dentro en las prácticas del negro: "Y quién ha de dudar que aquel abuelo / no pudo ser un príncipe, / bajo la luna perfumada / por las nubes errantes de su aldea? / Apoyado en el crepúsculo / contempla a las mujeres / cultivar el maíz y la canción..." (TN, "Palenque" 83-84). La posición de Artel sobre la esclavitud es la que escapa a esta visión sublimada; pero en cuanto al desarrollo de las actividades de los negros, el poeta destaca las prácticas culturales, la música y la danza, que rodean el trabajo; esto explica la visión positiva y romántica. Este último aspecto es el centro de la poesía de Artel, esto es, la consecuencia del trabajo duro del negro, pues, como afirma Quiroz "El profundo contenido antropológico de los cantos negros, su rapidez melódica y la velocidad de sus ritmos, reflejan una mayor agilidad y habilidad para el desplazamiento de la fuerza física laboral, que era lo que en últimas importaba al explotador y por lo que se le introdujo en América. De ahí que trabajo y ritmo vayan unidos en la psicología del negro, y que al tiempo que se le explotaba de manera incansable hasta extraer todas sus fuerzas, sus costumbres cantoriles tomaran una mayor afirmación" (65). La posición sublimada del Caribe también se aprecia en Gómez Jattin cuando retrotrae el vallenato como recurso estético, elemento de la oralidad y la cultura popular. Este aire musical también estuvo ligado a la Hacienda,[108] cuando ésta ya acogía la ganadería. En efecto, las zafras,[109] los cantos de vaquería constituyen las bases iniciales del vallenato. Lo que retoma Gómez Jattin del vallenato es su capacidad lírica, la cual entreteje en sus versos. No obstante, este poeta recrea la producción agrícola actual del Sinú en haciendas con grandes extensiones de tierras cuyos terratenientes detentan poder político y económico; esto se aprecia en el poema "Príncipe del valle del Sinú": "Sus sentimientos más leves que las alas de la garzas / pero fuertes como su vuelo Su virilidad la propia / de un príncipe masculino soñador y altivo Su talante / [...]/ Su heredad / la tierra Los míticos cebúes blancos y rojizos / Un carruaje de madera y metal violeta oscuro /[...]/ Su elegancia la del caballo del desierto Sus maneras / la presencia de los antepasados orientales fumando / el hachís/[...]/ Sus alimentos las almendras Las aceitunas El arroz / La carne cruda con cebolla y trigo El pan ácimo / Las uvas pasas El ajonjolí El coco El yogur ácido /[...]/" (P, "Príncipe del

---

[108] En la época de la decadencia de las grandes haciendas, surgieron cantos vallenatos irónicos, como este de Pedro Nolasco Martínez, "La Hacienda de Calentura": "La hacienda de 'Calentura' / está mal recomendá / el que trabaja una vé / ése no trabaja má. / Venga usté que le aproveche / que aquí no hay más ná / pa'el vaquero solo hay / suero, yuca con leche cuajá" (Quiroz 65).
[109] La zafra, canto versificado, surgió en la actividad de descuaje de los montes (desmonte de hierba con machete): "El zafrador es por lo regular un trabajador no muy bueno, pero como encabeza la cuadrilla cantando, hace avanzar la tarea y mantiene un nivel mental común en el trabajo" (Quiroz 63).

valle del Sinú" 129). La visión aquí sigue siendo lírica, romántica, desde la posición del hacendado, visto como héroe. Sin embargo esta visión adquiere un matiz crítico en López. En su poema "Benjamín Puche G.", el poeta recrea la prosperidad de la hacienda y el poder económico y político del hacendado: "En su famosa hacienda 'La Ciriaca', / dicen que da, cual sin igual venero, / treinta litros de leche cada vaca, / [...]/¡Quién pudiera tumbarse en una hamaca / y ponerse a soñar de Enero a Enero, / sin sacar el revólver o la faca, / como lo suele hacer el cordero / que viene a la ciudad de sus mayores / para vender aceite y gasolina, / [...]/ y el aplauso de los conservadores, / levantarle una estatua, una divina / y enorme estatua a Benjamín Herrera!" (OP 380). Llama la atención la coincidencia entre la descripción del hacendado que hace Gómez Jattin y la de López. También es importante señalar la crítica que plantea López sobre las relaciones hacienda-política, relaciones que datan de finales del siglo XIX.[110]

Para finalizar este apartado sobre la relación de los procesos ideológicos, ligados a hechos sociohistóricos del Caribe colombiano y la poesía de esta región, es necesario mencionar un aspecto reiterado en los poetas; me refiero a la ruina, la desolación y el desencanto. En páginas anteriores mencionaba la explicación de estos elementos desde la modernidad y sus crisis. Aquí quiero plantear que estos aspectos también se vinculan con el proceso de esplendor y decadencia del Caribe colombiano. Una característica de esta región fue el florecimiento de ciudades capitales como Cartagena y Barranquilla, cuando permitieron la entrada de la modernidad en las diferentes esferas sociales y económicas. Pero Cartagena, después del esplendor durante los primeros siglos de existencia, llegó a una pobreza y abandono durante el siglo XIX (Abello y Giaimo 161); Barranquilla, por su parte, decae antes de la mitad del siglo XX (Abello y Giaimo 122). Los habitantes del Caribe están marcados por esta línea esplendor-decadencia, luz-sombra, y los poetas reflejan en sus versos estos dos momentos sociohistóricos que contrastan con la luminosidad de la geografía caribe y de los espacios privados de la casa, el patio y el núcleo familiar.

---

[110] La Hacienda Berástegui, pionera del desarrollo económico regional en el Caribe a finales del siglo XIX se constituyó en feudo electoral de influencia nacional, después de haber semiproletarizado su fuerza de trabajo y de haber crecido de 8.000 hectáreas a 12.000 (Fals Borda, *Capitalismo* 37).

El Caribe colombiano frente al Caribe insular hispano y no hispano

Hasta el momento he realizado una caracterización social, cultural y literaria del Caribe, con base en las diferentes fuentes consultadas; también he planteado los rasgos estéticos e ideológicos de la poesía del Caribe colombiano, sus encuentros y desencuentros. En este capítulo pretendo establecer una comparación breve entre estos rasgos y los de la poesía del Caribe francófono, anglófono e hispánico no colombiano. Para esto he recurrido a dos fuentes: en primer lugar, algunas investigaciones que se remiten, tanto al tema de la literatura del Caribe hispánico y no hispánico, de un modo global, como a obras específicas de autores de esta zona geográfica. He llevado a cabo una labor de extrapolación de rasgos estéticos de las fuentes consultadas y las he sistematizado, estableciendo relaciones entre los distintos aspectos. La segunda fuente está constituida por la selección de cinco poetas del Caribe anglófono, francófono e hispánico no colombiano, a saber: Derek Walcott, Kamau Brathwaite, Aimé Cesaire, Nicolás Guillén y Gastón Baquero. He realizado un análisis breve de algunos rasgos estéticos de la poesía de cada uno de estos poetas con el fin de establecer comparaciones con los rasgos encontrados en la poesía del Caribe colombiano. Vale la pena señalar que dicha brevedad obedece a que las obras de estos poetas no colombianos es tema de una investigación más extensa y profunda, imposible de abordar aquí, dados los límites de este estudio versado sobre la lírica del Caribe colombiano contemporáneo. Además de los poetas arriba enunciados, también mencionaré otros, relacionándolos con los rasgos estéticos; éste es el caso de René Dépestre y Palés Matos, cuyas obras se mencionarán a partir de estudios críticos consultados.

De la primera fuente extraje las características más destacadas por los investigadores, en la literatura del Caribe hispánico, anglófono y francófono: 1) El problema de la identidad, el autodescubrimiento y reconocimiento de la propia esencia; y la otredad; estos aspectos se vinculan a la indagación de la historia, a la africanidad; al imaginario cimarrón; y a lo mítico, lo mágico y lo maravilloso; 2) El desarraigo, el exilio y el viaje; 3) La pluralidad lingüística; la oralidad y el habla coloquial; y la música 4) La carnavalización, lo grotesco, lo desmesurado y lo escatológico; 5) La nostalgia y la memoria; 6) El aspecto religioso. Nótese que estos rasgos también se encuentran en la poesía del Caribe colombiano, además de otros, analizados en los capítulos anteriores, que también tomaré aquí en la comparación con la poesía de los escritores del Caribe no colombiano; estos son: 7) La muerte y la soledad; 8) la geografía poética; el aspecto religioso lo desarrollaré tal como lo analicé en el cuerpo del trabajo, bajo los rasgos lenguaje religioso y visión de Dios, aspectos que resultaron claves en la lírica del Caribe colombiano y que, como se verá posteriormente, también resultaron ser un elemento determinante en la poesía del Caribe anglófono, francófono e hispánico no colombiano.

Margarita Mateo Palmer ("La literatura caribeña" 607) destaca el problema de la identidad como uno de los rasgos de la creación literaria en el Caribe en las décadas precedentes a 1970. Este aspecto se manifiesta como tema y como polémica explícita o implícita. Agrega la autora que la literatura caribeña otorgó vital importancia a un 'qué somos', lo cual se constituiría en la búsqueda de identidad socio-ontológica de la región; en otras palabras, de un autodescubrimiento y reconocimiento "inmediato, deslumbrado, sorprendido, pero también en ocasiones, agónico de las esencias caribeñas" (Mateo Palmer, "La literatura caribeña" 607). Salper (102) plantea que ante la fragmentación y separación intra-regional que se le impone a la literatura del Caribe, resalta una unidad proveniente justamente de la búsqueda de identidad, la cual se asocia a las experiencias históricas estructuralmente semejantes que comparten los diferentes pueblos del Caribe: el colonialismo, el latifundio, la dependencia económica, las plantaciones, entre otras. Benítez Rojo (*La isla* 226) agrega al respecto que el discurso caribeño lleva consigo un deseo de integración social, cultural y psíquica que compensa la fragmentación del ser colectivo experimentado por todo hombre y mujer del Caribe. Pujalá (39) al caracterizar la literatura cubana menciona que la búsqueda de la identidad se expresa en el enfrentamiento del yo con el mundo y del yo consigo mismo. Este tema de la identidad adoptó dos modalidades en las diferentes épocas en la literatura del Caribe (Mateo Palmer, "La literatura caribeña" 607): la alteridad que fundamentaba el hecho de ser distinto y, a su vez, el vuelco hacia el universo; y la indagación de la historia que actuaba como trasfondo o como temática central. Con esta indagación, el artista caribeño, afirma Mateo Palmer ("La literatura caribeña" 608), volvió su atención sobre el pasado como una manera de afirmar su presente. Pero la historia no aparecía como materia sin procesar; por el contrario, se mostraba desde una ficcionalización que permitió mediante la incorporación del mito y la tradición, la aprehensión de la esencia caribeña y una mayor universalización. En muchas de las obras literarias del Caribe, se evidenciaba el contrapunto entre la historia oficial y la historia real, expresada en el carácter ficcional. Arribas García (97) asevera que en efecto, una de las características de los escritores anglocaribeños es la preocupación por los procesos históricos de sus naciones, por los aspectos raciales, sociales y económicos heredados de la colonia. Phaf ("La nación cimarrona" 70-71), al referirse a la obra del escritor caribeño, Aimé Cesaire, destaca la indagación del propio imaginario colectivo, del nosotros, el cual se asume desde una postura reflexiva, desconstructiva con respecto a cualquier elemento falsificado de la historia propia, cuyo fin es evitar el *naufragio absoluto*, aspecto que Phaf ("La nación cimarrona" 91-92) considera como típico de la literatura del Caribe.

La búsqueda de la identidad en la literatura del Caribe también estuvo ligada a la exploración del elemento africano. Ciertamente, una fecha clave en la historia de la literatura del Caribe, según Phaf ("La nación cimarrona" 79), es 1939, cuando Aimé Cesaire escribe en París su poema en prosa *Cahiers d'un retour au pays natal*. Se crea así lo que Phaf denomina el imaginario cimarrón. Se trata de la vitalidad antillana, de la visión del negro que se encuentra en otros poetas como Luis Palés Matos y Nicolás Guillén. El primero exalta la capacidad dignificadora del dolor y la tristeza inherente al negro (Rojas, "Sobre el negro" 78) y emprende una indagación de los rasgos de la afroantillanidad, de la identidad puertorriqueña desde una concepción genética nacional (Daroqui 43); y el segundo combina la exaltación de la espontaneidad y vitalidad del negro cubano con la sencillez de su lenguaje (Franco, *Historia* 229). Según Bansart ("Las revistas literarias" 129), es alrededor de la africanidad que se ha modelado la idea de integración caribeña; por ende, es un rasgo importante que debe ser considerado en la literatura de Caribe, en sus múltiples manifestaciones, discursivas, míticas y socio-históricas. Justamente la importancia del mito en la literatura de Caribe ha sido resaltada por Walcott (Burnett 92) tanto en su creación poética como en el ensayo.[111] El poeta asevera que el objetivo de la escritura en el Caribe es regresar a los orígenes, no registrando la historia sino lo que en ella es oscuro, esto es, el mito. Este fin no sólo lo ha llevado a cabo Walcott, sino también

---

[111] Me refiero a su trabajo: Derek, Walcott "The Muse of History: An Essay".

otros escritores contemporáneos del Caribe como: Naipaul, Harris, Melville, Dabydeen y D'Aguiar, entre otros. En Walcott, por ejemplo, el mar es la historia, y se privilegia la mitificación de eventos trágicos del pasado. Melville, por su parte, en una de sus obras, *The ventriloquist's tale,* se adhiere al proyecto de Walcott y da preminencia al mito sobre la historia. Y Harris, ha trabajado mediante la intertextualidad los mitos amerindios. En la poesía del Caribe colombiano estos elementos han sido trabajados por Rómulo Bustos en su libro *La estación de la sed*, especialmente los mitos wayúu, como se observó en los capítulos anteriores. De igual manera, Gómez Jattin ha realizado vínculos interesantes entre el mito y la historia en sus poemas "Moctezuma" y "El cacique Zenú".[112] Esta tendencia a relacionar de alguna manera el mito y la historia en la literatura del Caribe, también ha sido señalada por Mateo Palmer ("La literatura caribeña" 608-624). La autora plantea que hay por lo menos dos etapas en esta relación, en la primera (década del 60) el mito, la tradición y la historia se incorporaban a la literatura, con el fin de darle mayor ficcionalización; este énfasis en una tradición mitológica continúa en los escritores caribeños de los 70 y 80, quienes usaron procedimientos de una visión mágico-religiosa del mundo. La segunda etapa (década del 90), el signo mítico sufre una liberación, pues se utiliza con nuevas significaciones al insertarse en procesos de desmitificación o desacralización. En cuanto a lo mágico y a lo maravilloso, se ha realzado la presencia de estos aspectos en la literatura del Caribe. Benítez Rojo (*La isla* 201) establece que el realismo mágico alcanza su mayor significación en la literatura del Caribe. Bansart ("Las revistas literarias" 126), por su parte, considera que lo real maravilloso sería el primer elemento que permite plantear un sistema literario caribeño; el segundo elemento sería la valoración de la oralidad, que retomaré más adelante.

El problema de la identidad en los cinco poetas del caribe no colombiano seleccionados se vincula a la historia, al tema de África, a la afirmación del espacio Caribe. En los poemas de Césaire el poeta toca como tema central la historia en torno a África y al rechazo de la civilización europea y sus valores, aspectos considerados claves en la literatura antillana (Coulthard, *Raza y*

---

[112] En "Moctezuma" el hablante lírico dice: "Pero no –El Mito es el indiscutible centro de la Historia y Hernán Cortés afortunado / será recibido como si se tratara de Quetzalcóatl–" (P 184). En el poema "El cacique Zenú", mito e historia se unen para crear los eventos de la llegada de los españoles al continente americano, y el choque de culturas: "llegaron los Gómez Fernández Morales y Torralba / con ese Cristo muerto y amenazante e incomprensible / a cambiarnos la vida las costumbres y la muerte" (P 187).

color; Hezekiah): "Et la voix prononce que l'Europe nous a pendant des siècles gavés de mensonges et gonflés de pestilences" (RCPN 114). Este rechazo lo presenta Césaire no sólo en su poesía, sino también en otros trabajos. En su "Discurso sobre el colonialismo", el autor acusa a los europeos de haber destruido las civilizaciones de los pueblos que colonizaron, afirmando que la europeización no era necesaria para el desarrollo tecnológico (Coulthard, *Raza y color* 68). El rechazo de la alienación generada por tres siglos de esclavitud sólo puede contrarrestarse con el poder de la palabra; es allí donde el hombre negro encontrará su autodefinición: "un petit mot couresse / un petit mot crabe-c'est-ma faute / un petit mot pétale de feu / un pétit mot pétrel plongeur" (ML 62). Esta palabra está ligada a una cosmovisión religiosa que trataré adelante.

La historia se revela también a través de la coordenada temporal del pasado que alimenta el presente: "je vois les négritudes obstinées / les fidelités fraternelles / la nostalgie fertile / la réhabilitation de délires très anciens / je vois toutes les étoiles de jadis que renaissent et / sautent de leur site ruiniforme" (ML, Moi, laminaire... 17). Si bien este tiempo pasado de nostalgia está matizado con imágenes positivas, no falta el elemento negativo que rememora la esclavitud y el sufrimiento de la raza negra: "je vois toute une nuit de ragtime et de blues /traversée d'un pêle-mêle de rires / et de sanglots d'enfants abandonnés" (LM 17). Es interesante ver que además de una presentación sucesiva de tiempos pasado-presente, también opera su fusión en el hombre negro que es ancestro y hombre moderno, esclavo y libre, herido, con un sentimiento profundo de rebeldía y nostalgia: "j'habite une blessure sacrée / j'habite des ancêtres imaginaires / j'habite un vouloir obscure / j'habite un long silence / j'habite une soif irrémediable / j'habite un voyage de mille ans / j'habite une guerre de trois cents ans" (LM 11).

En este tiempo histórico también aparece la memoria como espacio de recuerdos duros, de violencias fraguadas contra la raza negra: "Que de sang dans ma memoire! Dans ma memoire sont / les lagunes. Elles sont couvertes de têtes de morts. Elles / ne sont pas couvertes de nénuphares/[...]/ Ma memoire est entourée de sang. Ma mémoire a sa ceinture de cadavres" (CRPN 74). El tiempo-memoria es vivido por el poeta como conciencia lúcida, como experiencia individual, directa; y colectiva, indirecta; el primer caso pertenece a la actualidad, al viaje europeo de Césaire; mientras que el segundo pertenece a la historia integral y fiel del pueblo antillano en general, y de Martinica, en particular. El hecho de remontarse en el tiempo, como una manera de exhumar la historia de la comunidad tiene una gran importancia; el tiempo-memoria marca un alargamiento y una profundidad del tiempo percibido; hay una evolución temporal análoga a la progresión del espacio, de tal manera que, como anoté antes, se funden las dos coordenadas temporo-espacial (Zaourou 40).

En Guillén la identidad es color, raza, ancestro y espacio Caribe. El poeta pone especial énfasis sobre el color por la condición marginada, social y culturalmente, del negro y del mulato en todo el mundo (Ruffinelli 97). Canta el dolor negro por la explotación yanqui de la caña, y por la condición de negro y mulato en una sociedad blanca racista. Trata también en sus versos la protesta y una base de realidad cotidiana, manifiesta en la gente baja, la pobreza, sus enfermedades, la explotación, el futuro y la injusticia (Allen 30-31).

Al igual que en Artel, la temática del ancestro es clave en la obra de Guillén y las raíces ligadas a éste y al origen africano tanto en el plano de la cultura como de la lengua y la ideología: "Sombras que sólo yo veo, / me escoltan mis dos abuelos./ Lanza con punta de hueso, / tambor de cuero y madera: /mi abuelo negro.//[...]// África de selvas húmedas / y de gordos gongos sordos.../" (AM 77). Plantea también el poeta la historia de la esclavitud de los ancestros: "¿No tengo acaso / un abuelo nocturno/ con una gran marca negra / (más negra todavía que la piel) / una gran marca hecha de un latigazo?" (AM, "El apellido" 207). El tema de África se revela en esta poesía al igual que en Brathwaite, Cesaire, Artel y Walcott. Este tema es más relevante en Songoro Cosongo: "Sóngoro Cosongo, mais que Motivos de Son, vai valorizar o africano en Cuba: os versos captam la magia, a plasticidade dos ritos negros e, principalmente, as onomatopeyas de sonoridade africana, que já estavam presentes no primeiro livro" (Gonçalves 1178).

Al igual que en Césaire, Guillén expresa en su poesía la visión de miseria, hambre y descomposición social en el Caribe: "El hambre va por los portales / llenos de caras amarillas / y de cuerpos fantasmales//[...]//Noches pobladas de prostitutas, /" (AM, "West Indies Ltd" 59-60).

También se encuentra en Guillén, al igual que en Césaire, Brathwaite, Gómez Jattin, Bustos y Rojas Herazo, una identidad Caribe reflejada en el arraigo al espacio, a la geografía poética caribe basada en símbolos como la luz, el calor, el fuego, las frutas del trópico, las imágenes violentas del paisaje, los animales, el mar, los árboles: "Trópico, / tu dura hoguera/ tuestas las nubes altas/ y el cielo profundo ceñido por el arco del Mediodía/ Tú secas en la piel de los árboles / la angustia del lagarto. //...// Te veo venir por los caminos ardorosos, / Trópico, / con tu cesta de mangos, / tus cañas limosneras/ y tus caimitos, morados como el sexo de las negras// Te veo las manos rudas / partir bárbaramente las semillas / y halar de ellas el árbol opulento, / árbol recién nacido, pero apto / para echar a correr por entre los bosques clamorosos / Aquí, / en medio del mar, / retozando en las aguas con mis Antillas desnudas, / yo te saludo, Trópico" (AM, "Palabras en el Trópico" 53). Llama la atención que tanto Guillén como Rojas Herazo tienen un poema al trópico. En ambos poemas hay una estructura dialógica; el hablante lírico conversa con el trópico; Rojas Herazo dice: "Trópico: / Tu aguja de sal, de yodo, / de membrana de fuego"; "aquí un jaguar se rasca los ijares", "Porque había árboles grandes y macizos" (DLPN 28-32); Guillén dice: "Trópico, / tu dura hoguera", "y la putrefacción de la culebra te llegaba"; "la cola del jaguar y la saliva de las culebras", " y halar de ellas el árbol opulento, / el árbol recién nacido" (AM 53-55). Además de los motivos y símbolos que coinciden entre los dos poemas, se registra un tono altisonante análogo, que indica exaltación y regocijo.

En la trilogía de Brathwaite *The Arrivants* aquí analizada brevemente, lo central de la identidad es la búsqueda de África, la cual se centra en el grupo de poema de *Masks*. Se trata de una exploración lírica del pasado de África, desde los antiguos imperios hasta la llegada de los europeos; es un intento de alcanzar los orígenes. Los poemas de "Limits" exploran la desolación de las tierras antiguas y sus habitantes (Torres Saillant 104-105); y la memoria colectiva desesperada por otro tiempo mejor, por un refugio espiritual. En este nivel emerge la memoria, una memoria profunda de los descendientes africanos del Caribe, que subsiste a pesar de la separación irreparable de la tierra-madre ancestral. Esta memoria se percibe en el lenguaje (Torres Saillant 107); tanto verbal como no verbal: en el sonido del tambor: "Man made, / the gong-gong's / iron eyes // of music walk us through the humble / dead to meet / the dumb / blind drum / where Odomankoma speaks" (A 97) El habla de Odomankoma que se enuncia en estos versos también es muestra del lenguaje de la memoria que se centraliza en el mito. Luego, en el poema siguiente, se expresa el dios: "*Kon kon kon kon / kun kun kun*" (A 98). La voz del ancestro está viva en la memoria, pero también es vista en su relación con el presente de modo triste por el hablante lírico: "Your tree / has been split / by a white axe / of lightning; / the wise / are di-/ vided, the / eyes / of our elders / are dead" (A 130).

Lo anterior revela la importancia del tema de África, vinculado a la historia, en la poesía de Brathwaite. En realidad, es un tema bastante reiterado en la literatura de las Antillas francesas y británicas; el tratamiento se basa en el acto de imaginar el continente africano con nostalgia y amor, de tal manera que su propio mundo antillano se muestra con sus recuerdos africanos: la música, las danzas, el vodou, el color de la piel (Coulthard, *Raza y color* 127-128). Estos elementos se reflejan también en la poesía de Artel, hecho que lo ubica en esta línea de la poesía con énfasis en el tema de África. La herencia africana en la poesía del Caribe, al igual que en la narrativa, traza una relación histórica profunda entre el hombre y la tierra, entre el colonialismo, el azúcar y la esclavitud; estos hechos forman parte de la historia, la economía y la cultura de los habitantes del Caribe (Smorkaloff 5).

El desarraigo, el exilio y el viaje, también son rasgos que caracterizan a la literatura del Caribe. Mateo Palmer ("La literatura caribeña" 616) los vincula a la temática de la identidad y a la experiencia interna y real de la emigración económica y política, o de la búsqueda intelectual y artística. Boadas (115-116) también ha destacado el exilio como elemento central de la literatura de la zona margariteña, al lado de la imagen del negro y del tratamiento crítico de los problemas sociales. Pujalá (46) agrega que en la literatura cubana el exilio se traduce en dispersión geográfica, desarraigo, distancias e indiferencias anímicas; se trata de un exilio asociado a la lejanía, al despego y el vacío. Este exilio interior es el que Benítez Rojo resalta como uno de los rasgos del hombre caribeño: "Todo caribeño es un exiliado de si mismo, de su propio mito y de su propia historia; también de su propia cultura y de su propio ser y estar en el mundo" (*La isla* 258).

El exilio está asociado al motivo del viaje. Mateo Palmer ("La literatura caribeña" 616) asume que el viaje a tierras lejanas se vincula al cronotopo del camino el cual se concreta en la oposición espacio conocido-espacio desconocido, importante en la imagen literaria que ofrece el exilio. Lamming (36) considera también que el viaje es un tema recurrente en la literatura del Caribe y que se debe al desplazamiento del hombre caribeño desde el lugar ancestral hacia otros territorios; agrega Lamming que el viaje en esta literatura también muestra cierta similitud con una expedición de fugitivos:

el viaje del campo a la ciudad inicialmente, y posteriormente, el tránsito desde el archipiélago Caribe hacia la magia industrial de la urbe inglesa como camino a la esperanza. Benítez Rojo (1998), por su parte, plantea el viaje como la única posibilidad de recuerdo del hombre caribeño, especialmente cuando éste intenta recuperar el pasado –la historia–, que se muestra difuso, inaprehensible y por ende, el escritor tiene que reconstruirlo a través del mito: "La memoria del Caribe sólo recuerda el viaje, puesto que más allá de las canoas arahuacas y caribes, de los galeones, de las carreras de Indias y de los barcos negreros que hacían el middle passage –entre otros tránsitos– esta memoria se deshace sin posibilidad de recuperación y se disemina por los confines del globo"(285). El viaje en el Caribe es necesidad impuesta y dicha necesidad, como afirma Dépestre ("Mito e identidad" 41), conducía al hombre del Caribe lejos de su lenguaje y de su identidad, de sus ríos y montañas; un viaje, en fin, lejos de casa, pero que marcaba un nuevo viaje hacia sí mismo.

En los poetas del Caribe no colombiano que seleccioné se encuentran los rasgos del desarraigo, el exilio y el viaje. Son temas centrales en la poesía de Brathwaite; el viaje es el centro de su trilogía *The Arrivants*, la cual refleja la travesía de la raza negra hacia las islas de América: "How long / How long/.../ have we walked / have we journeyed / to this place / to this meeting / this shock / and shame / in the soiled / silence" (A 9-10). El poeta registra los lugares de esta travesía: "Egypt in Áfirca / Mesopotamia / Meroë / The Nile / silica / glass / and brittle / Sahara, Timbuctu, Gao / the hills od / Athafo, winds / of the Niger, Kumasi / and kiver / down the coiled Congo / and down / that river / that tides us to hell" (A 35). En el tercer grupo de poemas de "Rights of passages" se afianza el motivo del viaje; bajo el rubro "Islands and exiles" se encuentran poemas como "los emigrantes",[113] personajes cuyo rasgo de identidad la transhumancia; ellos desconocen sus destinos y las razones de su partida: "These are The Emigrants//[...]//Where to? / They do nor know. / Canada, the Panama / Canal, the Mississipi painfields, Florida? / Or on to dock / at hissing smoke locked/Glasgow" (A 51). En el cuarto grupo de poemas de "Rights of passages", se recrea el retorno "The Return", cuyo sentido en el poema "Postlude/Home" y "Epilogue" se convierte en el regreso del negro a la casa, ¿África?: "Where then is the nigger's / home? / In Paris Brixton Kingston / Rome? / Here? / Or in Heaven?" (A 77); el poeta termina negando dicho retorno, lo cual expresa la imposibilidad de la raza

---

[113] Este mismo tema de la emigración es tratado en Meira Delmar en su poema "Los inmigrantes".

negra de regresar a casa; se refleja así el desarraigo que el mismo Brathwaite planteaba sobre esta raza: "rootless, culturless, truly ex-patriate Negro" (en James, *A History* 336). Este planteamiento ha sido señalado por los críticos: "The last two sections of the book, 'Islands and Exiles' and 'The Return', dramatize the condition of dispossession of people in the Caribbean and their condition of permanent exile. A text suggestively entitled 'The Emigrants' describes the lot of Caribbeans who for want of a productive existence in their lands often testing their luck abroad" (Torres Saillant 102).

Como se observó antes, el viaje está ligado al exilio, el cual posee en Brathwaite dos connotaciones: el exilio de la raza negra de África, el desarraigo; y el exilio del hombre caribe que sale de su tierra en busca de mejores condiciones de vida. El primer caso también se registra en la poesía de Artel. Otro elemento ligado al viaje es la identidad. Ciertamente, el retorno, visto como búsqueda del ancestro, de la fuente étnica, cultural y social original, conduce a dicho aspecto en la poesía del Caribe. Esto se percibe en el poema de Brathwaite "The New Ships": "I traveled to a distant town / I could not find my mother / I could nor find my father / I could nor hear the drum//Whose ancestro am I?" Hay bastante evidencia en estos versos: el no hallazgo de la madre y el padre, símbolos del origen; y la no escucha del tambor, símbolo de la cultura negra y de la tierra africana.

El viaje es la temática central en la obra *Cahier d'un retour au pays natal* de Césaire; pero es el viaje como retorno. El regreso al país natal se convierte en el enfrentamiento con unas islas en ruinas; es un descenso al país mítico de la infancia, pero desde una cruda realidad alejada del sueño (Bartra 13): "Parti. Mon coeur bruissait de géderosités emphatiques. Partir...j'arriverais lisse et jeune dans ce pays mien et je dirais à ce pays dont le limon entre dans la composition de ma chair: 'J'ai longtems erré et je reviens vers la hideur désertée de vos plaies'// Je viendrais à ce pays mien et je lui dirais" (CRPN 48).

Las temáticas del viaje y el exilio también aparecen en la poesía de Guillén, como partida asociada a la identidad: "Tú, que partiste de Cuba, / responde tú, / ¿Dónde hallarás verde y verde, / azul y azul, / palma y palma bajo el cielo? / Responde tú//[…]//Tú, que dejaste la tierra, / responde tú, / donde tu padre reposa / bajo una cruz, / ¿dónde dejarás tus huesos? / Responde tú" (AM, "Responde tú" 264). Aquí la partida es sinónimo de pérdida de identidad y de olvido del origen, del ancestro, de las raíces. El exilio también se relaciona con estas ideas de pérdida de identidad: "Mi patria en el recuerdo / y yo en Paris clavado / como un blando murciélago" (AM, "Exilio" 173). Este exilio posee connotaciones negativas al ser relacionado con el destierro que experimentó la raza negra de África en la esclavitud: "Por el camino de la mar, / con el jazmín y con el toro, / y con la harina y con el hierro, / el negro, para fabricar el oro; para llorar en su destierro / por el camino de la mar" (AM, "Elegía" 136).

Además de la visión topológica de este tema, en la literatura del Caribe se mira el viaje desde una perspectiva más abstracta: como búsqueda del otro. Es el caso del escritor Wilson Harris, quien en su novela *The Palace of Peacock* propone el viaje como tránsito para crear un contacto con el otro, con miras a palpar una nacionalidad más amplia.

Además de los elementos anteriores, rasgos de la literatura del Caribe, Bansart ("Los procesos interlingüísticos" 15) agrega la pluralidad lingüística, como parte del sistema literario caribeño insular. En efecto, como afirma Mateo Palmer ("La literatura caribeña" 618) esta pluralidad presente en el Caribe pone al escritor ante una problemática compleja. Sin embargo, el escritor de esta región sabe sortear esta situación y más bien la aprovecha con fines estéticos, pues toma las lenguas de su contextos como procedimiento artístico que le permite crear una polifonía, y aún expresar conflictos ideológicos y diferentes visiones del mundo. Bansart ("Los procesos interlingüísticos" 15-32) enuncia los mecanismos de la pluralidad lingüística que usan los escritores del Caribe en su quehacer literario; considera tres aspectos: las relaciones entre dos idiomas europeos; las relaciones dentro del texto de un idioma europeo con un idioma 'caribeño'; y nuevamente las relaciones en el texto entre un idioma literario y expresiones típicas de la oralidad. Esta caracterización se nutre con los siguientes rasgos: el uso del francés, el inglés y el español; la introducción de palabras o frases en lenguas caribeñas; la introducción de términos que se refieren a costumbres, religiones o mitos afrocaribeños, indígenas o indios; y la oralidad, la cual se manifiesta de varias formas, por ejemplo, los escritores hacen hablar a sus personajes con formas que corresponden a los grupos culturales o a los estratos sociales a los cuales éstos pertenecen; y también la introducción de diferentes formas de pronunciar el español con objetivos descriptivos y burlescos. Bansart ("Los procesos interlingüísticos" 33) plantea que la traslación de la oralidad hacia la literatura enriquece lingüísticamente el texto literario y se observa en toda la literatura caribeña insular en cualquiera de los idiomas en los que se escribe. El crítico también enuncia algunas manifestaciones de este rasgo, entre otros: expresiones populares, creencias, fiestas, prácticas de medicina popular, ritos, léxico antillano, proverbios, adivinanzas y cantos ("Lo popular" 77-105). Agrega Bansart que algunos textos literarios del Caribe presentan una estructuración según los principios de la oralidad.

Este tema es uno de los más destacados por los críticos de la literatura del Caribe. Glissant[114] habla de los presupuestos de la *poética de la oralidad* que consiste en la manera como el escritor aprovecha las posibilidades lingüísticas de su área para la modelación de su escritura. Boadas (112) hace énfasis en la gran importancia de la oralidad en la literatura margariteña. Harris (181-182) destaca este aspecto en la obra de la escritora Louise Bennet quien toma la tradición oral africana, incorpora proverbios y realiza representaciones fonéticas del acento jamaiquino. Benítez Rojo (*La isla* 254), por su parte, al referirse a *Los pañamanes* de Fanny Buitrago, manifiesta que el texto recoge la literatura oral de San Andrés que se transmite a otras islas del Caribe.

La presencia de la oralidad en la literatura del Caribe, además de manifestarse bajo las formas antes enunciadas, se expresa mediante otros indicadores que no han sido enunciados explícitamente; me refiero a las prácticas conversacionales de la vida cotidiana que el escritor retoma y recrea en el espacio literario, las distintas formas de apelación mediante el nombre propio, la presencia de prácticas rituales discursivas como rondas, saludos, expresiones de uso cotidiano y popular del Caribe, entre otras. El uso del habla cotidiana en la literatura del Caribe obedece, según Mateo Palmer ("La literatura caribeña" 619), a un interés por asumir las raíces populares de su cultura; y en este sentido, la producción estética de esta región no difiere de la de Latinoamérica. Considero que la oralidad en la literatura del Caribe merece un estudio detallado, pues son muchos los indicadores presentes en las producciones artísticas; pero creo que la indagación no debe limitarse a enunciar dichos indicadores, sino también, y especialmente, a establecer las formas de poetización que los escritores otorgan a la oralidad en el texto. Equipo Tilalc (18) plantea al respecto que ésta se da como comunicación poética que interactúa con la palabra escrita. Los elementos mencionados se analizaron en los capítulos anteriores.

---

[114] Citado por Margarita Mateo Palmer en "La literatura caribeña al cierre del siglo".

La poética del Caribe continental

En los poetas seleccionados la oralidad y la tradición popular son rasgos importantes en sus obras. Así ocurre en la poesía de Walcott en la que aparece mediante el juego de voces entretejidas en el poema y los desdoblamientos de voces. El poema "The schooner Flight" (La goleta El Vuelo) es un buen ejemplo de esta situación: la voz principal desarrolla un soliloquio, la del personaje Shabine, durante una travesía; éste introduce otras voces. Shabine posee un interlocutor explícito: "But let me tell you how this business begin." (RC 18), (RC, "Pero déjenme que les cuente cómo empezó este asunto" 19). Hay un efecto estético especial, Shabine es el poeta: "Well, when I write / this poem, each phrase go be soaked in salt", (RC, "Bueno, cuando escriba / este poema, cada verso estará empapado en sal" 19). El poema es así cuento; hecho que revela el carácter oral de la poesía de Walcott; a esta estructura narrativa oral se le suman las conversaciones internas que fluyen a lo largo, y algunas estructuras relativas al mito y a la fábula: "There's a fresh light that follow a storm / while the whole sea still havoc; in its bright wake / I saw the veiled face of Maria Conception / marryng the ocean, then drifting away / in the widening lace of her bridal train" (RC 50), ("Una luz fresca sigue a la tormenta / mientras el mar entero todavía hace estragos; en su ardiente estela / vi el rostro velado de María Concepción / desposar el océano y alejarse flotando / en el vasto encaje de su ajuar" (RC 51). El interlocutor explícito también es el mismo hablante lírico, como parte de la estructura narrativa oral que genera múltiples cambios de voces: "that I said: 'Shabine, this is shit, understand!'" (RC 20), (RC, "que dije:'Shabine, esto es una mierda, entiéndelo'" 21).También son interlocutores, Jesús y Dios.

La oralidad, poesía conversacional y la cultura popular en la poesía de Brathwaite son elementos esenciales. Dentro de ellos se destaca la edificación de la poesía con imágenes sonoras. La sonoridad de los versos es uno de los rasgos estéticos más sobresalientes de la poesía de este escritor y asemeja a la encontrada en la poesía de Jorge Artel. Brathwaite logra desarrollarla a través de varios procedimientos: una sonoridad verbal que parte de la forma fonética de las palabras, la cual se reitera causando una musicalidad aparentemente cacofónica, pero que al final termina siendo imitación de los sonidos de instrumentos musicales, especialmente de percusión: "Here clay / cool coal clings" (A, "The Arrivants" 5); "Click lock / your firelock / lock forearm/ firearm / flashed / fire and our firm / fleshed, flame" (A 9). En estos versos se aprecia el manejo de la pronunciación de las palabras como efecto estético, para generar la musicalidad en el marco de la oralidad;

en los primeros versos se repite el sonido 'k'; y en los segundos hay una combinación de sonidos, 'k', 'l' y 'f', que llevan consigo una asociación de imágenes, de sentidos: 'barro', 'brasa', en el primer caso; fuego, luz, flama, en el segundo caso.

La sonoridad no solamente opera en el marco de estas unidades mínimas de pronunciación, sino también en la yuxtaposición de palabras y en la repetición de las mismas en una secuencia: "...and now nothing / nothing / nothing" (A 13); "Grow on, cotton / lands / go on to the botton / lands" (A 12). Todas estas repeticiones obedecen a una estructura musical cuya fuente es la canción y el jazz. Brathwaite creó, según los críticos, una revolución en el ritmo; el rango de los ritmos del jazz es visible en la matriz creativa de "Rights of Passage", los cuales son más audibles en pasajes como "Prelude", "Postlude/Home" y "Epilogue" (Breiner 178).

Otra forma de la edificación de la poesía en imágenes sonoras ocurre en la poesía de Brathwaite mediante los sonidos del orden y el caos, tal como ocurre en la poesía de Artel; en los primeros se encuentra el canto y la voz; en los segundos, el grito, el gemido, ligados al sonido del tambor: "Drum skin whip/.../I song / I shout / I groan" (A 4).

La oralidad también se manifiesta mediante estructuras repetitivas típicas de las canciones y cuentos de tradición oral: "It / it / it / it is not // it is not / it is not / it is not enough / it is not enough to be free" (A 222).

Los anteriores recursos son considerados por los críticos como exploraciones estilísticas de una cualidad sonora; al respecto afirma Torres Saillant (99):

> Scholars have identified this practice as a common feature of Brathwaite's poetic production (D'Costa 25; Rohlehr 15-31). The preference for language that highlights sonority has thematic implications, The poet often uses sound to suggest an antidote to the destructiveness of silence. In the poem, the fight for life, for suvival, is frequently seen as a charge against silence. Silence evokes the predominance of desolation in the African soil where the slaves were first seized.

Esta lucha contra el silencio es el significado evidente de esta edificación de la poesía en imágenes sonoras que se halla en Artel y en Brathwaite; el trasfondo histórico de la raza negra con sus prácticas culturales imbuidas en la sonoridad del tambor y el canto, se revela en la esclavitud como voz de rebelión y libertad; así como el jazz es aire musical que expresa dicha liberación. De esta manera lo expresa el mismo Brathwaite cuando afirma: "Jazz, on the other hand, is not 'slave' music at all. It is the emancipated Negro's music...It is the music of the freed man who having left the countryside of his shamed and bitter origins, has moved into the complex, high-life town".[115] Brathwaite considera que el jazz es la expresión perfecta del desarraigo, la aculturación, y la expatriación del negro; ha sido desde el comienzo un grito del corazón del hombre herido y solo; esto se escucha en el saxofón y en la trompeta; pero su significado no proviene de esta soledad sino de su estruendo colectivo de protesta y afirmación de la vida y el ritmo del grupo.

En la poesía de Brathwaite, especialmente en el grupo de *Masks,* hay una cualidad sonora lograda mediante la combinación de reproducciones onomatopéyicas de las vibraciones del tambor, la incorporación de canciones rituales e himnos de varias palabras, frases y estructuras sintácticas akan en el inglés (Torres Saillant 104). Es interesante ver cómo esta exploración sonora, con las vibraciones del tambor por ejemplo, también aparece en Artel en *Tambores en la Noche.*[116]

La poesía de Brathwaite establece una oralidad en el plano conversacional, de las expresiones y modos de habla de la cotidianidad. Se registra un inglés coloquial en sus versos, en los que se suprimen sonidos y elementos gramaticales, al igual que se funden otros: "'Hey, nuncle! / wanna see" (A 17). En esta muestra se usa la forma coloquial 'wanna' (want to) que fusiona la preposición al verbo; también se elimina el sujeto 'I'. Además de este inglés, se aprecia en esta poesía la introducción de expresiones en lengua africana, creando así una imagen plurilingüe del verso, cuya estructura se interrumpe cada vez que se introduce un tipo de habla o de lengua. Se trata de lo que el mismo Brathwaite considera como una "estética ideal" cuya literatura es una escritura de catástrofe que da la imagen de un espejo roto y de una naturaleza agrietada (citado por Smorkaloff 8). En éste mismo orden de ideas, el poeta agrega: "The problem of the problem of form. The idea of an

---

[115] Brathwaite, Kamau "Jazz and the West Indian Novel, I, II, and III", texto incluido en Arnold James, *A History of Literature in the Caribbean* (336).
[116] La música según Mateo Palmer ("La literatura caribeña" 621) constituye una de las formas que más ha nutrido la literatura caribeña. Benítez Rojo (*La isla* 208) la caracteriza como música barroca o arquitectura excesiva en la que ocurre una superposición de voces.

aesthetic continuum and aesthetic code-swithing in west indian literature".[117] En esta diversidad lingüística aparece entonces la lengua nacional –Nation language–, tal como la plantea Brathwaite, quien la concibe no como un pidgin o vernacular, sino como una lengua cosmos, 'tongue-cosmos', 'language-energy', la cual, al llevar la memoria y el 'equipaje' (luggage) de los ancestros, lleva consigo la sabiduría enriquecida del proverbio, del nombre de las cosas que forma parte del sonido y de la canción; la lengua nacional también posee, según Brathwaite, recursos antiguos y modernos, demoníacos, surrealistas, mágicos y vudistas (20). Estos recursos se aprecian de modo claro, como se verá en el punto de la visión de Dios y el lenguaje religioso.

En *The Arrivants*, el poeta presenta varios interlocutores: Dios, el diablo, el fuego con caracteres divinos: "How long / how long / O Lord, O devil / O fire / O flame" (A 9). También aparecen personajes como interlocutores a los que el hablante lírico se dirige en habla coloquial: "Hey Mary! / You there?" (A 63). Esta forma de oralidad en la obra de Brathwaite se considera 'poema dialecto', presentaciones dramáticas autoconscientes y autocríticas (Brenier 177), cuyo objetivo es la "affirmation of a Caribbean language, then, ought to be seen against the backdrop of a discours tradition that has denied his people a place in the realm of Logos an has often, as a result, doubted their identity as rational beings" (Torres Saillant 126). Para Brathwaite, la afirmación del lenguaje en el Caribe tiene implicaciones importantes en la búsqueda de la identidad; la liberación de la mente caribe de la legalidad colonial conduce necesariamente al campo del lenguaje (Torres Saillant 125). Esta reafirmación, búsqueda de identidad en el Caribe, también es el motivo de los poetas del Caribe colombiano cuando incorporan las formas de la oralidad caribeñas. Mientras en el caso de Brathwaite se involucra un trasfondo histórico ligado a la raza negra –al igual que en Artel–, en los otros poetas del Caribe colombiano analizados, López, Rojas Herazo, Gómez Jattin y Bustos, se percibe la búsqueda de identidad y diferenciación del canon colombiano, especialmente del interior del país. Liberar el Caribe en sus poemas implica poner en el tapete la voz de su gente como posibilidad comunicativa con igual validez al canon literario fuera de este Caribe.

En la poesía de Césaire la oralidad se refleja en la estructura del canto, repeticiones, yuxtaposiciones y ambivalencia de voces. En efecto, *Cahier*

---
[117] Brathwaite citado por Smorkaloff (8).

es una obra llena de entrecruzamientos de voces: habla cotidiana, rupturas acentuales mediante voces que emergen de repente: "Ce qu'il lui fallait c'était toute une journée d'affairement, d'apprêts, de cuisinages, de nettoyages, d'inquietudes, / de-peir-que-ça-ne-suffise-pas, /de-peur-que-ça-ne-manque,/ de-peur-qu'on-ne-s'embête" (CRPN 36); En *Cahier* se percibe también un tipo de lenguaje-conjuro entretejido con un canto. Estos apartes de los poemas presentan la pugna religiosa entre los misioneros que catequizaron y las creencias religiosas de los negros: "je déclare mes crimes et qu'il n'y a rien à / dire pour ma défense. / Danses. Idoles. Relaps. Moi aussi // J'ai assassiné Dieu de ma paresse de / mes paroles de mes gestes de mes chansons / obscènes // J'ai porté des plumes de perroquet des / dépouilles de chat musqué / J'ai lassé la patience des missionnaires /insulté les bienfaiteurs de l'humanité. / Défie Tyr. Défie Sidon. / Adoré le Zambèzé. / L'étendue de ma perversité me confond!" (CRPN 62). Se revela aquí una doble voz, la que aparenta rechazar y criticar las creencias de los negros, que en el fondo es la voz del blanco; y la voz del negro llena de rebeldía e ironía. En los siguientes versos se inicia el poema conjuro, con estructuras de canto: "voum rooh oh / voum rooh oh / à charmer les serpents à conjurer / les morts / voum rooh oh / à contraindre la pluie à contrarier / les raz de marée / voum rooh oh / à empêcher que ne tourne l'ombre / voum rooh oh que mes cieux à moi / s'ouvrent//...//voum rooh oh / s'envoler / plus haut que le frisson plus haut / que les sorcières vers d'autres étoiles / exaltation féroce de fôrets et / de montagnes déracinées à l'heure / où nul n'y pense / les îles liées pour mille ans! / voum rooh oh /pour que revienne le temps de promission / et l'oisseau qui savait mon nom / et la femme qui avait mille noms / de fontaine de soleil et de pleurs / et ses cheveux d'alevin / et ses pas mes climats / et ses yeux mes saisons / et les jours sans offense / et les étoiles de confidence / et le vent de connivence//...//rooh oh // nous chantons les fleurs vénéneuse" (CRPN 66). Los versos también incluyen el sonido del tambor: "ceux qu'on inocula d'abâtardissement / tam-tams de mains vides / tam-tams inanes de plaies sonores / tam-tams burlesques de trahison tabide" (CRPN 92). Mecanismo usado por Artel y Brathwaite, al igual que Bustos en el poema Conjuro.

En los versos de Césaire también se introducen las voces de los negreros: "nos révoltes ignobles, pâmoisons d'yeux doux d'avoir / lampé la liberté féroce // (les-nègres-son-tous-les-mêmes, je-vous-le-dis / les-vices-tous-les-vices, c'est-moi-qui-vouc-le-dis / l'odeur-du-nègre, ça-fait-pousser-la-canne/ rappelez-vous-le-vieux-dicton: / battre-un-nègre, c'est le nourrir)" (CRPN 74). Con estas voces se crea la ironía del hablante lírico sobre el hecho histórico. Ya se ha planteado que en la poesía negrista hay un interés marcado sobre el sonido del poema; muchos de los poemas son experimentos técnicos en el uso del argot, la onomatopeya y la imitación de los ritmos de la danza. Mientras en la poesía francófona y anglófona del Caribe hay una estructura distintiva y un sonido del lenguaje creole local, en el Caribe hispánico hay un léxico de africanismos que conforma un efecto estético oral que los poetas intentan crear con las palabras mediante su valor fónico, más que significativo (Breiner 39). Palés Matos acude a este efecto estético; en su poema "Danza negra" se percibe el uso de la onomatopeya y la yuxtaposición de enunciados como en la estructura del canto: "El Gran Cocoroco dice: tu-cu-tú. / La Gran Cocoroca dice: to-co-tó./ Es el sol de hierro que arde en Tombuctú, / Es la danza negra de Fernando Pó./El cerdo en el fango gruñe: pru-pru-prú. / El sapo en la charca sueña: cro-cro-cró" (citado por Breiner 39).

En la poesía de Guillén la oralidad es uno de los rasgos más importantes; esta se manifiesta en la riqueza de géneros como la canción, el son, la adivinanza, la ronda, el pregón: "¡Ah / qué pedazo de sol, / carne de mango! / Melones de agua, / plátanos.// ¡Quencúyere, quencúyere, / quencúyere//...// mamey p'al que quiera sangre, / que me voy" (AM, "Pregón" 48-49); "-¡Tun, tun! / -¿Quién es? / -Una rosa y un clavel.../-¡Abre la muralla!/-¡Tun, tun! / ¿Quién es?/ -El sable del coronel.../-¡Cierra la muralla!" (AM, "La muralla" 170). Aparecen estructuras dialógicas, repeticiones, estribillos. Todo esto se ha considerado como el carácter oral y la magia verbal simpatética, también presente en la poesía de Artel y de Luis Carlos López, que destruye el lenguaje articulado y los moldes formales clásicos. El poema-son surge del baile de origen africano, y al ser estructura poética busca combatir un orden social, político y cultural; el poeta quiebra un orden, una sensibilidad y una sintaxis poética; se trata de una destrucción del lenguaje, de su irracionalidad dada en la repetición sonora, onírica, onomatopéyica y aliterativa (Ruffinelli 95-100).

Dentro de estos géneros de tradición popular como la canción en la poesía de Guillén, se encuentran los que incluyen elementos míticos: "¡Mayombe-bombe-Mayombé! /¡Mayombe-bombe-Mayombé! //[...]// la culebra tiene los ojos de vidrio/ La culebra viene y se enreda en un palo; / con sus ojos de vidrio, en un palo, / con sus ojos de vidrio, en un palo, / con sus ojos de vidrio" (AM, "Sensemaya; canto para matar una culebra" 68). Aquí se vislumbran versos con estructuras de conjuro, forma de tradición oral popular; como se encontró en la poesía de Césaire y Bustos. También aparecen leyendas populares en los poemas. Por ejemplo, en "Balada del guije", se relatan leyendas sobre personajes que matan, devoran, destruyen: "Enanos de ombligo enorme / pueblan las agua inquietas; / sus cortas piernas, torcidas; / sus largas orejas, rectas. / ¡Ah, que se comen mi niño, / de carnes puras y negras, / y que beben la sangre, / y que le chupan las venas, / y que le cierran los ojos, / los grandes ojos de perlas!/¡Huye, que el coco te mata, / huye antes que el coco venga!/ Mi chiquitín, chiquitón, / que tu collar te proteja..." (AM, "Balada del güije" 82). La manera como se introducen algunos versos con la forma "y que" señala la voz colectiva de la tradición oral popular, indica lo que la gente dice sobre el agüero, sobre la leyenda. Estas estructuras legendarias también se encontraron en la poesía de Quessep y Bustos, pero desde una dimensión estética diferente.

El habla del Caribe, en un contexto familiar, se recrea en los poemas de Guillén como parte de la poesía conversacional. Al igual que en Artel, Brathwaite y Baquero, aparecen supresiones de sonidos que reflejan el habla coloquial caribeña; hay una reproducción del habla de los mulatos habaneros descendientes de la población africana asentada en la isla a raíz de la esclavitud (Santana y Unger 317).

De la misma manera que en Artel y en Brathwaite, en la poesía de Guillén se registra la edificación de la poesía con imágenes sonoras; se usa el sonido del tambor, combinado con analogías sonoras que plantean un eco, una iteración de sílabas: "Tamba, tamba, tamba, tamba, / tamba del negro que tumba; / tumba del negro, caramba, / caramba, que el negro tumba: / yamba, yambó, yambambé!" (AM, "Canto negro" 41).

En la poesía de Gastón Baquero la oralidad se expresa de modo frecuente en la poesía conversacional, mediante las relaciones dialógicas. Hay interlocutores diversos: Dios, personajes, animales, y otros seres de la naturaleza. También se registran formas de tradición oral: cantos, estribillos. En el poema "Himno y escena del poeta en las calles de La Habana", se encuentran diferentes formas dialógicas, enunciados con pronunciaciones de las interacciones cotidianas: "junto al poeta pasa una niña negra que tararea: 'La hija de don Juan Abba disen que quiere metedse a monja'/ Él le lleva el compás diciendo: 'El convento chiquito, / de la calle de la paloma//[...]//pa este señó! ¡Zumba! ¡Dale que dale! ¡Venga un tanguillo en / su honó!" (Ant, "Himno y escena del poeta en las calles de la Habana" 191). También en los "Poemas escritos en España" (1969), en las "Canciones de amor de Sancho a Teresa" (Ant, "Canciones de amor de Sancho a Teresa" 67-78), se percibe la tradición oral; hay repeticiones y la estructura de canción: "Me dejaste omisiado / bajo la parra; / fue a darme rabieta, /rabia que rabia, / pero sentí de pronto / una cigarra. / Y salta que salta, / canta que canta/ (Ant 73).

El siguiente rasgo que trataré es la carnavalización, lo grotesco, lo desmesurado y lo escatológico. Es innegable la importancia que tiene el carnaval en la cultura caribeña y por supuesto en la literatura de la región (Boadas 116). Benítez Rojo (*La isla* 234) nos dice que el carnaval, en el desorden polirrítmico de la rumba, ofrece caminos para la creación poética en el contexto carnavalesco típico del Caribe; se superponen la ley y la transgresión, la prohibición y el cuerpo, la parodia y la tragedia, donde convergen los signos fragmentados (Benítez Rojo, *La isla* 348). Considero que esta complejidad y polivalencia del carnaval explican el uso de varios procedimientos ya anotados en la literatura del Caribe: la confluencia de lenguas, de hablas, de ritmos, de tradición oral, de magia; el escritor del Caribe acude a ellos y los poetiza con el fin de revelar la apoteosis del carnaval, cuya esencia no solamente es la fiesta sino también el drama diario, la soledad del hombre Caribe y su afán de reconciliarse con el otro, de buscar la otredad, de emprender el viaje desde sí mismo hacia el otro, de reconocer su desmesura, el sabor, el movimiento de su propia sangre y de la olas del mar, que le da un autorreconocimiento y un afán de equilibrio y libertad. Por esta complejidad es por la que el texto caribeño, como sugiere Mansoor (95), puede leerse como el espacio del simulacro, de la máscara que impulsa la mirada del lector a múltiples desplazamientos, a otra racionalidad de tal manera que hace suyas las fuentes alusivas de la cultura caribeña. Al carnaval en la literatura del Caribe, Mateo Palmer ("La literatura caribeña" 610) asocia lo grotesco y lo desmesurado, al referirse a la novela del escritor haitiano Emille Olivier, *Mere solitude* (1983). Este elemento resulta de mucho interés, pues posee distintas manifestaciones; algunas de ellas se dan en el lenguaje escatológico como se aprecia en escritores del Caribe colombiano: en Héctor Rojas Herazo, Luis Carlos López y Rómulo Bustos; en la creación de imágenes hiperbólicas como en la obra de Gabriel García Márquez y Luis Carlos López; y en el uso de la temática de la zoofilia asociada al tópico sexual, presente en la poesía de Raúl Gómez Jattín.

En los poetas del Caribe no colombiano los rasgos mencionados son elementos estéticos importantes. Como se observó en el análisis de los capítulos anteriores, en los poetas del Caribe colombiano se encontraron características grotescas y escatológicas como rasgos estéticos importantes que agrupaban a por lo menos cuatro de ellos: López, Rojas Herazo, Gómez Jattin y Bustos. En la poesía de Walcott se observan también estas características: "exactly like me, and the man was weeping / form the houses, the streets, that whole fucking island" (RC 14), "...y vi un hombre / exacto a mí, y el hombre lloraba / por las casas, las calles, por toda esa isla de mierda" (RC 15) "like I was some artist! That bitch was so grand, /" (RC 22), "¡como si yo fuera un artista! El hijo de puta era tan soberbio" (RC 23). Este lenguaje emerge en la autodegradación del hablante lírico o en la imprecación de éste hacia un personaje; también emerge en la caracterización de personajes y espacios: "The bitch hawk and spat. / A spit like that worth any number of words" (RC 26), ("Un escupitajo como aquél vale cualquier cantidad de palabras" RC 27). El lenguaje grotesco también surge en la alusión a la podredumbre, como en la poesía de Rojas Herazo: "whether the brain / is a library for worms" (RC 94).

En Brathwaite lo grotesco y lo escatológico aparecen en alusiones al mundo de lo bajo y a la podredumbre: "But no / rain comes / while the flesh / rots, while the flies / swarm//[...]// So build build / again the new / villages: you / must mix spittle / with dirt, dung / to saliva and / sweat, making / mortar" (A 6-7). También aparece un lenguaje, tabú de imprecaciones: "one fuckin' plough that only works one way" (A 18). Estas imprecaciones se presentan también en la autodegradación del hombre negro como hablante lírico, pero encerrando en realidad otra voz, en un desdoblamiento dialógico: "I am a fuck-/ in' negro, / man, hole / in my head, / brains in my belly; / black skin / red eyes / broad back / big you Know / what: not very quick" (A 30). En realidad hay aquí protesta histórica.

Lo grotesco en Césaire se revela inicialmente en la presentación de una lista de enfermedades y afecciones mediante las cuales se expresa la ruina del mundo, la representación del 'mal de vivre', de la alienación, la discontinuidad entre el hombre y su entorno, el sentido del exilio (Irele 143). Hay también en *Cahiers d'un Retour au Pays Natal* expresiones sobre las secreciones del cuerpo: "ou à l'animalité subitement grave d'une paysanne, urinant debout, les jambes écartées, roides" (CRPN 26). Lo grotesco se usa para mostrar la desolación y la miseria: "Au bout du petit matin, une autre petite maison qui sent très mauvais dans une rue très étroite, une maison minuscule qui abrite en ses entreilles de bois pourri des dizaines de rats et la turbulance de mes six frères et soeurs, une petite maison cruelle dont l'intransigeance affole fins" (CRPN 40). Lo grotesco también contribuye a la descripción de un espacio socialmente abandonado, destruido: "C'est là surtout que la mer déverse ses immondices, ses chats morts et ses chiens crevés" (CRPN 43). También aparece la podredumbre como parte de este panorama de desolación: "Une détresse cette plage elle aussi, avec ses tas d'ordure pourrissant, ses croupes furtives aui se soulagent"; "d'une forêt de bêtes traquées de machines tordues d'un jujibier de chairs pourri" (CRPN 44, 46). Lo grotesco y lo escatológico le sirven al hablante lírico para rememorar los horrores de la historia de la esclavitud: "que nous sommes un fumier ambulant hideusement prometteur de cannes tendres et de coton soyeux et l'on nous marquait au fer rouge et nous dormions dans nos excréments" (CRPN 80). Además de la podredumbre, en el poema también se mencionan las secreciones del cuerpo: "Je réclame pour ma face la louange éclatante du /crachat!" (CRPN 86).

Otro rasgo en la literatura que nos ocupa, es la nostalgia asociada al pasado, con la pérdida de espacios físicos y con la enajenación colonizadora (Daroqui 44). Este sentimiento también emerge en la literatura del Caribe cuando aparece el tema de la fugacidad del tiempo (Pujalá 44). Además de la añoranza temporal, se ha incluido la nostalgia espacial por la región propia desde la perspectiva de un país lejano (Mateo Palmer, "La literatura caribeña" 617-618); se trata de evocaciones del amor, la ausencia, la belleza y la lejanía como lo plantea Pujalá al referirse a la obra de Álvarez Bravo (39). La memoria se ha señalado como rasgo de la poesía cubana: la memoria psicológica de la experiencia real y la del presente imaginario; este aspecto sirve de puente entre el pasado y el futuro (Pujalá 47). Benítez Rojo, agrega que la memoria es un tema que se expresa en la literatura del Caribe en términos etnográficos, económicos, políticos y sociológicos (*La isla* 241).

En la poesía de Baquero la temporalidad se asocia al pasado, pero también a otros aspectos. Se percibe el tiempo detenido: "Componéis el paisaje en que me pierdo / para habitar el tiempo que no pasa" (Ant, "Soneto a las palomas de mi madre" 27); el tiempo del augurio: "Hace muchas noches que el sol no comparece / Que los gallos ignoran cuando el alba despierta / Un cielo revestido de estrellas escarlatas / Al pleno mediodía anuncia las desdichas" (Ant, "Casandra" 17); también se percibe el tiempo del pasado visto positivamente contra el presente negativo: "Fuisteis la nieve alada y la ternura. / Lo que ahora sois, oh nieve desleída, /levísimo recuerdo que procura / rescatar por vosotras mi otra vida, / es el pasado intacto en que perdura / el cielo de mi infancia destruida" (Ant 27). También se asume el tiempo en relación con la muerte: "Bufón de Dios, arrójate a las llamas, que el tiempo es el / maestro de la muerte" (Ant, "Palabras escritas en la arena por un inocente" 47). El tiempo también se asocia al amor: "El tiempo junto a ti no tiene horas, / ni días, ni minutos" (Ant, "Para Berenice, canciones apacibles" 90).

El aspecto religioso ha sido señalado como rasgo de la poesía del Caribe anglófono, francófono e hispánico no colombiano (Breiner 216-217. Saillant 82-92). En esta investigación demostré que en la poesía del Caribe colombiano el lenguaje religioso y la visión de Dios son rasgos cruciales en las diferentes poéticas. Con base en esto se puede aseverar que dichos elementos caracterizan la poesía del Caribe en general, lo cual puede explicarse desde el punto de vista histórico en el encuentro de culturas, europea, americana y caribe, que implicó choque de creencias religiosas. La poesía del Caribe revela tres estadios de dicho encuentro en el plano religioso: el de pugna entre las creencias religiosas, de los dos continentes: conquistador y conquistado; el de ambivalencia de las dos creencias en los habitantes de América y el Caribe; y el de asimilación de las creencias europeas, especialmente judeocristiana. Las obras de los poetas del Caribe seleccionados, tanto colombianos como no colombianos, revelan estos tres estados de las creencias religiosas. En poetas como Rojas Herazo, Quessep, Bustos, Baquero y Dépestre, se revela el tercer estado, el cual trasciende hacia el conflicto del hombre occidental que considera que Dios lo ha abandonado. El silencio de Dios planteado por estos poetas es visto como vacío espiritual, desde posturas irónicas, imprecatorias, desafiantes y aún suplicantes, pues aquí la ambivalencia de la conciencia radica en sufrir un mundo sin Dios, porque el hombre lo anula como posibilidad de vida, lo niega, o lo busca sin encontrar el camino para acceder a Él. Justamente, el camino planteado por el cristianismo para acercarse a Dios, Jesucristo, es considerado por los poetas mencionados, como mito, mentira e imposibilidad.

En los poetas Brathwaite, Walcott y Guillén se aprecian el primer y segundo estado; la ambivalencia entre las creencias judeocristianas y las míticas del Caribe, indígenas o africanas. Pero esta dualidad en ocasiones revela conflicto de creencias, pues se logra percibir que el hombre recreado en sus poemas se debate entre una conciencia que cree en Dios, pero que también lo rechaza porque contradice las creencias de su identidad caribeña.

Veamos el lenguaje religioso y la visión de Dios de modo un poco más detallado en los poetas seleccionados.

En la poesía de Brathwaite se aprecia una visión religiosa panteísta y politeísta vinculada a las creencias africanas e indígenas; y una visión judeocristiana, mezclada con las anteriores. Al igual que en los poetas del Caribe colombiano, en Brathwaite hay cierta ambivalencia en el tratamiento de estas visiones. Aparecen varios dioses y espíritus: Olodumare, nombre del dios supremo yoruba; Ogun, dios creador yoruba y afrocaribe; Odomankoma, nombre del creador-dios-cielo; Odomankoma'kyerema, tamborero del creador; sasabonsam, espíritus demoníacos; Shango, dios del trueno; Ra, dios-sol del antiguo Egipto; Damballa, dios del camino; Legba, dios haitiano de las entradas (es el vínculo crucial entre el hombre y los otros dioses en el vodou). Al lado de estos dioses, aparece Jah, forma corta de Jehová, y Cristo. El sustrato religioso de la poesía de Brathwaite es entonces bastante fuerte. La visión panteísta se refleja en la caracterización divina de los elementos de la naturaleza: "Flame is our god, our last defence, our peril." (A 8); "God of the path-/way, / God of the /tree, / God of all part-/ing, we/ greet you" (A 130). La visión politeísta se refleja en los numerosos dioses arriba mencionados que se despliegan por todos los poemas en *The Arrivants*. Y en cuanto a la visión judeocristiana, el poeta menciona la creencia de un grupo religioso, 'Raftarians',[118] la cual refleja ya no la ambivalencia de las dos tradiciones, sino el sincretismo, la simbiosis entre ellas. Debido a que el "rastafarism" es una creación muy caribeña, sus seguidores lo tomaron como un tema atractivo para la poesía en los años sesenta y setenta, guiados por el regreso a las raíces; la escena más común de estos poemas es el solitario "Rasta" que fuma su marihuana como escape sacramental de sus condiciones de vida mientras espera la llegada del barco que lo repatriará a Etiopía. El poema "Wings of a Dove" de Brathwaite (1967) es el modelo para la proliferación de estos poemas en 1970 (Breiner 218). En efecto, en este poema se percibe

---

[118] El grupo de "Raftarians" de Jamaica es un grupo altamente visible que muestra el impacto de África, mediante una fe fundamentada en la recuperación de las raíces de África y la esperanza de la repatriación a Etiopía. Es una creación profundamente criolla (creole), un triunfo del bricolage. Combina el inglés de la Biblia y hábitos de "groundation", una clase de debate social sobre tópicos filosóficos en el que generalmente hay algún elemento de autodramatización. La clave de este bricolage particular es el papel de la Biblia para la cultura caribeña. La Biblia es el corazón de La Gran Tradición, pero existe también como un recurso oral, y puede ser vista como un rasgo importante de la Pequeña Tradición. Hay entonces, un doble papel de la Biblia. Aunque ésta es la raíz de las culturas coloniales impuestas en el Caribe, en las islas funciona como parte de la tradición popular alternativa (Breiner 215-217).

la caracterización del "Rasta man": "Brother Man the Rasta / man, hair full of lichens / head hot as ice / watched the mice / walk into his poor / hole, reached for his peace / and the pipe of his ganja / and smiled how the mice /" (A 42). En el poema "Jah"[119] Brathwaite continúa con la temática, estableciendo la diferencia entre dos espacios: el terrestre, de la música de La Habana, Harlem, Nueva York o Panamá, de los cantos de trabajo, los blues, la cabaña; y el celeste, el de Dios, con el cristal, el evangelio: "But God, big eyes bulging / his glass house aglobe / floating floating in heaven / without feet without wind //without wing without thunder / no stone under him / no sound to carry earth up to his fanthoms" (A 163). Se puede apreciar aquí también la oposición sonido-música de ese mundo terrestre y el del silencio del mundo celeste.

Brathwaite en su poesía manifiesta una actitud positiva hacia los dioses no judeocristianos, puesto que representan la autenticidad cultural de su región, la tradición de origen africano; de tal manera que las creencias judeocristianas son vistas como colonizadoras, ligadas a los procesos de esclavitud y desarraigo; el mismo Brathwaite plantea que la obra *Hamel the Obeah Man* (1827) es una representación de la experiencia del hombre negro en el Caribe anglófono. El poeta celebra que el protagonista, un predicador de la religión afrocaribeña conocida como Obeah, aparezca en oposición ideológica a un misionero blanco (Brathwaite 153, citado por Torres Saillant 86). En *The Arrivants*, se puede plantear que persiste esta visión positiva hacia las creencias religiosas afrocaribeñas, y negativas hacia las judeocristianas: "Christ on the Cross / your cruel laws teach// only to divide us / and we are lost // without your faith / without your fear // without your tender'd / love" (A 182).

El énfasis sobre el tema enunciado se ha denominado 'el imperativo religioso' presente en toda la literatura del Caribe hispano, anglófono y francófono: "Caribbean writers 'draw from a popular tradition of resistance that still lives in religion and language, tales, music, son, poetry, and drama', says Patrick Taylor (228)" (Torres Saillant 82). Este énfasis ya ocupaba la mente de artistas e intelectuales desde hace mucho, en la región caribe; y se vincula al conflicto enraizado en el sistema de creencias cuyos contenidos

---

[119] Jah es el nombre del Dios más comúnmente usado por los "Raftarians", grupo religioso que rechaza la cultura babilónica occidental y cree que el emperador Haile Selassie I es el representante de Jah en la tierra (Brathwaite, *The Arrivants* 273).

competían entre sí (por ejemplo, las tensiones religiosas entre el cristianismo y el vodou). Lo interesante aquí es la presencia importante del elemento religioso y su ambivalencia en la producción literaria del Caribe, hecho que se revela claramente en los poetas del Caribe colombiano analizados y los del Caribe anglófono hasta ahora vistos.

Veamos algunos ejemplos de este planteamiento: los escritores de Haití expresan este imperativo religioso; el poeta Carl Brouard afirmaba que el vodou era la única originalidad de su pueblo; la novela de Milo Rigaud, *Jesús ou Legba* (1933) dramatiza la confrontación entre el cristianismo y el vodou. Philippe Thoby-Marcelin y Pierre Marcelain, en *La Bête de Musseau* (1946) incluyen el personaje, Horacio, que sugiere la coexistencia del vodou y el cristianismo como dos alternativas metafísicas válidas. *En Crayon de Dieu* (1952) el personaje, Diogène, sufre la tensión espiritual evocada por su posición entre los dos sistemas religiosos. La literatura caribeña francófona escrita por novelistas mujeres, también muestra una tensión similar entre la religión oficial y "Quimbois", la religión popular de las regiones francesas exteriores. La poesía de Aimé Césaire, de Martinica, también presenta una profunda sensibilidad religiosa, como se verá más tarde. En la poesía anglófona, por su parte, la presencia del imperativo religioso se ve claramente en la *Antología de Poesía Anglófona* (1986), cuyo capítulo central se titula "Gods, Ghosts and Spirits".

El Caribe hispano también tiene una vena fuerte de expresión religiosa autóctona. En Cuba aparece Ñáñigo, Shango y Santería. En Puerto Rico aparece el sistema de creencias populares denominado 'Espiritismo', que integra elementos de las tradiciones espirituales de blancos, indios y negros de la isla. En la República Dominicana, las investigaciones antropológicas han revelado la existencia fuerte de formas religiosas populares, vodou y Gagá. Los artistas antillanos hispanos también han reflejado la complejidad religiosa de sus regiones en sus textos. Palés Matos de Puerto Rico, ha explorado en sus textos la espiritualidad afrocaribeña. Guillén, en *Sóngoro Cosongo* (1931), evoca el mundo caribe dividido en dos herencias religiosas: de un lado Santa Bárbara y de otro lado, Shango. Finalmente, Manuel del Cabral también dramatiza varios aspectos de lo sagrado con dioses nórdicos y divinidades vodou (Torres Saillant 83-87).

Como vemos, el elemento religioso es un rasgo estético fuertemente arraigado a la literatura del Caribe francófono, anglófono e hispano no colombiano; y, en efecto, el análisis de algunos autores confirma este planteamiento. En la poesía Brathwaite, por ejemplo, el lenguaje religioso aparece en muchos de sus poemas. Además de los nombres de numerosos dioses de Jah, también se registran enunciados bíblicos recontextualizados en los versos, tal y como se registró en los poetas del Caribe colombiano: "Blessed are the poor / in health, he mumbled, / that they should inherit this / wealth" (A 42); se evoca aquí la estructura del sermón de las bienaventuranzas dicho por Jesús. Pero además de esta relación, es interesante ver el contexto en que aparece, pues posteriormente el hablante lírico expresa: "...and hear my people, / cry, my people / shout: // Down, down/ white /man, con// man, brown / man, down / down full / man"; se vincula aquí la historia del hombre negro cuyos acontecimientos parecen negar la bienaventuranza.

En la poesía de Walcott, el aspecto religioso también es uno de los rasgos más sobresalientes. En el poema "The sea is the history" ("El mar es la historia") (69-77), el poeta utiliza el mismo mecanismo estético que usa Rojas Herazo en el poema "Segunda resurrección de Agustín Lara" (UA 16-24). Se trata de tomar eventos, expresiones y personajes bíblicos como marco estético del verso en el que se desarrollan los contenidos del poema. Rojas Herazo toma a Jonás y el acontecimiento de la ballena, las expresiones "bendito sea el fruto de tu vientre", "mi reino no es de este mundo", "coronado de espinas", "Padre por qué me has abandonado", el evento del diluvio, la negación que hizo Pedro sobre Jesús; el poema en prosa se desarrolla con estos elementos fundidos con los otros versos. En el caso del poema citado, de Walcott, aparecen: el Génesis, el Éxodo, el Arca de la Alianza, el cautiverio de Babilonia, el Cantar de los cantares, Jonás, Gomorra, Lamentaciones, el costado de Dios alanceado, el Hijo de Dios, el Nuevo Testamento, la fe. Cada uno de estos eventos, personajes y libros de la Biblia sirven de marco o encuadramiento simbólico para el desarrollo de los contenidos de los versos alusivos a la historia de la esclavitud del negro africano. El Génesis bíblico se toma para señalar la llegada de los europeos a América: "The lantern of caravel, / an that was Genesis. / Then there were the packed cries, / the shit, the moaning" (RC 68); el Éxodo y el cautiverio de Babilonia es tomado para indicar la salida de los negros de África y su esclavitud: "Exodus. / Bone soldered by coral to bone, / mosaics / mantled by the benediction of the shark's shadow" (RC 68). Gomorra y Lamentaciones aluden a la vida de los negros en América y el Caribe, asociando la destrucción, el exilio y el lamento por el pasado, implicados en la ciudad bíblica destruida y el libro de Jeremías

En otros poemas de Walcott aparecen también elementos del lenguaje religioso judeocristiano. En el poema citado estos elementos aparecen ligados a la historia; el uso de ellos no sólo es estrategia estética, sino que también apunta a las significaciones del poema; el viaje de los negros a América y el Caribe implicó aculturación y sincretismo en todos los niveles: social, religioso, lingüístico, político, económico; el encuadramiento bíblico apunta al sincretismo y asimilación de nuevas creencias frente a las de África, además de constituir un recurso poético también presente en los poetas del Caribe colombiano. En otros poemas de Walcott, el elemento religioso sigue con su función estética pero adquiere otros valores significativos; a mi modo de ver, revela ya la conciencia de un hombre moderno con creencias judeocristianas, que acude a Dios ante una realidad específica: "Christ have mercy on all sleeping things!/ From that dog rotting down Wrightson Road / to when I was a dog on these streets", "¡Que Cristo se apiade de todo lo que duerme!/ Desde ese perro que se pudre en Wrightson Road / hasta yo mismo cuando era un perro en estas calles" (RC 15). Considero que hay una ambivalencia hacia las creencias judeocristianas en el hablante lírico que representa la voz del hombre caribe; por cuanto hay sincretismo de creencias, hay una conciencia dividida que rechaza a Dios y se vuelve hacia los dioses y creencias nativas del Caribe; pero en otras ocasiones, ese mismo hombre caribe regresa a Dios, implorando su favor: "Where is my rest place, Jesus? Where is my harbor? / Where is the pillow I will not have to pay for, / and the window I can look from that frames my life?" (RC 24) ("¿Dónde hallar mi lugar de descanso, Jesús. ¿Dónde mi albergue? / ¿Dónde la almohada por la que no tenga que pagar / y la ventana que enmarca mi vida desde donde puede mirar" (RC 25). Estas creencias también son vistas desde un lente crítico: "Is like telling mourners round the graveside / about resurrection, they want the dead back" (RC 16) ("Es como contarles a los dolientes alrededor de la tumba / sobre la resurrección, ellos quieren al muerto de vuelta" (RC 17). El lente crítico se plantea en RC en la misma estrategia poética que toma el evento, la expresión o el personaje bíblico, para desarrollar la temática histórica de la esclavitud en el poema. En Rojas Herazo se encuentra el mismo tratamiento; el marco judeocristiano sirve para desarrollar la temática de la enfermedad y la muerte.

En la poesía de Walcott también aparece la desmitificación y degradación de Dios en la voz del hablante lírico, mediante su zoomorfización. Aquí llama la atención la relación entre este poeta y Rómulo Bustos; ambos convierten a Dios en pez, en un ser caído, herido, derrotado, amenazado o atrapado por la muerte; el poema de Walcott dice: "so I got raptures once, and I saw God / like a harpooned grouper bleeding,..." (RC 24) ("y así, extasiado, en otro tiempo vi a Dios / como un mero arponeado sangrando..." RC 25). El poema de Bustos dice: "Junto a las piedras está Dios bocarriba/.../Y ahora yace allí con sus ojos blancos mirando al cielo /[...]/ Parece un gran pez gordo de cola muy grande / Pero es solo Dios /hinchado y con escamas impuras /¿Cuánto tiempo habrá rodado sobre las aguas?/ Los curiosos observan la pesca monstruosa /Algunos separan una porción y la llevan /para sus casas /Otras se preguntan si será conveniente /Comer de un alimento que ha estado tanto tiempo/expuesto a la intemperie" (ES 37). La desmitificación de Dios operada en la poesía de Walcott también se evidencia en el lenguaje escatológico que se usa en la descripción: "Be Jesus, I never see sea get so rough / so fast! That wind come from God back pockett!" (RC 46) ("¡Jesús, nunca vi al mar picarse tan rápido! / Ese viento nos llega del trasero de Dios". RC 47).

También aparecen alusiones a eventos bíblicos: "'I from backward people who still fear God.' / Let Him, in His mightm heave Leviathan upward / by the winch of His will, the beast pouring lace / from his sea-botton bed; and that was the faith / that had fade from a child in the Methodist chapel" (RC 48), ("'Soy de un pueblo atrasado que aún teme a Dios' / Deja que Él, en su poder, levante en vilo a Leviatán / con la fuerza de Su voluntad, la bestia escurriendo el encaje / de su lecho en el fondo marino; y aquello era la fe / que había desaparecido de un niño en la capilla metodista" (RC 49); "who nestled the Coptic Bible to their ribs, would / call me joshua, expecting him to bring down Babylon / by Wednesday, after the fall of Jericho" (RC 136), ("que acomodaban la biblia copta en sus costillas, me llamarían / Josué, esperando que para el miércoles / hubiera destruido a Babilonia luego de la caída de Jericó/" (RC 137). Hay otras alusiones como la cruz de Jesús y sus llagas: "to that wheel, man, like the cross held Jesus/and the wounds of his eyes like they crying form us" (RC 50), ("al timón, hombre, como la cruz sostuvo a Jesús").

En el caso de Aimé Césaire, hay un planteamiento religioso general en *Cahier*. La visión de la enfermedad, de la ruina, del estado temporal degradado se relaciona con la imagen bíblica del abismo, de la caída (Irele 143). En este planteamiento religioso hace su aparición el poder mágico de la palabra desde una visión panteísta que se basa en el animismo; *Cahier* es un canto a las raíces históricas, pero también a las raíces de la palabra como fuente de creación pero en un contexto mítico, de conjuro, de mutaciones. Césaire ha creado así una cosmogonía simbólica, sumido en un tiempo cósmico interior (Bartra 17-18). La exaltación de la naturaleza comparte esta fuerza cósmica. Césaire usa varias imágenes para señalar las grandes energías contenidas en el mundo natural; estas imágenes componen una visión apocalíptica en la que el fuego, asociado a la luz y el trueno, es un elemento clave (Irele 148). También aparecen cantos religiosos: "ALLELUIA / KRIE ELIESON...LEISON...LEISON,/ CHRISTE ELEISON...LEISON... LEISON" (RCPN 36). Por su parte, la poesía de Dépestre también toca la temática religiosa. Cuando publicó su "Poème-mystère vodou", los críticos pensaron que el poeta había logrado una ruptura con su poesía anterior a 1967; no obstante, en esta producción se vislumbra el tratamiento de lo sagrado oculto en diferentes simbologías, imaginería, lenguaje, tono y tópicos que manifiestan una visión de mundo religiosa que combina los elementos de la teología de la liberación cristiana con el marxismo y el vodou con el fin de articular una utopía en el Caribe. En *Etincelles* (1945) y en *En état de poésie*, se plantea la posibilidad de un mundo mejor mediante la noción de un reino global del amor; también se encuentra en ellos una oposición al capitalismo y su individualismo que obstaculizan la realización de una sociedad ideal. Además de la base cristiana, la poesía de Dépestre presenta una base vodou que establece un contacto con lo sobrenatural, mundo al que el poeta tuvo acceso desde niño cuando asistía a las ceremonias de esta creencia. Dépestre creó entonces con una visión de mundo animista de la religión popular, con un respeto y especial adoración a los árboles de su patio. Por ello, en su poesía se encuentra un énfasis en los aspectos de la percepción humana que sugieren una aceptación del reino de lo suprasensorial; en el lenguaje se perciben las experiencias concretas diarias expresadas mediante planos intangibles; el poeta tiene una visión poética que ubica al mundo de los seres divinos en un contexto sociohistórico que corresponde al mundo del Caribe (Torres Saillant 158-159). Esta trasmutación de la experiencia concreta y diaria en planos inmateriales también se encuentra en la poesía de Giovanni Quessep y Rómulo Bustos.

Dépestre considera que la Biblia es una creación del hombre asociada a la esclavitud, además de otras invenciones, que poseían el objetivo de encontrar la verdad; esta verdad es hallada por el poeta, luego él manifiesta un conocimiento posible para el hombre a pesar de lo que el poeta considera como la oscuridad del pensamiento inculcado por el sistema de creencias prevalecientes antes de su estado de revelación: "on inventa la bible / on inventa les chaines / on inventa mille façon / d'inoculer / la soumission dans toute mes cellules / mais depuis j'ai su la verité" (Etincelles, "Confession"; citado por Torres Saillant 160); hay conocimiento entonces proveniente de la revelación diferente a la Biblia, según el poeta.

En la poesía de Guillén, aparecen alusiones a aspectos religiosos de la tradición de Cuba, relacionados con creencias yorubas. Se menciona a Changó: "Pero Changó no lo quiso//[...]//¡Ñeque, que se vaya el ñeque!" (AM, "Balada del guije" 82). En este poema aparecen menciones de mitos cubanos relacionados con agüeros; el ñeque es la mala suerte y en el poema se expresa el peligro de este mal. También se menciona el coco, nombre popular para el diablo, y prácticas agoreras como el uso de un collar que exorciza el peligro: "Mi chiquitín, chiquitón / que tu collar te proteja" (AM 82). En la poesía de Baquero el lenguaje religioso es uno de los rasgos más destacados. Se encuentran enunciados bíblicos, personajes y eventos. En el poema "Palabras escritas en la arena por un inocente" se mencionan varios personajes y eventos: el rey David, su hijo Absalon y la muerte de este colgado en un árbol, asaetado; la expresión de David: "¡Hijo mío Absalon, hijo mío, hijo mío Absalón! (2º de Samuel 19:4)", la usurpación del trono por parte de Athalía y su derrocamiento y su grito: "¡Traición, traición! (2º de Crónicas 23:3)". Además de estos eventos y expresiones tomadas de la Biblia, especialmente de momentos históricos narrados en ella, en el poema aparecen apartes tomados del Nuevo Testamento: "Sea Pablo, / Sea Cefas, / sea el mundo, / sea la vida sea la muerte,/ sea lo presente, / sea lo por venir, / todo es vuestro: / y vosotros de Cristo, / y Cristo de Dios" (A 53). Este aparte fue extraído de Primera de Corintios (3:22-23). Tanto los enunciados, como textos completos de la Biblia, aparecen incrustados en los versos, de tal manera que el poeta los entreteje en el lenguaje del verso y en el universo de sentido. Otro poema que recrea eventos de la Biblia es "Saúl sobre su espada" (A 57); aquí se retoma la muerte de Saúl y de sus hijos, especialmente Jonathán, amigo de David narrada en la Biblia (1º de Samuel 31: 1-13): "Reposa Jonathan con la espada aún ardiendo entre las manos / Y es David quien aparece sostenido por su cuello / Y mirándole es el rostro de David el que se mira / Con toda la frente colmada por el llanto del ausente/ David después de las montañas como una reposada melodía / Alejado en el reino donde las sombras andan/ Y se escucha a David gemir junto al difunto..." (A 59).

En la poesía de Baquero también se aprecia una visión de Dios: Él produce el sentido: "Y dice las palabras que lee sobre los cielos, las palabras que se /le ocurren, a sabiendas de que en Dios tienen sentido"(Ant,"Palabras Escritas en la arena por un inocente" 53); para el hablante lírico, Dios es ambivalente, es horror y vacío, es plenitud, se relaciona con la verdad y la mentira: "Y porque sabe que Dios es también el horror y el vacío del / mundo. / Y la plenitud cristalina del mundo. / Y porque Dios está erguido en el cuerpo luminoso de la verdad / como en el cuerpo sombrío de la mentira" (Ant 53). En la poesía de Baquero Dios también es el creador del hombre y demás criaturas, que ha abandonado su creación; esta idea también se encuentra en la poesía de Rojas Herazo y de Bustos: "Cuando los niños hacen un muñeco de nieve, / Ellos no saben que juegan a Dios, / Autorizado por Dios. //[...]/ De ese muñeco que acaba de erguirse en la vastedad de la / nieve, / Igual que un hombre sale de las manos de Dios. // Cuando los niños hacen un muñeco de nieve, / Una vez satisfechos y plenos como el mismo Padre de todas / las criaturas, / Lo abandonan gentiles a su nuevo destino, / Y queda sorprendido de ser para siempre una sombra arrojada / a la nieve, / Aquél a quien los niños dejan como un centinela perdido en el / desierto" (Ant, "Rapsodia para el baile flamenco": 87). Dios también es visto como un ser omnisciente, causante del dolor del hombre, pero es el Ser que lo bendice y lo perdona: "Pero sabemos que Dios tiene una respuesta para todo //[...]//No podemos mirar en torno: nadie ha de perdonarnos. / Ninguna mano humana acariciará nuestra extraña herida / (Esa herida que Dios mismo tiene que haber hecho) //[...]//No hay un himno nupcial para nosotros: somos el espejo de / la nada. / Pero yo escucho en torno a nuestro toda la música del cielo, / Y cuando estamos tú y yo ofrecidos en nuestra miseria a / Dios, / Cuando interrogamos con nuestro sufrimiento al creador de / toda herida, / A la luz de todo misterio, a la clave de todo jeroglífico, / Nos bendice desde las últimas estrellas las música celeste, / Y comprendo que sólo Él puede perdonarnos, porque sólo Él / nos ama / Y nos comprende, ya que nos ha creado como abismo y / misterio, también para Su gloria." (Ant, "Palabras de Paolo al hechicero" 88-89). En estos versos se refleja también al hombre como ser sufrido, con pensamientos contrarios: se considera como la nada, la miseria, pero con la posibilidad de tener algún contacto con el cielo; Dios se ve como el Ser que puede revelar los misterios y el misterio del mismo hombre; se observa también que el hablante lírico considera al hombre como una creación especial de Dios, porque fue creado para la gloria de Él; aquí se retoma la Biblia (Génesis 1:26-31, Hebreos 2:6-8,) por cuanto esta declara que el hombre es la máxima creación de Dios, a quien se le dio el poder para señorear sobre la tierra; asimismo, el hombre fue hecho a imagen y semejanza de Dios, proviene de Dios y va hacia Dios; la Biblia también declara que Dios puso la eternidad en el corazón del hombre sin que éste alcance a entender dicha obra (Eclesiastés, 3: 11); también declara que la creación anhela el día en que el hombre como hijo de Dios recupere el dominio y señorío total que Dios le otorgó desde el principio de la creación (Romanos 8: 19).

En esta visión de Dios, es importante mencionar la manera como el hablante lírico trata la culpabilidad y la inocencia del hombre. Al igual que Rojas Herazo y Quessep, Baquero considera que el hombre es inocente; esto se evidencia en el poema "Palabras escritas en la arena por un inocente" (A 41-53): "Yo soy un inocente y he venido a la orilla del mar, / Del sueño, al sueño, a la verdad, vacío, navegando el sueño. / Un inocente, apenas, inocente de ser inocente de ser inocente, despertando / inocente" (A 41-42). También se recrea la caída de la creación: "que Dios también está cogido en la trampa, y no puede dejar / de ser Dios, / porque la creación cayó de sus manos al vacío, / tan perfecta y completa que el Señor, satisfecho, / se dedicó a crear otras creaciones, / y va de jardín celeste en jardín celeste, dando cuerda al reloj, / atizando los fuegos, / y nadie sabe por dónde anda ahora Dios, a esta hora del día / o de la noche, / ni en cuál estrella renovando su curioso experimento, / ni por qué no deja que veamos la clave de esa trampa, / la salida de este espejo sin marco, / donde de tarde en tarde parece que va a reflejarse la imagen / de Dios, / y cuando nos acercamos trémulos, reconocemos el nítido / rostro de la Nada." En estos versos se ve a Dios desde una perspectiva irónica; el hablante lírico lo culpa de la vida sinsentido del hombre; también se percibe el no conocimiento del hombre, su falta de comprensión sobre la vida, que aquí se le denomina 'trampa'. Este aspecto del no conocimiento del hombre también se encuentra en la poesía de Walcott; en el poema "La goleta El Vuelo" se expresa el viaje del personaje en la embarcación que simboliza el destino del viaje del hombre en el mundo, destino que éste desconoce: "y el caimito único que se desarrolla como un ovillo, / hasta los tejados allá más abajo; no tengo más que un tema. / El bauprés, la flecha, el corazón que anhela y el que se abalanza, / el vuelo hacía un blanco cuyo designio nunca conoceremos, / búsqueda inútil de una isla que cure con su abrigo / y de un horizonte sin tacha, donde la sombra del almendro / no injurie la arena" (RC 53-55). Este vagar sin conocer el destino se reitera en el verso del mismo poema: "Pero las cosas deben caer así fue siempre, / por un lado Venus y Marte por el otro: / caen y son una, así como esta tierra es una/ isla en el archipiélago de las estrellas" (RC 55). No es difícil recordar aquí la idea de Bustos también referida al no conocimiento del hombre sobre su destino y el de la tierra, y la idea de la tierra vagando en el universo.

El rasgo de la geografía poética también está presente en las obras de los poetas seleccionados. En Derek Walcot aparecen los espacios, el mar y el patio, como en los poetas del Caribe colombiano. El primero es bastante frecuente en su poesía, es el escenario histórico por excelencia en el cual viajó la raza negra durante el proceso de su cautiverio y desplazamiento a América. En el poema "The sea is history" ("El mar es la historia") (69-77) se aprecia esta idea explícitamente. El mar es también el destino final del hombre caribe. En el poema: "La goleta El Vuelo", la historia se inicia en este espacio, el personaje sufre sus estragos y tormentas, y finalmente el poema se cierra con el mar; hay aquí una idea casi sagrada del mar como principio y fin del hombre, alfa y omega: "Mi primer amigo fue el mar. Ahora es el último// […]// Shabine les contó desde las profundidades del mar" (RC 55); el mar al ser destino es historia, la historia del hombre americano y del caribe en la poesía de Walcott; esta idea se reitera en el poema "El mar es la historia": "El mar. El mar/ los ha aprisionado. El mar es la historia" (RC 69). Esta misma idea de la historia del hombre caribe en dicho espacio se encuentra en la poesía de Rojas Herazo. No obstante en la poesía de Walcott hay un tratamiento del tema desde una alternancia entre realidad y sueño, entre una visión histórica desencantada y dolorosa, explicable por la referencia de la esclavitud. En la poesía de Rojas Herazo la relación mar-historia se asume desde una visión de ensoñación y encantamiento. A pesar de esta diferencia tanto Walcott como Rojas Herazo presentan el mar como un ser de vida y muerte, de creación y destrucción. También se puede relacionar la visión de Quessep y Walcott, para ambos este espacio se asocia a la muerte y al sueño.

En la poesía de Brathwaite el mar es uno de los espacios centrales itinerantes: el océano como testigo de la gran travesía desde África hacia el Nuevo Mundo y las islas, espacios suspendidos en el mar, flotantes cuya ubicación invita a su habitante a la permanencia y el arraigo, pero también a la partida, al exilio. En realidad, toda la trilogía *The Arrivants* se mueve en estos espacios itinerantes; por ello es que se encuentra títulos como "Islands and Exiles", "The Return", "Limits", "Crossing the River", "Arrival", "New

World". Se aprecia aquí el tratamiento análogo del espacio en cuestión, que hacen Walcott y Brathwaite.

El patio en la poesía de Walcott aparece como sitio de espera y lugar de encuentro: "En el patio agrisado por el alba, / permanecí como una piedra y nada más se movía / salvo un mar glacial.../ Pasé junto a mi hosca vecina que barría el patio / cuando bajaba la colina" (RC 13). "Out in the yard turning gray in the dawn, / I stood like a stone and nothing else move / but the cold sea rippling like galvanize.../I pass me dry neighbor sweeping she yard / as I went downhill" (RC 12). En la poesía de Brathwaite también aparece la casa y el patio ubicados en un presente en ruinas, pero también como símbolos de un pasado vigoroso: "Under the burnt out green / of this small yard's / tufts of grass / where water was onece used / to wash pots, pans, poes, ochre appears//[...]//Fence, low wall of careful / stones marking the square / yard, is broken now" (A 70). Esta misma relación casa-ruina se registró en la poesía de Rojas Herazo.

El espacio del sueño ubicado en la clase no tangible en el análisis de los poetas caribeños colombiano, revela aspectos importantes en la poesía de Walcott. En el poema "La goleta El Vuelo" el sueño ocupa un lugar clave en su estructura. Este espacio se introduce con "el libro de los sueños de María", el cual es mencionado por el personaje para entretejer símbolos y acciones en los versos que alternan con la realidad: "soñé con ballenas y una tormenta" (RC 43); "soñé con tres viejas / de facciones desdibujadas como gusanos de seda que bordaban/ mi destino" (RC 45). En estos símbolos se entrecruzan profecías, presagios, destinos, sentido oculto y poesía: "¡yo, que no tengo más arma que la poesía,/ las lanzas de las palmas y el brillante escudo de mar!" (RC 47). En el poema citado la realidad se combina con el sueño en medio de la tormenta: "'Soy el marino ahogado de su libro de los sueños'. / Recordé los buques fantasmas me vi girando como un/ sacacorchos/ hacia el fondo de un mar de gusanos de mar, braza tras braza..." (RC 49). El sueño también reconstruye ese otro espacio fabulado, el reino del Caimito, de olores, del amor, en el que la historia colonizada del hombre caribe se borra: "el sueño lo anegaba; / dormía, sin soñar, el sueño que sigue al amor/ en el olvido mineral de la noche / cuya carne huele a cocoa, cuyos dientes son blancos/ como pulpa de coco cuyo aliento huele a jengibre, / cuyas trenzas tienen la fragancia de los arcillos de la batata/ en surcos aún picantes por el sol. / Dormía el sueño que borra la historia, / dormía como las islas sobre el pecho de mar, como una niña de nuevo en su reino del caimito" (RC 141-

143). Este Caribe soñado gracias a la fortaleza mágica de su paisaje y de sus olores es el mismo que encontramos en Rojas Herazo y en Rómulo Bustos.

El espacio del sueño también se recrea en la poesía de Baquero, llegando a ser espacio de la fábula, como se halló en la poesía de Quessep: "Estoy soñando en la arena las palabras que garabateo en la / arena con el sueño índice: / Amplísimo-amor-de-inencontrable-ninfa-caritativo-muslo-de-sirena. / Éstas son las playas de Burma, con los minaretes de Burma,/ y las selvas de Burma. / El marabú, la flor, el heliógrafo del corazón. / Los dragones andando de puntillas porque duerme san Jorge. / Soñar y dormir en el sueño de muerte los sueños de la / muerte. /" (Ant, "Palabras escritas en la arena por un inocente" 48).

En Césaire es interesante ver la estructura del poema *Cahier* en lo que al espacio se refiere: se inicia con la repetición de una coordenada temporal al inicio de cada párrafo poético en el cual se enuncia una coordenada espacial que va desde un espacio extenso, las Antillas, el océano, para llegar a espacios menos extensos, la playa, la ciudad y la casa: "Au bout du petit matin bourgeonnant d'anse frêles les Antilles qui ont faim, les Antilles grêlées de petitr vérole, les Antillas dynamitées d'alcool//[...]//la plage des songes//[...]//Au bout du matin, cette ville plate//[...]//elle s'enlise brutalement dans une mare de maisons pataudes" (CRPN 22). Las dos coordenadas terminan fundiéndose: "Au bout du petit matin, cette ville inerte" (CRPN 26). Las islas, la ciudad y la casa son espacios degradados, se ven desde una perspectiva negativa pues están ligados a la miseria. Se reitera aquí la perspectiva negativa sobre la ciudad que se encontró en algunos de los poetas del Caribe colombiano. Esta misma visión se reitera en la poesía de Baquero: "Yo te amo, ciudad, / aunque sólo escucho de ti el lejano rumor, / aunque soy en tu olvido una isla invisible, / porque resuenas y tiemblas y me olvida, / yo te amo, ciudad" (Ant, "Testamento del pez" 36); estos rasgos de la ciudad como el anonimato y el olvido al que somete a sus habitantes, se encuentran en la poesía de Artel y Rojas Herazo. No obstante, en Baquero la ciudad pasa a ser vista de modo positivo cuando es invadida por lo natural, el sol, la lluvia, las estrellas: "Yo te amo, ciudad, / cuando desciendes lívida y extática / en el sepulcro breve de la noche, / cuando alzas los párpados fugaces / ante el fervor castísimo, / cuando dejas que el sol se precipite / como un río de abejas silenciosas" (Ant 36).

Otro espacio en los poetas del Caribe no colombiano, aquí seleccionados, es el árbol. En *Cahier* de Césaire posee un potencial simbólico, como parte de las imágenes vegetales; el árbol combina las asociaciones del vigor primario con su sentido de una necesidad espiritual e histórica. El árbol posee además la dimensión de la fortaleza y la verticalidad que apunta al control del destino; opuesto a la posición horizontal de sumisión y degradación, de debilidad y aún de castración, porque el árbol puede verse también como símbolo del falo, de la virilidad y la regeneración; el árbol establece la dirección hacia el cielo, hacia el encuentro con el sol, fuente universal de poder y energía (Hezekiah 381). Este mismo significado de encuentro con las esferas superiores se encuentra en la poesía de Bustos. El árbol en la poesía de Baquero, al igual que en Bustos, es espacio que tiene contacto con el cielo: "El árbol que mi sombra levanta cada día / Sediento de los cielos devora sus raíces" (Ant, "Preludio para una máscara" 28); también es morada: "Ha sido huésped nemoroso / de cada árbol" (Ant, "El caballero, el diablo y la muerte" 30). En la poesía de Brathwaite el bosque y el árbol aparecen con connotaciones sagradas: como esencia del tambor: "(The Barrel of the Drum) For this we choose wood / of the tweneduru tree: / hard duru wood / with the hollow blood / that makes a womb.//Here in this silence / we hear the wounds / of the forest; /we hear the sounds / of the rivers" (A 95); "Spirit of the Cedar tree" (A 98).

Los espacios cielo-tierra se registran en la poesía de Baquero desde una oposición, dualidad encontrada de modo marcado en Bustos. El poema "Canta la alondra en las puertas del cielo" recrea lo que ocurre en cada uno de estos espacios: en el cielo, habita el coro de Dios, la luz, los ángeles; en la tierra el habita el hombre encantado por la música que viene del cielo; hay una relación entre los dos espacios, en realidad no se oponen: "Aquí, también resuena el canto de la Alondra, lejos del / cielo divinal resuena" (Ant, "Canta la Alondra en las puertas del cielo" 22). La tierra como hábitat, tierra-mundo, también aparece en los versos de Baquero: "La tierra se encuentra cansada de existir. / Día tras día moliendo estérilmente con su eje. / Día tras día oyendo a los dioses burlarse de los hombres. / Usted no sabe escucharla, ella rueda y gime. / Usted cree que escucha las campanas y es la tierra que gime" (Ant 48).

Finalmente trataré el rasgo de la muerte y la soledad. Esta temática aparece ligada a la historia negra en la obra de Césaire: "La mort décrit un cercle brillant / au-dessus de cet homme / La mort étoile doucement au-dessus de / sa tête / la mort souffle, folle, dan la cannaie / mûre de ses bras / la mort galope dan la prison comme / un cheval blanc / la mort luit dans l'ombre comme des / yeux de chat / la mort hoquète comme l'eau sous les / Cayes / la mort est un oiseau blessé / la mort décroît / la mort vacille / la mort est un patyura ombrageux / la mort expire dans une blanche mare / de silence" (CRPN 56). Se observa aquí la lucha de Toussaint contra la muerte, la muerte blanca; hay rebeldía en estas palabras. Al igual que en los poetas del Caribe colombiano, en la obra de Césaire se plantea la ubicuidad de la muerte, pero en un plano histórico: la muerte ronda al negro por todas partes, lo persigue, lo amenaza: "la mort étoile doucement au-dessus de / sa tête / la mort souffle, folle, dans la cannaie" (CRPN 56). El uso de los verbos: "souffle" (soplar), "galope" (galopar), "luit" (brillar), revela dicha ubicuidad, en el aire, en la tierra, en los lugares abiertos, el cañaveral, en los lugares cerrados, la prisión. En los poetas del Caribe colombiano se encontraba una ubicuidad metafísica de la muerte, como destino del hombre, en cuanto ser; en Césaire aparece la ubicuidad histórica, como destino del hombre negro. Este carácter omnipresente y simultáneo de la muerte también se revela en sus mil caras: "Et c'est la Mort véritablement, de ses mille mesquines formes locales (fringales inassouvies d'herbe de Para et rond asservissement des distilleries)" (CRPN 78).

En la obra de Guillén la muerte aparece inmiscuida en la danza y en la amistad con el poeta: "Danza de pasos medidos / danza la Muerte," (AM, "Apunte" 149); "Ay, Muerte, / si otra vez volviera a verte, / iba a platicar contigo / como un amigo" (AM, "Iba yo por un camino" 149-150). Esta hermandad con la muerte se encuentra en Gómez Jattin. La muerte es también la aniquilación del negro en la historia de la esclavitud: "Las turbias aguas del río / son hondas y tienen muertos; / carapachos de tortuga, / cabezas de niños negros" (AM, "Balada del guije" 80). Al igual que en Artel, hay una visión de la muerte como silencio opuesta al sonido de la música y la danza; el poema "Velorio de papá Montero" (AM 44-45) se relaciona con el de Artel, "Velorio del boga adolescente" (TN 25-26). En los dos poemas se caracteriza al personaje con la fiesta, la rumba, el alcohol, el vestuario, la música, rasgos que se oponen a la muerte: "la camisa colorada / que iluminó tus canciones, / la prieta sal de tus sones, / y tu melena planchada" (AM 45); "Quién cantará el bullerengue! / Quién animará el fandango! / Quién tocará la gaita / en las cumbias de Marbella!" (TN 29). También se describe la escena del velorio: "Sólo dos velas están / quemando un poco de sombra;

/ para tu pequeña muerte / con esas dos velas sobra" (AM 45), "Desde esta noche a las siete / están prendidas las espermas: / cuatro estrellas temblorosas / que alumbran su sonrisa muerta" (TN 27). La ironía del último verso del poema de Artel también aparece en el de Guillén pero de modo diferente. En éste aparecen versos que revelan la oposición entre lo que era el personaje y el hecho de su muerte: "En el solar te esperaban, / pero te trajeron muerto //[...]//Ya se acabó Baldomero: /¡zumba, canalla y rumbero!" (AM 44).

La muerte y la soledad es un rasgo temático marcado en la poesía de Baquero; este tema se asocia a la autoexploración del hombre, al acto de volverse hacia adentro, como ocurre en la poesía de Rojas Herazo: "Yo me voy hacia dentro de mi cuerpo perdido / cayendo hacia mi adentro para morirme a solas" (Ant, "Casandra" 19). La muerte es esa parte que convierte el destino del hombre en algo sombrío; el hablante lírico propone morirse hacia adentro, como salida porque el hombre siempre se enfrenta a la Nada: "Muere dentro de ti prisionero de ti muere dentro / Pon el oído en tierra para oír tu derrumbe / No consientas reír que eres lo sombrío./ Sólo las tinieblas expresan las entrañas / Dentro de ti te mueres o nunca más renaces / Déjalo que piafe que ofrezca que subyugue / Que ya no tienes piel ni osamenta ni sueños" (Ant, "Casandra" 19). Al igual que en Rojas Herazo, Baquero recrea la geografía corporal, interna del hombre, casa hecha de sangre, huesos, nervios: "Me seguirá doliendo del polvo de los huesos" (Ant, "Poema" 14); "Si con sus propios sueños abre su carne oscura" (Ant, "Casandra":17); "y ha recorrido antes de aflorar sobre el rostro, / las selvas viscerales, / el rumor sombrío de las venas, / las inmensas aduanas de los huesos; y ha vencido / la noche interminable de la sangre: la mirada" (Ant, "Para Berenice, canciones apacibles" 91). El hablante lírico también se niega a la muerte y la rechaza: "Yo no quiero morirme ni mañana ni nunca, / Sólo quiero volverme el fruto de otra estrella" (Ant, "Preludio para una máscara" 28). La muerte también se asocia a Dios: "La muerte es el soldado / perpetuo del Señor //Cada muerto es de nuevo / la plenitud del mundo./ Por cada muerto habla / la piedad del Señor" (Ant, "El caballero, el diablo y la muerte" 34). Se encuentra en los versos la ubicuidad de la muerte y su búsqueda incesante del hombre: "porque la muerte llega y tú la sientes / cómo mueve sus manos invisibles, / cómo arrebata y pide, cómo muerde / y tú la miras, la oyes sin moverte, la desdeñas" (Ant, "Testamento del pez" 37). También se asocia la muerte con la fábula, como ocurre en Quessep: "Hay que morir, no hay fallo, para enterarse un poco / de si es cierto que existe la Poesía, de si hay / al otro lado del castillo un guardián, una orquesta / y un teatro" (Ant, "Homenaje a Jean Cocteau" 106).

Como planteé al inicio de este breve análisis comparativo entre los rasgos de la poesía del Caribe colombiano y los del Caribe no colombiano, éste es tema para una investigación profunda que aquí es imposible abordar. No obstante, se demostró que tal acercamiento comparativo es posible y que también se puede hablar de una poesía del Caribe cuyos rasgos estéticos coinciden en varios aspectos, aunque difieren en otros. Algunas diferencias interesantes que puedo presentar hipotéticamente entre estas dos poesías son: 1) En los poetas Caribe colombiano, con excepción de Artel, no hay un énfasis sobre la historia negra, la esclavitud especialmente, como sí se registra en los poetas antillanos francófonos y anglófonos. 2) En lo que al lenguaje religioso se refiere, en las obras de los poetas del Caribe no colombiano referenciados se les da un lugar preponderante a las creencias religiosas africanas e indígenas; mientras que en los poetas del Caribe colombiano dicha preponderancia la ocupan las creencias judeocristianas. En cuanto a las semejanzas entre las dos poesías caribeña colombiana y no colombiana es importante recordar: 1) La relevancia de la oralidad en sus manifestaciones, poesía conversacional, tradición oral y cultura popular. 2) La presencia del lenguaje religioso y la visión de Dios, en la perspectiva judeocristiana aunque con diferentes grados de importancia. 3) La geografía poética en la que coincide el uso de espacios -y algunos de sus sentidos-, como: el árbol, el mar, la ciudad. 4) La presencia de una poética del tiempo, en la que emerge el tiempo histórico como rasgo con diferentes relevancias. 5) Finalmente, se encontraron semejanzas entre poetas en lo que respecta a la muerte y la soledad, la nostalgia, el viaje y el exilio, la nostalgia y la memoria. Todos estos aspectos se plantearon como parte de la poesía del Caribe colombiano y no colombiano y fueron argumentados con fuentes críticas y con el análisis de obras específicas.

Conclusión

Como se planteó en el capítulo "La determinación de Caribe como área social, cultural y estética" el estudio de la literatura del Caribe tanto en el plano individual como en el comparativo presenta dificultades. Los resultados de mi investigación demuestran que pese a estas dificultades sí es posible y aún necesario emprender este tipo de estudio.

Se demostró que el área del Caribe puede plantearse desde su homogeneidad y heterogeneidad como área cultural y literaria. La unidad puede plantearse gracias a los procesos sociohistóricos comunes que han sufrido sus diferentes comunidades: colonización, esclavismo, modos y tipos de producción, sustratos étnicos y culturales, negro, indígena y europeo, afianzados en las subregiones con diferentes grados de importancia y representatividad. Esta unidad ha sido defendida por muchos analistas (Arnold; Breiner; Cornejo Polar; Donnell y Lawson; Mateo Palmer, *Narrativa caribeña*; Phaf, *Presencia criolla*; Pizarro; Ramchand; Smorkaloff; Torres-Saillant). La diversidad también es un hecho indiscutible en los planos étnico, lingüístico, histórico (procesos de independencia en diferentes épocas), literario (cronologías diferentes en las primeras manifestaciones de textos literarios y en el desarrollo estético). Esta diversidad se refleja en las propuestas estéticas de los poetas. El elemento negro, la relación África-Caribe, no es un asunto generalizado; los usos de las lenguas varían también en el texto poético; el tipo de énfasis en el aspecto religioso también es motivo de diferenciación. No obstante, mi investigación demostró que se pueden establecer relaciones estéticas dentro de la poesía del Caribe colombiano y entre ésta y el resto del Caribe hispánico y no hispánico. Cuál es el origen de estas relaciones es un cuestionamiento que merecería un estudio profundo. No obstante aquí se puede hipotetizar que unas de las fuentes son: la pertenencia a la misma área de tal manera que los escritores han compartido herencias y desarrollos histórico culturales; las relaciones estéticas que han podido contraer en el marco de las recepciones literarias dentro de las cuales se puede citar los vínculos y rupturas con la vanguardia latinoamericana y otras etapas como el Modernismo. Para el caso particular del Caribe hispánico, está la integración de su literatura al sistema literario latinoamericano (Mateo Palmer, *Narrativa caribeña* 1).

Pero dentro de las relaciones estéticas encontradas dentro del Caribe colombiano no sólo se desarrollaron las similitudes en el tratamiento de rasgos de lenguaje y de las significaciones, sino también las diferencias que identifican a cada poeta. Ver ambos planos de la relación resultó importante en la perspectiva comparativista aquí implicada, pues se evadió el problema de pasar por alto las peculiaridades que integran el sistema poético del escritor.

Uno de los resultados interesantes de la caracterización y comparación realizada fue la manera como los poetas se interrelacionaron en diferentes rasgos poéticos, de tal manera que se pudieron agrupar según el rasgo en cuestión. Por ejemplo, se pudo establecer una línea que vinculaba a López, Rojas Herazo, Goméz Jattin y Bustos, con base en la estética de lo grotesco; se pudo trazar la línea que une a Rojas Herazo, Quessep y Bustos con el elemento visión de Dios y lenguaje religioso. Se encontró que la oralidad, la poesía conversacional y la cultura popular es un eje que permea la poesía de los seis escritores, al igual que la identidad. En los aspectos ideológicos también se hallaron vínculos interesantes: la crisis de la modernidad fue una tesis importante que subyace a varios rasgos estéticos, al igual que la desolación y la nostalgia frente a algunos espacios, lo cual refleja el proceso de decadencia del Caribe producto de una historia de colonización y explotación externa e interna.

Las relaciones encontradas entre la poesía del Caribe colombino y del Caribe no colombiano también fueron resultados interesantes, que abren nuevos horizontes de investigación y reitera la unidad estética de la región planteada en el primer capítulo de este trabajo; pese a las diferencias halladas que obedecen a la diversidad planteada en párrafos anteriores. Lo interesante aquí es que tales vínculos emergieron del análisis de los textos poéticos de cada escritor, y no de la imposición previa de tales coincidencias estéticas. En este trabajo partí de la premisa metodológica según la cual "el Caribe no es una suma mecánica de identidades esquemáticas, sino una unidad formada por conjuntos culturales cuyas esencias comunes se manifiestan, necesariamente, en resultados artístico-literarios diversos y dotados de matices estilísticos específicos" (Mateo Palmer, *Narrativa caribeña* 7). Pero mi criterio de trabajo no fue comparativo-excluyente como lo establece Torres-Saillant (1997), sino comparativo-incluyente; y en efecto se demostró que varios rasgos estéticos encontrados en el análisis se encuentran en la literatura hispanoamericana y aún universal, pero con tratamientos especiales usados por los escritores caribeños.

Como lo establecí en el capítulo "El Caribe colombiano frente al Caribe no colombiano", comparar los resultados que encontré con el resto del Caribe, es una tarea para otras investigaciones; se abre aquí una amplia perspectiva de investigación, no sólo con respecto al Caribe hispánico, francófono y anglófono, sino con el resto de la poesía colombiana, de las otras regiones, como la andina, por ejemplo. Una segunda área de investigación que se abre es la inclusión de otros poetas del Caribe del siglo XX, y la ampliación al siglo XIX. Finalmente, una tercera área de investigación es la propuesta de líneas historiográficas a partir de rasgos, ejes y sistemas poéticos con base en estudios detallados de otros autores. De esta manera sería una realidad la historia de la poesía del Caribe colombiano.

Bibliografía

Abello Vives, Alberto y otros. *Estructura del Caribe colombiano*. Bogotá: Observatorio del Caribe Colombiano y Universidad del Atlántico, 2000.

____ y Giaimo Chávez, Silvana comps. *Poblamiento y ciudades del Caribe Colombiano*, Parte 1. Bogotá: Observatorio del Caribe Colombiano y Universidad del Atlántico, 2000.

Acevedo, Ramón. "Unidad y diversidad cultural en la cuenca del Caribe". *Cultura del Caribe: memoria del festival internacional de cultura del Caribe*. México: Programa cultural de las fronteras, 1988.

Acosta Rabassa, Blanca. "Cultura e identidad en el Caribe de expresión anglófona". *Cultura del Caribe: memoria del festival internacional de cultura del Caribe*. México: Programa cultural de las fronteras, 1988.

Agerkop, Terry. "Las culturas tradicionales y la identidad cultural en Surinam". *Revista Casa de las Américas* 118 (1990): 91-95.

Allen, Martha. "Nicolás Guillén, poeta del pueblo". *Revista Iberoamericana* XV/29 (1949): 29-43.

Alstrum, James. "Generación de Golpe de Dados". *Historia de la poesía colombiana*. María Mercedes Carranza, comp. Bogotá: Casa de Poesía Silva, 1991.

____ "Luis Carlos López y la colombianización y desacralización del lenguaje poético en Colombia". *De ficciones y realidades. Perspectivas sobre literatura e historia colombianas*. Álvaro Pineda y Raymond Williams, comps. Bogotá: Tercer Mundo; Cartagena: Universidad de Cartagena, 1989.

_____ "La poesía de Giovanni Quessep: el tapiz mágico de colores y música". *Thesaurus* 48/1 (1993): 165-174.

_____ "Las gotas amargas de José Asunción Silva y la poesía de Luis Carlos López". *Thesaurus* 33/2 (1978): 280-303.

_____ *La sátira y la antipoesía de Luis Carlos López*. Bogotá: Banco de la República, 1986.

Alton Kim, Robertson. *The Grotesque Interface: Deformity, Debasement, and Dissolution*. Austin: U of Texas P, 1991.

Álvarez Gardeazabal, Gustavo. "Un desagravio a Rojas Herazo". *Visitas al patio de Celia*. Jorge García Usta, comp. Medellín: Lealon, 1994.

Álvarez Bravo, Armando. "La novela de Lezama Lima". *Coloquio internacional sobre la obra de José Lezama Lima*. Cristina Vizcaíno, ed. Poitiers: Universidad de Poitiers, 1984.

Amórtegui, Octavio. "Luis Carlos López: un gran poeta de América". *Revista de América* 22/68 (1950): 130-136.

Apushana, Vito. "Contrabandeo sueños con aríjunas cercanos". *Woomainpa* 2 (1992): 1-20.

Arango Ferrer, Javier. *La literatura de Colombia*. Buenos Aires: Coni, 1940.

Arango, José Raúl. "Héctor Rojas Herazo o la angustia cósmica". 1963. *Visitas al patio de Celia*. Jorge García Usta, comp. Medellín: Lealon, 1994.

Araujo, Helena. "Algunos postnadaístas". *Revista Iberoamericana* 128-129 (1984): 823-837.

Arellano, Américo. "Oralidad y transculturación en la poesía de Ramón Palomares". *Escritura* 13/25-26 (1988): 189-220.

Arévalo, Guillermo Alberto. *Luis Carlos López*. Caracas: Ayacucho, 1994.

Arévalo, Milcíades. "Buceadores de imágenes y sueños". *Puesto de Combate* 34-35 (1986): 5-9.

_____ "Raúl Gómez Jattin: un potro desbocado en las praderas del cielo". *Dominical del universal* (2000): 1-5.

Arnold A., James, ed. *A History of Literature in the Caribbean*, Vol. I. Amsterdam-Philadelphia: John Banjamins, 1994.

Arribas García, Fernando. "Naipaul vs Lamming: dos versiones de la historia caribeña". *Estudios. Revista de investigaciones literarias* 4 (1994): 97-107.

Artel, Jorge. *Botas y banderas*. Barranquilla: Universidad del Atlántico, 1972.

_____ *Tambores en la noche*. Guanajuato: Universidad de Guanajuato, 1955.

Babin, María Teresa. "Aristas de la esclavitud negra en la literatura de Puerto Rico". *Sin nombre* 2 (1973): 57.

Bachelard, Gaston. *La poética del espacio*. México: FCE, 1997.

Baeza Flóres, Alberto. *La poesía dominicana en el siglo XX*. Barcelona: UCMM, 1977.

Bajtin, Mijail. *Estética de la creación verbal*. México: Siglo XXI, 1980.

_____ *Hacia una filosofía del acto ético. De los borradores y otros escritos*. Barcelona: Anthropos, 1997.

_____ *La cultura popular en la edad media y en el renacimiento*. 1987. Madrid: Alianza, 1999.

_____ *Problemas de la poética de Dostoievski*. México: FCE, 1986.

Bansart, Andrés. "Las revistas literarias en el proceso estructurador de la literatura caribeña". *Estudios. Revista de investigaciones literarias* 4 (1994): 121-133.

_____ "Los procesos interlingüísticos característicos de las literaturas caribeñas insulares 15-36". *XV Congreso sobre literatura del Caribe hispanoparlante*. Caracas: Universidad Simón Bolívar. Instituto de altos estudios de América Latina, University of West Indias, 1995.

_____ "Lo popular en la narrativa caribeña insular de expresión francesa". *Escritura* 25-26 (1988): 77-119.

Baquero, Helena. "Raúl Gómez Jattin: el viajero del río". *Puesto de Combate* 43 (1990): 14-15.

Barradas, Efraín. *Para entendernos: Inventario poético puertorriqueño siglo XIX y XX*. San Juan: Instituto de cultura puertorriqueña, 1992.

Bartra, Agustí. "Prólogo". *Cuaderno de un retorno al país natal*. Aimé Césaire. México: Era, 1969.

Barthes, Roland. *Análisis estructural del relato*. México: Premia, 1982.

Bataille, Georges. *La oscuridad no miente*. México: Taurus, 2001.

Bazik, Martha S. *The Life and Works of Luis Carlos López*. Tesis de doctorado, Universidad de Northwestern, Evanston-Illinois, 1973.

Benítez Rojo, Antonio. "La isla que se repite: para una reinterpretación de la cultura caribeña". *Cuadernos hispanoamericanos* 429 (1986): 115-132.

_____ *La isla que se repite*. Barcelona: Casiopea, 1998.

Benítez, José. "La historia, el tiempo y los horizontes en el Caribe". *Revista Casa de las Américas* 128 (1981): 115-118.

Bennison, Gray. "Repetition in Oral Literature". *Journal of American Folklore* 84/333 (1971): 289-303.

Berger, Peter y Thomas Luckmann. *Modernidad, pluralismo y crisis de sentido*. Barcelona: Paidós, 1995.

Bishop, Maurice. "Cultura y revolución en el Caribe". *Revista Casa de las Américas* 137 (1983): 7-15.

Boadas, Aura Marina. "Letras de una antilla venezolana". *Estudios. Revista de investigaciones literarias* 4 (1994): 109-199.

Bobadilla, Emilio. "Acera". *Luis Carlos López. Obra Poética. Estudio Crítico*. Guillermo Alberto Arévalo, comp. Bogotá: Banco de la República, 1976.

Bohórquez, Douglas. "La traducción de lo folklórico en la poesía de Nicolás Guillén". *Hispanoamericana* 9 (1975): 33-53.

Bolaños, Adalberto. "Silencio y existencialismo en Respirando el verano de Rojas Herazo". *La Casa de Asterión: Revista Electrónica Trimestral de Estudios Literarios* 5/17 (2004).

Bórev, Iuri. "El análisis sistémico-integral de la obra artística (sobre la naturaleza y la estructura del método científico-literario)". *Textos y Contextos*. Habana: Arte y Literatura, 1985.

Bothwell, Luis. "Betonces y la unidad antillana: notas para un estudio". *Anales del Caribe* 2 (1982): 261-272.

Bourdieu, Pierre. *El sentido práctico*. Barcelona: Taurus, 1994.

_____ *Las reglas del arte*. Barcelona: Anagrama, 1995.

_____ *Sociología y cultura*. México: Grijalbo, 1990.

Boyce Davies, Carole. *Out of the Kumbla: Caribbean Women and Literature*. Trenton, NJ: África World, 1990.

Brathwaite, Edward. "La criollización en las Antillas de lengua inglesa". *Revista Casa de las Américas* 96 (1976): 19-32.

_____ *The Arrivants*. Nueva York: Oxford UP, 1973.

Bravo, Víctor. *Ironía de la literatura*. Maracaibo: Universidad del Zulia, 1993.

Breiner, Lawrence. *An Introduction to West Indian Poetry*. Cambridge: Cambridge UP, 1998.

Briceño Ruiz, José. "Venezuela y la cuenca del Caribe en la segunda ola de la integración latinoamericana". *Revista mexicana del Caribe* 3 (1997): 152-168.

Brushwood, John. "En diciembre llegó Celia: tres novelas de Héctor Rojas Herazo". *Visitas al patio de Celia*. Jorge García Usta, comp. Medellín: Lealon, 1994.

Bubnova, Tatiana. "En defensa del autoritarismo de la poesía". *Acta poética* 18/19 (1997-1998): 381-415.

Burke, Kenneth. *Retórica de la religión*. México: FCE, 1975.

Burnett, Paola. "Where Else to Row, but Backward? Addressing Caribbean Futures Through Re-visions of the Past". *Narratives of Resistance: Literature and Ethnicity in the United States and The Caribbean*. Ana María Manzanares y Jesús Benito, eds. Cuenca: Universidad de Castilla-La Mancha, 1999.

Bustos Aguirre, Rómulo. "El Caribe purgatorial: Héctor Rojas Herazo o la imaginación del fuego". *Memorias del IV seminario internacional de estudios del Caribe*. Barranquilla: Universidad del Atlántico, 2001.

_____ *El oscuro sello de Dios*. Cartagena: Alcaldía de Cartagena, 1985.

_____ *En el traspatio del cielo*. Bogotá: Colcultura, 1994.

_____ *La estación de la sed*. Bogotá: Magisterio, 1998.

_____ *Palabra que golpea un color imaginario*. Sevilla: Universidad de Andalucía, 1996.

_____ *Lunación del amor*. Cartagena: En tono menor, 1990.

Bustos Tovar, José. "La imbricación de la oralidad en la escritura como técnica del discurso narrativo". *El español hablado y la cultura oral en España e Hispanoamérica*. Thomas Kotschi y otros eds. Madrid: Iberoamericana, 1996.

Bustos, Rómulo. "Raúl Gómez Jattin: resplandor ético de la palabra obscena". *Historia y cultura* 5 (1997): 141-153.

Caballero Bonald, J. M. "Las maravillas de la realidad". *Visitas al patio de Celia*. Jorge García Usta, comp. Medellín: Lealon, 1994.

Caballero de la Hoz, Amílkar. "Las Úlceras de Adán o la conciencia del destierro". *La Casa de Asterión* 1 (2000): 1.

Caballero, Antonio. "Una generación desencantada". *Magazín Dominical El Espectador* 145 (1985).

Caballero-Wanguemert, María. "Tradición y renovación: la vanguardia en Colombia". *Cuadernos hispanoamericanos* 529-530 (1994): 71-81.

____ "El yo y los otros en la poesía de León de Greiff". *Identidad y Alteridad: aproximación al tema del doble.* Juan Bargalló, comp. Sevilla: Alfar, 1994.

Cadavid, Jorge H. "Los poetas –amor mío– son unos hombres horribles". Reseña de *Esplendor de la mariposa*, de Raúl Gómez Jattin. *Boletín cultural y bibliográfico del Banco de la República* 34/35 (1998): 117-119.

____ "La inocencia del poeta genuino". Reseña de *Retratos, Amanecer en el valle del Sinú*, de Raúl Gómez Jattin. *Boletín cultural y bibliográfico del Banco de la República* 26/18 (1989): 103-104.

Camus, Albert. *Ensayos*. Madrid: Aguilar, 1981.

Caneva, Rafael. "Jorge Artel". *Revista Universidad de Antioquia* 69. 89-95.

Canfield, Martha. "Giovanni Quessep". *Razón y Fábula* 17 (1970): 59-64.

____ "La nueva poesía de Giovanni Quessep". *Eco* 25/146 (1972): 207-214.

____ "La poesía negra en Iberoamérica". *Universitas* 5-6 (1973): 495-524.

Cano, Guillermo. "Cartagena patrimonio universal". *Visitas al patio de Celia*. Jorge García Usta, comp. Medellín: Lealon, 1994.

Caparroso, Carlos Arturo. *Dos ciclos de lirismo colombiano*. Bogotá: ICC, 1961.

Cárdenas, Alfonso y Julio César Goyes. *El triunfo de los sentidos*. (Manuscrito). Bogotá, 1999.

Cárdenas, Oswaldo. "La viabilidad de la integración del Caribe". *El Caribe contemporáneo* 5 (1981): 5-19.

Carew, Jan. "El escritor caribeño y el exilio". *Revista Casa de las Américas* 105 (1977): 37-53.

____ "Palancas para el cambio: identidad cultural en el Caribe". *Revista Casa de las Américas* 118 (1980): 61-69.

Carnegie, James. "Temas y problemas de la cultura caribeña". *Revista Casa de las Américas* 114 (1979): 43-44.

Carpentier, Alejo. "La cultura de los pueblos que habitan en las tierras del mar Caribe". *Revista Casa de las Américas* 118 (1980): 2-8.

_____ *Visión de América*. México: Océano, 1999.

Carranza, Eduardo. "Jorge Artel: el poeta negro". 1944. Sábado 26: 4

Carranza, María Mercedes. "El esplendor de Gómez Jattin". *Lecturas Dominicales de El Tiempo*. 10 jul. 1994: 13.

Carreño, Antonio. *La dialéctica de la identidad en la poesía contemporánea*. Madrid: Gredos, 1982.

Castillo, Ariel. "Nuevas ganancias poéticas de Rojas Herazo". Reseña de *Las úlceras de Adán*, de Héctor Rojas Herazo. *Boletín cultural y bibliográfico del Banco de la República* 32/40 (1997): 116.

Castillo, Eduardo. "Luis Carlos López". *Luis Carlos López. Obra poética. Estudio crítico*. Guillermo Alberto Arévalo, comp. Bogotá: Banco de la República, 1976.

Castillo, Leonidas. "El ángel con el librito". *El Comején* 14 (1988): 1.

Castro, Nils. "El istmo entre los caribes". *Revista Casa de las Américas* 118 (1980): 80-84

Cázares H., Laura. "Ironía, parodia y grotesco en Aparición de la falsa tortuga de Sergio Pitol". *De la ironía a lo grotesco*. México: UAM Iztapalapa, 1972.

Cela, Camilo José. *Diccionario del erotismo*, vol. 1. Barcelona: Grijalbo, 1988.

Césaire, Aimé. *Cuaderno de un retorno al país natal*. México: Era, 1969.

_____ *moi, laminaire...* Paris: du Seuil, 1982.

Cervera, Manuel. "Prólogo". *De mi Villorio*. Luis Carlos López, ed. Madrid: Imprenta de la revista de archivos, 1908.

Charry Lara, Fernando. "Los poetas de los Nuevos". *Revista Iberoamericana* 128/129 (1984): 633-681.

_____ "Prólogo". *Pasa el viento*. Meira Delmar. Bogotá: ICC, 2000.

_____ *Poesía y poetas colombianos*. Bogotá: Procultura, 1985.

Chisogne, Sophie. "Poétique de L' accumulation". *Poétique* 115 (1998): 287-303.

Clark, John R. *The Modern Satiric Grotesque*. Lexington: UP of Kentucky, 1991.

Cobo Borda, Juan Gustavo. "La poesía de Quessep". *Eco* 141 (1972): 312-315.

_____ "Poesía colombiana: el decenio del 80". *Boletín cultural bibliográfico del Banco de la República* 25/15 (1988): 85-99.

_____ *Historia portátil de la poesía colombiana (1880-1995)*. Bogotá: Tercer Mundo, 1995.

Collazos, Oscar. "Nadaísmo". *Historia de la poesía colombiana*. María Mercedes Carranza, comp. Bogotá: Casa de Poesía Silva, 1991.

Colón, Carlos E. *La rebelión poética de Luis Carlos López*. Bogotá: Tercer Mundo, 1981.

Cooper, David. *El lenguaje de la locura*. Barcelona: Ariel, 1981.

Córdoba, Roberto. "Apuntes para un estudio de la relación José Asunción Silva y Luis Carlos López". *Polifonía* 1 (1997): 21-38.

Cornejo Polar, Antonio. "La literatura latinoamericana y sus literaturas regionales y nacionales como totalidades contradictorias". *Hacia una historia de la literatura latinoamericana*. Ana Pizarro (coord.) México: El Colegio de México/Universidad Simón Bolívar, 1987.

Cortés, Rosalia. "Identidad y literatura en el caribe francófono". *Cuadernos de literatura* 7-8 (1998): 107-118.

Coulthard, G.R. *Raza y color en la literatura antillana*. Sevilla: Escuela de estudios hispánicos de Sevilla, 1958.

_____ y Julio Ariza. "Diálogo sobre cultura y literatura en las Antillas de habla inglesa". *Sin nombre* 1 (1973): 20-28

Courtes, Joseph. *Le conte populaire, poétique et mythologie*. Paris: Presses universitaires de France, 1986.

Cros, Edmon. *Literatura, ideología y sociedad*. Madrid: Gredos, 1986.

Cruz, Juan. "El placer de narrar. Entrevista con Gabriel García Márquez". *Antípodas* 4 (1992): 103-110

Cuadra, Héctor. "Culturas populares y modelos de dominación en el Caribe". *Cultura del Caribe: memoria del festival internacional de cultura del Caribe*. México: Programa cultural de las fronteras, 1988.

Curutchet, Juan Carlos. "Al margen de una novela de Rojas Herazo". *Visitas al patio de Celia*. Jorge García Usta, comp. Medellín: Lealon, 1994.

Cymerman, Claude. "La literatura hispanoamericana y el exilio". *Revista Iberoamericana* 164-165 (1993): 523-550.

Dachary, Alfredo y Arnaiz, Stella. "La costa Caribe mexicana: un siglo de poblamiento (1850-1950)". *Anales del Caribe* 11 (1991): 205-216

Daroqui, María Julia. "Cambio y permanencia: signos discursivos de la Vanguardia Hispanocaribeña". *Estudios* 2/4 (1994): 41-53.

Dash J, Michael. "Exile and Recent Literature". *A History of Literature in the Caribbean: Hispanic and Francophone Regions*. James Arnold, ed. Amsterdam: John Benjamins, 1994.

Davis, Lisa. "Alienación e integración del negro caribeño en la obra reciente de Quince Ducan de Costa Rica". *Revista Casa de las Américas* 124 (1981): 154-158

D'costa, Jean. "The Poetry of Edward Brathwire". *Jamaica Journal* 2/3 (1968): 24-26.

De Granda, Germán. "Sobre el origen del habla de negro en la literatura peninsular". *Proemio* 1 (1971): 97-109.

De La Vega, Marta. "Cultura popular y populismo en la narrativa de Julio Garmendia". *Escritura* 13/25-26 (1988): 141-188.

De Man, Paul. *La ideología estética*. Madrid: Cátedra, 1998.

De Onís, Federico. *Antología de la poesía española e hispanoamericana (1932-1982)*. New York, NY: Las Américas publishing, 1961.

De Ory, José Antonio. "Recuerdo de Raúl Gómez Jattin (1945-1997)". *RevistAtlátnica* 18 (1998).

De Zubiria, Ramón. "Aproximaciones en Luis Carlos López". *De ficciones y realidades. Perspectivas sobre literatura e historia Colombianas*. Bogotá-Cartagena: Tercer Mundo-Universidad de Cartagena, 1989.

Del Castillo, Rafael. "Introducción: Raúl Gómez Jattin o la desafiante solidaridad del poeta". *Raúl Gómez Jattin, Antología Poética*. Bogotá: Colección de poesía Quinto Centenario 34. Tiempo Presente, 1991.

Del Valle, Amariba. "Jorge Artel sangre del espíritu". *Hojas de cultura popular colombiana* (1954): 44

Delmar, Meira. *Laud memorioso*. Bogotá: Carlos Valencia, 1995.

_____ *Poesía*. Bogotá: Carlos Valencia, 1981.

Depestre, René. "El fin del exilio". *Revista Universidad de la Habana* 203-204 (1976): 56-60

_____ "Los fundamentos socioculturales de nuestra identidad". *Revista Casa de las Américas* 58 (1970): 26-34

_____ "Mito e identidad en la historia del Caribe". *Revista Casa de las Américas* 118 (1980): 38-41

_____ "Problemas de la identidad del hombre negro en las literaturas antillanas". *Revista Casa de las Américas* 53 (1969): 19-28

Desnoes, Edmundo. "Cuba: caña y cultura". *Revista de las Américas* 62 (1970): 46-58

Dessau, Adalbert. "La investigación de la literatura latinoamericana y los métodos comparativos". *Revista Casa de las Américas* 82 (1974): 112-118.

Díaz Quiñones, Arcadio. "La poesía negra de Luis Palés Matos: realidad y conciencia de su dimensión colectiva". *Sin nombre* 1 (1970): 7-25.

Dobal, Carlos. "Mare Caribe nostrum". *Cultura del Caribe: memoria del festival internacional de cultura del Caribe.* México: Programa cultural de las fronteras, 1988.

Domenella, Ana Rosa. "Entre canibalismos y magnicidios. Reflexiones en torno al concepto de ironía literaria". *De la ironía a lo grotesco.* México: UAM-Iztapalapa, 1972.

Donnell, Alison y Sarah Lawson Welsh. *The Routledge Reader in Caribbean Literature.* London y New York: New Fetter Lane, 1996.

Dore Cabral, Carlos. "Reflexiones sobre la identidad cultural del Caribe". *Revista Casa de las Américas* 118 (1980): 75-79.

Duany, Jorge. "Hacia un marco teórico de la migración cubana". *El Caribe contemporáneo* 21 (1990): 63-78.

Duharte Jiménez, Rafael. "Herencia africana e identidad cultural en el Caribe". *Cultura del Caribe: memoria del festival internacional de cultura del Caribe.* México: Programa cultural de las fronteras, 1988.

Durisin, Dionys. "Bosquejos de los puntos de partida fundamentales del estudio comparativo de la literatura". *Revista Casa de las Américas* 135 (1982): 30-39.

Echagüe, Juan Pablo. "Poetas de Colombia". *Revista Iberoamericana* XII/23 (1947): 49-54

Eco, Umberto. *Obra abierta.* 1962. Barcelona: Ariel, 1979.

Eikhenbaum, Boris. "La teoría del método formal". *Formalismo y vanguardia.* Madrid: Comunicaciones, 1973.

Ellis, Keith. "Azúcar y lenguaje en la poesía caribeña". *Revista Casa de las Américas* 199 (1995): 3-15.

Entralgo, Elías. "La mulatización cubana". *Revista Casa de las Américas* 36-37 (1966): 76-80.

_____ *Teoría y realidad del otro I y II*. Madrid: Revista de Occidente, 1968.

Equipo Tilalc. "Cultura popular y literatura latinoamericana". *Escritura* 13/25-26 (1988): 5-24.

Escobar, Eduardo. "Poesía y espanto". *El Tiempo* 19 jun. 1997.

Espinosa, Germán. *Luis Carlos López*. Bogotá: Procultura, 1989.

Esquivia Vásquez, Aníbal. "Relato de Aníbal Esquivia Vásquez". *Luis Carlos López. Obra Poética*. Guillermo Alberto Arévalo, comp. Bogotá: Banco de la República, 1976.

Étiemble. "Literatura comparada". *Métodos de estudio de la obra literaria*. José María Díez Borque, comp. Madrid: Taurus, 1985.

Ette, Ottmar. *Literatura de viaje*. México: UNAM, 2001.

Fals Borda, Orlando. *Capitalismo, hacienda y poblamiento*. Bogotá: Punta de Lanza, 1976.

_____ *Retorno a la tierra*. Bogotá: Carlos Valencia, 1986.

Fernández del Riesgo, Manuel. "La postmodernidad y la crisis de los valores religiosos". *En torno a la posmodernidad*. Barcelona: Anthropos, 1994.

Ferrater Mora, José. *La ironía, la muerte y la admiración*. México: Cruz del sur, 1946.

Ferrer Ruiz, Gabriel y Yolanda Rodríguez Cadena. "Vito Apushana: diálogo en la cercanía de la poesía". *Etnoliteratura Wayuu: estudios críticos y selección de textos*. Bogotá: Universidad del Atlántico, 1998.

_____ "La estación de la sed o la luz intensa del Caribe". *La Casa Grande* (2000-2001): 16, 64.

_____ "Sueño y realidad en la poesía de Vito Apushana". *Wakuaipa* 2 (1994): 9-33.

_____ "Bestiario marino: la región donde siempre se nace y nunca se muere". *El Heraldo dominical*. 30 mar. 1997.

_____ "El Caribe en la obra de Raúl Gómez Jattin". *Estudios de literatura colombiana* (2002): 10, 109-114.

_____ "Poder y nostalgia en la casa entre los robles". *Dominical del Universal* 657 (1998): 9-10.

Finnegan, Ruth. *Oral Poetry, the Nature, Significance and Social Context*. London: Cambridge UP, 1977.

Fokkema, Douwe. "Cuestiones epistemológicas". *Teoría literaria*. México: Siglo XXI, 1993.

Fornet, Jorge. "El síndrome del 98 en la literatura cubana". *Revista Casa de las Américas* 205 (1996): 117-127.

Foucault, Michel. *La arqueología del saber*. México: Siglo XXI, 1997.

_____ *Las palabras y las cosas*. Barcelona: Planeta, 1985.

Franco, Jean. *Historia de la literatura hispanoamericana*. Barcelona: Ariel, 1990.

Franco, José Luciano. "Los cimarrones en el Caribe". *Revista Casa de las Américas* 118 (1998): 53-60.

Freixas, Ramón. "El recuerdo como ficción". *Visitas al patio de Celia*. Jorge García Usta, comp. Medellín: Lealon, 1994.

Friedemann, Nina de. "Huellas de africanía en Colombia: nuevos escenarios de investigación". *Thesaurus* 3 (1992): 543-558.

_____ "El carnaval caribeño. Ritual contemporáneo de comunicación 1". *Revista mexicana del Caribe* 2 (1996): 140-157.

Galich, Manuel. "El indio y el negro, ahora y antes". *Revista Casa de las Américas* 36-37 (1966): 115-127.

Gallego, Romualdo. "Un cuarto de hora con Luis Carlos López". *Luis Carlos López. Obra Poética*. Guillermo Alberto Arévalo, comp. Bogotá: Banco de la República, 1976.

Garavito, Fernando. "Luis Carlos López". *Boletín cultural y bibliográfico del Banco de la República* 18/2 (1981): 87-97.

García Márquez, Gabriel. "A Luis Carlos López con veinte años de su muerte". *Luis Carlos López. Obra Poética*. Guillermo Alberto Arévalo, comp. Bogotá: Banco de la República, 1976.

_____ "Héctor Rojas Herazo". 1950. *Visitas al patio de Celia*. Jorge García Usta, comp. Medellín: Lealon, 1994.

_____ "Rostro en la soledad". 1952. *Visitas al patio de Celia*. Jorge García Usta, comp. Medellín: Lealon, 1994.

_____ "A Luis Carlos López, con veinte años de su muerte". *El Heraldo*. 1 nov. 1950: 3

García Prada, Carlos. *Antología de líricos colombianos*. Bogotá: Imprenta Nacional, 1937.

García Usta, Jorge. "Rojas Herazo: Poesía moderna y espíritu nacional". *Visitas al patio de Celia*. Jorge García Usta, comp. Medellín: Lealon, 1994.

_____ "Héctor Rojas Herazo: confesión de un patiero". *Boletín cultural y bibliográfico del Banco de la República* 27/24-25 (1990): 35-65.

_____ "Celia se pudre el fin de la saga". *Celia se pudre de Héctor Rojas Herazo*. Bogotá: Ministerio de Cultura, 1998.

_____ *Visitas al patio de Celia*. Cartagena: Gobernación de Bolívar, 1994.

García, Eligio. "El tuerto López". *Luis Carlos López. Obra Poética*. Guillermo Alberto Arévalo, comp. Bogotá: Banco de la República, 1976.

Gaztambide-Geigel, Antonio. "La invención del Caribe en el siglo XX: las definiciones del Caribe como problema histórico y metodológico". *Revista mexicana del Caribe* 1 (1996): 74-93.

Gellner, Ernest. *Posmodernismo, razón y religión*. Barcelona: Paidós, 1994.

Genette, Gerard. *Figuras III*. Paris: Seuil, 1970.

_____ *Palimpsestos. La literatura en segundo grado*. 1962. Madrid: Taurus, 1989.

Gilkes, Michael. "Caribbean Identity in the Anglophone Literature of the Region". *Anales del Caribe* 9 (1989): 279-288.

Girard, René. *Le violence et sacré*. Paris: Hachette, 1972.

Gleizer Salzman, Marcela. *Identidad, subjetividad y sentido en las sociedades complejas*. México: Juan Pablos, 1997.

Goldman, Lucien. *El hombre y lo absoluto*. 1968. Barcelona: Península, 1985.

_____ "La sociología y la literatura: situación actual y problemas de método". *Sociología de la creación literaria*. Buenos Aires: Nueva visión, 1984.

_____ *Las ciencias humanas y la filosofía*. México: Nueva visión, 1983.

Gómez Jattin, Raúl. *Poesía. 1980-1989*. Bogotá: Norma, 1995.

_____ *Esplendor de la mariposa*. Bogotá: Magisterio, 1995.

_____ *Hijos del tiempo*. Cartagena: El catalejo, 1989.

Gómezcásseres, Raúl. "Nota crítica: hay una tarde varada frente a un río y otros poemas por Raúl Gómez Jattin". *Ulrika* 16 (1989): 20-21.

Gonçalves, Adelto. "Nicolás Guillén o itinerario de un poeta". *Revista Iberoamericana* LVI/152-153 (1990): 1171-1185.

Gonzáles Casanova, Pablo. "Cultura nacional, cultura universal". *Revista Casa de las Américas* 130 (1982): 140-145.

Gonzáles, Anson. "Dos corrientes que sintetizan la cultura de Trinidad-Tobago". *Revista Casa de las Américas* 114 (1979): 56-58.

González, Dairo. "Retratos de las gentes en la poesía de Luis Carlos López". *Revista Casa de Poesía Silva* 4 (1991): 133-163.

González, José Emilio. *La poesía contemporánea de Puerto Rico*. San Juan: Instituto de cultura puertorriqueña, 1972.

González, José-Manuel. "Diferencias genéricas en el comportamiento sexual de estudiantes universitarios solteros de Barranquilla, Colombia". *Revista latinoamericana de sexología* 1/2 (1995): 161-176.

González Rodas, Pablo. "El movimiento Nadaísta en Colombia". *Revista Iberoamericana* XXXII/62 (1966): 229-246.

Goyes, Julio César. "El deseo de la sombra. La poesía de Héctor Rojas Herazo". *Cuadernos de literatura* 8/16 (2002): 51-87.

Gray Sloan, Miguel. "Apuntes para una historia de la cultura: el caso de la costa caribeña de Nicaragua". *Cultura del Caribe: memoria del festival internacional del Caribe*. México: Programa cultural de las fronteras, 1988.

Greimas, Algirdas. *Semántica estructural. Investigación metodológica*. Madrid: Gredos, 1971.

Guda, Trudi. "La contribución de las culturas tradicionales al desarrollo de la cultura caribeña". *Revista Casa de las Américas* 114 (1979): 49-50.

Guillén, Nicolás. "Semblanza". *Luis Carlos López. Obra Poética. Estudio crítico*. Bogotá: Banco de la República, 1977.

_____ "La carcajada dolorosa de Luis Carlos López". *Revista de América* 22/72 (1951): 14-28.

_____ "Nación y mestizaje". *Revista Casa de las Américas* 36/37 (1966): 70-74.

_____ *Antología mayor*. México: Juan Pablos, 1972.

Guinnes, Gerard. *Here and Elsewhere. Essays on Caribbean Literature*. Río Piedras: Universidad de Puerto Rico, 1993.

Guzmán, Rodolfo. "Naturaleza, intimidad y viaje en Tambores en la noche de Jorge Artel". *Revista Iberoamericana* LXV/188-189 (1999): 591-611.

Habermas, Jürgen. *Conciencia moral y acción comunicativa*. Barcelona: Península, 1996.

_____ *Teoría de la acción comunicativa II*. Madrid: Taurus, 1999.

Hall, Donald. "Dylan Thomas y el suicidio público". *Eco* 207 (1979): 301-26.

Harris, Chrissi. "Tongues of Heritage: Creole and Ethnic Identity in the Poetry of Louis Bennett". *Narratives of Resistance: Literature and Ethnicity in the United States and the Caribbean*. Ana Manzanas y Jesús Benito, eds. Cuenca: Universidad de Castilla-La Mancha, 1999.

Heidegger, Martin. *El ser y el tiempo*. 1951. Bogotá: FCE, 1993.

_____ *Arte y poesía*. México: FCE, 1988.

Helg, Aline. "Esclavos y libres de color, negros y mulatos en la investigación y la historia de Colombia". *Revista Iberoamericana* LXV/188-189 (1999): 697-712.

Heller, Ben A. "Lectura marginal de un texto marginado: Respirando el verano de Héctor Rojas Herazo". *Visitas al patio de Celia*. Jorge García Usta, comp. Medellín: Lealon, 1994.

Hernández, Emiliano. "El juicio de Rubén Darío". *Luis Carlos López. Obra Poética. Estudio Crítico*. Guillermo Alberto Arévalo, comp. Bogotá: Banco de la República, 1976.

Holguín, Andrés. *Antología crítica de la poesía colombiana 1 y 2*. Bogotá: Banco de la República, 1974.

Huerta, David. "La encrucijada homérica". *Cultura del Caribe: memoria del festival internacional de cultura del Caribe*. México: Programa cultural de las fronteras, 1988.

Hutcheons, Linda. "Ironía, sátira y parodia. Una aproximación pragmática a la ironía". *De la ironía a lo grotesco*. México: UAM-Iztapalapa, 1992.

Ianni, Octavio. "La metáfora de la quinta frontera en el Caribe". *El Caribe contemporáneo* 17 (1988): 63-73.

Ibarra Merlano, Gustavo. "En Noviembre llega el arzobispo, algunas estrategias narrativas". *Visitas al patio de Celia.* Jorge García Usta, comp. Medellín: Lealon, 1994.

Illán Bacca, Ramón. "Conversando con el poeta". *Intermedio* (1987): 2

Illescas, Carlos. "Literatura y abolición". *Cultura del Caribe: memoria del festival internacional del Caribe.* México: Programa cultural de las fronteras, 1988.

Irele, Abiola. "Essential Landscape: Image and Symbol in the Poetry of Aimé Césaire". *Oral and Written Poetry in African Literature Today: Review.* New Jersey, NJ: James Currey & Africa World P, 1988.

Iser, Wolfgang. *El acto de leer.* Madrid: Taurus, 1987.

James Figuerola, Joel. "Sociedad y nación en el Caribe". *Cultura del Caribe: memoria del festival internacional del Caribe.* México: Programa cultural de las fronteras, 1988.

James, Ariel. "Novela y nación en el Caribe". *Ibero-americana Pragensia,* supplementum 5 (1991): 185-196.

James, Arnold. *A History of Literature in the Caribbean.* Philadelphia, PA: John Benjamins Publishing, 1992.

Jankelevitch, Wladimir. *La ironía.* Madrid: Taurus, 1986.

Jaramillo Agudelo, Darío. "Héctor Rojas Herazo". 1988. *Visitas al patio de Celia.* Jorge García Usta, comp. Medellín: Lealon, 1994.

_____ "Obituario". *Credencial* VI (1997).

_____ "Antologías". *Historia de la poesía colombiana.* María Mercedes Carranza, comp. Bogotá: Casa de Poesía Silva, 1991.

Jaramillo Escobar, Jaime. "Nota final: fragmento de una Carta". *Retratos, Amanecer en el valle del Sinú y del amor (Tríptico Cereteano).* Bogotá: Simón y Lola Guberek, 1988.

Jáuregui, Carlos. "Tierra, muerte y locura: lectura crítica de la obra de Raúl Gómez Jattin". Tesis de maestría. West Virginia University, 1997.

_____ "El suicidio público del artista". *Boletín cultural y bibliográfico del Banco de la República* 45/34 (1998).

Jauss, Hans Robert. "El lector como instancia de una nueva historia de la literatura". *Estética de la recepción*. José Antonio Mayoral, comp. Madrid: Arco-libros, 1987.

_____ *Experiencia estética y hermenéutica literaria*. Madrid: Taurus, 1992.

Jiménez, David. "Poesía colombiana: 1980-1989". *Magazín Dominical de El Espectador*. 24 dic. 1989: 7-11.

Jiménez, José Olivio. *Antología de la poesía hispanoamericana contemporánea: 1914-1987*. Madrid: Alianza, 1993.

Jolivet, Régis. *Las doctrinas existencialistas*. 1949. Madrid: Gredos, 1976.

Kozak Rovero, Gisela. "Bolero, calle y sentimiento: textualizar la cultura cotidiana". *Estudios. Revista de investigaciones literarias* 4 (1994): 55-79.

Kristeva, Julia. *Semiótica 1 y 2*. Madrid: Espiral, 1981.

Kubayanda, Josaphat. "On Discourse of Decolonization in Africa and the Caribbean". *Dispositio* 36-38 (1989): 25-37.

Lain Entralgo, Pedro. *Teoría y realidad del otro I y II*. Madrid: Revista de Occidente, 1968.

Lamming, George. "Identidad cultural del Caribe". *Revista Casa de las Américas* 118 (1980): 35-37.

Laroche, Maximilien. "Literatura haitiana y construcción de la realidad". *Revista Casa de las Américas* 114 (1979): 53-55.

Le Rumeur, Marie Dominique. "Etrangers en Haiti. et Haitiens a l'etranger dans la litterature haitienne contemporaine". *Anales del Caribe* 10 (1990): 161-178.

Lefevere, Andre. "What Kind of a Science Should Comparative Literature be?" *Dispositio* 10 (1979): 99-103.

Loncke, Joycelynne. "And the Problem of Identity". *Anales del Caribe* 2 (1982): 285-292.

_____ "El aporte africano a las manifestaciones artísticas de Guyana". *Revista Casa de las Américas* 118 (1980): 85-90.

López Oliva, Enrique. "Aproximaciones a la problemática religiosa caribeña". *El caribe contemporáneo* 11 (1985): 59-65.

López, Amalia. "La vida no es un espejismo de merengue y fresa". *De la ironía a lo grotesco*. México: UAM-Iztapalapa, 1972.

López-Baralt, Luce y Francisco Márquez Villanueva, eds. *Erotismo en las letras hispánicas. Aspectos, modos y fronteras*. México: El Colegio de México, 1995.

López, Luis C. *Obra poética*. Bogotá: Banco de la República, 1976.

Losada, Alejandro. "La internacionalización de la literatura latinoamericana". *Caravelle* 42 (1984): 15-40.

Lotero Botero, Amparo. "El porro pelayero: de las gaitas y tambores a las bandas de viento". *Boletín cultural y bibliográfico del Banco de la República* 26/19 (1989): 39-53.

Lotman, Iuri. "Los estudios literarios deben ser una ciencia". *Textos y Contextos*. La Habana: Arte y Literatura, 1985.

Lotman, J.M. *Estructura del texto artístico*. Madrid: Istmo, 1978.

Lozano y Lozano, Juan. *Obras selectas*. Medellín: Horizonte, 1956.

Lukács, György. *Sociología de la literatura*. Barcelona: Península, 1989.

Luque Muñoz, Henry. "Tinta hechizada. Poesía colombiana del siglo XX". *Cuadernos de literatura* 3/6 (1997): 41-56.

_____ "Héctor Rojas Herazo: enviado de lo invisible". *Gaceta. Colcultura* 29 (1995): 31-40.

_____ "Nadaísmo: ¿vanguardia liberadora o máscara sin rostro?". *Magazín Dominical de El Espectador*. 13. nov. 1994: 18-20.

Madrid, Arturo. "La problemática de la experiencia y la literatura chicana". *Revista Casa de las Américas* 114 (1979): 60-64.

Maldonado Denis, Manuel. "Puerto Rico: libertad y poder en el Caribe". *Revista Casa de las Américas* 31 (1965): 35-46.

Mansoor, Ramón. *XV Congreso sobre literatura del Caribe hispanohablante*. Caracas: Universidad Simón Bolívar, 1995.

Mansour, Mónica. "La identidad cultural como elemento literario (el caso de Cuba)". *Cultura del Caribe: memoria del festival internacional de cultura del Caribe*. México: Programa cultural de las fronteras, 1988.

_____ "Estructuras rítmicas y ritmo semántico en la poesía". *Texto Crítico* 29 (1984): 159-172.

Mardones, José. *El discurso religioso de la modernidad*. Barcelona: Anthropos, 1998.

María, Carlos J. "Erotismo de un barranquillero". *Feed Back. Notas de crítica literaria y literatura colombiana antes y después de García Márquez*. Ariel Castillo, comp. Barranquilla: Instituto Distrital de Cultura, 1996.

Marín, Álvaro. "Cuatro estaciones del poema". *Magazín de El Espectador*. 1995: 20-21.

Márquez, Roberto. "Granada: historia, neocolonialismo y cultura en el Caribe contemporáneo". *Revista Casa de las Américas* 184 (1985): 78-87.

Márquez, Enrique. *Bases y Génesis de un sistema poético*. New York, NY: Peter Lang, 1991.

Márquez, Roberto. "Identidad cultural caribeña". *Revista Casa de las Américas* 118 (1980): 70-74

Marrugo Ferrer, Nubia. "Función simbólica del árbol en el poemario *En el traspatio del cielo*, de Rómulo Bastos". Tesis de pregrado. Universidad de Cartagena, 1998.

Martínez González, Guillermo. "Prólogo" Bustos Rómulo. *El oscuro sello de Dios*. Cartagena: En tono menor, 1988.

Martínez Montiel, Luz María. "Veracruz en el Caribe". *Cultura del Caribe: memoria del festival internacional de cultura del Caribe*. México: Programa cultural de las fronteras, 1988.

Martínez, Pablo. "Problemas de identidad cultural en el Caribe". *Cultura del Caribe: memoria del festival internacional de cultura del Caribe*. México: Programa cultural de las fronteras, 1988.

_____ "Persistencia cultural africana en el Caribe: diferentes niveles de identidad". *Revista mexicana del Caribe* 3 (1997): 42-73.

_____ "Problemas y perspectivas del Caribe en la década de los noventa". *El Caribe contemporáneo* 23 (1991): 29-41.

Martinus Arion, Frank. "Definición e integración del Caribe". *Revista Casa de las Américas* 114 (1979): 50-53.

Matamoro, Blas. "La vida es bella y corrupta. La pasión por la memoria en Rojas Herazo". *Visitas al patio de Celia*. Jorge García Usta, comp. Medellín: Lealon, 1994.

_____ "Una epopeya colombiana". *Visitas al patio de Celia*. Jorge García Usta, comp. Medellín: Lealon, 1994.

Mateo Palmer, Margarita. "La literatura caribeña al cierre del siglo". *Revista Iberoamericana* LIX/164-165 (1993): 605-626.

_____ "Roots y la crítica literaria en el Caribe anglófono". *Revista Casa de las Américas* 164 (1987): 143-148.

_____ *Narrativa caribeña: reflexiones y pronósticos*. La Habana: Pueblo y educación, 1990.

_____ y María Elena. "Denis William al Caribe (entrevista)". *Anales del Caribe* 4-5 (1984-1985): 409-423.

Maya, Rafael. "Luis Carlos López". 1953. *Luis Carlos López. Obra Poética.* Guillermo Alberto Arévalo, comp. Bogotá: Estudio Crítico, Banco de la República, 1976.

Mejía, Jaime. "Balance esquemático de cuatro generaciones poéticas". *Magazín Dominical de El Espectador* 13. nov. 1994: 3-4

Méndez, José Luis. "Problemas de la cultura caribeña". *Revista Casa de las Américas* 114 (1979): 40-43.

Ménil, René. "Le folklore dans la littérature". *Anales del Caribe* 11 (1991): 7-11.

_____ "Mitologías antillanas". *Revista Casa de las Américas* 114 (1979): 44-48.

Menton, Seymour. "Respirando el verano Fuente colombiana de Cien años de soledad". *Visitas al patio de Celia.* Jorge García Usta, comp. Medellín: Lealon, 1994

Mignolo, Walter. *Teoría del texto e interpretación de textos.* México: UNAM, 1986.

Mintz, Sidney. "The Caribbean as a Sociocultural Area". *Peoples and Cultures of The Caribbean.* Michel M. Horowitz, ed. New York, NY: The Natural History P, 1971.

_____ "Some Polar Constrasts in the Definition of Caribbean Identity". *Ibero-americana Pragesia, supplementum* 5 (1991): 11-20.

Mohr, Eugene V. "Preface: Literature(s) the Caribbean". *Review Interamericana* 3 (1974): 305-307.

Mora Rubio, Juan. "El Caribe: literatura, conocimiento y subdesarrollo". *Cultura del Caribe: memoria del festival internacional de cultura del Caribe.* México: Programa cultural de las fronteras, 1988.

Moreno Fraginals, Manuel. "En torno a la identidad cultural en el Caribe insular". *Revista Casa de las Américas* 118 (1979): 42-47.

Morin, Edgar. *Introducción al pensamiento complejo*. Barcelona: Gedisa, 1996.

Morón Díaz, Fabio. "Luis Carlos López y la poesía Moderna". *Hojas universitarias* 4/37 (1991): 139-152.

Muñoz, René. "El problema de la identidad cultural caribeña: un acercamiento teórico". *Folklore americano* 47 (1989): 157-168.

Mukarovsky, Jan. *Escritos de estética y semiótica del arte*. Barcelona: Gili, 1975.

Múnera, Alfonso. *El fracaso de la nación*. Bogotá: Banco de la República/ Áncora, 1998.

_____ "Presentación. Rómulo Bustos". *Palabra que golpea un color imaginario*. Sevilla: Universidad de Andalucía, 1996.

Nuñez Segura, José A. *Literatura colombiana. Sinopsis y comentarios de autores representativos*. Medellín: Bedut, 1969.

Ocasio, Rafael. "Aproximaciones a la santería caribeña y la poesía negrista". *Estudios latinoamericanos* 2 (1995): 81-90.

Olaciregui, Julio. "Una grieta en la coraza de orgullo de la muerte". *Gaceta* 40 (1997): 17-24.

Oliva, Oscar. "Diez poetas en el Caribe". *Cultura del Caribe: memoria del festival internacional de cultura del Caribe*. México: Programa cultural de las fronteras, 1988.

Opatrny, Josef. "El papel de la historia en la formación de la conciencia de una identidad particular de la comunidad criolla en Cuba". *Ibero-americana Pragesia, supplementum* 5 (1991): 51-61.

Ortíz, Fernando. *Contrapunteo cubano de azúcar y el tabaco*. La Habana: Consejo nacional de cultural de La Habana, 1963.

Ospina, Cristina. "Lenguaje, magia y tiempo en Respirando el verano". *Visitas al patio de Celia*. Jorge García Usta, comp. Medellín: Lealon, 1994.

Ospina, William. "De instinto y pasión". *El Tiempo*. 25 mayo 1997.

Pacheco, Carlos. "Oralidad, monodiálogo e (in) comunicación cultural en Gran Sertón: Veredas". *Escritura* 13/25-26 (1988): 221-251.

Pales Matos, Luis. "Presencia de Jorge Artel". 1950. *Obras Completas II*. San Juan: Universidad de Puerto Rico, 1984.

Paz, Octavio. *El laberinto de la soledad*. México: FCE, 2000.

_____ *La llama doble: amor y erotismo*. Barcelona: Seix Barral, 1994.

_____ *Los hijos del limo*. Bogotá: Oveja Negra, 1985.

Pêcheux, Michel. *Les Verités de la palice*. París: Maspéro, 1975.

Pereira, Josef. "The Presence of Cuba in Recent Poetry of the English-Speaking Caribbean". *Anales del Caribe* 2 (1982): 186-203.

Pérez Camargo, Clímaco. *Bestiario marino*. Riohacha: Alcaldía de Riohacha, 1997.

Pérez Montfort, Ricardo. "De la crónica costumbrista a los estudios de folklor en el Caribe Hispanohablante". *Revista Mexicana del Caribe* 4 (1997): 24-47.

Pérez, Esther. "Le phénomène religieux dans le caraibe". *Anales del Caribe* 11 (1991): 227-230.

Pérez del Río, Eugenio. *La muerte como vocación*. Barcelona: Laia, 1983.

Phaf, Ineke. "Imaginación caribeña y construcción de la nación". *Anales del Caribe* 11 (1991): 159-187.

_____ "La nación cimarrona en el imaginario del Caribe no-hispánico". *Revista de crítica literaria latinoamericana* 31-32 (1990): 67-97.

_____ *Presencia criolla en el caribe y América Latina*. Madrid: Iberoamericana, 1996.

Phelps, Anthony. "Orígenes de la cultura caribeña". *Revista Casa de las Américas* 114 (1979): 32-37.

Polit, Carlos. "Imagen inocente del negro en cuatro poetas antillanos". *Sin Nombre* 2 (1974): 43-60.

Polly F., Harrison. "Images and Exile: The Cuban Woman and Her Poetry". *Review Interamericana* 2 (1974): 184-219.

Portuondo, José Antonio. "La emancipación literaria de hispanoamérica". *Revista Casa de las Américas* 15 (1975): 81-102.

Posada Carbó, Eduardo. "La liga costeña de 1919, una expresión de poder regional". *Boletín cultural y bibliográfico del Banco de la República* 22/3 (1985): 34-46.

_____ *El caribe colombiano*. Bogotá: Banco de la República, 1998.

Posada, Gisela Sofía. "Héctor Rojas Herazo: no es que yo quiera hacer un poema, un cuadro, una novela, es que no puedo evitarlo". *Revista Universidad de Antioquia* 250 (1997): 4-12.

Pouliquen, Hélene. *Teoría y análisis sociocrítico*. Bogotá: Universidad Nacional, 1992.

Premdas, Ralph. "Ehtnic Conflict and Levels of Identity in the Caribbean: Deconstructing a Myth". *Ethnicity, Race and Nationality in the Caribbean*. San Juan: Institute of Caribbean Studies, University of Puerto Rico, 1997.

Prescott, Laurence. *Candelario Obeso y la iniciación de la poesía negra en Colombia*. Bogotá: ICC, 1985.

Promis, José. *The Identity of Hispanoamérica*. Albuquerque: U of Arizona P, 1991.

Pujalá, Grisel. "Cuatro ensayos sobre poesía cubana". *Revista de la Universidad de Juárez Autónoma de México* 6 (1995): 38-52.

Quessep, Giovanni. *El ser no es una fábula*. Bogotá: Tercer Mundo, 1968.

_____ *Libro del Encantando (antología)*. México: Tierra firme, 2000.

_____ *Muerte de Merlín*. Bogotá: ICC, 1985.

Quiñones, Arcadio. "La poesía negra de Luis Palés Matos: realidad y conciencia de su dimensión colectiva". *Sin nombre* 1 (1970): 7-25.

Quiroga, Alberto. "Raúl Gómez Jattin: un peso pesado". *Gaceta* 1 (1989): 51.

Quiroz Otero, Ciro. *Vallenato hombre y canto*. Bogotá: Ícaro, 1983.

Ramírez, Ignacio y Olga Cristina Turruaga. "Entrevista a Héctor Rojas Herazo, Yo no soy de un pueblo, soy de un patio". *Magazín Dominical de El Espectador*, 1990.

Ramírez, Luis A y otros. *Rostros de la palabra: poesía colombiana actual*. Bogotá: Magisterio, 1990.

Ramón, Elisa. "Rojas Herazo: el miedo psicológico". *Visitas al patio de Celia*. Jorge García Usta, comp. Medellín: Lealon, 1994.

Ramos Gonzáles, Francisco. "Prólogo". *Varios a Varios*. Luis Carlos López, Manuel Cervera y Abraham Z. López Penha. Madrid: Pueyo, 1910.

Ramos, Edmundo. "Entre la locura y la realidad". *Revista dominical del Heraldo*, 1987.

Rendón, Fernando. "Poetas en el último cuarto de hora del milenio". *Revista nueva poesía colombiana: Casa Silva* 4 (1991): 115-129.

Reyes Peñaranda, Hernán. "Poesía y poética de Giovanni Quessep". *Antología poética*. Giovanni Quessep. Bogotá: ICC: 1993.

Rivera Martínez, Mildred. *El modernismo en el Caribe insular hispánico (1898-1915)*. Stanford, CA: Stanford UP, 1992.

Rivero, Eliana. "Patria y nacionalidad en la poesía antillana del siglo XX". *Revista Casa de las Américas* 141 (1983): 124-132.

Roca, Juan Manuel. "Respirando el verano origen de la saga familiar". *Visitas al patio de Celia*. Jorge García Usta, comp. Medellín: Lealon, 1994.

Rodríguez Cadena, Yolanda. "De la ruina a la soledad en Respirando el verano". *Cuadernos de literatura del Caribe e Hispanoamérica* 1 (2005): 1-15.

_____ "Jeroglífico del desconsuelo". *Víacuarenta* 2 (1998): 12-15.

Rodríguez Pérsico, Adriana. "Las fronteras de la identidad". *Hispamérica* 64-65 (1993): 23-48.

_____ "Viajes alrededor del modelo: para una política estética de las identidades". *Dispositio* 42-43 (1992): 285-304.

Rodríguez, Emilio Jorge. "Oralidad y poesía caribeña". *Cultura del Caribe: memoria del festival internacional de cultura del Caribe*. México: Programa cultural de las fronteras, 1988.

_____ "Pluralidad e integración en la literatura caribeña". *Revista Universidad de La Habana* 212 (1980): 5-14.

Rodríguez, Ileana. "El texto literario como expresión mestizo-creole: in memoriam". *Revista Casa de las Américas* 126 (1981): 56-62.

_____ "Estado, nación, país: ¿es la costa atlántica de Nicaragua Caribe americano?" *Anales del Caribe* 9 (1989): 237-252.

_____ "Introduction: Towards a Theory of Caribbean Unity". *Process of Unity in the Caribbean Society: Ideologies and Literature*. Ileana Rodríguez y Marc Zimmerman, eds. Minneapolis, MN: Institute for the Study of Ideologies and Literatures, 1983.

_____ *House/Garden/Nation*. Durham: Duke UP, 1994.

Rodríguez, Linda María. *Historical Narratives in the Caribbean: Women Giving Voice to History*. Michigan: The U of Michigan P, 1994.

Rodríguez, Maria Cristina. "Women Writers of the Spanish-Speaking Caribbean: An Overview". *Women Writers, Essays from the First International Conference*. Selwyn Cudjoe, ed. Wellesley, MA: Calaloux, 1990.

Rodríguez, Sardiñas, Orlando. "Cuba: poesía entre revolución y exilio". *Review Interamericana* IV/3 (1974): 359-369

Rojas Herazo, Héctor. *Agresión de las formas contra el ángel*. Bogotá: Kelly, 1961.

_____ *Celia se pudre*. Bogotá: Ministerio de Cultura, 1998.

_____ *Desde la luz preguntan por nosotros*. Bogotá: Kelly, 1956.

_____ *En noviembre llega el arzobispo*. Bogotá: Lerner, 1967.

_____ *Rostro en la soledad*. Bogotá: Antares, 1952.

_____ *Señales y garabatos del habitante*. Bogotá: Procultura, 1976.

_____ *Tránsito de Caín*. Bogotá: Antares, 1953.

_____ "Boceto para una interpretación de Luis Carlos López". *Señales y garabatos del habitante*. Bogotá: Procultura, 1976.

_____ *Las úlceras de adán*. Bogotá: Norma, 1995.

_____ *Respirando el verano*. Bogotá: Universidad popular, 1962.

Rojas, Víctor. "Sobre el negro en la poesía de Luis Palés Matos y de Jorge de Lima". *Sin nombre* 3 (1972): 75-88.

Roldán de Micolta, Aleida. "Un ensayo sobre En noviembre llega el Arzobispo". *Visitas al patio de Celia*. Jorge García Usta, comp. Medellín: Lealon, 1994.

Román Gutiérrez, Isabel. "Alteridad y perspectiva. La exploración de la realidad y el individuo en Galdós". *Identidad y Alteridad: aproximación al tema del doble*. Juan Bargalló, comp. Sevilla: Alfar, 1994.

Romano, Marcela. "Poéticas alternativas: reflexiones en torno a una nueva oralidad". *Escritura* 18/35-36 (1993): 203-210.

Romero, Armando. "Los poetas de 'Mito'". *Revista Iberoamericana* L/128-129 (1984): 689-755.

_____ *El nadaísmo en Colombia: o la búsqueda de la vanguardia perdida*. Bogotá: Tercer Mundo, 1988.

Romero de Solís, Diego. Enoc. *Sobre las raíces filosóficas de la poesía contemporánea*. Madrid: Akal, 2000.

Rosales, Luis. "La novela de una agonía". *Visitas al patio de Celia*. Jorge García Usta, comp. Medellín: Lealon, 1994.

Roster, Piter J. *La ironía como método de análisis literario. La poesía de Salvador Novo*. Madrid: Gredos, 1978.

Ruffinelli, Jorge. "Nuevos aportes a la poesía de Guillén". *Iberoamericana* (segunda época) 1 (1966): 95-102.

Ruiz, Jorge Eliécer. "Desde la luz preguntan por nosotros". 1956. *Visitas al patio de Celia*. Jorge García Usta, comp. Medellín: Lealon, 1994.

Ruiz, Victor Manuel. "Giovanni Quessep poeta mayor". *Arco* 249 (1981): 59-63.

Salper, Roberta. "La economía del latifundio y el nacimiento de la literatura nacional en el Caribe". *Cuadernos hispanoamericanos* 42 (1986): 101-113.

Salcedo Ramos, Alberto. "Conversaciones con el maestro Rojas Herazo uno es un muerto que se está contando a sí mismo el libro de su vida". *Magazín Dominical de El Espectador* 1990.

_____ "Conversaciones con el maestro Héctor Rojas Herazo". *Magazín Dominical de El Espectador*. 27 nov. 1994.

Saldivar, José David. "The Hybridity of Culture in Arturo Isla's the Rain God". *Dispositio* 41 (1991): 109-119.

Salisbury, Joyce. *The Beast Within: Animals in the Middles Ages*. New York, NY: Routledge, 1994.

Samoilovich Kagan, Moisei. "Cultura y culturas: dialéctica de lo general, lo particular y lo singular". *Revista Casa de las Américas* 130 (1982): 134-139.

Sánchez, Carlos. "El Nadaísmo colombiano: nuestra joven miseria. El epílogo literario del Frente Nacional". *Magazín Dominical de El Espectador*. 4 sept. 1994.

Sanín Cano, Baldomero. "Un humorista de la América Española". *Luis Carlos López. Obra Poética. Estudio Crítico*. Guillermo Alberto Arévalo, comp. Bogotá: Banco de la República, 1976.

Sanz, Ileana. "Fiction Rewrites Caribbean History". *Narratives of Resistance: Literature and Ethnicity in the United States and the Caribbean*. Ana María Manzanares y Jesús Benito, eds. Cuenca: Universidad de Castilla-La Mancha, 1999.

Sarrias, Cristóbal. "Héctor Rojas Herazo: Amazonas literario". *Visitas al patio de Celia*. Jorge García Usta, comp. Medellín: Lealon, 1994.

Segre, Cesare. *Principios de análisis del texto lierario*. Barcelona: Crítica, 1985.

Seijo, Miñi. "Puerto Rico: base contrarrevolucionaria del imperialismo en el Caribe". *Revista Casa de las Américas* 114 (1979): 59-60.

Serbin, Andrés. "Globalización, regionalización y sociedad civil en el gran Caribe". *Revista mexicana del Caribe* 2 (1996): 7-45.

_____ "La dinámica etnia-nación en el Caribe y sus efectos regionales". *Anales del Caribe* 9 (1989): 261-267.

Shade, George D. "La sátira y las imágenes en la poesía de Luis Carlos López". *Revista Iberoamericana* XXII/43 (1957): 109-123.

Sharp, William. "El negro en Colombia, manumisión y posición social". *Razón y Fábula* 8 (1968): 91-107.

Shrimpton, Margaret. "La narrativa yucatana contemporánea en el contexto del Caribe". *Revista mexicana del Caribe* 6 (1998): 249-266.

Smorkaloff, Pamela María. *An Anthology of Literature from the Caribbean*. New York, NY: The New Press, 1994.

Socorro, Milagros. "El género de la crónica y la crónica de lo venéreo. Notas en torno a una noche con Iris Chacón de Edgardo Rodríguez Juliá". *Estudios. Revista de investigaciones literarias* 4 (1994): 31-42.

Stafford Reid, Víctor. "Identidad cultural del Caribe". *Revista Casa de las Américas* 118 (1980): 48-52.

Stein, Henry. "Diálogo con Raúl Gómez Jattin (entrevista)". *El Comején* 14 (1988).

Stevenson, José. "La dimensión poética en Celia se pudre". *Visitas al patio de Celia.* Jorge García Usta, comp. Medellín: Lealon, 1994.

Szabolesi, Miklós. "Los métodos modernos de análisis de la obra". *Textos y contextos.* La Habana: Arte y Literatura, 1985.

Téllez, Fanor. "Mediatización escrituraria y apropiación del discurso popular: biografía de un cimarrón de Miguel Barnet". *Escritura* 13/25-26 (1988): 47-75.

Thomson, Philp. *The Grotesque.* Londres: Methuen, 1972.

Tolentino Dipp, Hugo. "Algunos aspectos del contexto histórico de las culturas caribeñas". *Revista Casa de las Américas* 114 (1979): 38-40.

Torre Serrano, Esteban. "Identidad y alteridad en Fernando Pessoa". *Identidad y alteridad: aproximación al tema del doble.* Juan Bargalló, comp. Sevilla: Alfar, 1994.

Torres Duque, Oscar. "Función social de las vísceras". *Boletín cultural y bibliográfico del Banco de la República* 32/40 (1997): 1-2.

Torres Rioseco, Arturo. "Divagaciones sobre literatura colombiana". *Ensayos sobre literatura latinoamericana.* México: FCE, 1958.

Torres Saillant, Silvio. *Caribbean Poetics: Toward an Aesthetic of West Indian Literature.* Cambridge: Cambridge UP, 1997.

Touraine, Alain. *Crítica de la modernidad.* México: FCE, 1992.

Troncoso, Marino. "Celia: núcleo imaginario de una visión del mundo: aproximaciones a la obra de Héctor Rojas Herazo". *De ficciones y realidades.* Bogotá: Tercer Mundo - Universidad de Cartagena, 1989.

Uwe Hohendahl, Meter. "Sobre el estado de la investigación de la recepción". *Estética de la recepción.* José Antonio Mayoral, comp. Madrid: Arco-libros, 1987.

Urdanibia, Iñaki. "Lo narrativo en la posmodernidad". *En torno a la posmodernidad*. Barcelona: Anthropos, 1994.

Valdelamar Sarabia, Lázaro. "El cronotopo del patio en textos de cuatro autores del Caribe contemporáneo". Tesis de pregrado. Universidad de Cartagena, 1997.

_____ "Raúl Gómez Jattin: ¿en la tradición 'antiliteraria' del tuerto López?" *Espejo* 2 (1995): 3-4.

Valencia, Tarsicio. "Elogio del silencio: los 'retratos' de Raúl Gómez Jattin". *Revista de la Universidad de Antioquia* 215 (1989): 116-117.

Vanlender, James. "Modernismo e ironía: el caso de Rubén Darío". *De la ironía a lo grotesco*. México: UAM-Iztapalapa, 1992.

Vargas, Germán. "El Luis Carlos López que yo conocí". *Luis Carlos López. Obra Poética. Estudio Crítico*. Guillermo Alberto Arévalo, comp. Bogotá: Banco de la República, 1976.

Vattimo, Giani. *Creer que se cree*. Barcelona: Paidós, 1996.

_____ y otros. *En torno a la posmodernidad*. Barcelona: Anthropos, 1994.

_____ *Más allá de la interpretación*. Barcelona: Paidós, 1995.

Vega, Wilfredo. "Proyecto estético y puesta en forma en Héctor Rojas Herazo". (Manuscrito). Bogotá, 2000.

Verani, Hugo. *Las vanguardias literarias en Hispanoamérica: manifiestos, proclamas y otros escritos*. México: FCE, 1990.

_____ *Las vanguardias literarias en Hispanoamérica: manifiestos, proclamas y otros escritos*. México: FCE, 1995.

Veron, Eliseo. *La semiosis sociale*. Paris: Preuniversitaire, 1983.

Villalba Bustillo, Carlos. "Celia: magia y nostalgia". *Visitas al patio de Celia*. Jorge García Usta, comp. Medellín: Lealon, 1994.

Vinyes, Ramón. "Jorge Artel y su poesía". *El Heraldo*. 1. jun. 1940.

Walcott, Dereck. *El reino del Caimito*. Bogotá: Norma, 1996.

_____ "The Muse of History: an Essay". *Is Massa Day Dead? Black Moods in the Caribbean*. Orde Coombs, ed. New York, NY: Anchor, 1974.

Watson, Peggy. "La alternativa de códigos literarios y la conquista de lectores Dreaming in Cuban, de Cristina García". *Revista mexicana del Caribe* 6 (1998): 195-206.

Young, Colville. "Aspectos de la cultura popular en Belice". *Cultura del Caribe: memoria del festival internacional de cultura del Caribe*. México: Programa cultural de las fronteras, 1988.

Zabala, Clemente Manuel. "La exposición de Rojas Herazo". 1963. *Visitas al patio de Celia*. Jorge García Usta, comp. Medellín: Lealon, 1994.

Zalamea, Jorge. "La comedia tropical". *Luis Carlos López. Obra Poética. Estudio crítico*. Guillermo Alberto Arévalo, comp. Bogotá: Banco de la República, 1976.

_____ "Opiniones acerca del poema La visión". *La visión*. Miguel Rash Isla. Bogotá: Cromos, 1926.

Zaourou, Zadi. *Césaire entre deux cultures*. Abidjan-Dakar: Editions Africaines, 1978.

Zapata Olivella, Manuel. "El tuerto López y el nacionalismo literario". *Boletín cultural y bibliográfico del Banco de la República* 9 (1962): 1183-1185.

Zavala, Iris. "Puerto Rico, siglo XIX: literatura y sociedad". *Sin nombre* 4 (1977): 7-26.

Zima, Pierre. "Hacia una sociología del texto". *Argumentos* 8-9 (1984): 127-145.

Zimmerman, Bernhard. "El lector como productor en torno a la problemática del método de la estética de la recepción". *Estética de la recepción*. José Antonio Mayoral, comp. Madrid: Arco-libros, 1987.

Zimmerman, Marc. "The Unity of the Caribbean and its Literature". *Process of Unity in Caribbean Society: Ideologies and Literature*. Minneapolis, MN: Institute for the Study of Ideologies and Literature, 1983.

Zuleta, Estanislao. *La poesía de Luis Carlos López*. Medellín: Percepción, 1988.

Zumthor, Paul. "Le discours de la poésie orale". *Poétique* 52 (1982): 387-401.

_____ *Introduction a la poésie orale*. Paris: Editions du Seuil, 1983.

www.ingramcontent.com/pod-product-compliance
Lightning Source LLC
Chambersburg PA
CBHW071358300426
44114CB00016B/2108